ZUGAIB
obstetrícia
básica

ZUGAIB
obstetrícia
básica

EDITOR
Marcelo Zugaib

EDITORES ASSOCIADOS
Roberto Eduardo Bittar
Rossana Pulcineli Vieira Francisco

Manole

Copyright © Editora Manole Ltda., 2014, por meio de contrato
com o editor.

Editor gestor: Walter Luiz Coutinho
Editoras responsáveis: Eliane Usui e Juliana Waku
Produção editorial: Lara Stroesser Figueirôa

Assessoria pedagógica: Alessandra Corá/Cultura Escrita Edição e Educação
Capa: GatoAzul
Projeto gráfico: GatoAzul
Editoração eletrônica: Anna Yue
Ilustrações: Sirio José Braz Cançado
Imagens das páginas XVIII-1, 70-71 e 266-267 retiradas do livro *A odisseia
da vida*, da Editora Manole (2007).

Este livro contempla as regras do Acordo Ortográfico da
Língua Portuguesa de 1990, que entrou em vigor no Brasil.

Dados Internacionais de Catalogação na Publicação (CIP)
(Câmara Brasileira do Livro, SP, Brasil)

Zugaib obstetrícia básica / [editor Marcelo Zugaib ; editores associados
Roberto Eduardo Bittar, Rossana Pulcineli Vieira Francisco]. – 1. ed. –
Barueri, SP : Manole, 2015.

Vários autores.
Bibliografia.
ISBN 978-85-204-3905-0

1. Obstetrícia I. Zugaib, Marcelo. II. Bittar, Roberto Eduardo.
III. Francisco, Rossana Pulcineli Vieira.

	CDD-618.2
14-07259	NLM-WQ 100

Índices para catálogo sistemático:
1. Obstetrícia   618.2

Todos os direitos reservados.
Nenhuma parte deste livro poderá ser reproduzida, por
qualquer processo, sem a permissão expressa dos editores.
É proibida a reprodução por xerox.

A Editora Manole é filiada à ABDR – Associação Brasileira
de Direitos Reprográficos.

1ª edição – 2015

Editora Manole Ltda.
Av. Ceci, 672 – Tamboré
06460-120 – Barueri – SP – Brasil
Tel.: (11) 4196-6000 – Fax: (11) 4196-6021
www.manole.com.br
info@manole.com.br

Impresso no Brasil
Printed in Brazil

Foram feitos todos os esforços para se conseguir a cessão dos direitos autorais das
imagens aqui reproduzidas, bem como a citação de suas fontes.
Os gráficos contidos nesta obra foram em sua maioria ilustrados pelo artista Sirio
José Braz Cançado.
Caso algum autor sinta-se prejudicado, favor entrar em contato com a editora.

A Medicina é uma área do conhecimento em constante evolução. As precauções de segurança padronizadas devem ser seguidas, porém novas pesquisas e experiências clínicas podem merecer análises e revisões. Alterações em tratamentos medicamentosos ou decorrentes de procedimentos tornam-se necessárias e adequadas. Os leitores são aconselhados a conferir as informações sobre produtos fornecidas pelo fabricante de cada medicamento a ser administrado, verificando a dose recomendada, o modo e a duração da administração, bem como as contraindicações e os efeitos adversos dos medicamentos. É responsabilidade do médico, com base na sua experiência e no conhecimento do paciente, determinar as dosagens e o melhor tratamento aplicável a cada situação. Nem os editores ou os autores assumem responsabilidade por quaisquer prejuízos ou lesões a pessoas ou propriedades.

Editora Manole

Àqueles que se interessam pelo ensino e aprendizado da Obstetrícia.

Editor

Marcelo Zugaib
Professor Titular do Departamento de Obstetrícia e
Ginecologia da Faculdade de Medicina da USP

Editores associados

Roberto Eduardo Bittar
Professor Associado do Departamento de Obstetrícia e Ginecologia da Faculdade de Medicina da USP

Rossana Pulcineli Vieira Francisco
Professora Associada do Departamento de Obstetrícia e Ginecologia da Faculdade de Medicina da USP

Autores

Marco Aurélio Knippel Galletta
Professor Doutor do Departamento de Obstetrícia e Ginecologia da Faculdade de Medicina da USP

Mário Henrique Burlacchini de Carvalho
Professor Associado do Departamento de Obstetrícia e Ginecologia da Faculdade de Medicina da USP

Rafaela Alkmin da Costa
Médica Assistente da Clínica Obstétrica do Hospital das Clínicas da Faculdade de Medicina da USP

Roberto Eduardo Bittar
Professor Associado do Departamento de Obstetrícia e Ginecologia da Faculdade de Medicina da USP

Rossana Pulcineli Vieira Francisco
Professora Associada do Departamento de Obstetrícia e Ginecologia da Faculdade de Medicina da USP

Silvio Martinelli
Médico Assistente da Clínica Obstétrica do Hospital das Clínicas da Faculdade de Medicina da USP. Mestre e Doutor em Obstetrícia e Ginecologia pela FMUSP

Tatiana Silva de Assunção
Médica Assistente da Clínica Obstétrica do Hospital das Clínicas da Faculdade de Medicina da USP

Apresentação

Pela primeira vez, todo o conteúdo fundamental em obstetrícia é apresentado de forma a guiar seus estudos. A divisão didática em seções e capítulos apresenta os aspectos fundamentais do ciclo gravídico-puerperal e fornece o conhecimento necessário de cada uma de suas fases.

Em torno dessa ideia, desenvolvemos um projeto visual com abordagens tanto conceituais, quanto da prática clínica que facilitam e priorizam o aprendizado.

Para facilitar seu contato, apresentamos a seguir a melhor maneira de aproveitar as características do livro:

PARA DISCUTIR
A partir de questões básicas, entenda como a obstetrícia já está presente em seu cotidiano

AO FIM DESTE CAPÍTULO, VOCÊ TERÁ CONHECIDO
Saiba previamente quais assuntos são abordados em cada capítulo

CLÍNICA
Entenda como e quando o conhecimento teórico é aplicado na prática clínica

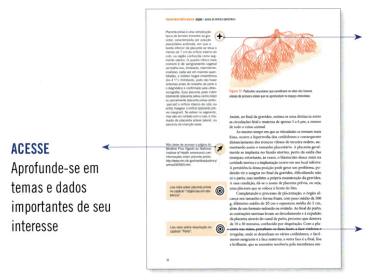

SAIBA MAIS
Entre em contato com informações que vão além da obstetrícia básica, mas que podem complementar ou facilitar seu aprendizado

ACESSE
Aprofunde-se em temas e dados importantes de seu interesse

NÃO DEIXE DE LER
Saiba onde encontrar as explicações mais completas de tópicos que se conectam no próprio livro

RELEMBRANDO
Ao final de cada capítulo, retome os tópicos mais relevantes abordados

CASO(S) CLÍNICO(S)
Aplique seus conhecimentos em casos clínicos práticos

PARA REFLETIR
Opine, discuta e compreenda as influências da prática obstétrica na nossa sociedade

XV

Sumário

SEÇÃO 1 BASES DA PRÁTICA OBSTÉTRICA

Ovulação, implantação e embriogênese   2

Placentação e hormonologia da placenta   20

Crescimento e fisiologia fetal   42

Estatísticas vitais   58

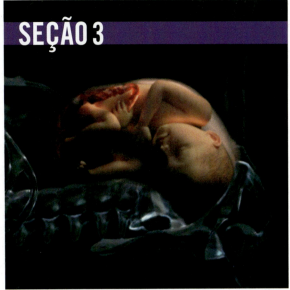

SEÇÃO 2 PRÉ-NATAL

Avaliação preconcepcional   72

Primeira consulta de pré-natal   100

Assistência pré-natal na primeira metade da gestação   134

Assistência pré-natal na segunda metade da gestação   168

Urgências em obstetrícia   210

SEÇÃO 3 PARTO E PUERPÉRIO

Admissão da gestante para o parto   268

Parto   296

Distocias e parto operatório   354

Puerpério   378

Índice remissivo   433

SEÇÃO 1

Bases da prática obstétrica

Nesta seção, você estudará

Ovulação, implantação e embriogênese 2
Placentação e hormonologia da placenta 20
Crescimento e fisiologia fetal 42
Estatísticas vitais 58

CAPÍTULO 1

Ovulação, implantação e embriogênese

Para discutir

- Como calcular o período fértil de uma mulher?
- Você conhece algo que possa causar malformação fetal?

- Quando se completa a formação do embrião?
- Há algo que se possa fazer para prevenir as malformações fetais?

Ao fim deste capítulo, você terá conhecido

- Como é o funcionamento do eixo hipotálamo--hipófise-ovários.
- Quais os hormônios envolvidos no processo de ovulação.

- Como são o desenvolvimento e a implantação do zigoto.
- Como ocorre a embriogênese.
- O que é corionicidade.

Introdução

O ciclo menstrual, a ovulação, a fertilização e a implantação são processos interdependentes. Alterações em qualquer um deles podem atrapalhar a fertilidade e a vida reprodutiva do casal.

A duração do ciclo menstrual é determinada pela quantidade, pela qualidade e pela duração do desenvolvimento dos folículos ovarianos e, normalmente, pode variar em uma mesma mulher. Habitualmente, o intervalo entre as menstruações é de 25 a 35 dias em mulheres jovens e, à medida que a mulher se aproxima da menopausa, o ciclo menstrual torna-se cada vez mais longo.

Variações na duração do intervalo da menstruação e na quantidade do fluxo são comuns nos extremos da vida reprodutiva, já que os ciclos anovulatórios são mais prevalentes em mulheres com menos de 20 anos e mais de 40 anos. A duração do ciclo menstrual também varia de acordo com o índice de massa corporal (IMC): tanto o IMC baixo como o elevado estão associados a aumento do intervalo do ciclo menstrual. Ciclos menstruais irregulares ocorrem em aproximadamente 20% das mulheres.

A duração do ciclo menstrual e o período fértil estão relacionados ao dia da ovulação. A próxima menstruação ocorrerá 14 dias após a data da ovulação. Em ciclos com duração de 25 dias, a ovulação ocorre por volta de 10 a 12 dias após a menstruação, enquanto nos ciclos menstruais de 35 dias, a ovulação ocorre 10 dias mais tarde. O período fértil compreende os 3 dias antes e os 3 dias após a ovulação e é quando a mulher tem mais chances de engravidar.

O ciclo menstrual pode ser entendido como uma tentativa mensal de se obter uma gestação. Para isso, ocorrem delicadas interações hormonais que culminam com a maturação e a liberação de um óvulo, o preparo do endométrio para a recepção do embrião e a produção de hormônios capazes de manter essa gestação.

Cada ovário é um depósito de folículos que são formados ainda na vida intrauterina. Ao nascer, a mulher tem cerca de 2 milhões de folículos primordiais em seus ovários, mas esse número cai progressivamente e chega a 400 mil no início da puberdade. Cada folículo primordial é constituído de um oócito primário recoberto por uma única camada de

Marina está atendendo no ambulatório e recebe uma paciente de 31 anos que está tentando engravidar. Ela relata ciclos menstruais regulares de 30 dias e pergunta qual a melhor época do ciclo para engravidar. Como Marina deve orientar esta paciente?

Marina recebe outra paciente, uma adolescente de 17 anos. Ela relata que não menstrua há cerca de 1 ano. Teve a menarca aos 11 anos e desde os 15 anos tem ciclos irregulares. A paciente relata que é bailarina e há 2 anos está ensaiando 6 horas por dia. Está muita tensa com as apresentações do grupo de dança e não está comendo bem.
Você consegue imaginar por que atletas têm oligomenorreia ou amenorreia?

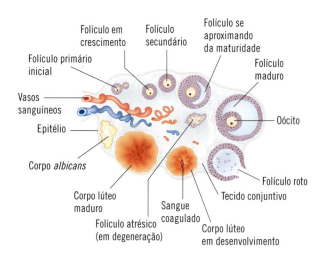

Figura 1 Ovário e folículos em seus diversos estágios de desenvolvimento. (Figura adaptada de Junqueira & Carneiro[1])

células da granulosa – ou foliculares (Figura 1). Nessa fase, os oócitos interrompem a divisão celular e permanecem quiescentes na prófase I da primeira divisão meiótica.

Na menarca, o oócito se recobre de material intercelular amorfo, a chamada zona pelúcida, e as células da granulosa circundantes crescem. Assim se formam os folículos primários. Todos os meses, cerca de mil folículos são recrutados, porém apenas um único folículo maduro deverá liberar o oócito durante a ovulação e os demais sofrerão atresia. Quando não há mais folículos disponíveis para recrutamento, a mulher entra na menopausa.

Ciclo menstrual e ovulação

O período que se inicia com o recrutamento inicial dos folículos primários e vai até a formação do folículo secundário independe da ação hormonal e pode durar até 90 dias. A partir de então, ocorre a seleção de um único folículo dominante e o seu desenvolvimento se torna dependente das gonadotrofinas: os hormônios luteinizante (LH) e folículo-estimulante (FSH). O desenvolvimento folicular tem como objetivo a formação do folículo antral, também conhecido como folículo de Graaf. Sua estrutura pode ser descrita, de dentro para fora, como:

- cúmulo oóforo: conjunto formado pelo oócito que já terminou a primeira divisão meiótica, circundado pela zona pelúcida e pelas células da granulosa;
  - cavidade antral preenchida por líquido folicular;
  - camada mural de células da granulosa;
  - membrana basal;
  - camada de células da teca, que são células diferenciadas a partir do estroma ovariano.

No início do ciclo menstrual, há elevação das gonadotrofinas, que irão atuar sobre o folículo antral por meio do mecanismo de ação sugerido pela teoria das "duas células, duas gonadotrofinas". Segundo essa teoria, as células da teca expressam grande quantidade de receptores de LH que, ao serem estimulados, ativam o monofosfato de adenosina cíclico (AMP cíclico) para transformar o colesterol em androstenediona. A androstenediona se difunde através da membrana basal e penetra na célula da granulosa. Essa célula, por sua vez, expressa receptores de FSH que, ao serem estimulados, ativam a enzima aromatase para transformar a androstenediona em estradiol. O estradiol cai na corrente sanguínea e induz a proliferação e o crescimento do endométrio, característicos da fase folicular ou proliferativa do ciclo menstrual.

As gonadotrofinas são produzidas na adeno-hipófise, que, por sua vez, é regulada pelo hormônio liberador da gonadotrofina (GnRH) do hipotálamo. O objetivo final das gonadotrofinas é estimular os folículos ovarianos a produzirem os hormônios sexuais: estrógeno e progesterona.

A produção hipofisária também sofre influências da flutuação dos níveis séricos dos hormônios sexuais. Níveis elevados de estrógeno e progesterona promovem *feedback* negativo e consequente queda da produção das gonadotrofinas. Da mesma forma, a redução dos hormônios sexuais desencadeia a elevação das gonadotrofinas.

Quando a concentração de estradiol atinge nível elevado, ocorre a ativação da hipófise para a liberação maciça de LH. Esse pico de LH é responsável pela produção de proteases, que irão romper a membrana basal do folículo e liberar o oócito na cavidade peritoneal. Nesse instante, o oócito secundário inicia a segunda divisão meiótica até a metáfase II, e as células que o circundam vão se organizar para formar a chamada *corona radiata*. Ocorre, assim, a ovulação.

Logo após a ovulação, as paredes do folículo ovariano e da teca folicular sofrem colapso, ficam enrugadas e se tornam uma estrutura glandular – o corpo lúteo, responsável por produzir progesterona e pequena quantidade de estrógeno –, fazendo com que o endométrio secrete e se prepare para a implantação do blastocisto. Se o oócito é fecundado, o corpo lúteo aumenta de tamanho e aumenta, principalmente, a produção de progesterona, o hormônio que mantém a gravidez em seu início. O corpo lúteo gravídico permanece funcionalmente ativo durante as primeiras 20 semanas. Nesse período, a placenta assume a produção de estrógeno e progesterona. Se o oócito não for fecundado, o corpo lúteo involui e se degenera 10 a 12 dias após a ovulação. O corpo lúteo é transformado em uma cicatriz branca no ovário – o corpo *albicans* (Figura 2).

Fertilização e implantação

O oócito secundário liberado na ovulação, ao ser captado pela tuba uterina, é transportado pelos movimentos peristálticos e ciliares e, após algumas horas, encontra-se com os espermatozoides que ascendem à tuba.

A fertilização ocorre na ampola da tuba uterina, região mais comprida e larga. Quando o oócito não é fertilizado nesse local, ele avança lentamente até o útero, onde é degenerado e reabsorvido. A fertilização pode ocorrer em outras porções da tuba uterina, porém não no útero.

Na primeira fase da fertilização, ocorre a passagem do espermatozoide pela *corona radiata* que envolve a zona pelúcida de um oócito.

A penetração na zona pelúcida por um espermatozoide é a fase mais importante da iniciação da fertilização. São liberadas enzimas que formam um caminho mais fácil para o espermatozoide alcançar o oócito. Após o espermatozoide penetrar na zona pelúcida, ocorrem mudanças na membrana oocitária que impedem a penetração de outros espermatozoides.

Posteriormente, há a fusão das membranas plasmáticas do oócito e do espermatozoide. A cabeça e a cauda do espermatozoide penetram no citoplasma do oócito, mas sua membrana plasmática fica para trás.

Algumas mulheres apresentam dificuldades para engravidar e recorrem a técnicas de reprodução assistida.
Não deixe de acessar a recomendação do Conselho Federal de Medicina sobre esse assunto: http://www.portalmedico.org.br/resolucoes/CFM/2013/2013_-2013.pdf.

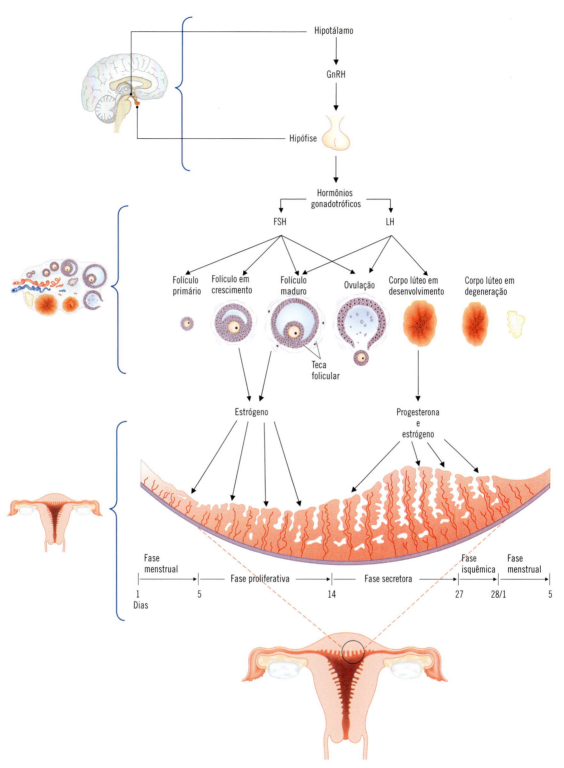

Figura 2 Inter-relações entre o hipotálamo, a hipófise, o ovário e o endométrio durante o ciclo menstrual. FSH: hormônio folículo-estimulante; GnRH: hormônio liberador da gonadotrofina; LH: hormônio luteinizante. (Figura adaptada de Moore & Persaud[2])

A trissomia do cromossomo 21, ou síndrome de Down, é caracterizada pela presença de três cromossomos 21. Ela é uma das cromossomopatias mais frequentes e está relacionada principalmente à não disjunção do cromossomo 21 durante a meiose I ou a meiose II. Neste caso, o zigoto terá cariótipo 47,XX ou 47,XY.

Depois da entrada do espermatozoide, o oócito que estava parado na metáfase da segunda divisão meiótica termina essa divisão e forma um oócito maduro e um segundo corpo polar. Ocorre a formação do pronúcleo feminino. Dentro do oócito, o núcleo do espermatozoide fica maior e forma o pronúcleo masculino. As membranas dos pronúcleos se dissolvem, os cromossomos se condensam e se dispõem para que ocorra a divisão mitótica da célula (a primeira divisão de clivagem). O oócito fertilizado, ou zigoto, é um embrião unicelular. A combinação de 23 cromossomos de cada pronúcleo forma um zigoto com 46 cromossomos (Figura 3).

A clivagem do zigoto resulta em rápido aumento no número de células, os blastômeros, consequência de repetidas divisões mitóticas. Primeiro, o zigoto divide-se em dois blastômeros, que, por sua vez, dividem-se em quatro, depois oito e assim por diante. A cada divisão, as células tornam-se menores. A clivagem ocorre na tuba, e, depois de oito células, os blastômeros mudam de forma e aderem firmemente uns aos outros, formando uma bola compacta. Quando o número de blastômeros chega em torno de dez a quinze, esse conjunto passa a ser chamado de mórula. As células internas da mórula são rodeadas por uma camada de células que formam a camada celular externa.

Cerca de 4 dias após a fertilização, a mórula forma, em seu interior, um espaço cheio de fluido denominado cavidade blastocística e já está presente no útero. Com o aumento do fluido nessa cavidade, os blastômeros são separados em duas partes: o trofoblasto, a camada celular externa que dá origem embrionária à placenta, e o embrioblasto, a massa celular interna formada por um grupo de blastômeros que dá origem ao embrião. Nesse estágio de desenvolvimento, o embrião é chamado de blastocisto. A massa celular interna, ou embrioblasto, faz uma saliência na cavidade blastocística, e o trofoblasto forma a parede do blastocisto. Após o blastocisto flutuar cerca de 2 dias nas secreções uterinas, a zona pelúcida degenera gradualmente e desaparece, possibilitando o rápido crescimento do blastocisto (Figura 4).

Cerca de 6 dias após a fertilização, o blastocisto se fixa ao epitélio do endométrio (implantação), geralmente na parte superior do corpo uterino, e passa a produzir a gonadotrofina coriônica humana (hCG), que mantém a atividade do corpo lúteo.

CAPÍTULO 1 OVULAÇÃO, IMPLANTAÇÃO E EMBRIOGÊNESE

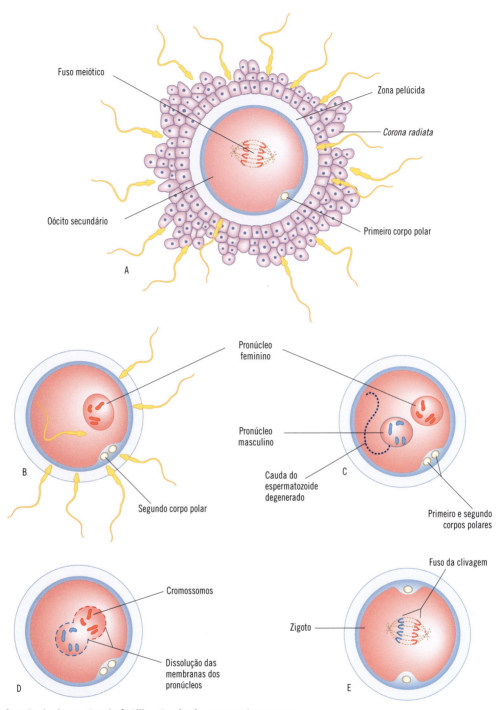

Figura 3 Sequência de eventos da fertilização, desde o momento em que o espermatozoide entra em contato com a membrana plasmática do oócito secundário até a formação do zigoto. A: oócito secundário rodeado por vários espermatozoides; B: a *corona radiata* desaparece e o espermatozoide penetra no oócito; C: a cabeça do espermatozoide forma o pronúcleo masculino; D: os pronúcleos se fundem; E: o zigoto se forma com 46 cromossomos, denominado diploide. (Figura adaptada de Moore & Persaud[2])

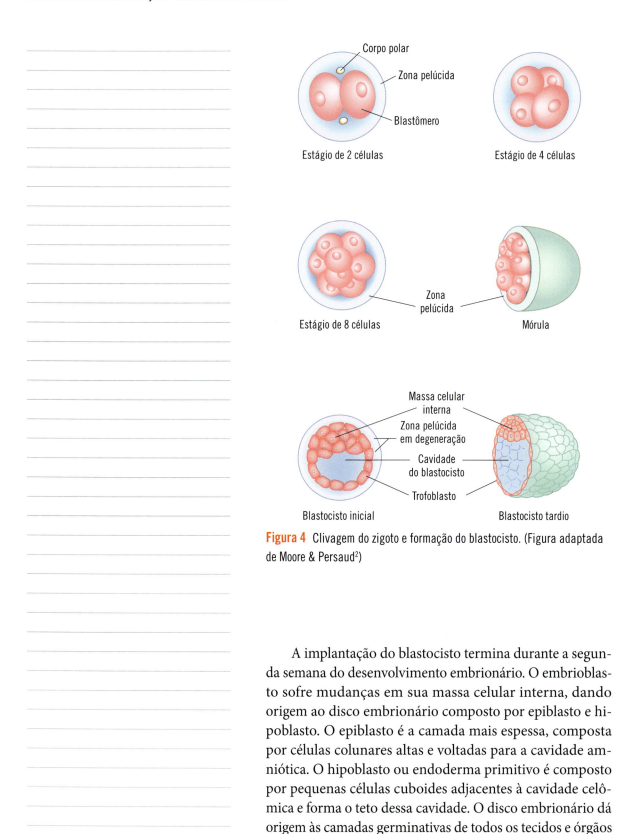

Figura 4 Clivagem do zigoto e formação do blastocisto. (Figura adaptada de Moore & Persaud[2])

A implantação do blastocisto termina durante a segunda semana do desenvolvimento embrionário. O embrioblasto sofre mudanças em sua massa celular interna, dando origem ao disco embrionário composto por epiblasto e hipoblasto. O epiblasto é a camada mais espessa, composta por células colunares altas e voltadas para a cavidade amniótica. O hipoblasto ou endoderma primitivo é composto por pequenas células cuboides adjacentes à cavidade celômica e forma o teto dessa cavidade. O disco embrionário dá origem às camadas germinativas de todos os tecidos e órgãos do embrião.

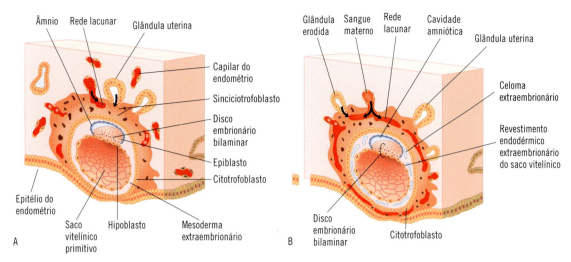

Figura 5 Dois blastocistos implantados com 10 dias (A) e 12 dias (B). Nota-se a formação do disco embrionário, do saco vitelínico e da cavidade amniótica. (Figura adaptada de Moore & Persaud[2])

Aparece uma pequena cavidade na massa celular interna e logo os amnioblastos se separam do epiblasto e se forma uma membrana delgada, denominada âmnio, que envolve a cavidade amniótica (Figura 5).

As células do hipoblasto modificam-se rapidamente, formando o saco vitelínico primitivo. Nessa fase, o disco embrionário fica entre a cavidade amniótica e o saco vitelínico. As células do endoderma do saco vitelínico dão origem a uma camada de tecido conjuntivo frouxo, o mesoderma extraembrionário, que envolve o âmnio e o saco vitelínico. O celoma extraembrionário é uma cavidade cheia de fluido que envolve o âmnio e o saco vitelínico. Com a formação do celoma, o saco vitelínico primitivo diminui de tamanho, dando origem ao saco vitelínico secundário definitivo.

Com a implantação do embrião, as células do tecido conjuntivo do endométrio sofrem reação denominada decidual. Ao acumularem glicogênio e lípide no citoplasma, as células tornam-se congestas, modificando sua morfologia e expressão proteica. A função primordial da formação da decídua é criar um local privilegiado para a recepção do concepto.

No final de 2 semanas, há intensa proliferação das células do citotrofoblasto, que produzem extensões celulares que penetram no sinciciotrofoblasto. Essas extensões celulares formam as vilosidades coriônicas primárias, que representam o estágio inicial do desenvolvimento de vilosidades coriônicas da placenta. A partir daí, elas começam a ramificar-se e tornam-se vilosidades secundárias após adquirirem eixo central de mesênquima. Quando os vasos sanguíneos se tornam visíveis nas vilosidades, elas são chamadas de vilosidades terciárias. Os capilares das vilosidades fundem-se formando redes arteriocapilares, que também se unem ao coração do embrião através de vasos. Ao final de 3 semanas, o sangue do embrião começa a fluir pelos capilares das vilosidades coriônicas.

O mesoderma extraembrionário é dividido em duas camadas: a somática, que é responsável pelo revestimento do trofoblasto e do âmnio, dando origem ao cório; e a esplânica, que envolve o saco vitelínico.

O cório forma a parede do saco coriônico (saco gestacional), e no seu interior encontram-se o embrião, o saco amniótico e a vesícula vitelínica, suspensos pelo pedículo. O celoma extraembrionário passa a ser chamado de cavidade coriônica.

Quando ocorre o desenvolvimento de mais de um zigoto ou a divisão de um zigoto dentro da cavidade uterina, desenvolve-se uma gestação múltipla (gemelar). As gestações múltiplas podem ser classificadas em polizigóticas (quando resultam da fecundação de mais de um óvulo e os produtos conceptuais têm materiais genéticos diferentes) e monozigóticas (quando resultam da fecundação de um óvulo e desenvolvimento de um zigoto, que posteriormente divide-se e gera produtos conceptuais com a mesma carga genética).

As gestações múltiplas são classificadas quanto a sua corionicidade, que é determinada nas gestações monozigóticas pelo momento em que ocorre a divisão do zigoto (Figura 6):

- se a divisão do blastocisto acontece em até 72 horas, há duas placentas e dois sacos amnióticos: gestação dicoriônica diamniótica;
- se a divisão acontece entre 4 e 8 dias depois da fertilização, tem-se uma placenta única e duas cavidades amnióticas: gestação monocoriônica diamniótica;

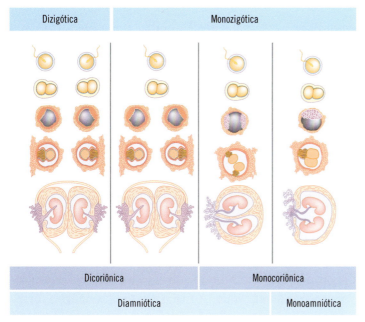

Figura 6 Classificação das gestações múltiplas segundo a zigoticidade, a corionicidade e o número de cavidades amnióticas.

- se a divisão acontece entre 8 e 13 dias após a fertilização, origina-se uma gestação com uma placenta única e uma cavidade amniótica: gestação monocoriônica monoamniótica.

 Se a separação dos embriões for tardia (entre 14 e 17 dias), a divisão é incompleta e dá origem a gêmeos unidos.

Desenvolvimento embrionário

O desenvolvimento do embrião a partir do disco embrionário começa após 2 semanas. A gastrulação representa o início da morfogênese. Inicialmente, ocorre a formação da linha primitiva na superfície do epiblasto do disco embrionário, na extremidade caudal do embrião. Enquanto a linha primitiva se alonga pela adição de células na extremidade caudal, a extremidade cefálica prolifera, formando o nó primitivo. O aparecimento da linha primitiva torna possível identificar o eixo cefalocaudal do embrião, as extremidades cefálica e caudal, as superfícies dorsal e ventral e os lados direito e esquerdo. Pouco depois do aparecimento da linha primitiva, as células abandonam sua superfície profunda e formam uma malha frouxa de tecido conjuntivo embrionário, chamada mesênquima ou mesoblasto. O mesênquima forma os tecidos de sustentação do embrião. Ao final de 4 semanas, a linha primitiva desaparece, permanecendo uma estrutura insignificante na região sacrococcígea.

Após completar 3 semanas, as células mesenquimais provenientes do nó primitivo da linha primitiva transformam-se em notocorda, um bastão celular que é o eixo primitivo do embrião em torno do qual se forma o esqueleto axial.

A notocorda em formação induz a formação da placa neural, que é um espessamento do ectoderma do embrião, cefalicamente ao nó primitivo. Nessa placa, formam-se o sulco neural longitudinal e as pregas neurais nas laterais. As pregas neurais representam a primeira evidência de desenvolvimento do encéfalo. A fusão das pregas neurais forma o tubo neural, primórdio do sistema nervoso central (SNC). O tubo neural é formado em um processo chamado neurulação (Figura 7).

A crista neural é formada pela migração das células neuroectodérmicas entre o ectoderma da superfície e o tubo

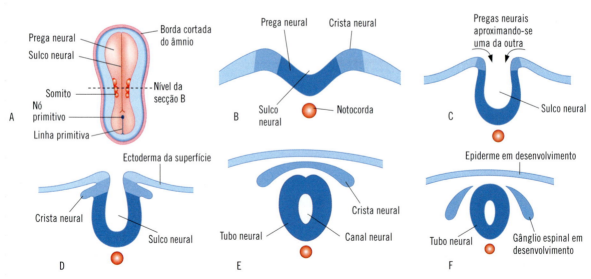

Figura 7 Formação progressiva do sulco neural, das pregas neurais, do tubo neural e da crista neural em embrião 3 semanas após a fecundação. (Figura adaptada de Moore & Persaud[2])

neural. A crista neural dá origem aos gânglios sensitivos dos nervos cranianos e espinais.

As células mesenquimais migram e formam agregados celulares compactos, os somitos, que dão origem às vértebras, às costelas e à musculatura axial. No final de 5 semanas, estão presentes de 42 a 44 pares de somitos.

O aparecimento do primeiro vaso sanguíneo ocorre na parede da vesícula vitelínica. Logo após, os vasos surgem no embrião como agregados celulares de mesênquima, denominados ilhotas sanguíneas. Os vasos primitivos unem-se a outros vasos e formam o aparelho cardiovascular primitivo. No final de 3 semanas, o coração primitivo é formado por tubos endoteliais que já se fundiram e se uniram aos vasos do embrião, ao saco vitelínico, ao cório e ao pedículo do embrião.

Nas primeiras 5 semanas, forma-se a maioria dos órgãos e sistemas do corpo a partir das três camadas germinativas (ectoderma, mesoderma e endoderma).

Após 3 semanas, o dobramento no plano mediano e horizontal converte o disco embrionário achatado em um embrião cilíndrico, em forma de "C". A formação da cabeça, da cauda e das pregas laterais é uma sequência contínua de eventos que provoca uma constrição entre o embrião e o saco vitelínico. Durante o dobramento, o saco vitelínico é incorporado pelo embrião e dá origem ao intestino primitivo. No plano horizontal, o dobramento permite a formação dos primórdios das paredes lateral e ventral do corpo.

Ao final de 8 semanas a partir da fecundação, o embrião tem características humanas, com a formação de coração, encéfalo, fígado, somitos, membros, orelhas, nariz e olhos (Figura 8).

A embriogênese é um período crítico em que há máxima multiplicação e diferenciação celular. Essas células podem ser expostas a agentes físicos, químicos ou biológicos que prejudicarão a formação dos órgãos: são os agentes teratogênicos. A Figura 9 mostra os órgãos mais sensíveis à teratogênese em diferentes períodos do desenvolvimento e permite uma comparação entre a idade gestacional calculada a partir da data da última menstruação (DUM) e aquela calculada a partir da ovulação.

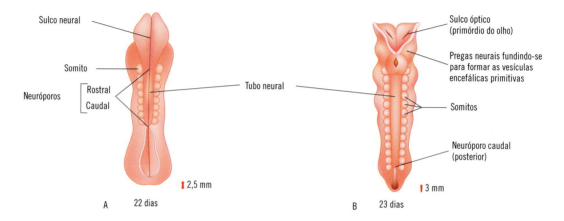

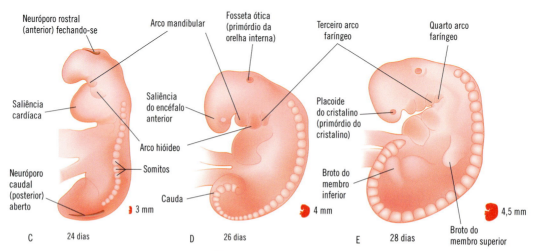

Figura 8 A e B: vistas dorsais de embriões após 3 semanas mostrando oito e doze somitos; C, D e E: vistas laterais dos embriões mostrando dezesseis, 27 e 33 somitos, respectivamente. Normalmente, o neuróporo rostral está fechado com 25 a 26 dias e o neuróporo caudal, no final de 4 semanas. (Figura adaptada de Moore & Persaud[2])

Relembrando

- A duração do ciclo menstrual é determinada pela quantidade, pela qualidade e pela duração do desenvolvimento dos folículos ovarianos e, normalmente, pode variar em uma mesma mulher.
- O ciclo menstrual dura de 25 a 35 dias na maioria das mulheres.

CAPÍTULO 1 OVULAÇÃO, IMPLANTAÇÃO E EMBRIOGÊNESE

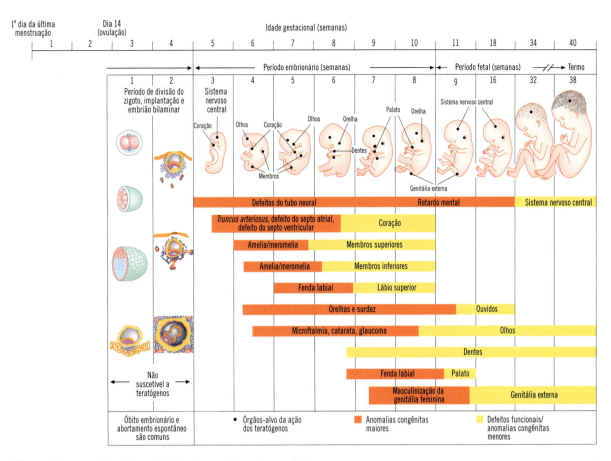

Figura 9 Fases embrionária e fetal do desenvolvimento com destaque para os órgãos suscetíveis a teratógenos nos diferentes períodos. Em vermelho, verifica-se o período mais sensível aos agentes, no qual as malformações maiores ocorrem (por exemplo, ausência de membros). Em amarelo, o período menos sensível, em que os defeitos menores são induzidos (por exemplo, hipoplasia dos dígitos). (Figura adaptada de Moore & Persaud[2])

- O desenvolvimento folicular inicial ocorre independentemente da influência hormonal.
- A gonadotrofina coriônica humana (hCG), no início da gravidez, é responsável pela manutenção do corpo lúteo até a placenta assumir a esteroidogênese.
- A divisão celular se inicia imediatamente após a fertilização.

17

- O embrião atinge a cavidade uterina na fase da mórula e diferencia-se em blastocisto antes da implantação.
- Nas primeiras 5 semanas, forma-se a maioria dos órgãos e sistemas do corpo.
- A fase embrionária estende-se até 8 semanas após a fecundação ou 10 semanas a partir da data da última menstruação.

Caso clínico

 Você atende uma paciente no dia 30 de agosto e ela afirma que sua última menstruação foi no dia 22 de junho. Ela relata que tomou, inadvertidamente, um comprimido de testosterona há 2 semanas e pergunta o que pode acontecer com seu filho. Ela nega doenças prévias e não usa outras medicações.

1. Como você orienta sua paciente? Existe alguma diferença se a criança for do sexo masculino ou feminino?
2. Se ela tivesse tomado este comprimido 6 semanas antes, existiria alguma diferença na sua orientação?

Para refletir

- Por que as cromossomopatias são mais frequentes quanto maior a idade materna?
- Considerando-se que, no Brasil, cromossomopatias e malformações não letais não são motivo para interrupção da gestação, o que você acha do rastreamento dessas situações? Há algum benefício?
- Qual é sua opinião sobre a resolução do Conselho Federal de Medicina que regulamenta a reprodução assistida?

Referências bibliográficas

1. Junqueira LC, Carneiro J. Histologia básica. 10.ed. Rio de Janeiro: Guanabara-Koogan; 2004.
2. Moore KL, Persaud TVN. Embriologia clínica. 6.ed. Rio de Janeiro: Guanabara-Koogan; 2000.
3. Zugaib M (ed.). Zugaib obstetrícia. 2.ed. Barueri: Manole; 2012.
4. Zugaib M, Bittar RE. Protocolos assistenciais: clínica obstétrica, FMUSP. 4.ed. São Paulo: Atheneu; 2011.

CAPÍTULO 2

Placentação e hormonologia da placenta

Para discutir

- Qual é a importância de um órgão transitório como a placenta?
- Quais são as principais funções da placenta?
- Quais são as complicações obstétricas que podem advir de uma placentação inadequada?

Ao fim deste capítulo, você terá conhecido

- Os diversos tipos celulares que compõem a placenta.
- Os processos de invasão trofoblástica e formação vilosa.
- O mecanismo que torna a circulação placentária de baixa resistência ao fluxo sanguíneo.
- As funções da placenta.
- A "barreira" placentária e sua importância.
- Os mecanismos de troca que permitem que a placenta desempenhe suas funções.
- Os principais hormônios produzidos pela unidade feto-materno-placentária e suas funções.

Placentação

A placenta é um órgão predominantemente fetal. Sua porção fetal é originária do saco gestacional e a porção materna, derivada do endométrio. Essa estrutura promove as trocas fisiológicas materno-fetais, a regulação imunológica e a produção de hormônios e enzimas indispensáveis ao desenvolvimento e à manutenção da gestação. Nos humanos, a placenta madura é hemocoriônica (o sangue materno entra em contato direto com o trofoblasto viloso, que recobre os vasos placentários fetais), discoide (de formato redondo) e deciduada (uma vez que o trofoblasto invade a decídua).

Desenvolvimento

A decídua (ou caduca) é o endométrio modificado pela gravidez, que é parcialmente expelido na dequitação. A transformação do endométrio secretor em decídua gestacional é dada pela ação do estrógeno, da progesterona e dos demais fatores produzidos pelo blastocisto. O término da reação decidual ocorre com a nidação (implantação do blastocisto na decídua). Neste processo, as células endometriais aumentam de tamanho, tornam-se poligonais ou arredondadas, com citoplasma basófilo, núcleos redondos e vesiculares. A decídua aumenta de espessura no início da gestação até atingir o máximo de 10 mm, medida que se reduz no curso da gravidez. Até 4 meses de gestação, é possível observar distintas localizações topográficas da decídua: parietal, que recobre a superfície interna do útero; reflexa ou capsular, que recobre o ovo implantado; basal, aquela sobre a qual ocorre a implantação; e marginal, localizada entre a basal e a capsular (Figura 1).

A decídua basal é bastante vascularizada e forma a placa basal da placenta, correspondendo à zona de implantação. Contém grande número de veias, artérias e glândulas em fase secretora (sob a influência da progesterona produzida pelo corpo lúteo) e é invadida pelas células trofoblásticas embrionárias para a formação placentária. Por outro lado, a decídua capsular perde seu suprimento sanguíneo com o crescimento do embrião. As funções da decídua são garantir a nutrição inicial do ovo e modular a ação lítica e pene-

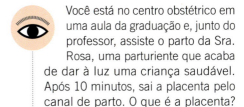

Você está no centro obstétrico em uma aula da graduação e, junto do professor, assiste o parto da Sra. Rosa, uma parturiente que acaba de dar à luz uma criança saudável. Após 10 minutos, sai a placenta pelo canal de parto. O que é a placenta? Para que serve?

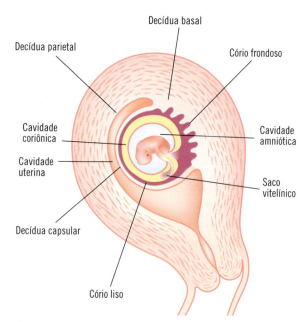

Figura 1 Decíduas e porções do cório.

trante do trofoblasto. Na placentação normal, o trofoblasto invade a porção compacta da decídua (mais superficial), não alcançando a esponjosa (mais profunda) no início da gestação. No processo de deciduação, surge na decídua basal uma camada fibrinoide, que será responsável pelo limite entre os tecidos materno e fetal, a assim denominada camada de Nitabuch, que será uma das principais estruturas bloqueadoras da passagem de grandes moléculas para o ambiente fetal. Em algumas circunstâncias, como cicatrizes ou processos inflamatórios prévios, a decídua basal não se forma adequadamente e o trofoblasto invade o tecido materno além do necessário, com o surgimento de uma placenta anormalmente aderida ao miométrio, processo conhecido como acretismo placentário. Se a placenta invadir até o miométrio, será chamada de increta; se alcançar a serosa do útero, percreta.

O processo de placentação é dividido em dois períodos: o pré-viloso, de 6 a 13 dias; e o viloso, até o termo da gestação. Poucas horas após a implantação, quando o polo embrionário do blastocisto estabelece contato direto com a decídua materna, 6 dias após a fecundação, as células do citotrofoblasto a invadem e iniciam a produção de gonado-

> Leia mais sobre acretismo placentário no capítulo "Urgências em obstetrícia".

trofina coriônica humana (hCG). A síntese desse hormônio é importante para a conversão do corpo lúteo em corpo lúteo gravídico e é assumida mais tardiamente pelo sinciciotrofoblasto. O trofoblasto da vilosidade coriônica é o principal produtor de hCG; porém, outros órgãos fetais (fígado, pulmões, ovários, testículos e rins) sintetizam-na em menor quantidade.

Em 6 dias, começa a diferenciação do trofoblasto em duas camadas – o citotrofoblasto primitivo, mais interno, ou seja, voltado para a futura cavidade amniótica e recobrindo o embrioblasto; e o sinciciotrofoblasto, em contato com a decídua materna (Figura 2). O sinciciotrofoblasto surge a partir da fusão do citoplasma de várias células trofoblásticas, que perdem suas membranas celulares individuais, formando, dessa forma, esse tecido multinuclear essencial na invasão trofoblástica (Figura 3).

Nove dias após a concepção, surgem no sinciciotrofoblasto vacúolos que aumentam de tamanho, fundem-se e dão origem às lacunas (Figura 4). Entre 12 e 14 dias, ocorre corrosão das paredes dos capilares sinusoides maternos e,

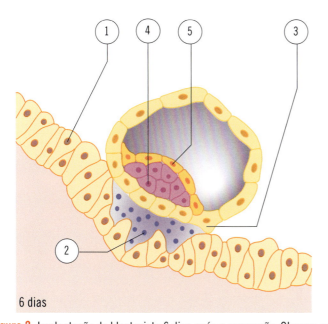

Figura 2 Implantação do blastocisto 6 dias após a concepção. Observa-se a interação entre o trofoblasto e o epitélio uterino. 1: endométrio; 2: sinciciotrofoblasto; 3: citotrofoblasto; 4: embrioblasto; 5: endoderma.

O diagnóstico precoce da gestação pode ser feito pela pesquisa qualitativa ou quantitativa de gonadotrofina coriônica humana (hCG) no plasma materno por técnicas imunoenzimáticas que identificam sua subunidade beta. A sensibilidade dos testes mais modernos chega a 1,5 mUI/mL, permitindo sua detecção antes mesmo do atraso menstrual. Outros testes, baseados na hemaglutinação pela hCG na urina ou no plasma, são menos específicos e têm menor sensibilidade; no entanto, pelo fato de serem mais rápidos, baratos e de simples execução, são úteis na prática clínica. Esses exames se tornam positivos por volta de 16 dias após a concepção.

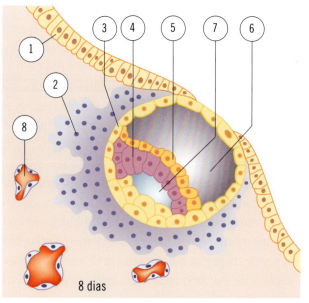

Figura 3 Implantação 8 dias após a concepção. Observa-se o blastocisto parcialmente incluído no estroma. 1: endométrio; 2: sinciciotrofoblasto; 3: citotrofoblasto; 4: ectoderma; 5: endoderma; 6: cavidade do blastocisto; 7: cavidade amniótica; 8: vasos maternos.

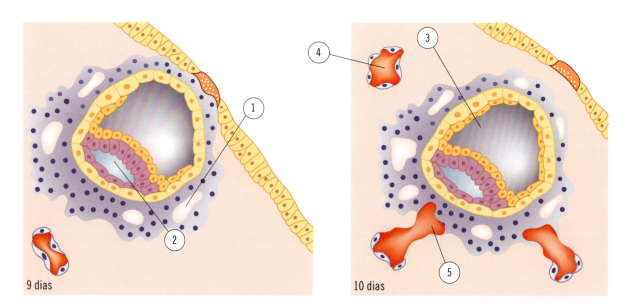

Figura 4 Implantação 9 e 10 dias após a concepção. Observa-se o estado lacunar do período pré-viloso. 1: lacunas do trofoblasto; 2: cavidade amniótica; 3: cavidade exocelômica (saco vitelínico primitivo); 4: sinusoides maternos; 5: sangue materno fluindo para as lacunas.

posteriormente, de vasos de maior calibre, o que permite a formação de soluções de continuidade entre os vasos maternos e as lacunas do trofoblasto, que ficam ocupadas pelo sangue da mãe. Tais lacunas formarão, posteriormente, os espaços intervilosos (Figura 5).

O período viloso, que se inicia em 14 dias, se dá quando as lacunas com sangue passam a ser invadidas por vilosidades primárias, compostos de sinciciotrofoblasto e citotrofoblasto. Assim, o sinciciotrofoblasto fica em contato direto com o sangue materno. As vilosidades, que inicialmente circundavam o blastocisto, mantêm-se na porção que está em contato com a decídua basal e constituem agora o cório frondoso, principal componente da placenta (Figura 6).

As vilosidades voltadas para a cavidade decidual tornam-se avasculares, regredindo e originando o cório liso. Quando surge o tecido mesenquimal proveniente do mesoderma extraembrionário, que penetra o citotrofoblasto, as vilosidades passam a ser chamadas de secundárias. Com 3 semanas, ao surgirem capilares embrionários no tecido mesenquimal das vilosidades, estas são então consideradas terciárias.

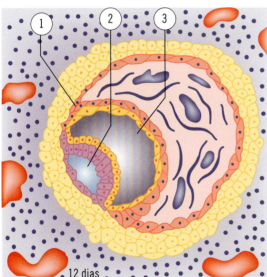
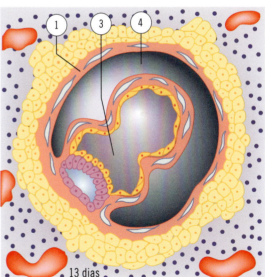

Figura 5 Implantação 12 e 13 dias após a concepção. Observa-se o aumento das lacunas e dos sinusoides maternos. 1: mesoderma extraembrionário; 2: cavidade amniótica; 3: vesícula vitelínica; 4: cavidade coriônica.

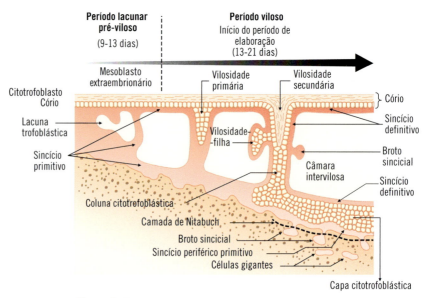

Figura 6 Evolução da placenta de 9 até 21 dias. (Figura adaptada de Wilkin[3])

Embora haja capilares fetais na maioria das vilosidades após 28 dias, a conexão deles com a circulação embrionária ocorre apenas por volta de 32 dias, com a fusão entre os capilares venosos e os vasos alantóideos, comunicando o leito embrionário com a placenta. As vilosidades de ancoragem, que se propagam ao redor do ovo, no sentido materno, são constituídas por sinciciotrofoblasto, externamente, e por citotrofoblasto, internamente. Essas vilosidades lembram os ramos de uma árvore na porção placentária (córion frondoso) e ficam bem mais finas em sua parte oposta, onde irão se atrofiar e formar o córion liso.

Uma vez estabelecido o contato do sangue materno com o fetal pelas vilosidades terciárias, pode-se conceituar a "barreira" placentária como o conjunto de tecidos materno-fetais que impedem o contato direto do sangue da mãe com o do feto, protegendo-o de infecções, de medicamentos e da resposta imunológica materna (Figura 7). Apesar disso, ainda permite a passagem de substâncias fundamentais ao desenvolvimento fetal, o que faz com que o termo "barreira" seja discutível. As camadas que a compõem são (da mãe para o feto): sinciciotrofoblasto, citotrofoblasto (que se descontinua a partir do segundo trimestre), lâmina trofoblástica basal, tecido conjuntivo derivado do mesotélio extraembrionário e endotélio capilar fetal. Tais camadas tornam-se mais delgadas

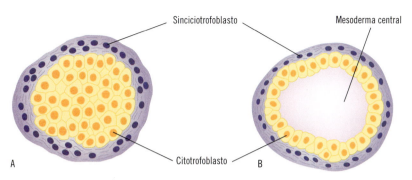

Figura 7 Corte transversal de troncos vilosos demonstrando o desenvolvimento das vilosidades. A: vilosidade primária; B: vilosidade secundária; C: vilosidade terciária.

no decorrer da gestação e algumas até se descontinuam, o que leva a "barreira" a ter espessura mínima no final do terceiro trimestre, contribuindo sobremaneira para a nutrição fetal.

Do ponto de vista anatômico, o cório frondoso se origina na placa coriônica e cresce em direção aos tecidos maternos, formando cerca de vinte a quarenta pedículos vilosos, que se subdividirão em 25 a cinquenta vilosidades-filhas cada. Junto à placa coriônica, as vilosidades terciárias se hipertrofiam e originam os troncos vilosos de primeira ordem, dos quais surgem os troncos vilosos de segunda ordem que, por sua vez, dão origem a vinte a cinquenta troncos vilosos de terceira ordem cada (Figura 8). Tais troncos vilosos possuem distribuição simétrica em torno de um eixo central, onde ocorre preferencialmente a desembocadura das artérias espiraladas maternas. A esse arranjo, dá-se o nome de sistema-tambor. Destaque-se que a placenta humana não possui sistema venoso coletor; no entanto, várias veias maternas se abrem aleatoriamente na placa basal.

Os agrupamentos de troncos vilosos de mesma origem são denominados cotilédones, em número de vinte a quarenta, facilmente identificáveis à inspeção macroscópica da placenta. Os cotilédones mais centrais são maiores, constituídos por até cinco sistemas-tambor, enquanto os periféricos são de menor tamanho, constituídos muitas vezes por um único sistema-tambor.

A baixa pressão parcial de oxigênio no primeiro trimestre da gestação parece ser um fator determinante para o crescimento do trofoblasto extraviloso, regulando seus pro-

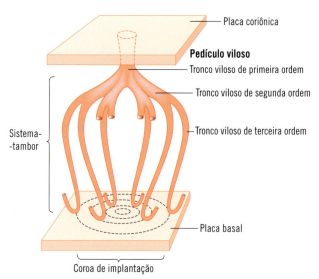

Figura 8 Cotilédone fetal.

cessos de invasão e diferenciação. A pressão parcial de oxigênio placentária é duas a três vezes maior no final do primeiro trimestre do que entre 8 e 10 semanas e, conforme avança a gravidez, aumenta progressivamente. Faz-se necessário atentar ao fato de que o suprimento sanguíneo materno na placenta não está completo até o final do primeiro trimestre (Figuras 9 e 10). Desse modo, a organogênese fetal ocorre em vigência de baixa pressão parcial de oxigênio – cerca de 20 mmHg –, o que seria um fator de proteção contra a teratogênese mediada por radicais livres.

No primeiro trimestre da gestação, as células trofoblásticas placentárias são muito invasivas e, se não fosse assim, a placenta hemocoriônica humana não se formaria. Tal atividade invasora é garantida pela secreção de enzimas proteolíticas pelo trofoblasto e pela ativação de proteinases da decídua. Essa invasão trofoblástica provoca modificação na vasculatura materna e é causada por duas populações distintas de trofoblasto: o intersticial, que circunda as artérias espiraladas maternas; e o intravascular, que penetra no lúmen dessas artérias e destrói o endotélio e a camada muscular média, substituindo esta última por tecido fibrinoide, enquanto as artérias regeneram seu endotélio. Esse processo transcorre em duas fases, a saber: a primeira onda de invasão trofoblástica, antes de 12 semanas, e a segunda onda de invasão trofoblástica, que se inicia em 16 semanas, completando-se entre 20 e 26 semanas. Em sua primeira etapa, transcorre a modi-

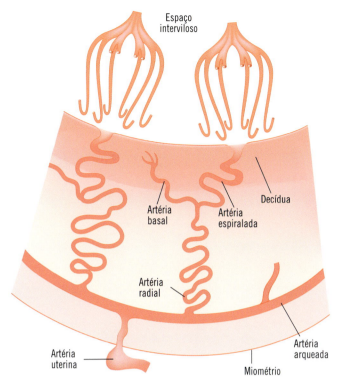

Figura 9 Suprimento arterial da placenta humana.

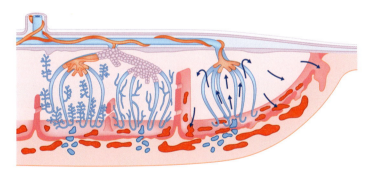

Figura 10 Desembocadura das artérias espiraladas no centro do sistema-tambor.

ficação das artérias espiraladas deciduais e, na segunda, da porção miometrial destas. Ambas as etapas implicam vasodilatação e redução da resistência placentária, sendo fundamentais para a oxigenação e a nutrição fetais (Figura 11).

O tecido placentário, por conter material antigênico fetal, pode ser considerado um aloenxerto e, ao estar em contato íntimo com o sangue materno, deveria desencadear resposta imunológica citotóxica. Apesar disso, o trofoblasto viloso não

A doença hipertensiva específica da gestação (DHEG) incide em cerca de 5 a 10% das gestações e é responsável pela maior taxa de mortalidade materna de causa direta, tem etiologia incerta. Uma das teorias que tentam explicar sua ocorrência se baseia na invasão trofoblástica inadequada quando as artérias espiraladas não sofrem a modificação esperada e, desse modo, a resistência vascular placentária mantém-se aumentada. O sinal mais precoce dessa inadequação, embora de significado controverso, é a incisura protodiastólica à Dopplervelocimetria de artérias uterinas. Esse exame propedêutico, utilizado para avaliar a circulação uteroplacentária, pode ser realizado entre 20 e 26 semanas de idade gestacional.

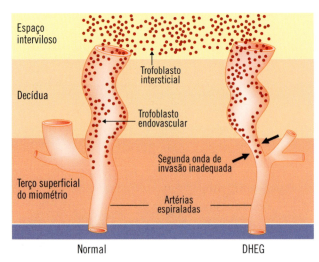

Figura 11 Invasão do trofoblasto na decídua e em direção às artérias espiraladas na gestação normal e na doença hipertensiva específica da gestação (DHEG).

A biópsia de vilosidade coriônica é um procedimento invasivo que permite obter amostras do cório frondoso. Ela é utilizada para estabelecer o diagnóstico precoce de anomalias cromossômicas fetais, doenças gênicas e erros inatos do metabolismo. A época ideal para a sua realização é entre 11 e 13 semanas. As indicações mais frequentes para sua realização são: idade materna maior ou igual a 35 anos, translucência nucal aumentada em ultrassonografia de primeiro trimestre, doenças gênicas, cromossômicas ou inatas do metabolismo nos pais ou em filhos de gestações anteriores.

expressa antígenos leucocitários humanos (HLA) de classes I e II, importantes no reconhecimento imunológico. Estão presentes moléculas de HLA de classe I apenas no citotrofoblasto extraviloso, o que pode explicar em parte a resposta imunológica diferenciada contra o material antigênico da placenta. A decídua contém uma variada população de células do sistema imunológico, representadas em sua maior parte por células *natural killer* uterinas, cujos receptores *killer-cell immunoglobulin-like receptor* (KIR) são capazes de ligar-se ao HLA-C. O processo de invasão trofoblástica depende de um complexo mecanismo de regulação e interação entre células *natural killer* uterinas, decídua e células trofoblásticas, permitindo e, posteriormente, limitando esse processo.

Por volta de 3 meses, o cório liso entra em contato com a membrana amniótica; e constitui-se, assim, a membrana corioamniótica. Em torno de 4 meses, o cório entra em contato com a decídua parietal em razão do crescimento fetal, o que é chamado de obliteração da cavidade uterina. Antes da obliteração da cavidade uterina, variações hormonais podem fazer com que ocorra sangramento de uma ou outra decídua, com exteriorização de sangue por via vaginal, que pode ser interpretada como menstruação ou abortamento. Trata-se de uma causa frequente de queixa no primeiro trimestre, necessitando apenas de orientação e observação do quadro, geralmente autolimitado. Após 15 ou

16 semanas de gravidez, no entanto, todo sangramento deverá ser considerado *a priori* patológico.

Progressivamente, a placenta vai se maturando, preparando-se para uma troca gasosa melhor entre mãe e concepto. Para isso, ocorre a arborização das vilosidades terminais (Figura 12), que se tornam menores e mais numerosos, além da diminuição da espessura do sincício e do citotrofoblasto, assim como a densificação e a redução do tecido conjuntivo e o aumento do número dos capilares fetais dentro das vilosidades (Figura 13). Após 3 meses, a camada de citotrofoblasto fica cada vez mais delgada e descontínua, até desaparecer, permanecendo ao final da gravidez apenas uma fina camada de sinciciotrofoblasto junto ao tecido conjuntivo e aos vasos fetais, dessa forma, diminuindo ao máximo a "barreira" placentária, com máxima capacidade de troca.

> ✚ Entre 15 e 18 semanas ou em idades gestacionais mais avançadas, pode-se proceder à amniocentese genética. Esse procedimento consiste na obtenção de líquido amniótico com células fetais para o diagnóstico de alterações cromossômicas e infecções fetais. O resultado do exame pode demorar entre 10 e 21 dias.

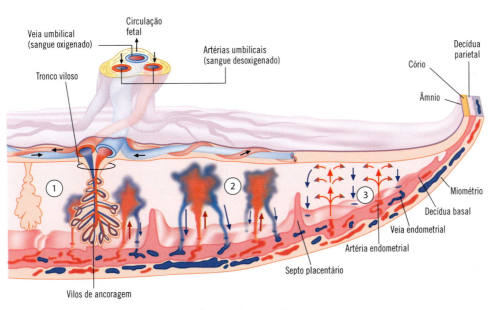

Figura 12 Circulação de sangue materno e fetal na placenta de termo. 1: circulação do sangue fetal nos troncos vilosos: nota-se que as veias placentárias (vasos azuis) contêm sangue arterializado (conteúdo vascular vermelho), ao passo que nas artérias placentárias (vasos vermelhos) circula sangue desoxigenado (conteúdo vascular azul); 2: circulação do sangue materno no espaço interviloso: as artérias e veias se abrem no espaço interviloso, em toda a extensão da decídua basal. O sangue materno rico em oxigênio é liberado no espaço interviloso e, após as trocas com as vilosidades placentárias, já empobrecido, é recolhido pelo sistema de veias endometriais; 3: trajeto do fluxo de sangue materno.

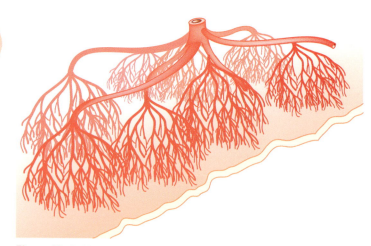

Figura 13 Pedículos vasculares que constituem os eixos dos troncos vilosos de primeira ordem que se aprofundam no espaço interviloso.

Placenta prévia é uma complicação típica do terceiro trimestre da gravidez, caracterizada por posição placentária anômala, em que a borda inferior da placenta se situa a menos de 7 cm do orifício interno do colo, na região conhecida como segmento uterino. O quadro clínico mais comum é de sangramento vaginal vermelho-vivo, imotivado, intermitente, insidioso, cada vez em maiores quantidades, e indolor (regra mnemônica dos 4 "i"). Entretanto, pode não haver sintomas antes do trabalho de parto e o diagnóstico é confirmado pela ultrassonografia. Essa placenta pode cobrir totalmente (placenta prévia centro-total) ou parcialmente (placenta prévia centro-parcial) o orifício interno do colo, ou então margear o orifício (placenta prévia marginal). Se estiver no segmento, mas não em contato com o colo, é chamada de placenta prévia lateral, ou placenta de inserção baixa.

Não deixe de acessar a página do Medline Plus (ligado ao National Institute of Health americano) com informações sobre placenta prévia: http://www.nlm.nih.gov/medlineplus/ency/article/000900.htm.

Leia mais sobre placenta prévia no capítulo "Urgências em obstetrícia".

Leia mais sobre dequitação no capítulo "Parto".

Assim, ao final da gravidez, estima-se uma distância entre as circulações fetal e materna de apenas 5 a 6 μm, a menor de todo o reino animal.

Ao mesmo tempo em que as vilosidades se tornam mais finas, ocorre a hipertrofia dos cotilédones e consequente distanciamento dos troncos vilosos de terceira ordem, aumentando assim o tamanho placentário. A placenta geralmente se implanta no fundo uterino, perto da saída das trompas; entretanto, às vezes, o blastocisto desce mais na cavidade uterina e a implantação ocorre em um local inferior. A persistência dessa posição pode gerar um problema, podendo vir a sangrar no final da gravidez, dificultando não só o parto, mas também a própria manutenção da gravidez. A essa condição, dá-se o nome de placenta prévia, ou seja, uma placenta que se coloca à frente do feto.

Completando o processo de placentação, o órgão alcança seu tamanho e forma finais, com peso médio de 500 g, diâmetro médio de 20 cm e espessura média de 2 cm, além de um formato redondo ou ovalado. Ao final do parto, as contrações uterinas levam ao descolamento e à expulsão da placenta através do canal de parto, processo que demora de 10 a 30 minutos, conhecido por dequitação. Com a placenta nas mãos, percebem-se duas faces: a face vinhosa e irregular, onde se desenham os vários cotilédones, e facilmente sangrante é a face materna; a outra face é a fetal, lisa e brilhante, que se encontra recoberta pela membrana amniótica, podendo-se ver por transparência os vasos sanguíneos fetais. Ao final da gravidez, estima-se para a placenta um volume de 460 mL, uma superfície de contato com o útero de 248 cm² e uma superfície de troca gasosa de aproximadamente 12 a 14 m², configurando quase um outro pulmão.

O cordão umbilical geralmente se insere na porção central da placenta, mas também pode ter uma inserção lateral ou mesmo marginal, lembrando a forma de uma raquete, situação de risco para a rotura dos vasos fetais presentes no cordão – condição conhecida como rotura de *vasa praevia*, potencialmente fatal para o concepto.

Eventualmente, no processo de placentação, é possível que um ou mais cotilédones fiquem separados do resto do tecido placentário, formando o que se chama de lobo espúrio ou placenta sucenturiada. O risco dessa situação rara é que se esqueça este lobo secundário inserido dentro do útero após o parto, gerando um quadro de retenção de restos, com hemorragia e/ou infecção uterina, condição de risco para a paciente.

Outra possibilidade patológica na formação da placenta é a ocorrência de pequenos sangramentos na periferia do órgão, nos espaços intervilosos mais externos, também conhecidos como seios venosos. Esse sangramento pode se exteriorizar e causar preocupação à paciente e ao médico e, embora não incorra em risco para a gravidez, pode ser confundido com outras causas de sangramentos gestacionais mais perigosos, que deverão ser avaliadas e devidamente descartadas. Tais sangramentos, com calcificação periférica, no entanto, podem levar ao que se chama de placenta circunvalada, quando a placenta fica restrita no seu crescimento para os lados, sendo relacionada como uma das possíveis causas de RCF.

Funções

A maior parte das funções placentárias está relacionada ao suprimento de funções vitais de alguns órgãos que não têm sua funcionalidade completamente estabelecida na vida intrauterina. Assim, as trocas gasosas lembram o funcionamento pulmonar; a excreção de metabólitos e produtos nitrogenados, o funcionamento renal; a absorção de nutrien-

Não deixe de acessar o site: http://www.vasaprevia.org/vasaprevia/velamentous.htm.
Trata-se de um site especializado em *vasa praevia*, com boas imagens.

Não deixe de acessar o site: http://www.corriere.it/salute/dizionario/placenta.
Trata-se de um dicionário médico, com explicações e boas imagens de placenta e suas patologias.

Com o desenvolvimento da gravidez e o aumento da placenta e da demanda por nutrientes, certas regiões desse órgão podem sofrer isquemia e infarto, com deposição de cálcio. Quanto mais madura for a placenta e mais próximo estiver o parto, maior é o depósito de cálcio, principalmente no limite entre os cotilédones. Ao se avaliar a placenta pela ultrassonografia, esse depósito de cálcio é visualizado como áreas esbranquiçadas (hiperecoicas) em meio ao tecido placentário normal. De acordo com a quantidade do depósito de cálcio, a placenta poderá ter grau 0 (homogênea), grau 1 (calcificações dispersas), grau 2 (calcificações pouco confluentes) e grau 3 (calcificações desenhando os cotilédones). Assim, a partir desta classificação ultrassonográfica, denominada classificação de Grannum, tem-se uma ideia do amadurecimento placentário.

Não deixe de acessar o site: http://www.mayoclinic.org/healthy-living/pregnancy-week-by-week/in-depth/placenta/art-20044425.
Trata-se de um site da Clínica Mayo sobre a placenta.

tes, o funcionamento do tubo gastrointestinal; a síntese de hormônios e a metabolização de substâncias, o funcionamento do fígado e de outros órgãos endócrinos. A placenta, portanto, tem diversas funções que visam à manutenção do feto na vida intrauterina.

As principais funções placentárias podem ser agrupadas em cinco tipos: oxigenativa, nutritiva, excretora, de defesa e endócrina.

A função oxigenativa é desempenhada pela difusão simples de gases, principalmente o oxigênio e o gás carbônico, processo facilitado pela extensa área de troca obtida pelas ramificações das vilosidades terciárias, com diminuição de espessura da membrana hemocoriônica. Além disso, a hemoglobina fetal tem alta afinidade pelo oxigênio, conseguindo captar as moléculas de oxigênio do espaço interviloso com maior eficácia do que a hemoglobina A1 ou A2 maternas.

A função nutritiva se faz por diversos mecanismos de transferência de substâncias, dos quais podem ser listados:

- difusão simples: permite a passagem de solutos de acordo com seu gradiente de concentração, sem consumo energético, sendo exemplos desse mecanismo moléculas simples como oxigênio, dióxido de carbono, eletrólitos e alguns anestésicos. Os íons e pequenas moléculas ionizadas (Na^+, K^+, Ca^{2+}, Mg^{2+}, Cl^-, HCO_3^-, HPO_4^-) passam pela membrana fosfolipídica por meio de canais seletivos;
- difusão facilitada: ocorre via proteínas transportadoras, sendo um processo ativo. A substância é transportada a favor do gradiente, porém com maior velocidade e facilidade do que ocorreria caso fosse por difusão simples. O mecanismo é saturável. O exemplo mais importante é o transporte de glicose;
- transporte ativo: é realizado contra o gradiente, implicando gasto energético e consumo de trifosfato de adenosina (ATP). As substâncias transportadas por tal mecanismo são aminoácidos, creatinina, fosfatos, ferro, lactato, tiamina (ou vitamina B1), piridoxina, riboflavina e ácido ascórbico, dentre outros;
- pinocitose: processo em que microvilosidades do sinciciotrofoblasto englobam macromoléculas como albumina e imunoglobulina G (IgG), formando inclusões cito-

plasmáticas, por invaginação da membrana, carregando-as para o outro polo da célula, para o lado fetal, ultrapassando assim a "barreira" placentária;

- fissura: podem ocorrer uma ou outra solução de continuidade na "barreira" placentária, permitindo assim a passagem de células inteiras. O exemplo mais comum deste fato seria a passagem de eritrócitos fetais para o compartimento materno, gerando a sensibilização da mãe aos antígenos D eritrocitários fetais (ligados ao fator Rh), situação que pode ocorrer em decorrência de pequenos traumas ou no trabalho de parto.

A função excretora também ocorre na placenta, mimetizando o papel desempenhado pelos rins na vida extrauterina. Trata-se do transporte, através da "barreira" placentária, de excretas nitrogenadas e de produtos do catabolismo fetal para o sangue materno.

Há também a função imunológica, que se faz basicamente pela passagem de IgG através da "barreira" placentária em direção ao concepto.

Por fim, uma das funções mais importantes é a endócrina, que corresponde à síntese pelo tecido trofoblástico de hormônios que ajudam a manter a gravidez, colaborando com a homeostase tanto materna como fetal. Entre tais hormônios, pode-se citar a hCG.

Gonadotrofina coriônica humana (hCG)

Conhecida como hCG, é sintetizada em maior quantidade no sinciciotrofoblasto, porém é produzida também em tecidos fetais (fígado, pulmões, ovários, testículos e rins). É uma glicoproteína cuja porção proteica está distribuída em duas cadeias (alfa e beta). Possui meia-vida plasmática de 12 a 36 horas e seu nível sérico dobra a cada 2 dias nas primeiras semanas de uma gestação normal. O nível sérico máximo de 50.000 a 150.000 UI/mL é atingido entre 60 e 80 dias de gestação, quando ocorre decréscimo gradual, chegando ao platô de 3.000 a 10.000 UI/mL já na metade da gestação.

O feto recebe apenas 10% da hCG sintetizada, ficando na circulação materna cerca de 90% do hormônio produzido. Inicialmente, esse hormônio tem uma função semelhante à do LH, auxiliando na manutenção do corpo lúteo e

> Existe um exame no qual se identificam sequências do cromossomo Y, por reação em cadeia da polimerase, no sangue materno. Tal exame é chamado sexagem fetal e permite identificar o sexo a partir de 8 semanas de gestação, com sensibilidade acima de 99%. Sua realização só é possível em razão da passagem de material genético do feto para a mãe. Encontra-se disponível no mercado brasileiro outro teste preditor do sexo fetal baseado na análise da urina materna. A acurácia varia de 82 a 90% a partir de 10 semanas de gravidez. É um teste simples que pode ser adquirido em farmácia e realizado pela própria paciente.

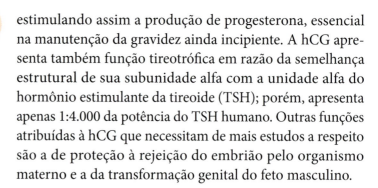

Há uma condição em obstetrícia denominada de hiperêmese gravídica, definida por quadro clínico de vômitos refratários aos antieméticos comuns, com perda de peso expressiva, além de distúrbios hidroeletrolíticos. Mulheres com tal diagnóstico apresentam, no geral, níveis séricos mais elevados de gonadotrofina coriônica humana (hCG) e estradiol em comparação com gestantes normais, e alguns autores demonstram correlação positiva entre o nível de hCG e a gravidade dos sintomas de náuseas e vômitos. As gestações múltiplas também possuem maior massa placentária e maior síntese de hCG, e é mais comum a ocorrência de hiperêmese gravídica.

estimulando assim a produção de progesterona, essencial na manutenção da gravidez ainda incipiente. A hCG apresenta também função tireotrófica em razão da semelhança estrutural de sua subunidade alfa com a unidade alfa do hormônio estimulante da tireoide (TSH); porém, apresenta apenas 1:4.000 da potência do TSH humano. Outras funções atribuídas à hCG que necessitam de mais estudos a respeito são a de proteção à rejeição do embrião pelo organismo materno e a da transformação genital do feto masculino.

Progesterona

A síntese e a secreção da progesterona são inicialmente realizadas pelo corpo lúteo, estimulado pela hCG; entretanto, após 8 semanas de gravidez, a produção começa a ser realizada pelo sinciciotrofoblasto, e passa a ser cada vez mais proeminente. O substrato para a síntese dos hormônios esteroides é o colesterol, cuja produção é principalmente materna. A partir do colesterol, a placenta passa a produzir cerca de 250 ng/dia de progesterona, atingindo o nível sérico materno entre 100 e 200 ng/mL. Além da facilitação da implantação, a progesterona possui várias outras funções que contribuem para a manutenção da gravidez; por isso seu nome, que advém do termo latino *pro gestare*. Já bem precocemente, a progesterona estimula a atividade secretora das glândulas endometriais, contribuindo para a nutrição do ovo e depois do embrião. Esse hormônio também favorece o relaxamento das fibras miometriais (quiescência uterina), assim como das demais fibras musculares lisas do organismo materno, contribuindo para a diminuição do peristaltismo intestinal e a dilatação ureteral. Por ser semelhante à molécula de aldosterona, modifica a excreção tubular de sódio, levando à retenção hídrica e contribuindo para o aumento da volemia materna. Adicionalmente, aumenta por ação central o sono e a fome, e ainda inibe a lactogênese durante a gravidez, ao mesmo tempo em que estimula o crescimento das glândulas mamárias.

Estrógeno

A produção placentária de estrógeno é um tanto diversa, pois a placenta carece das enzimas necessárias para a síntese direta de estrógeno a partir do colesterol. Esse processo ocorre por meio de precursores androgênicos, tanto maternos, quanto fetais. Por isso, diz-se que tal síntese é realizada pela unidade feto-materno-placentária, em consequência da ação da aromatase placentária sobre os andrógenos – a saber, androstenediona, testosterona e 16-alfa-hidroxitestosterona –, gerando então estrona, estradiol e estriol, respectivamente.

O estrógeno mais sintetizado pela placenta é o estriol, exatamente o mais fraco dos três compostos; guardando-se a seguinte proporção de potência: 1:10:100 para estriol, estrona e estradiol, sucessivamente. De qualquer forma, a produção desses hormônios é crescente durante o decorrer da gravidez, conforme é possível observar na Figura 14.

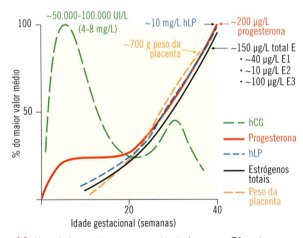

Figura 14 Hormônios maternos na gestação humana. E1: estrona; E2: estradiol; E3: estriol; hCG: gonadotrofina coriônica humana; hLP: hormônio lactogênico placentário; total E: estrógenos totais. (Figura adaptada de Austin & Short[1])

São várias as funções do estrógeno durante a gravidez, dentre as quais destacam-se: aumentar a força contrátil do coração e a frequência cardíaca, aumentando o débito cardíaco e o fluxo sanguíneo uteroplacentário; e estimular a síntese proteica no fígado, com produção de globulinas transportadoras e de substrato da renina. Além disso, também favorece hiperplasia, hipertrofia e aumento da contratilidade miometrial (ação contrabalanceada pela progesterona) e contribui para o processo de embebição gravídica, que aumenta o turgor e a elasticidade dos tecidos maternos. O estrógeno e a hCG são responsáveis no primeiro trimestre pelas náuseas da gravidez e contribuem também, após o segundo trimestre, para a resistência periférica à insulina, ação em que o hormônio lactogênico placentário (hLP) também tem sua parcela de contribuição.

Hormônio lactogênico placentário

Outro hormônio importante para a gravidez é produzido pelo sinciciotrofoblasto, com estrutura proteica e ações bem parecidas com as da prolactina e do hormônio do crescimento (GH). Por conta dessa semelhança, também é conhecido como hormônio somatotrófico coriônico. Tem uma meia-vida curta, de apenas 30 minutos, e concentração sanguínea materna crescente até o final da gravidez.

Outros hormônios

• Hormônio tireotrófico coriônico: é um hormônio glicoproteico de baixa concentração placentária, cuja potência estimulante da tireoide é muito menor que a do TSH humano.

• Hormônio adrenocorticotrófico (ACTH): o ACTH placentário é sintetizado no sinciciotrofoblasto e liberado na circulação materna, possuindo potencial de ação reduzida em relação ao ACTH materno.

Relembrando

• A placenta é o órgão materno-fetal que permite trocas fisiológicas sem contato direto do sangue da mãe com o do feto.
• Acretismo placentário ocorre quando a placenta está aderida excessivamente ao útero, invadindo a camada esponjosa da decídua.

- A placentação é dividida em período pré-viloso e período viloso.
- "Barreira" placentária é o nome que se dá ao conjunto de tecidos que impedem o contato direto do sangue materno com o fetal, permitindo, porém, trocas de componentes entre eles. É constituída (da mãe para o feto) por: sinciciotrofoblasto, citotrofoblasto (que desaparece após 20 semanas), lâmina trofoblástica basal, tecido conjuntivo e endotélio capilar fetal.
- A invasão trofoblástica proporciona vasodilatação e redução da resistência placentária.
- A primeira onda de invasão trofoblástica ocorre antes de 12 semanas de gestação e é caracterizada pela modificação das artérias espiraladas maternas por enzimas proteolíticas do trofoblasto.
- A segunda onda de invasão trofoblástica ocorre entre 16 e 22 semanas e é caracterizada por modificação da porção miometrial das artérias espiraladas.
- A dequitação corresponde ao descolamento e à expulsão da placenta que ocorrem após o nascimento. Dura normalmente de 10 a 30 minutos.
- A clivagem ocorre no plano da decídua compacta, permanecendo a esponjosa no útero.
- A placenta tem diversas funções: respiratória, nutricional, excretória, de defesa e endócrina.

Caso clínico

Maria Aparecida, 30 anos, parda, faxineira, ensino fundamental completo, natural de São Paulo. Apresenta antecedente de baixo peso na gravidez anterior (recém-nascido pesou 2.300 g). Atualmente com 35 semanas de gestação, índice de massa corporal pré-gestacional de 17 kg/m², ganho de peso insuficiente (4 kg nesta gestação), além de ter fumado intensamente (20 cigarros/dia) até o início do terceiro trimestre (30 semanas), quando passou a utilizar 4 cigarros/dia. Mediante uma altura uterina pequena (28 cm), foi solicitado exame de ultrassonografia, que revelou feto com peso estimado abaixo do esperado para a idade gestacional (2.200 g), índice do líquido amniótico normal (8,2). Na ultrassonografia morfológica, com 20 semanas de gravidez, o feto não apresentava malformações e o peso estimado era de 460 g, compatível com a idade gestacional. Durante a gravidez, foi diagnosticada anemia ferropriva, medicada com sulfato ferroso. Diante do achado ultrassonográfico, foi encaminhada para um serviço terciário, onde realizaram o exame de Dopplervelocimetria feto-placentária, que revelou resistência placentária aumentada.

1. O que na história pode estar relacionado com esta alteração placentária?
2. Há risco de sofrimento fetal?
3. Antigamente, para casos semelhantes, dosava-se o estriol urinário materno para determinar o risco de sofrimento fetal, indicando-se o parto quando o estriol estivesse abaixo dos parâmetros de referência. Como você explica o racional para este tipo de exame?
4. Como você explica histologicamente as alterações do exame de Doppler?

Para refletir

- Qual é a influência da nutrição materna e do tabagismo sobre a formação placentária?
- A partir do melhor entendimento do processo de placentação, o médico tem como orientar melhor a gestante durante o pré-natal?
- O estudo anatomopatológico da placenta nem sempre é realizado de forma rotineira. Qual é sua opinião sobre isso?

Referências bibliográficas

1. Austin CR, Short RV (eds.). Reproduction in mammals: hormonal control of reproduction. 2.ed. Cambridge: Cambridge University Press; 1984.
2. Edgard JC. Anomalies and diseases of the placenta. In: Edgard JC, Vaux NW (eds.). Edgard's practice of obstetrics. 6.ed. Philadelphia: P. Blakinston's Son & Co.; 1926.
3. Wilkin P. Pathologie du placenta. Paris: Masson et Cie; 1965.
4. Zugaib M (ed.). Zugaib obstetrícia. 2.ed. Barueri: Manole; 2012.
5. Zugaib M, Bittar RE. Protocolos assistenciais: clínica obstétrica, FMUSP. 4.ed. São Paulo: Atheneu; 2011.

CAPÍTULO 3

Crescimento e fisiologia fetal

Para discutir

- Como acontece o crescimento fetal?
- Como a placentação pode interferir no crescimento fetal?

- Você acha que as circulações fetal e neonatal são iguais?

Ao fim deste capítulo, você terá conhecido

- A maneira de calcular a idade gestacional e a data provável do parto a partir da última menstruação.
- O peso do feto durante a evolução da gestação.
- Os principais diâmetros de um feto de termo.

- Os aspectos principais do aparelho cardiovascular do feto e seu mecanismo de controle.
- As modificações da circulação fetal para a circulação do recém-nascido.
- Os aspectos principais do desenvolvimento respiratório fetal.

Introdução

A gestação a termo de uma mulher dura entre 37 e 42 semanas completas contadas desde o primeiro dia da última menstruação (data da última menstruação – DUM). Este dia, na verdade, precede o dia da concepção, já que a fecundação acontece cerca de 2 semanas depois da menstruação. Considerando-se a DUM, uma gestação tem, em média, 280 dias ou 40 semanas. Isso gera confusão entre as pacientes, que contam o tempo da gestação em meses solares, de 30 ou 31 dias, enquanto os médicos usam os meses lunares, com 28 dias. Portanto, uma gestação tem em média 9 meses solares mais 10 dias ou 10 meses lunares. Por isso, deve-se orientar as pacientes e informar que a idade gestacional não é calculada pela divisão do número de semanas por 4.

Presumindo-se que os ciclos da paciente antes da gestação eram regulares e que a DUM está correta, somam-se todos os dias desde a DUM até o dia presente e divide-se por 7 (número de dias em 1 semana) para obter a idade gestacional. A data provável do parto é o dia em que a paciente completará 40 semanas e pode ser facilmente calculada pela regra de Näegele, somando-se 7 dias e subtraindo-se 3 meses à DUM.

Definir corretamente a idade gestacional é de extrema importância, pois assim é possível acompanhar a evolução e o crescimento do feto, fazendo intervenções nos momentos adequados, quando for necessário.

A partir da implantação do blastocisto, o produto conceptual denomina-se embrião. Ao final de 6 semanas após a DUM, o saco coriônico tem de 2 a 3 cm de diâmetro e o embrião mede de 4 a 5 mm de comprimento. Após 8 semanas (2 semanas depois), o embrião já tem de 22 a 24 mm de comprimento e o coração já está completamente formado, sendo possível sua visualização à ultrassonografia. Arbitrariamente, considera-se que 10 semanas após a DUM ou 8 semanas após a fecundação termina o período embrionário e tem início o período fetal – nessa fase, o embrião apresenta cerca de 4 cm.

A partir do período fetal, ocorrem o crescimento e a maturação das estruturas que foram formadas no período embrionário. Com 12 semanas, o feto mede de 6 a 7 cm, surgem centros de ossificação e os dedos dos pés e das

> Marcos está atendendo uma paciente que descobriu sua gestação há apenas 1 semana e ela está com muitas dúvidas: qual o tempo de gestação? Para quando se espera o parto? A partir de que data se contam os "meses" da gestação?

> Uma paciente informa que o primeiro dia de sua última menstruação foi 12 de abril e a consulta é no dia 5 de junho. Para saber sua idade gestacional, somam-se os dias que se passaram desde a data da última menstruação (18 + 31 + 5 = 54) e divide-se o total por 7, o que corresponderia a 7 semanas e 5 dias. Para saber a data provável do parto, usa-se a regra de Näegele: 12 + 7 = 19 (dia); 4 – 3 = 1 (mês). A data então é dia 19 de janeiro.

> Leia mais sobre implantação no capítulo "Ovulação, implantação e embriogênese".

mãos se diferenciam. A genitália externa está estabelecida, mas permanece indiferenciada. Nessa fase, já é possível identificar os batimentos cardíacos fetais por meio do sonar Doppler.

Com 16 semanas, o comprimento fetal chega a 12 cm e seu peso a 110 g; a genitália externa já pode ser identificada à ultrassonografia. Na metade da gestação, definida em 20 semanas, o feto pesa cerca de 300 g, sua pele já apresenta uma leve lanugem e surgem os cabelos. O útero pode ser palpado na altura da cicatriz umbilical. Ao atingir 24 semanas, inicia-se a formação de depósitos de gordura do feto; a pele é enrugada, as pálpebras e sobrancelhas são identificáveis e seu peso fica em torno de 600 g. A partir desse ponto, o ganho ponderal é substancial e a proporção entre cabeça, corpo e membros é mais próxima à do nascimento.

Com 28 semanas, o feto pesa aproximadamente 1.100 g; sua pele é fina e avermelhada e coberta por *vernix*, um material gorduroso branco que se forma pelo acúmulo de secreção das glândulas sebáceas e possui células epiteliais e lanugem.

Ao atingir 32 semanas, a pele continua avermelhada e enrugada, mas seu peso já é de cerca de 1.800 g. O ganho de peso fetal nessa idade gestacional é de cerca de 30 g/dia. Com 36 semanas, perto do termo, o feto pesa aproximadamente 2.700 g e apresenta a pele menos enrugada, em virtude do depósito de gordura no tecido subcutâneo. Com 40 semanas, o feto está completamente desenvolvido e pesa cerca de 3.500 g.

Pode-se inferir se o crescimento fetal está adequado por meio da medida da altura uterina (Figura 1) e das curvas ultrassonográficas de crescimento fetal (Figura 2). A altura uterina é medida da borda superior da sínfise púbica ao fundo uterino. Já as curvas de crescimento têm como parâmetro o peso estimado pela ultrassonografia.

Classificação e gráficos semelhantes são utilizados pelos pediatras após o nascimento, dispondo o peso aferido após o parto na curva de Fenton e Kim[3] (Figura 3).

Entre 37 e 40 semanas, o feto já é capaz de se orientar em direção à luz e de se segurar com relativa firmeza; nessa fase, é de suma importância para o obstetra conhecer a situação e a apresentação do feto em relação à bacia da mãe, assim como conhecer os pontos de reparo mais relevantes.

O crescimento fetal pode ser influenciado por fatores ambientais, maternos e fetais. Situações como uso de drogas, tabagismo, desnutrição, infecções congênitas, gestações múltiplas ou diminuição do fluxo sanguíneo entre útero e placenta e entre placenta e feto podem acarretar restrição do crescimento fetal.

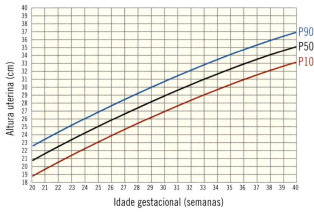

Figura 1 Curva da evolução da altura uterina durante a gestação. (Figura adaptada de Martinelli et al.[6])

Leia mais sobre medida da altura uterina no capítulo "Assistência pré-natal na segunda metade da gestação".

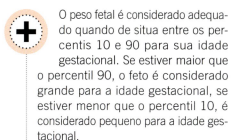

O peso fetal é considerado adequado quando de situa entre os percentis 10 e 90 para sua idade gestacional. Se estiver maior que o percentil 90, o feto é considerado grande para a idade gestacional, se estiver menor que o percentil 10, é considerado pequeno para a idade gestacional.

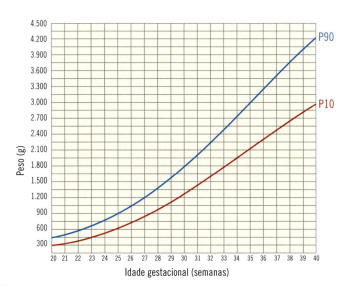

Figura 2 Peso fetal estimado pela ultrassonografia em função da idade gestacional. (Figura adaptada de Hadlock et al.[5])

Feto de termo e seus diâmetros

Cabeça fetal

O tamanho que a cabeça fetal adquire é muito relevante para o mecanismo de parto, pois ela é a parte do feto que apresenta as maiores medidas e é a menos suscetível à di-

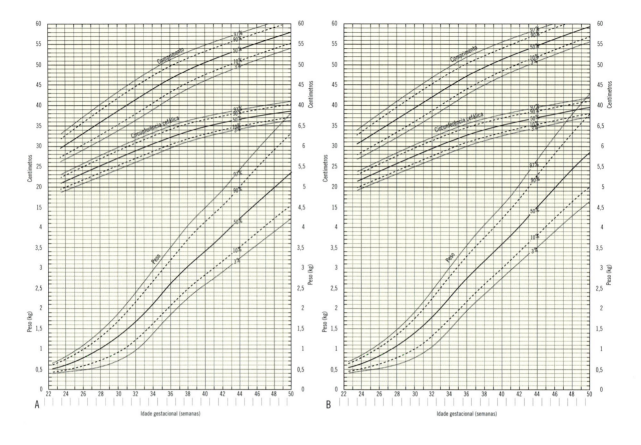

Figura 3 Peso ao nascer em função da idade gestacional para meninas (A) e meninos (B). (Figura adaptada de Fenton & Kim[3])

minuição de diâmetros, podendo, portanto, dificultar a passagem fetal pela bacia materna.

As suturas e fontanelas mais importantes do ponto de vista obstétrico estão demonstradas na Figura 4.

Além das suturas e fontanelas, é fundamental que o obstetra conheça os diâmetros e circunferências da cabeça do feto (Figura 5), por sua relação com o mecanismo de parto.

Cintura escapular

A cintura escapular corresponde aos ombros fetais e engloba o diâmetro biacromial, que mede 12 cm e pode ser reduzido a 9 cm durante a expulsão fetal; a circunferência biacromial, que mede 34 cm; e a circunferência esternodorsal ou torácica, que mede 32 cm.

Leia mais sobre a cabeça fetal no capítulo "Admissão da gestante para o parto".

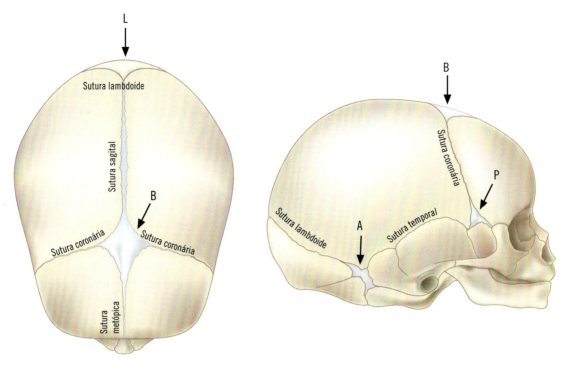

Figura 4 Suturas e fontanelas da cabeça fetal. B: fontanela bregmática; L: fontanela lambdoide; A: astério; P: ptério.

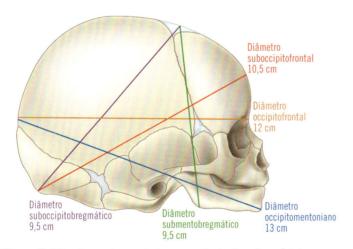

Figura 5 Diâmetros anteroposteriores e verticais da cabeça fetal.

Cintura pélvica

A cintura pélvica corresponde ao quadril do feto e engloba o diâmetro bitrocantérico, que mede 9 cm; a circunferência sacrotibial; e a circunferência sacrofemoral. Estas últimas relacionam-se ao quadril nas apresentações pélvicas.

Fisiologia fetal

A compreensão do crescimento fetal e do desenvolvimento de seus diversos sistemas é necessária para o acompanhamento da gestação normal. Conhecendo a fisiologia fetal, é possível identificar os desvios da normalidade e, caso ocorram, propor intervenções e condutas adequadas.

Sistema cardiovascular e circulação fetal

O sistema cardiovascular e a circulação do feto apresentam características morfológicas e funcionais próprias, diferindo da circulação neonatal e adulta para garantir o aporte de oxigênio e de nutrientes aos tecidos fetais. As principais diferenças são:

- presença da circulação feto-placentária: é feita através do cordão umbilical, que contém uma veia, responsável por levar sangue rico em oxigênio para o feto; e duas artérias, responsáveis por trazer sangue pobre em oxigênio do feto para ser oxigenado na placenta;
- alta pressão na circulação pulmonar e baixa pressão na circulação sistêmica: não ocorrem trocas gasosas no pulmão fetal e os alvéolos colabados oferecem alta resistência ao fluxo sanguíneo;
- existência do ducto venoso: o ducto leva cerca de metade do sangue proveniente da veia umbilical para a veia cava inferior, evitando a passagem pelo fígado, enquanto a outra parte é levada ao sistema porta-hepático. Esta estrutura fetal possui fibras musculares que regulam o fluxo sanguíneo: em situações de hipoxemia, ele se abre e permite a chegada de uma maior quantidade de sangue oxigenado ao coração;
- presença do forame oval: esta comunicação entre os átrios direito e esquerdo permite a passagem de cerca de 70 a 75% do sangue oriundo da veia cava inferior para o átrio esquerdo. Esse direcionamento preferencial é possível graças à borda inferior do *septum secundum*, chamada *crista dividens* (Figura 6) e acontece para que mais sangue oxigenado chegue ao coração esquerdo;
- existência do ducto arterioso: também chamado de ducto arterial ou canal arterial, é uma comunicação entre o arco da aorta e o tronco da artéria pulmonar. Como o pulmão

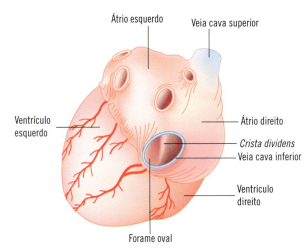

Figura 6 Vista posterior do coração fetal humano, com a parede da veia cava inferior seccionada para expor a *crista dividens*. As veias cavas superior e inferior desembocam desalinhadamente no átrio direito. (Figura adaptada de Zugaib & Kanas[7])

fetal não faz trocas gasosas, os alvéolos estão colabados e a circulação pulmonar tem alta pressão, o que leva à passagem do fluxo sanguíneo do tronco pulmonar para a circulação sistêmica. A regulação de sua permeabilidade é feita pela ação vasoconstritora do oxigênio: após o nascimento, ocorre aumento da pressão parcial de oxigênio (pO_2) sanguínea e, então, o ducto arterioso é fechado.

Outra diferença entre a circulação fetal e a adulta é que os ventrículos fetais trabalham em paralelo, e não em série. O débito cardíaco total é resultante de ambos os ventrículos, sendo dois terços do volume provenientes do ventrículo direito e um terço, do ventrículo esquerdo.

O vaso fetal com maior saturação de oxigênio é a veia umbilical; a partir dela, o sangue arterial mistura-se gradativamente com sangue venoso, diminuindo a concentração de oxigênio. Como existem "caminhos preferenciais" para o fluxo sanguíneo, os órgãos nobres (circulação coronariana e sistema nervoso) recebem sangue rico em oxigênio proveniente do ventrículo esquerdo, enquanto o restante do corpo recebe o sangue menos oxigenado oriundo do ventrículo direito (Figura 7).

O ritmo das contrações do músculo cardíaco é o que dita a frequência cardíaca, sendo estas contrações automá-

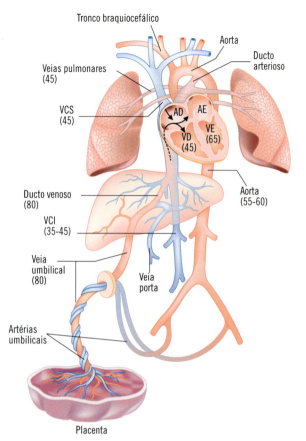

Figura 7 Esquema da circulação fetal. Entre parênteses, está indicada a saturação percentual de oxigênio no sangue fetal. AD: átrio direito; AE: átrio esquerdo; VCI: veia cava inferior; VCS: veia cava superior; VD: ventrículo direito; VE: ventrículo esquerdo. (Figura adaptada de Assali et al.[1])

ticas uma propriedade intrínseca do músculo do coração. Seu ritmo, porém, pode variar por influência do sistema nervoso fetal. As vias anatômicas desse sistema se formam precocemente e já são responsáveis pela regulação da frequência cardíaca fetal no início do terceiro trimestre.

O desenvolvimento funcional do sistema nervoso simpático se dá mais precocemente do que o sistema nervoso parassimpático, o que faz com que o efeito do tônus adrenérgico seja maior que o tônus colinérgico na frequência cardíaca. Entretanto, o tônus simpático permanece relativamente constante durante a evolução da gestação, enquanto o tônus parassimpático aumenta progressivamente, o que causa diminuição gradual da frequência cardíaca fetal enquanto a idade gestacional aumenta.

O controle da pressão arterial na vida intrauterina é feito por meio de reflexo barorreceptor. Esses receptores de pressão, localizados nas paredes das grandes artérias e nas artérias carótidas internas, são estimulados pela distensão vascular e transmitem mensagem ao bulbo, inibindo o centro vasoconstritor bulbar e provocando resposta vagal, com queda da pressão arterial e da frequência cardíaca.

As carótidas e a aorta fetais possuem quimiorreceptores sensíveis à concentração de dióxido de carbono e à presença de acidemia. Transmitem, então, impulsos ao centro vasomotor que levam ao aumento reflexo da pressão arterial. Esse mecanismo é a primeira linha de defesa do feto mediante a hipoxemia e atua principalmente no último trimestre.

Com o nascimento, a circulação do recém-nascido sofre profundas mudanças, visando a adaptação à vida extrauterina. A perda do *shunt* placentário e a expansão dos alvéolos pulmonares fazem com que ocorra aumento da resistência vascular periférica e diminuição da resistência pulmonar. O ducto venoso, com a interrupção do fluxo proveniente da veia umbilical, é obliterado em poucas horas. O forame oval é ocluído por sua válvula em razão da inversão da pressão entre átrio direito e esquerdo, e a alta pO_2 no ducto arterioso leva, por ação direta sobre sua musculatura, à sua constrição e ao fechamento definitivo em cerca de 24 horas. Estabelece-se, assim, a circulação extrauterina.

Sangue fetal

A produção de hemácias é feita inicialmente pela vesícula vitelínica, depois pelo fígado e, finalmente, pela medula óssea. A concentração da hemoglobina apresenta elevação de 12 g/dL no segundo trimestre para 18 g/dL no termo. A eritropoetina, produzida no fígado fetal, regula a hematopoese até o início de sua produção renal.

O volume sanguíneo feto-placentário no termo da gestação é estimado em 125 mL/kg, 62% dos quais correspondem ao feto e 38%, à circulação placentária. A hemoglobina na vida intrauterina possui estrutura diferente da hemoglobina do adulto. No final da gravidez, a pO_2 vilosa chega a 50 mmHg, enquanto no cordão fica em torno de 30 mmHg. A difusão transplacentária de oxigênio com essa pequena diferença de pressão só é possível graças a algumas particularidades:

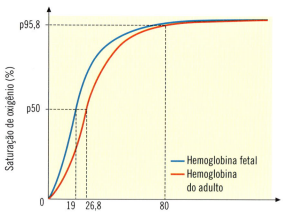

Figura 8 Curva de dissociação do oxigênio: a curva da hemoglobina fetal desviada para a esquerda indica maior afinidade ao oxigênio.

- a curva de dissociação da hemoglobina fetal é desviada para a esquerda, ou seja, ela é mais ávida pelo oxigênio do que a hemoglobina materna (Figura 8). Além disso, o eritrócito fetal apresenta maior capacidade de transporte de oxigênio em ambientes de baixa pO_2, em razão da menor associação das cadeias gama da hemoglobina ao 2,3-difosfoglicerato (2,3-DPG), diferentemente do que ocorre na hemoglobina da mãe;
- a concentração de hemoglobina na circulação fetal é maior do que na materna;
- a afinidade da hemoglobina pelo oxigênio é inversamente proporcional à pressão parcial de dióxido de carbono (pCO_2). Assim, a hemoglobina fetal libera oxigênio nos tecidos periféricos fetais (com alta pCO_2) e liga-se fortemente ao oxigênio na placenta, após a passagem do dióxido de carbono do sangue fetal para o materno. Esse é o chamado efeito "Bohr".

Sistema respiratório

O desenvolvimento da árvore brônquica durante a gestação passa por períodos diferentes (Figura 9):

- embrionário: ocorre o aparecimento do botão pulmonar entre 26 e 28 dias de gestação;

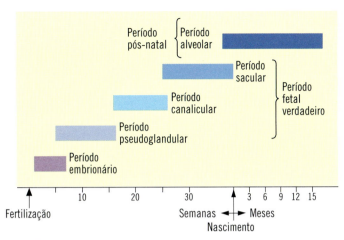

Figura 9 Períodos e duração do desenvolvimento pulmonar fetal e pós-natal. (Figura adaptada de Burri[2])

• pseudoglandular: caracterizado pela formação dos condutos aéreos, a partir de 6 semanas;
• canalicular: surgem os bronquíolos terminais, entre 13 e 25 semanas. Com 24 semanas, algumas células que revestem os ácinos diferenciam-se em pneumócitos dos tipos I e II;
• sacular: de 28 semanas até o nascimento, ocorre diferenciação dos sacos terminais em ductos alveolares e alvéolos;
• alveolar: caracterizado pela maturação dos alvéolos após o nascimento.

A possibilidade de sobrevivência do recém-nascido está associada à sua capacidade de realizar trocas gasosas. A maturidade pulmonar é obtida por volta de 35 semanas de gestação e é resultado da presença de alvéolos e da produção de substância surfactante pelos pneumócitos do tipo II.

Os surfactantes são compostos de fosfolípides e reduzem a tensão superficial dos alvéolos, impedindo seu colabamento durante a expiração (Tabela 1). Sua produção é acelerada pela produção de cortisol na glândula adrenal fetal (em situações de estresse). A lecitina (fosfatidilcolina) é o principal componente do surfactante e está presente em maior proporção que a esfingomielina quando o pulmão fetal atinge a maturidade (Figura 10).

Algumas doenças maternas e obstétricas – como hipertensão arterial crônica, doença hipertensiva específica da gestação grave, nefropatia dialítica, cardiopatia, insuficiência placentária, rotura prematura de membranas ovulares e restrição do crescimento fetal – podem acelerar a maturidade pulmonar fetal, por provável estresse fetal com liberação de catecolaminas. Algumas medicações também podem acelerar a maturidade pulmonar fetal. Alguns exemplos são os corticosteroides, a aminofilina, os betamiméticos e os hormônios da tireoide. Sabe-se que o diabetes pré-gestacional e o diabetes gestacional retardam a maturidade pulmonar fetal. A administração de glicocorticoide que ultrapasse a "barreira" placentária pode ser realizada quando se deseja antecipar o parto por razões obstétricas graves. Tal procedimento visa estimular a produção de surfactante pelos pneumócitos do tipo II e reduzir o risco de síndrome do desconforto respiratório do recém-nascido.

Tabela 1 Composição dos fosfolípides no lavado pulmonar humano de recém-nascido

Fosfolípides	Lavado pulmonar humano (%)
Fosfatidilcolina	67,5
• Saturada	49,7
• Insaturada	17,8
Fosfatidilglicerol	10,0
Fosfatidiletanolamina	5,3
Esfingomielina	4,0
Fosfatidilserina	1,6
Fosfatidilinositol	3,6
Outros	8,0

Tabela adaptada de Gilfillan et al.[4]

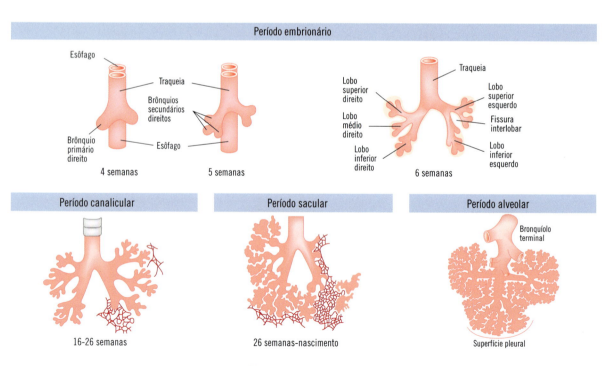

Figura 10 Fases sucessivas do desenvolvimento pulmonar.

As musculaturas torácica e diafragmática do recém-nascido adquirem o tônus necessário à realização dos movimentos respiratórios graças aos movimentos torácicos apresentados na vida intrauterina. A partir de 11 semanas de gestação, o produto conceptual apresenta tais movimentos, que são observados até o termo.

Relembrando

- A fase embrionária vai até 10 semanas após a data da última menstruação.
- A fase fetal vai de 10 semanas após a data da última menstruação até o nascimento.
- O feto de 40 semanas está completamente desenvolvido e pesa cerca de 3.500 g.
- A cabeça é a parte do feto que tem as maiores medidas e é a menos suscetível à diminuição de diâmetros, podendo dificultar a passagem pela bacia materna.
- As principais diferenças da circulação fetal para a circulação do adulto são:
  - a presença da circulação feto-placentária, feita através do cordão umbilical;
  - a alta pressão na circulação pulmonar e a baixa pressão na circulação sistêmica;
  - a existência do ducto venoso;
  - a presença do forame oval;
  - a existência do ducto arterioso;
  - o trabalho em paralelo dos ventrículos fetais (e não em série, como no adulto).
- A hemoglobina do feto eleva-se de 12 g/dL no segundo trimestre para 18 g/dL no terceiro trimestre.
- A hemoglobina fetal tem maior afinidade pelo oxigênio do que a hemoglobina materna.
- A sobrevivência do recém-nascido é dependente de sua capacidade pulmonar de realizar trocas gasosas.

Caso clínico

 Henrique está no ambulatório e atende a paciente Juliana. Ela está com 32 semanas e vem para consulta de rotina. Durante o exame físico, a altura uterina é de 35 cm. Ela mostra uma ultrassonografia que fez no dia da consulta e o peso fetal estimado pelo exame é de 2.450 g.

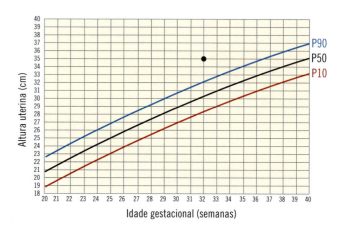

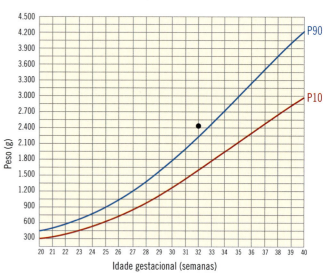

1. O que você pode dizer do crescimento fetal?

Para refletir

- Como avaliar o crescimento fetal quando não se conhece a idade gestacional correta?
- Qual é a importância do conhecimento das diferenças entre as circulações fetal e neonatal?

Referências bibliográficas

1. Assali NS, Bekey GA, Morrison LW. Fetal and neonatal circulation. In: Assali NS (ed.). Biology of gestation. New York: Academic Press; 1968. v.II, p.51-142.
2. Burri PH. Fetal and postnatal development of the lung. Ann Rev Physiol 1984;46:617-28.
3. Fenton TR, Kim JH. A systematic review and meta-analysis to revise the Fenton growth chart for preterm infants. BMC Pediatrics 2013;13:59.
4. Gilfillan AM, Chu AJ, Smart DA, Rooney SA. Single plate separation of lung phospholipids including disaturated phosphatidylcholine. J Lipid Res 1983;24(12): 1651-6.
5. Hadlock FP, Harrist RR, Marinez-Poyer. In utero analysis of fetal growth: a sonographic weight standard. Radiology 1991;181:129-33.
6. Martinelli S, Bittar RE, Zugaib M. Proposta de nova curva de altura uterina para gestações entre 20 e 42 semanas. Rev Bras Gineco Obstet 2001;23(4):234-41.
7. Zugaib M (ed.). Zugaib obstetrícia. 2.ed. Barueri: Manole; 2012.
8. Zugaib M, Bittar RE. Protocolos assistenciais: clínica obstétrica, FMUSP. 4.ed. São Paulo: Atheneu; 2011.
9. Zugaib M, Kanas M. Fisiologia fetal aplicada. São Paulo: Roca; 1986.

CAPÍTULO 4

Estatísticas vitais

Para discutir

- O que são estatísticas vitais?
- Qual é a razão de mortalidade materna da sua cidade?

- Você conhece programas que visam melhorar a saúde materno-infantil na sua região? Quais são?
- Quais são as principais causas de morte materna e perinatal na sua cidade?

Ao fim deste capítulo, você terá conhecido

- A definição e o cálculo de mortalidade materna, neonatal e perinatal.
- A classificação do recém-nascido com relação à idade gestacional e ao peso ao nascer.
- A definição de abortamento.

- A definição de óbito fetal.
- A definição de mortalidade infantil.
- As principais causas de mortalidade materna e perinatal.

Estatísticas vitais

As estatísticas vitais compreendem o conjunto de informações que se obtém a partir do registro dos dados de natalidade, mortalidade e sobrevivência de uma população. Esses dados são fundamentais, pois sua análise permite avaliar as condições de nascimento e de vida de determinados grupos de pessoas e sua evolução ao longo dos anos; permitem, ainda, a comparação entre as populações de diferentes localidades.

No Brasil, desde 1975 foram normatizados o fluxo de notificação de óbitos e o documento utilizado para esse fim (declaração de óbito), e desde 1990 há um sistema semelhante para coleta de informações dos nascimentos informados.

Para que os dados de diferentes municípios e Estados possam ser comparados, os termos envolvidos na análise estatística seguem uma definição que é utilizada universalmente. Assim, é possível traçar o perfil epidemiológico da população que se deseja estudar.

Mortalidade materna

Os altos índices de mortalidade materna detectados nos países em desenvolvimento são considerados grave violação aos direitos humanos, uma vez que a maioria das mortes poderia ser evitada. Esse índice é usado para avaliar a qualidade da assistência prestada à saúde da mulher em determinado país ou região.

Em 2000, a Organização Mundial da Saúde (OMS) reuniu a Cúpula do Milênio, em que 189 Estados-membros da Organização das Nações Unidas assinaram a "Declaração do milênio", pacto que tem o objetivo de erradicar a pobreza e melhorar o desenvolvimento humano até o ano de 2015 por meio do cumprimento de metas estabelecidas, com destaque para a redução da mortalidade materna.

Segundo estimativa da OMS, entre 1990 e 2010, houve redução da mortalidade materna em 47% no mundo, mas ainda assim o número de mortes é alto: em 2010, 287 mil mulheres morreram durante o ciclo gravídico-puerperal e 99% desses óbitos aconteceram em países em desenvolvimento. Neste mesmo ano, 1.719 mortes maternas foram notificadas no Brasil.

O Sistema de Informações sobre Nascidos Vivos tem por objetivo coletar dados sobre os nascimentos informados em todo o território nacional e fornecer dados sobre natalidade para todos os níveis do sistema de saúde. O documento que abastece este sistema é a declaração de nascido vivo, padronizada em todo o Brasil.
No site http://svs.aids.gov.br/cgiae/sinasc, há mais informações e é possível ver os dados referentes aos últimos anos.

Segundo a Classificação Internacional de Doenças (CID-10), a morte materna é aquela ocorrida durante a gestação ou até 42 dias após o seu término, independentemente da duração e da localização da gestação. A causa do óbito pode ser uma doença diretamente causada pela gestação ou uma doença preexistente e agravada por ela. Não são consideradas mortes maternas, entretanto, aquelas decorrentes de causas acidentais e incidentais. A CID-10 estabelece, ainda, o conceito de morte materna tardia, aquela decorrente de causa obstétrica, mas ocorrida entre 42 dias e 1 ano após o fim da gestação.

Dessa forma, é possível classificar a morte materna em:

- obstétrica direta: decorrente de complicações obstétricas durante o ciclo gravídico-puerperal, causadas por intervenções, omissões, tratamento incorreto ou uma cadeia de eventos resultantes de qualquer uma dessas causas. Podem ser citados como exemplos: abortamento, doença hipertensiva específica da gestação (DHEG), diabetes gestacional, hemorragia intraparto, infecção puerperal, moléstia trofoblástica gestacional, entre outros;
- obstétrica indireta: decorrente de doenças que existiam antes da gestação, ou que se desenvolveram no período gestacional, que não são provocadas por causas obstétricas diretas, mas que são agravadas pelos efeitos fisiológicos da gestação. São exemplos: doença cardiovascular, pulmonar, renal ou hematológica preexistente; hipertensão arterial preexistente; *diabetes mellitus* preexistente; doenças infecciosas e parasitárias; desnutrição; entre outras;
- não obstétrica: resultante de causas acidentais e incidentais não relacionadas à gestação. Alguns autores classificam esses casos como morte não relacionada. São exemplos acidentes e homicídios. Esses casos não são incluídos no cálculo da razão de mortalidade materna.

No Brasil, a mortalidade materna ainda é subestimada, já que existe subinformação das causas dos óbitos, preenchimento incorreto das declarações de óbito e subnotificação dessas declarações. Os dados são obtidos a partir das declarações de óbito registradas em cartório e encaminhadas para as secretarias de saúde municipais, estaduais e federal, para análise pelo Sistema Nacional de Vigilância em Saúde. Esse

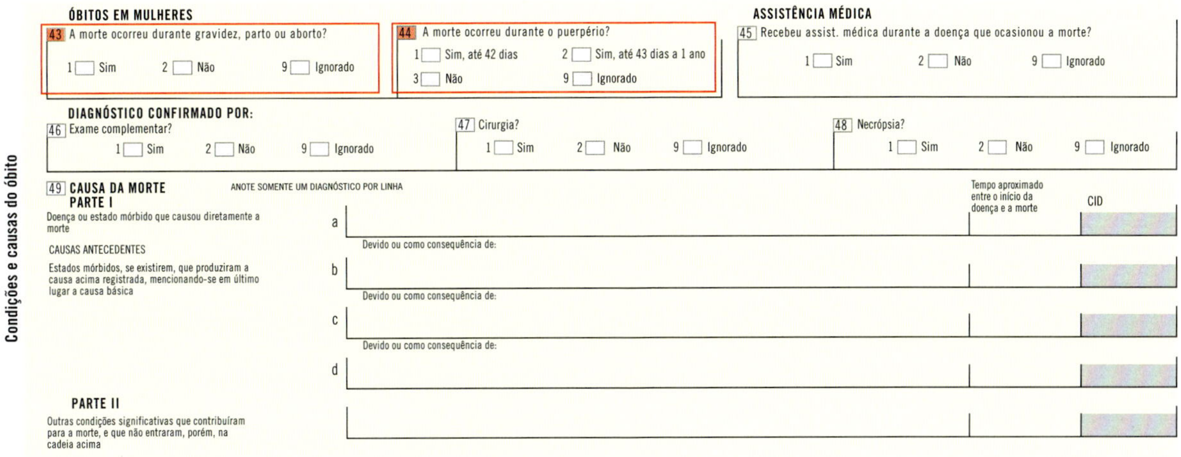

CAPÍTULO 4 ESTATÍSTICAS VITAIS

ÓBITOS EM MULHERES

43 A morte ocorreu durante gravidez, parto ou aborto?
1 ☐ Sim 2 ☐ Não 9 ☐ Ignorado

44 A morte ocorreu durante o puerpério?
1 ☐ Sim, até 42 dias 2 ☐ Sim, até 43 dias a 1 ano
3 ☐ Não 9 ☐ Ignorado

ASSISTÊNCIA MÉDICA
45 Recebeu assist. médica durante a doença que ocasionou a morte?
1 ☐ Sim 2 ☐ Não 9 ☐ Ignorado

DIAGNÓSTICO CONFIRMADO POR:
46 Exame complementar?
1 ☐ Sim 2 ☐ Não 9 ☐ Ignorado

47 Cirurgia?
1 ☐ Sim 2 ☐ Não 9 ☐ Ignorado

48 Necrópsia?
1 ☐ Sim 2 ☐ Não 9 ☐ Ignorado

49 **CAUSA DA MORTE** ANOTE SOMENTE UM DIAGNÓSTICO POR LINHA
PARTE I
Doença ou estado mórbido que causou diretamente a morte

Tempo aproximado entre o início da doença e a morte | CID

a

CAUSAS ANTECEDENTES
Estados mórbidos, se existirem, que produziram a causa acima registrada, mencionando-se em último lugar a causa básica

Devido ou como consequência de:

b

Devido ou como consequência de:

c

Devido ou como consequência de:

d

PARTE II
Outras condições significativas que contribuíram para a morte, e que não entraram, porém, na cadeia acima

Condições e causas do óbito

Figura 1 Os campos 43 e 44 da declaração de óbito são importantes para estimativa da mortalidade materna.

sistema ainda promove busca ativa de óbitos de mulheres em idade fértil (MIF – mulheres de 10 a 49 anos) para encontrar causas que possam estar relacionadas ao ciclo gravídico-puerperal e ter uma estimativa da mortalidade materna mais próxima da realidade. Por isso, nos óbitos de mulheres, não se deve deixar em branco os campos 43 e 44 (Figura 1), que questionam se a morte ocorreu durante gravidez, parto ou aborto e se a morte ocorreu durante o puerpério. O não preenchimento desses campos obriga a equipe a buscar mais informações e revisar os casos, despendendo tempo e dinheiro.

É dever do médico preencher corretamente a declaração de óbito. Esse documento contém informações de importância epidemiológica sobre as causas de morte. Deve-se conhecer os conceitos utilizados nesse formulário para que nenhum dado seja deixado de lado.

Para normatizar os índices utilizados e permitir a comparação entre diferentes regiões, foram criados alguns coeficientes:

• razão (taxa ou coeficiente) de mortalidade materna: relaciona as mortes maternas obstétricas diretas e indiretas com o número de nascidos vivos em determinado período; é expresso por 100 mil nascidos vivos;

$$\frac{\text{n. de óbitos maternos (diretos e indiretos)}}{\text{n. de nascidos vivos}} \times 100.000$$

Não deixe de acessar o site: http://bvsms.saude.gov.br/bvs/publicacoes/declaracao_de_obito_final.pdf.
Nele, você encontrará orientações e exemplos de como deve ser preenchida a declaração de óbito.

O fator de correção usado no Brasil no ano de 2004 foi de 1,4, o que significa 40% de subnotificação da morte materna.

- fator de correção: só é necessário por causa da subnotificação e do preenchimento incorreto da declaração de óbito (não preenchimento dos campos 43 e 44). Ela relaciona o total de mortes maternas declaradas mais aquelas encontradas em investigação de óbitos em MIF com o número de óbitos maternos declarados;

$$\frac{\text{n. de óbitos maternos declarados} + \text{n. de óbitos maternos identificados após investigação de MIF}}{\text{n. de óbitos maternos declarados}}$$

- razão de mortalidade materna específica: relaciona a variável em questão (grupo etário, etnia, local de residência, causa de óbito etc.) com o número de nascidos vivos total ou do grupo estudado.

$$\frac{\text{n. de óbitos maternos causados pela variável a ser estudada}}{\text{n. de nascidos vivos}} \times 100.000$$

Segundo a OMS, que mantém vigilância sobre a saúde materna em todo o mundo, o Brasil apresentou razão de mortalidade materna de 56 mortes por 100 mil nascidos vivos em 2010, comparada a 81 mortes por 100 mil nascidos vivos em 2000 e 120 mortes por 100 mil nascidos vivos em 1990. Isso representa uma melhora significativa dos serviços de saúde do país, mas ainda está acima das 20 mortes por 100 mil nascidos vivos, considerada a taxa mínima aceitável. No ano de 2010, Suécia, Áustria e Itália apresentaram uma razão de mortalidade materna de 4 mortes por 100 mil nascidos vivos, enquanto a Nigéria apresentou 630 mortes por 100 mil nascidos vivos e a Somália, mais de 1.000 mortes por 100 mil nascidos vivos. Esses números ilustram como a disparidade socioeconômica entre os países se reflete na assistência à saúde (Figura 2).

No Brasil, as doenças hipertensivas são as maiores responsáveis pelos óbitos maternos, sendo causa de morte em 21% das declarações de óbito. Além das doenças hipertensivas, as principais causas de morte materna são a hemorragia, as infecções puerperais, as doenças do aparelho cardiovascular e o abortamento.

Recentemente, alguns autores começaram a falar também sobre *near miss morbidity*, que diz respeito àquelas situações em que mulheres apresentam complicações potencialmen-

Não deixe de acessar o site: http://www.datasus.gov.br.
Nele, você terá acesso a informações sobre os indicadores de saúde mais recentes de sua região e do Brasil.

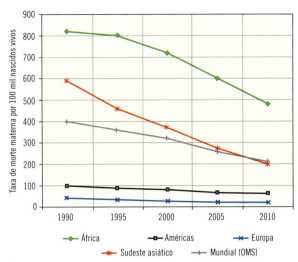

Figura 2 Taxa de mortalidade materna por 100 mil nascidos vivos por região da Organização Mundial da Saúde (OMS), entre 1990 e 2010. (Figura adaptada de World Health Organization[9])

te letais durante a gravidez, o parto ou o puerpério e somente sobrevivem em decorrência do acaso ou do cuidado hospitalar. Para operacionalizar a classificação dos casos, alguns pesquisadores adotam a ocorrência de disfunção orgânica materna, outros se baseiam em determinadas doenças (por exemplo, eclâmpsia) e outros usam o grau de complexidade do manejo assistencial (por exemplo, admissão em unidade de terapia intensiva ou realização de histerectomia). Edema pulmonar, parada cardiorrespiratória, choque hipovolêmico, hipoxemia grave com necessidade de entubação orotraqueal, oligúria e cetoacidose diabética são classificados assim.

Mortalidade perinatal

Outra meta traçada pela Cúpula do Milênio foi a redução da mortalidade infantil. Essa taxa estima o risco de morte dos nascidos vivos no seu primeiro ano de vida e reflete as condições de desenvolvimento socioeconômico e de infraestrutura ambiental, assim como o acesso e a qualidade da atenção dispensada à saúde materno-infantil.

Para entender os coeficientes, é preciso conhecer as definições que envolvem a idade gestacional: o recém-nascido pré-termo é aquele com menos de 37 semanas completas, enquanto o recém-nascido de termo é aquele que nasce entre 37 e 42 semanas completas. Se o nascimento ocorre após 42 semanas completas, o recém-nascido é chamado de pós-termo.

Além da idade gestacional, outra variável significativa é o peso ao nascer: é considerado aquele medido na primeira hora de vida e também segue uma classificação. Quando o peso de nascimento é inferior a 2.500 g, o recém-nascido é classificado como de baixo peso ao nascer; se o peso é inferior a 1.500 g, é classificado como de muito baixo peso ao nascer; e se o peso é inferior a 1.000 g, é classificado como peso extremamente baixo ao nascer.

Para avaliar a mortalidade infantil, os casos são divididos em dois grupos: neonatal (até 28 dias de vida) e pós-neonatal (de 29 dias a 1 ano). O grupo neonatal reflete a assistência dispensada à criança no nascimento e na unidade neonatal; ele ainda é subdividido em neonatal precoce (até 7 dias de vida) e neonatal tardio (de 8 a 28 dias). As principais causas de mortalidade neonatal são prematuridade, infecções, asfixia ou hipóxia, malformações congênitas e afecções respiratórias.

Os óbitos fetais são os casos de morte do concepto antes da expulsão ou da extração completa do corpo da mãe, independentemente da idade gestacional. As mortes fetais ocorridas antes de 22 semanas ou com fetos menores de 500 g são consideradas abortamento; se o óbito ocorrer após esse período, usa-se o termo natimorto. Se os casos de óbito após 22 semanas forem somados aos casos de óbitos neonatais precoces, tem-se um novo subgrupo: o de mortalidade perinatal. As mortes ocorridas no período intraparto e nas 48 horas seguintes ainda são responsáveis por mais da metade da mortalidade perinatal (Figura 3).

O *near miss* neonatal refere-se ao recém-nascido que quase foi a óbito em razão de complicação grave, mas sobreviveu. Não há consenso em sua definição.

De maneira semelhante aos índices de mortalidade materna, existe uma normatização dos coeficientes utilizados para avaliar a mortalidade infantil e perinatal. Os índices utilizados são:

- taxa de mortalidade infantil:

$$\frac{\text{n. de óbitos com menos de 1 ano de idade}}{\text{n. de nascidos vivos}} \times 1.000$$

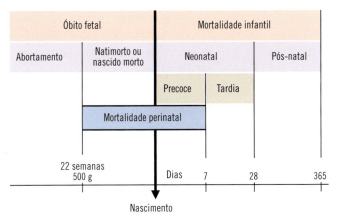

Figura 3 Períodos relacionados aos índices de mortalidade segundo a Organização Mundial da Saúde. (Figura adaptada de Leone et al.[4])

- taxa de mortalidade neonatal precoce:

$$\frac{\text{n. de óbitos de 0 a 6 dias de idade}}{\text{n. de nascidos vivos}} \times 1.000$$

- taxa de mortalidade neonatal tardia:

$$\frac{\text{n. de óbitos de 7 a 27 dias de idade}}{\text{n. de nascidos vivos}} \times 1.000$$

- taxa de mortalidade pós-neonatal:

$$\frac{\text{n. de óbitos de 28 a 364 dias de idade}}{\text{n. de nascidos vivos}} \times 1.000$$

- taxa de mortalidade perinatal:

$$\frac{\text{soma do n. de óbitos fetais (22 semanas de gestação ou mais)* e de óbitos de crianças de 0 a 6 dias completos de vida}}{\text{n. de nascimentos totais}} \times 1.000$$

(nascidos vivos + óbitos fetais de 22 semanas ou mais de gestação)

- taxa de mortalidade em menores de 5 anos:

$$\frac{\text{n. de óbitos com menos de 5 anos de idade}}{\text{n. de nascidos vivos}} \times 1.000$$

É preciso estar atento ao classificar os óbitos de recém-nascidos e crianças: do momento do nascimento até completar 24 horas de vida, a criança está com 0 dia de vida. Após completar 24 horas de vida e antes de 48 horas, ela tem 1 dia de idade – por isso, o óbito neonatal precoce é aquele

No site http://svs.aids.gov.br/dashboard/mortalidade/materna.show.mtw, há painéis de monitoramento da mortalidade materna com dados recentes separados por região, mês e outras categorias.

que acontece até os 6 dias de idade ou 168 horas. De maneira semelhante, o óbito neonatal tardio é o que ocorre de 7 a 27 dias e o pós-neonatal é o que acontece de 28 a 364 dias de idade.

Assim como a mortalidade materna, a mortalidade infantil no Brasil tem sofrido redução considerável desde a década de 1980, com a implantação de políticas públicas direcionadas à saúde infantil. Segundo os Indicadores e Dados Básicos (IDB), em 2008 a taxa de mortalidade infantil no Brasil foi de 17,6 mortes por mil nascidos vivos, 36% menor que no ano de 2000, que registrou 27,4 mortes por mil nascidos vivos.

Essa redução, no entanto, aconteceu principalmente no grupo pós-neonatal, em virtude de melhorias em saneamento, ações de imunização, aumento da prevalência do aleitamento materno e maior acesso aos serviços de saúde. Assim, a mortalidade neonatal atualmente é o principal componente da mortalidade infantil no país, correspondendo a 12 mortes por mil nascidos vivos, o que equivale a 68% das mortes de crianças com menos de 1 ano no país.

Mesmo com a redução das taxas de mortalidade, o número de mortes no Brasil ainda está muito além do esperado: os países desenvolvidos não ultrapassam 4 mortes por mil nascidos vivos. A mortalidade neonatal tem menor relação com fatores exógenos, como habitação e saneamento, e está intimamente ligada às ações em planejamento familiar, condições da gestação e do parto, à saúde materna e ao acesso à unidade de terapia intensiva (UTI) neonatal. As crianças sujeitas a maior risco são aquelas nascidas antes do termo e com muito baixo peso ao nascer, indicando o significativo papel da duração da gestação na mortalidade neonatal.

A saúde materno-infantil tem um papel significativo na avaliação dos índices de desenvolvimento humano e melhorias na área são imprescindíveis para que o mundo possa atingir as "metas do milênio". As políticas públicas nacionais priorizam a reorganização do Sistema Único de Saúde (SUS), promovendo a descentralização da atenção à saúde com o objetivo de facilitar o acesso aos serviços, melhorar o atendimento e oferecer educação continuada aos profissionais de saúde, mas ainda não é suficiente: é preciso garantir atendimento de qualidade em todos os níveis da rede de saúde e melhorar o acesso aos serviços de planejamento familiar, pré-natal, parto e puerpério, além das UTI neonatais. Esse pode ser o caminho para que o Brasil se aproxime do ideal de desenvolvimento sustentável.

Relembrando

- Morte materna é aquela ocorrida durante a gestação ou até 42 dias após o parto, excluindo-se causas acidentais e incidentais.
- Razão de mortalidade materna é a relação das mortes maternas com o número de nascidos vivos, expresso por 100 mil nascidos vivos.
- A principal causa de morte materna no Brasil são as doenças hipertensivas.
- A taxa de mortalidade infantil é a relação das mortes de crianças com menos de 1 ano de idade com o número de nascidos vivos, expresso por mil nascidos vivos.
- O componente neonatal da mortalidade infantil (até 27 dias de vida) pode ser subdividido em neonatal precoce (até 6 dias de vida) e neonatal tardio (7 a 27 dias de vida).
- A mortalidade perinatal é a associação dos óbitos fetais após 22 semanas com a mortalidade neonatal precoce, e reflete condições dos serviços de pré-natal, parto e unidade de terapia intensiva neonatal.

Caso clínico

Pedro está de plantão quando é chamado para atender uma paciente levada desacordada pela ambulância. Tratava-se de uma secundigesta de 36 semanas, que fazia pré-natal na Unidade Básica de Saúde e foi atendida após perda da consciência. Chegou ao hospital entubada, com saturação de oxigênio de 78%, edema de face pronunciado, pressão arterial de 220 × 120 mmHg e frequência cardíaca de 98 bpm. Foi diagnosticado um quadro de edema agudo de pulmão. Os batimentos cardíacos fetais estavam presentes e foi prontamente encaminhada ao centro obstétrico para uma cesárea de emergência.

A cesárea foi realizada com anestesia geral, com o nascimento de um recém-nascido de 2.830 g, de Apgar 1-4-7. Houve necessidade de entubação orotraqueal e unidade de terapia intensiva neonatal. Após o parto, a paciente permaneceu na unidade de terapia intensiva por 2 dias e faleceu.

1. Como você classificaria o óbito desta paciente?
2. Como seria preenchida a declaração de óbito desta paciente?
3. Como seria classificado o recém-nascido em relação à idade gestacional e ao peso ao nascer?

Para refletir

- Como é possível aumentar a notificação de morte materna?
- Por que há tanta dificuldade na redução de mortalidade materna e perinatal?
- O que você pensa sobre a investigação do *near miss*? Seria uma boa estratégia para reduzir a mortalidade materna?

Referências bibliográficas

1. Brasil. Ministério da Saúde. Fundação Nacional de Saúde. Manual de instruções para o preenchimento da declaração de óbito. 3.ed. Brasília: Ministério da Saúde; 2001.
2. Brasil. Ministério da Saúde. Secretaria de Atenção à Saúde. Departamento de Ações Programáticas Estratégicas. Manual dos comitês de mortalidade materna. 3.ed. Brasília: Ministério da Saúde; 2007.

3. Brasil. Ministério da Saúde. Secretaria de Vigilância em Saúde. Departamento de Análise de Situação de Saúde. Guia de vigilância epidemiológica do óbito materno. Série A. Disponível em: http://bvsms.saude.gov.br/bvs/publicacoes/guia_vigilancia_epidem_obito_materno.pdf. Acessado em: 07 de abril de 2014.

4. Leone CR, Costa MTZ, Kahhale S. Mortalidade perinatal e neonatal. In: Marcondes E, Costa Vaz FA, Ramos JLA, Okay Y (eds.). Pediatria básica. 9.ed. São Paulo: Sarvier; 2002. p.252-5.

5. Município de São Paulo. Secretaria Municipal de Saúde. Vigilância da mortalidade materna. Disponível em: http://www.prefeitura.sp.gov.br/cidade/secretarias/saude/saude_da_mulher/index.php?p=5778. Acessado em: 31 de dezembro de 2013.

6. Ortiz LP, Oushiro DA. Perfil da mortalidade neonatal no Estado de São Paulo. São Paulo em Perspectiva 2008;22(1):19-29. Disponível em: http://www.seade.gov.br/produtos/spp/v22n01/v22n01_02.pdf. Acessado em: 31 de dezembro de 2013.

7. United Nations. Millennium development goals. Disponível em: http://www.un.org/millenniumgoals. Acessado em: 5 de janeiro de 2014.

8. World Health Organization. Maternal mortality. Disponível em: http://www.who.int/mediacentre/factsheets/fs348/en/index.html. Acessado em: 3 de junho de 2013.

9. World Health Organization. Trends in maternal mortality: 1990 to 2008. Genebra: World Health Organization; 2010.

10. Zugaib M (ed.). Zugaib obstetrícia. 2.ed. Barueri: Manole; 2012.

11. Zugaib M, Bittar RE. Protocolos assistenciais: clínica obstétrica, FMUSP. 4.ed. São Paulo: Atheneu; 2011.

SEÇÃO 2

Pré-natal

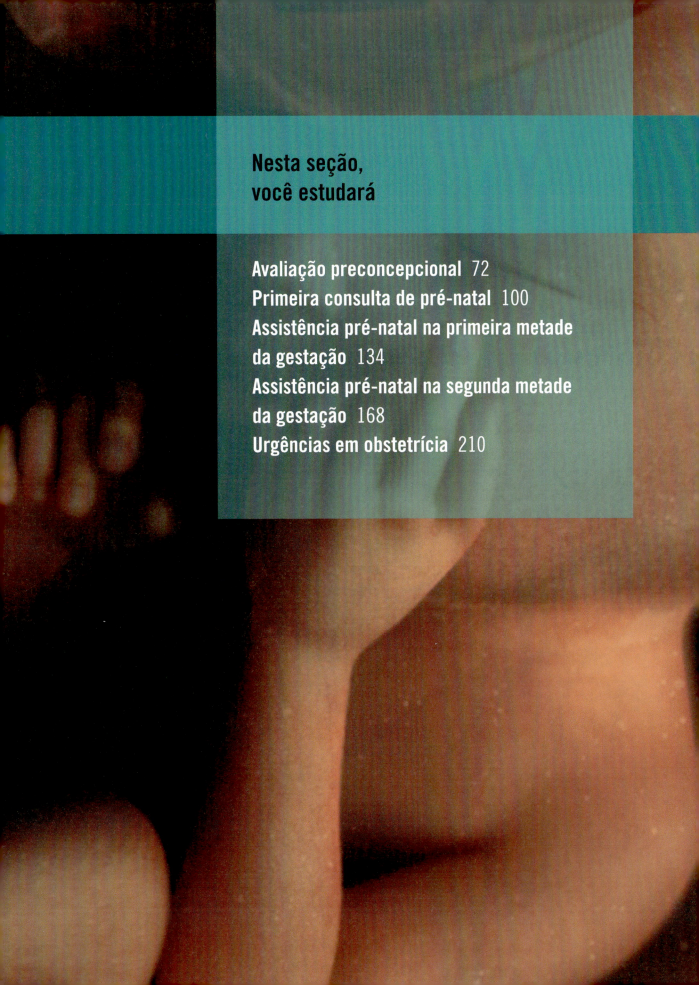

Nesta seção, você estudará

Avaliação preconcepcional 72
Primeira consulta de pré-natal 100
Assistência pré-natal na primeira metade da gestação 134
Assistência pré-natal na segunda metade da gestação 168
Urgências em obstetrícia 210

CAPÍTULO 5

Avaliação preconcepcional

Para discutir

- O que você sabe sobre planejamento da gravidez?
- Em quais situações você considera que o aconselhamento preconcepcional é importante?
- Você conhece algum programa de aconselhamento preconcepcional desenvolvido no Brasil?
- Qual é a diferença entre aconselhamento e consulta preconcepcional?
- Você considera importante a consulta preconcepcional? Por quê?
- Quais indicadores de saúde podem ser modificados se a consulta preconcepcional for realizada pela maioria das mulheres no Brasil?

Ao fim deste capítulo, você terá conhecido

- O que é aconselhamento preconcepcional.
- Quais as oportunidades para realizar o aconselhamento preconcepcional.
- Qual a importância do planejamento da gestação.
- Quais orientações devem ser dadas a mulheres em idade fértil e portadoras de doenças crônicas.
- Como reduzir o risco teratogênico associado ao uso de medicamentos.
- Como a orientação preconcepcional pode melhorar o prognóstico materno e fetal.
- O que é a consulta preconcepcional.
- O objetivo da consulta preconcepcional.
- Como a consulta preconcepcional é estruturada.
- Quais exames devem ser solicitados na consulta preconcepcional.

Introdução

Pouca atenção é dispensada ao enfoque preconcepcional e ao planejamento das gestações. O número de mulheres que procuram atendimento médico especificamente com essa finalidade é pequeno na assistência médica privada e praticamente inexistente no setor público. Apesar da demanda voluntária pela consulta preconcepcional não ser habitual, o aconselhamento preconcepcional pode ser realizado em diferentes momentos da assistência à saúde da mulher e, portanto, estende-se para além dessa prática.

Quando se assiste uma mulher, especialmente portadora de doença crônica, em idade fértil, é preciso conversar sobre anticoncepção e planejamento de uma futura gestação. Assim, todo e qualquer momento pode ser uma oportunidade de abordar o tema e discutir o assunto com a mulher ou o casal. Durante qualquer consulta de rotina ginecológica, por exemplo, é possível questionar sobre planos reprodutivos, mesmo que o foco do questionamento esteja voltado para a anticoncepção e não para o planejamento da gestação. Em consultas médicas de outras especialidades, que não a obstetrícia e a ginecologia, a abordagem das doenças e o reconhecimento de que na idade reprodutiva há necessidade de se considerar possibilidade de gestação – e, portanto, de planejamento desta – permitem identificar medidas capazes de reduzir sobremaneira o risco de eventos adversos para a gestante e seu concepto.

Ao identificar a intenção de gestação, todo médico deve orientar sua paciente para que realize uma consulta preconcepcional, visto que nessa oportunidade a prevenção de saúde será realizada de forma integral, considerando-se todas as peculiaridades desse período.

Nenhuma oportunidade que se apresente, durante qualquer avaliação médica de mulheres em idade fértil, deve ser perdida ou postergada sob o risco da ocorrência de uma gravidez não programada e todas as suas consequências.

Como reduzir a morbidade e a mortalidade materna e perinatal?

A educação de pacientes em idade fértil é responsabilidade de todos os profissionais envolvidos na atenção à

Pedro está atendendo Ana em uma consulta médica de rotina. Ana tem 24 anos e é diabética há 12 anos.

Pedro faz a anamnese dirigida ao diabetes e solicita exames para avaliar possíveis complicações da endocrinopatia. Considerando que Ana se encontra em idade fértil, há alguma orientação sobre planejamento da gravidez que deva ser fornecida a Ana?

Não deixe de acessar o site: http://www.cdc.gov/preconception/care-forwomen/index.html.

Lá, você encontrará informações úteis sobre a importância das orientações preconcepcionais para todos e a qualquer momento.

> Leia mais sobre organogênese fetal no capítulo "Ovulação, implantação e embriogênese".

> Não deixe de acessar o site: http://sara1hays.files.wordpress.com/2008/02/criticalperiodshumandevelopment1.jpg.
> Procure as informações sobre períodos críticos da formação fetal.

saúde, com esclarecimentos sobre os cuidados que devem preceder a gestação. Todos precisam estar atentos e avaliar constantemente a possibilidade e os riscos relacionados à associação entre doenças maternas, distúrbios nutricionais, uso de medicamentos e gestação. Esse fato torna-se evidente quando se leva em consideração que praticamente toda a organogênese ocorre em até 10 semanas após a data da última menstruação (DUM) e, muitas vezes, a procura pela assistência pré-natal ocorre depois desse período, restando ao obstetra apenas a possibilidade de diagnóstico de alterações fetais, visto que a prevenção já não é mais possível.

As medidas preventivas efetivadas durante o acompanhamento preconcepcional possibilitam o desenvolvimento de melhores indicadores de saúde materna, perinatal e infantil, fatores que se relacionam diretamente com o desenvolvimento socioeconômico de um país.

Pensando-se em educação em saúde, deve-se discutir com casais em idade fértil, especialmente com aqueles que pretendem ter uma gestação em breve, sobre o planejamento e a organização do futuro núcleo familiar. Para isso, é necessário acesso a informações sobre o tipo de organização familiar, incluindo tipo de relacionamento, estabilidade financeira, tipo de atividade profissional exercida, se essa atividade poderá ser mantida durante e após a gestação (tanto pela mulher quanto pelo casal), número de adultos e de crianças na família. O planejamento da gravidez nesse âmbito tem a importante finalidade de associar questões de saúde física e emocional com aspectos socioeconômicos para garantir a viabilização da futura gravidez. Isso inclui também pontos essenciais da previsão de recursos financeiros para o acompanhamento pré-natal, o parto e também para a sustentação dessa criança em suas necessidades fundamentais.

Perguntas usualmente negligenciadas, mas extremamente pertinentes, são aquelas relacionadas à existência de plano de saúde para assistência da mãe e do recém-nascido e período de carência desse plano. Caso a paciente não possua plano de saúde e opte pela assistência particular, será importante que ela possa estimar os gastos futuros conhecidos e aqueles que eventualmente possam acontecer, como necessidade de internação prolongada do recém-nascido em decorrência de nascimento prematuro. Por fim, ouvir as expectativas e dirimir as dúvidas referentes ao assunto são atitudes de grande relevância para informar e educar o casal, bem como para desfazer eventuais fantasias e medos.

O maior impacto dos cuidados preconcepcionais está, sem dúvida, em evitar gestações não desejadas e/ou não planejadas. Atualmente, no Brasil, 50% das gestações ocorrem sem planejamento, embora muitas delas sejam desejadas. O aconselhamento preconcepcional surge nesse contexto como oportunidade valiosa de intervenção. Sabe-se que em grupos nos quais os cuidados preconcepcionais foram oferecidos de forma sistemática e organizada, 65% mais mulheres foram capazes de planejar a gestação e em 75% delas, foram reconhecidos fatores de risco que puderam ser reduzidos antes da concepção.

Avaliação de riscos

Riscos sociodemográficos

Para obter a avaliação completa de riscos individuais e do casal, deve-se buscar ativamente pelas informações, pois muitas vezes o casal não reconhece a situação como de risco para uma futura gestação. Já durante a identificação do casal, é possível analisar dados que revelam potenciais riscos sociodemográficos.

Em mulheres com idade acima de 35 anos, o risco de malformações fetais eleva-se gradativamente e a probabilidade da prevalência de doenças crônicas que necessitem de tratamento e controle é progressivamente maior. Por outro lado, as adolescentes podem apresentar riscos físicos, relacionados ao desenvolvimento ainda incompleto do organismo; emocionais, em razão da fase de mudanças psicológicas e do não planejamento da gestação; além de riscos econômicos, por não serem ainda capazes de autossustentação financeira. O aconselhamento preconcepcional tem impacto relevante no grupo de adolescentes, pois permite postergar o momento da concepção e prevenir inúmeros desfechos obstétricos desfavoráveis e situações indesejáveis.

O estado civil da mulher em idade reprodutiva pode influenciar o acompanhamento das gestações. Uniões estáveis permitem a evolução de gestações mais realizadoras e mais seguras para a mulher e para o recém-nascido. Mulheres solteiras, viúvas ou separadas apresentam mais dificuldades dos pontos de vista emocional e financeiro e acabam sem a oportunidade de dividir o desejo, a aceitação e a responsabilidade de uma futura concepção com um parceiro. O apoio psicológico auxilia no reconhecimento desses grupos de risco, e o suporte multidisciplinar permite melhor organização do núcleo familiar.

Os níveis educacional e socioeconômico, da mesma forma, identificam mulheres ou casais e condições, temporárias ou permanentes, que impeçam ou dificultem uma gravidez próxima. Ambos são fatores de risco modificáveis e o encaminhamento para suporte social nesses casos pode transformar o prognóstico de uma futura gestação.

Deve-se, ainda, procurar reconhecer mulheres vítimas ou sob o risco de violência doméstica ou sexual. Por ser tema de difícil abordagem, recomenda-se que essas mulheres sejam acompanhadas por equipe multidisciplinar (médico, enfermeiro, psicólogo, assistente social etc.). Abordar esse assunto pode ser extremamente doloroso e traumatizante e, por isso, o tema deve ser conversado de forma lenta, sutil, permitindo a sensação de segurança e voluntariedade. Nesse sentido, os cuidados preconcepcionais acabam por diminuir os riscos de violência contra a criança e a mulher e os riscos de distúrbios psiquiátricos, como depressão e abuso de álcool e drogas ilícitas.

Estado nutricional

O período preconcepcional é momento oportuno para promoção de hábitos alimentares saudáveis. Uma breve entrevista a respeito de frequência, quantidade e tipo de macronutrientes ingeridos possibilita o rastreamento de mulheres com dieta pouco saudável e orienta o encaminhamento destas a especialista em nutrição para melhor acompanhamento. Para uma dieta saudável, recomenda-se a ingestão de aproximadamente 50 a 60% de carboidratos, 30 a 35% de lípides e 15 a 20% de proteínas ao dia, cujo total deverá ser fracionado em cinco ou seis refeições. A quantidade energética adequada deverá ser baseada no peso no momento da avaliação e deverá objetivar o alcance ou a manutenção do peso adequado à estatura da mulher. Alimentar-se de forma saudável proporciona benefícios ao longo de toda a vida da mulher em relação à prevenção de doenças, além de prepará-la para as orientações dietéticas preconizadas na gestação.

A ingestão de micronutrientes também é fator de grande importância para garantir o sucesso de uma futura gravidez. Já é consagrado o conhecimento de que os defeitos abertos do tubo neural são passíveis de prevenção em até 72% dos casos com a ingestão suplementar de ácido fólico nas 8 semanas que antecedem a concepção. Preconiza-se a prescrição de ácido fólico para todas as mulheres que pretendem engravidar ou que não estejam utilizando método anticoncepcional algum.

Além disso, deve-se corrigir as deficiências de outros oligoelementos, como nos casos de anemia ferropriva, e garantir os aportes adequados de cálcio. Orienta-se a ingestão de 30 mg/dia de ferro livre, presente em carnes e leguminosas; e de 1.200 mg/dia de cálcio, seja por meio de alimentos, como carnes e laticínios, ou por suplementos vitamínicos. Especial atenção deve ser dispensada às mulheres que adotam dieta vegetariana. Para estas, orienta-se a suplementação das vitaminas B12 e D. O uso rotineiro de polivitamínicos contendo vitamina A deve ser evitado. Sabe-se que doses superiores a 25.000 UI/dia são teratogênicas. As recomendações se baseiam em ingestão não superior a 10.000 UI dessa vitamina.

O peso materno é importante fator determinante nas recomendações dietéticas, e sua adequação antes da gravidez reduz sobremaneira uma série de complicações possíveis de ocorrer durante o período gestacional. Uma das formas mais utilizadas de avaliação do peso em adultos é o cálculo do índice de Quetelet ou índice de massa corporal (IMC). Esse índice é determinado pela divisão do peso do indivíduo pelo quadrado de sua estatura. Existem limitações no uso do IMC, uma vez que ele não permite a avaliação da distribuição e da constituição corporais, o que pode levar a classificações equivocadas dos indivíduos. De qualquer forma, o IMC ainda é o índice mais universalmente utilizado e de fácil manejo, o que auxilia na tomada de decisão.

Sabe-se que mulheres com baixo peso (IMC < 18,5 kg/m^2) apresentam maiores riscos de ocorrência de restrição do crescimento fetal (RCF) e de parto prematuro durante a gravidez. Por esse motivo, recomenda-se a revisão da dieta de mulheres com peso abaixo do recomendado, no sentido de desvendar algum erro ou distúrbio alimentar, como bulimia e anorexia nervosa. Por outro lado, mulheres com sobrepeso ou obesas (IMC > 25 kg/m^2) apresentam maiores taxas de doença hipertensiva específica da gestação (DHEG), *diabetes mellitus* gestacional, fenômenos tromboembólicos e fetos grandes para a idade gestacional. Dessa forma, preconiza-se a manutenção do IMC entre esses limites. O período preconcepcional é o momento ideal para os ajustes do peso da mulher, já que permite a perda de peso e a utilização de recursos para o auxílio nessa perda, eventos que, via de regra, não são recomendados durante a gestação.

A obesidade se relaciona a maiores taxas de infertilidade em razão de distúrbios metabólicos e hormonais e, por esse motivo, os exercícios físicos podem auxiliar na perda de peso e na restauração da fertilidade. Também é conhecida a associação entre obesidade e maior frequência de intercorrências na gestação, como: pré-eclêmpsia, diabetes gestacional e macrossomia fetal.

As práticas esportivas devem ser encorajadas, na medida em que auxiliam na perda e na manutenção do peso, promovem o condicionamento cardiovascular, adequam a constituição corporal em relação ao porcentual de gordura e de massa magra, além de auxiliar no preparo do organismo da mulher às modificações de uma futura gravidez. Por outro lado, a prática profissional de exercícios e a redução intensa da porcentagem de gordura corporal podem gerar amenorreia e disfunções ovulares, reduzindo a fertilidade da mulher. O hábito de praticar atividades físicas deve ser orientado, de forma que não seja exaustivo ou potencialmente lesivo, em especial para aquelas mulheres que planejam engravidar.

Riscos relacionados a doenças crônicas preexistentes

Ana retorna trazendo consigo o resultado dos exames realizados. Apresenta hemoglobina glicada (HbA1C) de valor 10,1%. Os outros exames estão dentro da normalidade. A paciente relata que está pensando em engravidar. Quais os riscos para essa gestação? Ela se beneficiaria de uma consulta preconcepcional? Deve ser orientada imediatamente sobre algum fato?

Modificar o prognóstico materno e fetal, especialmente em gestações que se associam a doenças crônicas, tem sido um desafio para a obstetrícia. Uma das principais ferramentas para que seja possível reduzir as taxas dessas complicações é a educação dos pacientes portadores de doenças crônicas. É essencial que esses pacientes tenham acesso às informações sobre a necessidade e a importância do planejamento de uma futura gestação.

No período preconcepcional, objetiva-se o tratamento e a resolução completa de doenças passíveis de cura e o melhor controle possível de doenças crônicas, minimizando o impacto destas na futura gestação. Se o casal planeja uma gravidez em breve, recomenda-se que as medicações utilizadas para doenças crônicas, caso haja necessidade, sejam trocadas por outras cujos princípios ativos não apresentem risco à gravidez, ou seja, que não sejam teratogênicos e com baixa passagem transplacentária. Em grande parte dos casos, é necessário um tempo para adaptação e controle com as novas medicações e, durante esse período, preconiza-se a utilização de método anticoncepcional eficaz até a estabilização da doença. Da mesma forma, na vigência do uso de drogas não seguras na gravidez, orienta-se aconselhamento de planejamento familiar rigoroso durante o tratamento.

Na Tabela 1, estão listadas as principais doenças somáticas, os riscos maternos e fetais e as orientações ou condutas a serem tomadas antes da concepção.

Mulheres que possuem doenças crônicas merecem atenção especial quanto à programação da gestação. O conhecimento científico evidenciou benefício comprovado em relação ao controle glicêmico rigoroso em mulheres portadoras de *diabetes mellitus* e ao controle dietético de mulheres com fenilcetonúria, por exemplo. De qualquer forma, é certo que o tratamento e o controle adequados de doenças em geral antes da gravidez permitem um desenvolvimento fetal mais seguro e a redução de riscos e de desconforto ao organismo materno.

Apesar de pouco frequente, a fenilcetonúria merece destaque. Sua gravidade é tamanha que justifica o estudo e o conhecimento das ações preventivas de suas sequelas. A prevalência mundial da fenilcetonúria varia de 1:2.500 a 1:200.000 nascimentos. No Brasil, a doença apresenta frequência aproximada de 1:25.000 nascimentos. Trata-se de doença genética causada por uma mutação no gene que codifica a enzima hepática fenilalanina-hidroxilase que a inativa, impedindo a transformação do aminoácido fenilalanina em tirosina. O acúmulo consequente de fenilalanina, principalmente nos primeiros anos de vida, leva a grave déficit no desenvolvimento neurológico da criança. Se tra-

ZUGAIB OBSTETRÍCIA BÁSICA SEÇÃO 2 PRÉ-NATAL

Tabela 1 Principais doenças somáticas, riscos e orientações preconcepcionais

Doença	Riscos maternos e fetais	Orientação preconcepcional
Diabetes pré-gestacional	Piora da nefropatia diabética Piora da retinopatia diabética Abortamento Malformação fetal	Tratamento da retinopatia diabética previamente à gestação Controle glicêmico rigoroso: HbA1C < 6%
Hipotireoidismo	Abortamento Alterações no desenvolvimento neuronal fetal	Controle clínico: TSH < 4 mUI/L
Hipertireoidismo	Abortamento Insuficiência placentária	Controle clínico: medicamentoso, ablação cirúrgica ou radioiodoterapia
Obesidade	Macrossomia Pré-eclâmpsia Diabetes gestacional Cesáreas	Melhor controle de peso possível antes da gestação
Obesidade tratada por gastroplastia redutora	Abortamento Restrição do crescimento fetal	Intervalo de pelo menos 1 ano após a cirurgia
Hipertensão arterial sistêmica	Óbito materno Abortamento Insuficiência placentária Óbito fetal	Melhor controle pressórico possível antes da gestação Troca de medicações com potencial teratogênico (inibidores da enzima conversora da angiotensina)
Síndrome de Eisenmenger Coarctação de aorta com envolvimento valvar grave Síndrome de Marfan com dilatação de aorta	Óbito materno	Contraindicação à gestação
Outras cardiopatias	Piora do quadro clínico materno Abortamento Insuficiência placentária Óbito fetal	Controle clínico materno adequado (caso seja necessário algum tratamento cirúrgico, deverá ser realizado antes da gestação)
Doença renal crônica (creatinina > 1,4 mg/dL)	Piora da função renal materna com aumento da morbidade materna e fetal	Esclarecimento sobre os riscos Em caso de indicação de transplante renal, realizá-lo antes da gestação (melhor prognóstico)
Lúpus eritematoso sistêmico	Reativação da doença com aumento da morbidade materna e fetal	Intervalo de pelo menos 2 anos após o quadro inicial e por no mínimo 6 meses de controle clínico
Fenilcetonúria	Anomalias congênitas fatais Restrição do crescimento fetal Microcefalia Déficit do desenvolvimento neurológico da criança	Dieta restritiva em fenilalanina pelo menos 3 meses antes da concepção

HbA1C: hemoglobina glicada; TSH: hormônio estimulante da tireoide.

tada, porém, a doença cursa com o desenvolvimento normal até a fase adulta. É frequente que as mulheres portadoras da doença alcancem a idade reprodutiva com plena capacidade fértil. O tratamento consiste em dieta com restrição de fenilalanina e deve ser mantido por toda a vida do indivíduo portador da mutação. Durante o período gestacional, mulheres com essa doença podem apresentar acúmulo do aminoácido que, em excesso, atravessa a placenta. Mesmo em fetos sem a mutação, a fenilcetonúria materna pode causar anomalias congênitas fatais, RCF e microcefalia. Para evitar tais eventos, orienta-se que mulheres com fenilcetonúria sejam acompanhadas por nutricionista e que a ingestão de dieta restritiva de fenilalanina esteja garantida pelo menos 3 meses antes da concepção.

Distúrbios psiquiátricos

Ao contrário do que é dito por muitos, o período gravídico-puerperal não é um período seguro do ponto de vista psicológico. São frequentes tanto a piora clínica de pacientes que já têm diagnóstico psiquiátrico estabelecido, quanto o surgimento pela primeira vez de manifestações psiquiátricas em pacientes sem diagnósticos prévios. Por esse motivo, a paciente deve ser questionada quanto à presença dessas doenças e o melhor momento para a gestação é aquele em que exista maior estabilidade com a utilização de medicamentos de menor risco ao feto.

Os distúrbios mais comumente relacionados à gestação são a depressão e o transtorno afetivo bipolar, mas todos os transtornos psiquiátricos podem apresentar exacerbações. Além da depressão, os quadros de ansiedade constituem alguns dos maiores problemas enfrentados na atenção à saúde. Esses quadros podem estar relacionados à dificuldade de lidar com problemas afetivos, pessoais e profissionais, e a resolução dessas questões poderá diminuir o risco de exacerbação dessas situações durante o período gestacional e puerperal. O antecedente pessoal de psicose puerperal demanda especial atenção, pois apresenta alta taxa de recorrência em gestações futuras, podendo até mesmo, em casos individuais, tornar-se uma contraindicação à gestação, dependendo da gravidade do quadro pregresso.

Caso exista necessidade de tratamento medicamentoso, este deverá ser instituído, devendo a paciente postergar a gestação até que alcance remissão dos sintomas ou o melhor controle clínico possível. Algumas medicações utilizadas em psiquiatria são potencialmente teratogênicas e deverão ser evitadas no início da gravidez, como alguns estabilizadores do humor (carbonato de lítio e ácido valproico) e alguns ansiolíticos da classe dos benzodiazepínicos. Quanto aos antidepressivos, ainda há dúvidas sobre o efeito da fluoxetina e da paroxetina no início da gravidez; no entanto, apesar disso, o risco de piora do quadro psiquiátrico no início e no decorrer da gravidez é algo muito bem documentado, levando a piores prognósticos maternos e neonatais. Assim, cada caso deverá ser cuidadosamente analisado. Se o quadro for grave, com risco significativo de recaída, a medicação deverá ser mantida. Não obstante, a melhor opção a ser buscada sempre é a interrupção daqueles medicamentos com risco nas primeiras 12 semanas de gravidez, quando a embriogênese e a organogênese estão acontecendo.

Uma vez alcançada a estabilidade clínica e havendo parecer psiquiátrico favorável, se mantido o desejo reprodutivo do casal, a paciente poderá engravidar, sempre mantendo rigoroso acompanhamento psiquiátrico, em especial no período puerperal.

Medicamentos e riscos para a gestação

Toda mulher em idade fértil deve ser questionada quanto ao uso eventual ou crônico de medicamentos e orientada quanto aos efeitos das medicações sobre uma possível gestação. Isso permite a suspensão temporária ou definitiva do tratamento em curso ou, se necessário, a substituição do medicamento utilizado por outro, com menor risco teratogênico.

Nas situações em que for necessária a substituição de medicamento, utiliza-se como guia as categorias de risco para uso de drogas na gravidez propostas pelo Food and Drug Administration (FDA) (Tabela 2). Deve-se optar sempre pela alternativa mais segura para uso na gestação. A troca do medicamento no período anterior à gestação per-

Não deixe de acessar os sites: http://www.safefetus.com e http://www.otispregnancy.org.
Lá você poderá obter informações sobre os riscos de utilização de substâncias e medicamentos na gestação.

Um exemplo de modificação de prescrição de medicamento é a substituição do uso de inibidores de enzima conversora da angiotensina (categoria D) por outros anti-hipertensivos de categorias mais seguras, como metildopa ou pindolol (categoria B), anlodipino ou nifedipino (categoria C).

Tabela 2 Categorias de risco para uso de drogas na gravidez propostas pelo FDA, em 2008

Categoria da droga (porcentual de drogas nesta categoria)	Interpretação
A (0,7%)	Estudos controlados não demonstraram risco para o feto ou estudos adequadamente bem controlados em mulheres grávidas não demonstraram risco para o feto
B (19%)	Estudos em animais não demonstraram dano fetal; não existem estudos bem controlados em gestações humanas; ou estudos animais demonstraram efeito adverso, mas estudos adequados em gestações humanas não demonstraram risco fetal
C (66%)	Risco não descartado: estudos em animais demonstraram efeitos adversos e não existem estudos adequados em gestações humanas; ou não existem estudos em animais e em gestações humanas; entretanto, o benefício potencial do uso da droga pode justificar o risco
D (7%)	Evidência positiva de risco: estudos adequadamente controlados ou observacionais em gestações humanas demonstraram risco para o feto; entretanto, o benefício potencial pode superar o risco
X (7%)	Contraindicação na gestação: estudos adequadamente controlados ou observacionais em animais ou gestações humanas demonstraram risco para o feto que claramente supera qualquer benefício possível à paciente

FDA: Food and Drug Administration.

mite que se obtenha o melhor controle clínico previamente à gravidez, reduzindo o risco de complicações maternas e fetais.

Na Tabela 3, são apresentados os principais medicamentos que oferecem riscos à gestação.

Riscos das exposições

Álcool

O alcoolismo é atualmente problema relevante de saúde pública e que atinge 1 a 2% das mulheres em idade fértil.

ZUGAIB OBSTETRÍCIA BÁSICA SEÇÃO 2 PRÉ-NATAL

Tabela 3 Principais medicamentos que apresentam riscos à gestação

Medicamento	Riscos	Conduta
Hipoglicemiante oral	Dúvidas quanto à segurança na gestação	Trocar por insulina
Radioiodoterapia	Malformações fetais	Programar gestação para pelo menos 4 meses após o tratamento
Redutores de apetite	Malformações fetais	Aguardar pelo menos 3 meses após suspensão do medicamento
Inibidores da enzima conversora da angiotensina e antagonistas dos receptores de angiotensina II	Lesão glomerular fetal Oligoâmnio	Substituir medicamento e aguardar até controle pressórico adequado
Anticonvulsivantes	Falha de anticoncepção* Anomalias estruturais congênitas Restrição do crescimento fetal Retardo no desenvolvimento neuropsicomotor	Reduzir dose ou substituir medicamentos
Anticoagulante oral (varfarina e similares)	Efeitos teratogênicos no primeiro trimestre	Efetuar troca por heparina de baixo peso molecular antes da gestação

* O uso de anticonvulsivantes altera o metabolismo relacionado ao citocromo p450, sistema enzimático hepático que modifica a farmacocinética de uma série de drogas, inclusive os anticoncepcionais orais, fato que aumenta as taxas de gestações não desejadas e não planejadas.

Os efeitos do alcoolismo no feto são variáveis e dose-dependentes, sendo descritos desde distúrbios do crescimento até distúrbios neurológicos e de comportamento e, finalmente, com a ingestão de doses elevadas de álcool, a síndrome fetal do alcoolismo materno (Tabela 4), cuja incidência pode chegar a 50% em pacientes alcoólatras com ingestão de grandes quantidades de álcool.

Tabela 4 Quadro clínico da síndrome fetal do alcoolismo materno

Tipo de alteração	Detalhamento
Desempenho neurointelectual	QI médio de 63, disfunção motora fina, irritabilidade na infância, hiperatividade na adolescência
Craniofaciais	Microcefalia, fissuras palpebrais pequenas, hipoplasia maxilar, nariz pequeno, lábio superior fino
No esqueleto	Anomalias articulares, linhas palmares alteradas, falanges distais pequenas, unhas do dedo mínimo pequenas
Cardíacas	Comunicação interventricular, defeito do septo auricular
Malformações menos frequentes	Ptose, microftalmia, fenda labial, micrognatia, aurículas profusas, pescoço alado e curto, anomalias vertebrais e de costelas, tetralogia de Fallot, coarctação de aorta, grandes lábios hipoplásicos, quarto e quinto metacarpos pequenos, meningomielocele, hidrocefalia

84

Pacientes alcoólatras devem ser desencorajadas a engravidar até que alcancem boa recuperação clínica e controle adequado do vício. Caso contrário, as repercussões sobre o concepto podem ser muitas, sendo todas com potencial significativo de prejuízos futuros. O encaminhamento ao psiquiatra é fundamental para o sucesso.

Deve-se investigar ativamente o consumo de álcool, principalmente o consumo ocasional. A mulher que pretende engravidar deve ser orientada que o ideal é o consumo zero de álcool durante a gestação.

Tabaco

Os efeitos do tabagismo na gestação têm sido relacionados principalmente a alterações no crescimento fetal e maior risco de parto prematuro. Outras intercorrências também são citadas, como: abortamentos, descolamento prematuro de placenta (DPP) e rotura prematura de membranas ovulares (RPMO). Portanto, da mesma forma que com o álcool, ou com qualquer vício ou adição estabelecida, a paciente tabagista deve ser encorajada a postergar a gestação até que abandone o fumo por completo e alcance estabilidade clínica como paciente não fumante, evitando assim os riscos de exposição fetal aos efeitos deletérios do cigarro.

Cafeína

O consumo de cafeína em baixas doses (ao redor de 250 mg/dia, o que equivale a cerca de 2 xícaras/dia de café) está relacionado com algum grau de redução da fertilidade. Doses acima de 500 mg/dia associam-se a abortamento.

Assim, pacientes que têm o hábito de ingerir café e outros produtos com cafeína (chá, refrigerantes, guaraná e remédios, principalmente) devem ter sua dose diária real corretamente calculada e, se superior a 250 mg/dia, orientadas a reduzir o consumo. Pacientes que já fazem uso da substância há muito tempo podem apresentar sintomas de abstinência, como cefaleia, sonolência, irritação e dificuldade de concentração.

Leia mais sobre os riscos associados ao uso de drogas ilícitas no capítulo "Primeira consulta de pré-natal".

Drogas ilícitas

O uso de drogas ilícitas como cocaína, heroína, maconha e *crack* deve ser questionado de forma aberta, deixando claro para a paciente a importância de tratar da drogadição antes da gestação. Essas situações precisam ser enfrentadas com apoio de equipe multiprofissional, com seriedade e tranquilidade.

A paciente usuária de drogas e com uso rotineiro de álcool deverá ser apoiada para que consiga interromper este uso durante a gravidez, principalmente em suas primeiras semanas. A cocaína, o *crack* e a heroína são teratogênicas, assim como o álcool. Além disso, mesmo depois desta fase inicial, ainda levam à risco de alterações comportamental quando o concepto é exposto.

Certamente, a drogadição é um problema social, comportamental e médico. Seria interessante que as mulheres nesta situação de vulnerabilidade fossem alertadas para o risco que uma gravidez traria, e que evitassem engravidar, contando para isso com todo o suporte médico e social disponível. De acordo com o grau da drogadição, outras questões entram no contexto, como a promiscuidade sexual ou mesmo a prostituição, além da exposição à violência das ruas, ou do companheiro, e às doenças sexualmente transmissíveis (DST). Exposições estas extremamente negativas não só para a paciente, como também para o produto conceptual.

Exposição ocupacional

Na investigação da atividade ocupacional da mulher que deseja engravidar, devem-se identificar potenciais agentes químicos, físicos, biológicos e psicológicos que possam trazer risco para o feto.

Os agentes químicos de maior relevância são o chumbo e o mercúrio; porém, qualquer metal pesado é considerado danoso para a gestação. Entre os agentes físicos, destaca-se a radiação ionizante.

O risco potencial de contaminação por agentes biológicos existe quando a atividade profissional é exercida em centros de processamento de material biológico ou em situações de contato com portadores de doenças infecciosas.

CAPÍTULO 5 AVALIAÇÃO PRECONCEPCIONAL

Nesta última situação, encontraram-se as mulheres que exercem suas atividades profissionais em creches, escolas, hospitais e outros locais de grande circulação de pessoas. No caso de mulheres com alto risco de exposição a doenças típicas da infância, deve-se proceder a avaliação sorológica e imunização, quando indicadas.

Em relação à ocupação profissional, outros fatos a serem considerados são jornadas de trabalho longas e cansativas e, principalmente, situações de grande estresse emocional que poderão levar a complicações na gestação como trabalho de parto prematuro.

O conhecimento dos riscos relacionados à ocupação profissional permitirá programar mudanças ou até mesmo afastamento temporário da atividade profissional de risco.

Risco de malformações, doenças genéticas e doenças fetais

Algumas pacientes podem apresentar antecedentes que alertam para a possibilidade de ocorrência de alterações com componentes hereditários. Um desses fatores é a etnia. Pacientes que pertencem a etnias minoritárias muitas vezes apresentam alta taxa de genes recessivos como consequência da seleção de parceiros entre grupos familiares pequenos.

Assim, pacientes que pertencem a grupos étnicos como judeus, armênios, povos mediterrâneos e do Oriente Médio com frequência são portadoras genéticas ou até acometidas por doenças incomuns, como as diversas formas de talassemias e a febre do mediterrâneo familiar.

Dessa forma, pacientes nessa situação devem ser encaminhadas para consulta preconcepcional específica com geneticista, para terem seus verdadeiros riscos mais bem avaliados e poderem refletir de forma mais consciente sobre a decisão de engravidar.

Devem ser incluídas também para avaliação em aconselhamento genético pacientes com história familiar sugestiva de doenças recessivas, incomuns ou raras; pacientes com diagnóstico pessoal ou familiar comprovado de doenças com componente genético; pacientes que apresentem qualquer grau de consanguinidade com seus parceiros; pacientes que já tenham tido filhos acometidos por qualquer tipo de malformação ou doença cujo diagnóstico compro-

Em caso de alto risco para doenças genéticas conhecidas como fibrose cística, distrofia de Duchenne, hemofilia A, entre outras, na reprodução assistida há possibilidade de realizar o diagnóstico pré-implantacional por reação em cadeia da polimerase para identificação de embriões que possuem a mutação.

A aloimunização Rh pode, em grande parte das pacientes Rh-negativas, ser evitada se, no curso do pré-natal, for administrada adequadamente a imunoglobulina anti-D em casos de sangramento ou com 28 semanas e, se o recém-nascido possuir Rh positivo, até 72 horas após o parto.

Você é procurado para consulta de rotina por uma mulher de 25 anos que relata não ter nenhum filho e que decidiu com seu companheiro que este é o momento de planejar uma gestação. Ela gostaria de saber se está bem de saúde para poder tentar engravidar.

vado ou suspeito seja relacionado a alterações genéticas não aleatórias.

Por fim, uma condição específica dentro desse grupo é a probabilidade de aloimunização Rh, situação em que pacientes com fator Rh sanguíneo negativo são expostas ao fator Rh positivo e adquirem anticorpos anti-D, que serão capazes, no futuro, de atravessar a placenta e provocar hemólise fetal maciça, levando a anemia fetal, que pode até ser fatal. A avaliação do risco de aloimunização começa pelo tipo sanguíneo da paciente. Pacientes Rh-positivas não precisam se preocupar com a doença, enquanto aquelas que são Rh-negativas devem checar o *status* do parceiro. Se o parceiro também for negativo, então não há risco de conceberem crianças Rh-positivas, portanto, sem probabilidade de ocorrência da doença.

Já nos casos de mulheres Rh-negativas com parceiros positivos, no momento preconcepcional é possível solicitar a tipagem genética do parceiro para o fator Rh, a fim de ver se este é carreador de dois genes dominantes ou portador heterozigoto do gene recessivo que codifica a ausência do fator Rh. Sabendo-se esse *status*, torna-se fácil aconselhar o casal: caso o parceiro seja homozigoto dominante para o fator Rh, então 100% da prole do casal será Rh-positiva e o risco de ocorrência da doença estará sempre presente; se o parceiro for heterozigoto para o gene recessivo, a probabilidade da prole do casal ser também Rh-positiva é de 50%, ou seja, o risco da doença existir é o mesmo de não existir.

Consulta preconcepcional

A consulta preconcepcional é a abordagem médica que visa à prevenção de doenças e à promoção da saúde materno-infantil. Da mesma forma que os cuidados pré-natais, os cuidados preconcepcionais contêm o propósito de avaliar riscos maternos ou do casal, diagnosticar e tratar doenças preexistentes, realizar medidas preventivas e, principalmente, preparar a mulher para a gravidez em todos os aspectos que este período da vida encerra em si.

Embora pouco frequente, há mulheres que procuram assistência médica com o objetivo específico de se planejar e se preparar para a gestação. Para o acompanhamento desses casos, recomenda-se uma consulta com abordagem sistematizada, no sentido de organizar as informações e assegurar que todos os aspectos importantes sejam contemplados durante o atendimento. Todos os aspectos citados anteriormente neste capítulo, e que devem ser abordados em quaisquer consultas de mulheres em idade fértil, também fazem parte da anamnese da consulta preconcepcional, agora com ênfase no desejo da mulher de se preparar para uma futura gestação. Outros aspectos, como a saúde ginecológica e antecedentes obstétricos, também serão pormenorizados, visto que são os mais específicos da consulta preconcepcional.

Intenção de concepção

É importante que sejam obtidas informações a respeito do desejo reprodutivo, o que inclui planejamento do número de filhos, idade de intenção reprodutiva, tentativas e experiências prévias. Caso a mulher, ou o casal, manifeste desejo reprodutivo, segue-se a programação de gestação. Programação refere-se ao tempo e, portanto, a tudo que se relaciona com ele, como: idade em que se deseja ter filhos, número de filhos que se deseja ter e intervalo entre gestações.

Para satisfazer os desejos e necessidades da mulher ou do casal em relação à programação da(s) gestação(ões), é necessário saber se algum método anticoncepcional está sendo utilizado, de que tipo é o método e há quanto tempo vem sendo utilizado (o tipo de método e a duração do uso atual). Conforme a programação da gravidez, será necessário trocar ou suspender o método anticoncepcional. Assim, o uso de métodos de barreira como preservativos (masculino ou feminino), diafragma ou capuz cervical deve ser suspenso no momento em que se deseja iniciar a tentativa de engravidar. Dispositivos intrauterinos (DIU) e implantes hormonais devem ser removidos nesse mesmo momento. Nestes casos, a fertilidade é restaurada logo após a suspensão do método; porém, eventuais causas de infertilidade podem tornar-se clinicamente aparentes neste momento. Pacientes em uso de anticoncepção hormonal oral ou injetável podem apresentar demora de alguns meses até que a fertilidade do casal retorne ao seu potencial preexistente. Esse fato é mais frequente entre os métodos injetáveis, em especial os injetáveis trimestrais derivados da 17-hidroxiprogesterona, que produzem depósitos hormonais subcutâneos de longa duração. Todos esses dados devem ser discutidos com o casal, que, dependendo do momento escolhido para concepção, poderá, por exemplo, trocar um método de retorno lento à fertilidade por um método de barreira ou DIU, que permite a restauração da capacidade reprodutiva no momento de sua suspensão. Outra possibilidade é introduzir um método anticoncepcional para os casais que não fazem uso e nos quais foi encontrado algum fator de risco ou doença durante o atendimento preconcepcional. Com isso, é possível intervir antes de uma possível gestação para reduzir os potenciais riscos obstétricos.

Saúde ginecológica

As primeiras informações a serem coletadas a respeito da saúde ginecológica são referentes às características do ciclo menstrual. Para tanto, é necessário que se saiba qual a duração da menstruação, bem como o intervalo entre elas em dias. Com essas informações, é possível detectar anormalidades do ciclo menstrual para posterior investigação (calcular a idade gestacional de modo mais preciso) e orientar a mulher (ou o casal) quanto ao período fértil do ciclo. Para maior acurácia, recomenda-se que a mulher anote, em um calendário, os dias que menstruou nos últimos 3 meses (calendário catamenial). De posse desses dados, é possível inferir que a ovulação ocorrerá provavelmente nos 14 dias que antecedem o primeiro dia da próxima menstruação, considerando que a fase lútea do ciclo é fixa para todas as mulheres.

A consulta preconcepcional é, ainda, uma oportunidade para verificar se a paciente já realizou exame de citologia cervical e há quanto tempo, pois intervenções propedêuticas como a conização, se indicadas, devem ser realizadas antes da gestação.

O diagnóstico e o tratamento das anomalias uterinas e das infecções genitais podem diminuir o risco de perdas gestacionais.

Miomas submucosos, que distorcem a cavidade uterina, estão mais relacionados com abortamento e prematuridade. As malformações uterinas, como útero bicorno, didelfo, septado e arqueado, são importantes causas de prematuridade e constituem fator de risco para incompetência cervical.

> **CAPÍTULO 5** AVALIAÇÃO PRECONCEPCIONAL

A futura gestante deve ser investigada e tratada de eventuais infecções genitais. Seu tratamento antes da gravidez é mais efetivo, na medida em que nesse período é possível utilizar uma série de medicações não permitidas durante a gestação.

A infecção por papilomavírus humano (HPV) pode ser subclínica ou clínica. É preciso que se tenha controle efetivo da infecção antes da gestação, com remissão de verrugas e cervicites. Sabe-se que, em virtude da redução da atividade imunológica celular na gravidez, as lesões ocasionadas por esse vírus tendem a se exacerbar e podem ocasionar transtornos para o parto vaginal por constituir um verdadeiro tumor prévio e modificar a capacidade de cicatrização da mucosa. É importante atentar para o fato de que os sorotipos 6 e 11 podem ocasionar papilomatose respiratória no recém-nascido, infecção de difícil controle e com recidivas frequentes.

Outras afecções ginecológicas também devem ser pesquisadas no período preconcepcional. Deve-se detectar a presença de cistos ovarianos e síndrome dos ovários policísticos para que seu tratamento seja possível antes da gravidez. Determinados cistos ovarianos, que possuem receptores para hormônios sexuais, podem apresentar aumento volumétrico durante a gestação, tornando sua abordagem cirúrgica arriscada para o futuro concepto. Seu tratamento prévio garante a segurança na gravidez, mas pode alterar a capacidade de fertilidade da mulher. A síndrome de ovários policísticos reduz as taxas de fertilidade e aumenta a resistência periférica à insulina. O uso de metformina nas mulheres com essa doença já se mostra seguro no início da gestação, o que indica sua utilização nos casos em que a redução da sensibilidade à insulina estiver comprovada.

Cirurgias ginecológicas prévias e alterações das glândulas mamárias devem ser ativamente investigadas. Procedimentos que abordam os anexos uterinos (tuba uterina e ovários) podem diminuir a capacidade de engravidar da mulher e, a depender do caso, devem indicar fertilização artificial. Cirurgias de colo uterino, por sua vez, podem reduzir o comprimento do cérvix e aumentar o risco de incompetência cervical. Cirurgias abdominais repetidas geram aderências peritoneais e grande dificuldade cirúrgica em um procedimento subsequente, o que aumenta o risco à vida da futura gestante. A presença de nódulos ou

Infecções causadas por *Chlamydia trachomatis* e *Neisseria gonorrhoeae* acarretam acometimento tubário e consequente esterilidade, aumentando o risco de gravidez ectópica em uma futura gestação. Ocasionam, ainda, trabalho de parto prematuro, rotura prematura de membranas ovulares, infecção puerperal e infecção neonatal. As vulvovaginites como a tricomoníase e a vaginose bacteriana também podem afetar o futuro reprodutivo e estão relacionadas com trabalho de parto prematuro, rotura prematura de membranas ovulares, baixo peso ao nascimento e infecção de sítio cirúrgico.

anormalidades mamárias é de difícil investigação durante a gestação, em razão das modificações das mamas decorrentes da gravidez. Deve-se descartar a possibilidade de malignidade e orientar que determinadas cirurgias podem dificultar e, às vezes, impedir o futuro processo de lactação.

Histórico obstétrico

A análise cuidadosa e pormenorizada dos antecedentes obstétricos é um importante instrumento de detecção de fatores que possam influenciar negativamente uma futura gestação e que, muitas vezes, podem ser minimizados ou eliminados.

O histórico obstétrico será detalhado quanto ao número total de gestações prévias, quanto às gestações que resultaram em parto de recém-nascido vivo e saudável e quanto às que resultaram em outro tipo de desfecho. Estão incluídos nesses casos abortamentos precoces e tardios, eventuais gestações ectópicas, antecedente de mola hidatiforme ou outra forma de doença trofoblástica gestacional, além de eventuais perdas fetais tardias ou óbitos neonatais.

Deverão ser também estudadas as complicações que possam ter ocorrido nas gestações passadas, sejam elas obstétricas ou clínicas, independentemente da ocorrência de prejuízo efetivo para a paciente e/ou seu filho.

Dessa forma, o antecedente de "número de gestações pregressas" é definido por todas as vezes em que a paciente teve diagnóstico confirmado de gestação, não importando o resultado final da gestação. São incluídas nesse cálculo as gestações ectópicas, os episódios de neoplasia trofoblástica gestacional e eventuais abortamentos que tenham ocorrido. Esse antecedente reflete de maneira simplificada a capacidade da paciente de engravidar, mesmo que depois ela apresente dificuldade em manter a gestação até o fim. As causas que provocam dificuldade de engravidar são muito distintas daquelas que provocam dificuldade para manter a gestação e, portanto, essa separação já direciona o médico durante a consulta preconcepcional para os aspectos que serão mais relevantes para cada paciente.

Já o antecedente de "paridade" refere-se ao número de partos ocorridos, sendo importante anotar também o tipo de parto (vaginal, por fórcipe, pélvico ou cesárea) e a indicação destes. Por exemplo, saber que a paciente foi submetida a uma cesárea por recém-nascido com peso de 3.300 g e pela indicação de desproporção cefalopélvica já serve como um alerta de que a bacia óssea dessa paciente pode possuir características que dificultam o parto vaginal.

Por fim, o antecedente de "perdas fetais" consiste no número de gestações que a paciente apresentou que não resultaram em recém-nascido vivo. As perdas fetais englobam desde casos de abortamento e gestação ectópica até óbitos fetais de terceiro trimestre. Essas perdas podem ser isoladas ou se repetir em outras gestações, principalmente naquelas em que existe causa bem definida. Assim, deve-se investigar as possíveis causas dessas perdas com o objetivo de prevenir a repetição do evento adverso. Os casos de óbitos fetais sem causa aparente demandam a investigação de trombofilias e de *diabetes mellitus*. Por outro lado, pacientes com história de abortamento habitual devem ser avaliadas quanto à presença de fatores genéticos, imunológicos e alterações anatômicas do útero.

Analisam-se também todas as complicações e intercorrências das gestações passadas para identificar fatores que possam se repetir ou predisposições da paciente para determinadas complicações específicas. Essas complicações podem ser divididas em três tipos: maternas, fetais e obstétricas propriamente ditas.

Eventuais complicações fetais pregressas podem tanto ocorrer de forma isolada, como uma malformação aleatória, que não tende a se repetir, quanto podem ser resultados de alterações genéticas com maior ou menor tendência à repetição.

Por fim, as complicações obstétricas envolvem fatores únicos à gestação e que só ocorrem durante a gestação, sendo a existência da gravidez a causa direta do problema. Entre as muitas situações obstétricas, pode ser citada a ocorrência de DHEG, diabetes gestacional, doenças trofoblásticas gestacionais, placentas de localização anômala, trabalho de parto prematuro, rotura prematura de membranas ovulares, gestação ectópica, atonia uterina, infecção puerperal etc. Embora sejam fatores muito distintos entre si, cada um deles apresenta sua própria taxa de recorrência e pode denotar o risco basal de uma futura gestação.

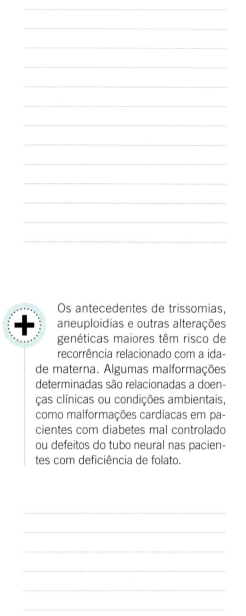

Os antecedentes de trissomias, aneuploidias e outras alterações genéticas maiores têm risco de recorrência relacionado com a idade materna. Algumas malformações determinadas são relacionadas a doenças clínicas ou condições ambientais, como malformações cardíacas em pacientes com diabetes mal controlado ou defeitos do tubo neural nas pacientes com deficiência de folato.

Pacientes com episódio de atonia uterina anterior têm 10% de risco de apresentar nova atonia em gestação futura e pacientes com formas graves de doença hipertensiva específica da gestação (DHEG) têm 30% de probabilidade de apresentar novamente a doença em gestação subsequente.

Exame físico geral e dos principais aparelhos

O exame físico se inicia pela obtenção de sinais vitais e segue todos os preceitos do exame físico não específico de obstetrícia.

Deve-se avaliar o estado nutricional e, assim, ter condições de propor mudanças comportamentais que possibilitem correção de eventuais distúrbios.

O exame físico completo deve ser realizado, procedendo-se à avaliação de estado geral, sinais vitais, sistemas cardiológico e respiratório, avaliação abdominal e de membros. A palpação da tireoide deve ser incluída nessa avaliação pela possibilidade de surpreender algum nódulo ou alteração que requeira tratamento antes da ocorrência de gestação.

Exame ginecológico

O exame ginecológico deve ser realizado com o objetivo de identificar alguma anormalidade nos órgãos genitais, especialmente aumento de volume uterino e de anexos, bem como outras anormalidades anatômicas. Esse é o momento oportuno para quaisquer intervenções.

É também bastante importante a avaliação das mamas em busca de nódulos ou quaisquer outras alterações.

Sorologias e imunizações

A investigação de doenças infecciosas pregressas, bem como de imunizações que possam ter sido feitas, permitirá que se conheça o estado sorológico da paciente. Em caso de diagnósticos de doença infecciosa de caráter crônico como vírus da imunodeficiência humana (HIV), hepatite B e hepatite C, pode-se aconselhar a gestante sobre os riscos maternos e fetais. Outras doenças como a sífilis são potencialmente tratáveis e, quando não tratadas, incluem abortamento, malformações e óbitos fetais. Em outras situações em que seja possível a imunização, esta poderá ser realizada antes da gestação, evitando-se com isso a transmissão vertical e as malformações associadas a essas doenças. Na Tabela 5, encontram-se as infecções mais frequentes, bem como a conduta a ser tomada mediante o resultado das respectivas sorologias.

Leia mais sobre infecções congênitas na gestação no capítulo "Assistência pré-natal na primeira metade da gestação".

CAPÍTULO 5 AVALIAÇÃO PRECONCEPCIONAL

Tabela 5 Infecções mais frequentes e respectivas condutas a serem tomadas

Infecção	Interpretação da sorologia	Conclusões e orientações
HIV	Não reagente	Orientar cuidados preventivos e formas de transmissão
	Reagente	Investigar parceiro Orientar riscos de transmissão para o parceiro Orientar sobre transmissão vertical (mãe-feto) e formas de redução do risco
Rubéola	IgG e IgM negativos	Vacinar Evitar a gestação por 3 meses após a vacinação
	IgG positivo e IgM negativo	Paciente imune
Hepatite A	Não reagente	Vacinar
	Reagente	Paciente imune
Hepatite B	Não reagente	Vacinar
	Reagente	Investigar parceiro (verificar se imune ou portador crônico) Esclarecer risco de transmissão vertical
Toxoplasmose	IgG e IgM negativos	Suscetível Fazer orientações higienodietéticas: evitar contato com gatos, em especial com suas fezes; não ingerir ovos e carnes cruas; lavar as verduras de forma adequada; usar luvas nas atividades de jardinagem
	IgG positivo e IgM negativo	Imune
Sífilis	Não reagente	Orientar cuidados preventivos e sobre as formas de transmissão
	Reagente	Investigar parceiro Realizar o tratamento completo prévio à gravidez
Tétano		Caso a paciente nunca tenha sido imunizada, realizar imunização completa prévia à gestação futura (três doses) Se já for imunizada e recebeu reforço nos últimos 10 anos, orientar profilaxia Se já for imunizada e recebeu reforço há mais de 10 anos, administrar dose de reforço e orientar profilaxia
Febre amarela		Habitantes de áreas de doença endêmica devem receber vacinação a cada 10 anos Evitar gestação nos 3 meses subsequentes à vacinação

HIV: vírus da imunodeficiência humana; IgG: imunoglobulina G; IgM: imunoglobulina M.

Acompanhamento e recomendações

Recomenda-se a solicitação de exames cujos resultados possam gerar condutas preventivas ou curativas antes da concepção. Assim, orienta-se a coleta de sorologias para rubéola, hepatites A e B e varicela, com a intenção de prover a vacinação nos casos em que o resultado mostrar suscetibilidade a essas doenças. Em relação às sorologias para HIV, toxoplasmose, hepatite C e sífilis, o conhecimento do *status* sorológico permite o tratamento e a prevenção da evolução da doença para suas possíveis sequelas.

95

Exames gerais como hemograma, urina tipo I, glicemia em jejum, perfil de colesterol e triglicérides fornecem informações a respeito da saúde da mulher e permitem a correção de possíveis alterações nesse momento. Outros exames específicos devem ser solicitados a depender do risco ou da doença de base que se apresente.

Já é consagrado o conhecimento de que os defeitos abertos do tubo neural são passíveis de prevenção em até 72% dos casos com a ingestão suplementar de ácido fólico nas 8 semanas que antecedem a concepção. As recomendações determinam a ingestão diária da ordem de 400 µg para a maioria das mulheres. Aquelas que possuem antecedente obstétrico de recém-nascido com defeitos abertos do tubo neural devem ingerir uma dose de 4.000 µg/dia e o uso de anticonvulsivantes, que acelera o metabolismo do ácido fólico, aumenta as necessidades dessa substância para 800 a 1.000 µg/dia. Alimentos como verduras, farináceos e cereais fortificados são fonte dessa vitamina. Outros suplementos vitamínicos são recomendados apenas para as mulheres que comprovadamente apresentem insuficiência de oligoelementos.

Nos casos em que a paciente já faz uso de alguma medicação, recomenda-se que não suspenda o método anticoncepcional até que o controle da doença de base seja alcançado com uma droga segura para o uso durante a gestação. A troca de medicações e o controle da doença devem ser realizados por médico especialista na respectiva área.

Após a consulta preconcepcional, a mulher deve retornar assim que estiverem disponíveis os resultados dos exames solicitados. Os retornos deverão ser agendados respeitando-se a individualidade de cada caso e de acordo com os achados da primeira consulta e dos exames. Se não houver nenhuma intercorrência que necessite de intervenção médica, orienta-se o retorno assim que houver atraso menstrual ou após 1 ano, para que nova avaliação seja realizada. Para casais jovens, a investigação para possíveis causas de infertilidade está recomendada a partir de 2 anos de tentativas de gravidez sem sucesso. Nos casos em que o casal tiver mais de 35 anos, a pesquisa deve ser realizada a partir de 1 ano.

CAPÍTULO 5 AVALIAÇÃO PRECONCEPCIONAL

Relembrando

- Toda consulta médica é uma oportunidade para realizar o aconselhamento preconcepcional.
- Toda mulher em idade fértil deve ser orientada a realizar consulta preconcepcional quando estiver programando engravidar.
- Pacientes portadoras de doenças crônicas necessitam de rigoroso controle clínico antes de engravidar.
- Pacientes diabéticas devem ser informadas de que, para terem taxas de malformações fetais semelhantes à da população geral, devem apresentar hemoglobina glicada (HbA1C) < 6% no momento da concepção e durante a organogêse fetal.
- Pacientes hipertensas que fazem uso de inibidores da enzima conversora da angiotensina e/ou antagonistas dos receptores de angiotensina II devem modificar a terapêutica anti-hipertensiva a fim de evitar lesão glomerular fetal e oligoâmnio.
- Cardiopatias graves como síndrome de Eisenmenger, coarctação de aorta com envolvimento valvar grave e síndrome de Marfan com dilatação de aorta representam contraindicação à gestação por conta de seu alto risco de óbito materno.
- O uso de varfarina em fases precoces da gestação se associa a risco de efeitos teratogênicos.
- Mulheres com doença renal crônica – especialmente aquelas que apresentam valores de creatinina sérica > 1,4 mg/dL – podem apresentar piora da função renal durante a gestação.
- Recomenda-se programar a gestação após, no mínimo, 1 ano da gastroplastia redutora, com atenção dirigida para a suplementação vitamínica de que a futura gestante irá necessitar.
- O risco de ativação do lúpus eritematoso sistêmico durante a gestação é maior se a doença apresentou atividade nos 6 meses que antecederam a concepção, principalmente nas ativações relacionadas à nefrite lúpica.
- Pacientes portadoras de epilepsia devem, sempre que possível, ter o uso de drogas anticonvulsivantes otimiza-

do e os folatos, prescritos quando manifestarem o planejamento de engravidar.
- Mulheres portadoras de fenilcetonúria devem iniciar dieta restritiva em fenilalanina pelo menos 3 meses antes da concepção.
- A determinação da categoria de risco para uso de drogas na gravidez proposta pelo Food and Drug Administration deve ser utilizada para escolha de medicamentos mais seguros quando se planeja uma gestação.
- A consulta preconcepcional pode ser a oportunidade para mudança nos indicadores de saúde no Brasil.
- Na consulta preconcepcional, a anamnese deve incluir aspectos de saúde e doença, bem como aspectos psicossociais e econômicos importantes para o planejamento de uma futura gestação.
- A identificação de condições que sejam passíveis de cura ou controle antes da gravidez é o objetivo da consulta preconcepcional.

Casos clínicos

 Você está assistindo uma mulher de 26 anos, diabética há 14 anos, que o procura para acompanhamento em relação ao diabetes. Ela relata que nos últimos meses não tem se cuidado muito bem e que seu controle glicêmico não está muito bom. Casou-se há 6 meses e não está utilizando nenhum método anticoncepcional.

1. Quais as informações que essa paciente deverá receber sobre os riscos em uma futura gestação e sobre anticoncepção?
2. Há formas de minimizar esses riscos? Quais?
3. Quais exames devem ser solicitados, considerando-se os riscos da gestação para o diabetes?

 Ana, 21 anos, acaba de se casar e procura serviço de saúde, pois precisa de orientações sobre anticoncepção. Relata ainda que pretende utilizar o método anticoncepcional por 1 ano e que depois deseja engravidar.

1. Quais os principais aspectos que precisam ser abordados com Ana nesse momento?
2. Como deve ser estruturada essa consulta preconcepcional?
3. Você teria algum método anticoncepcional de escolha?

Para refletir

- Qual a sua proposta para aumentar o número de gestações planejadas no Brasil?
- Em quais situações você considera que poderia utilizar os conhecimentos que adquiriu neste capítulo?
- Qual a sua proposta para aumentar a frequência de gestações planejadas?
- Como estimular as gestantes a procurarem pela consulta preconcepcional?
- Quais situações poderiam ser prevenidas durante a gestação com a consulta preconcepcional?

Referências bibliográficas

1. Zugaib M (ed.). Zugaib obstetrícia. 2.ed. Barueri: Manole; 2012.
2. Zugaib M, Bittar RE. Protocolos assistenciais: clínica obstétrica, FMUSP. 4.ed. São Paulo: Atheneu; 2011.
3. Zugaib M, Ruocco R. Pré-natal. 3.ed. São Paulo: Atheneu; 2005.

CAPÍTULO 6

Primeira consulta de pré-natal

Para discutir

- Você provavelmente já teve contato com a anamnese e a propedêutica. Como esses elementos se integram na obstetrícia?
- Qual a importância da anamnese em obstetrícia?

- A consulta inicial na clínica médica geralmente vem com uma queixa específica do paciente. Como será no pré-natal?

Ao fim deste capítulo, você terá conhecido

- A importância da assistência pré-natal como um todo e da primeira consulta de pré-natal em específico.
- Como funcionam o acolhimento e a identificação da gestante.
- Como realizar a anamnese inicial da gestante.
- Como elaborar um quadro de antecedentes obstétricos.

- Como reconhecer os riscos obstétricos a partir da anamnese.
- Como reconhecer algumas das queixas comuns da gravidez.
- Como estabelecer alguns dos principais diagnósticos do pré-natal.

Introdução

A Organização Mundial da Saúde (OMS) define saúde como a construção do bem-estar biopsicossocial. Dessa forma, a assistência pré-natal seria adequada e alcançaria seus objetivos quando o binômio materno-fetal desfrutasse desse bem-estar em diversos aspectos da natureza humana. Entretanto, essa tarefa não é fácil, pois observa-se que comumente a gestante comparece ao pré-natal sem identificar nenhum estado de doença e sem queixas importantes. Assim, cabe ao pré-natal, principalmente por meio da primeira consulta, captar as informações necessárias para construir esse bem-estar, dentro de um contexto de intensas modificações, mas de frequente sensação de normalidade e despreocupação por parte da paciente. Consequentemente, uma das facetas mais importantes do pré-natal é a de auxiliar a gestante a se adequar às mudanças que paulatinamente se fazem sentir em seu corpo, em suas emoções e em seus relacionamentos sociais, mesmo que isso não fosse algo inicialmente pensado pela mulher em toda a sua complexidade. A tarefa seria garantir a essa mulher um novo patamar de bem-estar biopsicossocial, mediante as novas exigências da maternidade.

Diversos índices de saúde pública e estatísticas vitais se relacionam direta e linearmente não só com a qualidade do pré-natal, explicitada pelo número de consultas pré-natais, exames e procedimentos realizados, como também com dados indicativos das condições socioeconômicas e emocionais da gestante. Certamente, todos esses aspectos terminam por influenciar o desenvolvimento de diversas doenças obstétricas, as quais podem aumentar o risco de disfunção orgânica e morte.

Assim, é importante reconhecer precocemente essas situações desfavoráveis e agir durante o pré-natal, de forma a evitar complicações. Este é, talvez, o aspecto mais relevante da assistência pré-natal: fazer uma assistência que diminua o risco e previna os principais agravos à saúde da grávida, seja em nível primário, secundário ou terciário, identificando fatores de risco para tais agravos; ao saber quais são, se poderá investigá-los e; diante deles, agir preventivamente. Para tanto, a primeira consulta de pré-natal é de fundamental importância.

Não deixe de acessar os sites: http://www.brasil.gov.br/sobre/saude/maternidade/gestacao/a-importancia-do-pre-natal e http://www.nichd.nih.gov/health/topics/pregnancy/conditioninfo/Pages/prenatal-care.aspx. Nesses endereços, você encontrará informações sobre a importância do pré-natal.

> João, em seu curso de atenção primária à saúde, atende no acolhimento da Unidade Básica de Saúde uma moça de 25 anos de nome Eva Maria, que se dirigiu ao atendimento com queixa de náuseas, tontura e mal-estar há cerca de 1 semana, tendo vomitado duas vezes no período. Acha que está com gastrite nervosa, pois está tensa com o relacionamento afetivo complicado que mantém com um rapaz de 24 anos, com inúmeras idas e vindas. Parou de tomar o anticoncepcional na última discussão, há 2 meses, quando teve a última menstruação, e não voltou a tomar. Tem uma filha de 4 anos, de outro relacionamento. João decide por fazer um teste rápido de gravidez.

> Leia mais sobre os sinais do exame físico no capítulo "Assistência pré-natal na primeira metade da gestação".

A captação precoce das gestantes é de especial importância, principalmente para pacientes em situação precária nos aspectos emocionais, familiares e sociais. Assim, o atendimento médico muitas vezes é feito sem que haja suspeita de gestação por parte da paciente e cabe ao médico aproveitar essas oportunidades para que o diagnóstico seja feito e o pré-natal, iniciado o quanto antes.

Acolhimento

O primeiro passo da assistência pré-natal é o acolhimento da paciente com quadro compatível de gravidez. Isso pode ser realizado na entrada da paciente em uma Unidade Básica de Saúde (UBS) – muitas delas possuem um serviço que recebe o nome de "acolhimento" –, em um pronto-socorro, em um pronto-atendimento, ou em uma consulta agendada, em ambulatório. O importante é acolher bem, em qualquer situação, entendendo que, muitas vezes, trata-se de uma paciente sem grandes queixas e que frequentemente não sabe estar grávida, ou pelo menos não tem certeza disso.

Nesse contexto de acolhimento, talvez a função mais importante do profissional de saúde seja justamente fazer o diagnóstico de gravidez, seja por meio de alguns sinais do exame físico ou de um teste de gravidez. Para tanto, poderão ser usados tanto o teste urinário – mais rápido, barato e universal –; como o teste sanguíneo, um tanto mais fidedigno, com o diagnóstico ainda mais precoce.

É importante entender em que contexto se dá essa gravidez para ter cuidado na hora de passar o diagnóstico para a paciente. Há casos em que o diagnóstico de gravidez, além de não planejado, pode gerar problemas para a paciente, e ela pode não estar preparada para tal. Por conta disso, antes de parabenizá-la, é importante perguntar de que forma ela entenderia uma gravidez em seu atual momento de vida, ou seja, quais suas expectativas em relação a uma possível gravidez.

Muitas vezes, por outro lado, trata-se de uma gravidez desejada e a própria paciente já agendou sua consulta de pré-natal com a confirmação de um teste de gravidez nas mãos. Certamente, a abordagem inicial de cada caso deve ser diferente. Diante de uma gravidez desejada, as orientações e as condutas serão muito mais fáceis.

Em algumas circunstâncias, ocorre o encaminhamento da gestante para um serviço de referência. Em geral, essa conduta é tomada quando há algum fator de risco ou doença clínica associada e a paciente costuma chegar ansiosa e até mesmo com medo do que pode estar acontecendo. Nesse momento, o profissional deve tranquilizar a paciente, esclarecendo sobre o que realmente é verdade e desmistificando algumas crenças errôneas sobre a gravidez em questão.

Ao se iniciar essa relação entre médico e paciente, é imprescindível adequar a conduta às normas sociais de boa educação, convívio e respeito. É importante que o médico se apresente e diga o que ele está prestes a fazer. Em se tratando de atendimento realizado por alunos, estes devem se apresentar como tais, explicando que a consulta será supervisionada por um docente. Começar o contato pessoal com respeito e sinceridade é uma ótima regra, que deve reger a relação que se inicia.

A gestação é um momento ímpar na vida da mulher e representa grande mudança na vida do casal, motivo por que todo o acompanhamento médico exige muito cuidado e atenção. O homem passará à condição de pai e a mulher, à condição de mãe. As relações familiares sofrerão grande reajuste e faz parte do papel do médico perceber e compreender essa mudança na dinâmica do casal e de toda a família durante a assistência pré-natal.

É de extrema importância e direito da mulher que o parceiro possa acompanhá-la durante as visitas pré-natais e o médico deve incentivar e estar atento à sua participação durante a consulta, nunca o deixando de lado durante a conversa e permitindo que interaja durante a entrevista e o exame. Muitas vezes, é o próprio parceiro que traz dúvidas e anseios à consulta e o médico deve estar pronto para atendê-lo.

É frequente, no entanto, que a gestante se sinta coibida a esclarecer suas dúvidas ou fique intimidada de fazer perguntas que lhe pareçam "tolas", fato pouco mais comum quanto maior o afastamento não só cultural, mas também afetivo, entre o médico e a paciente. Para facilitar esse processo do relacionamento médico-paciente, pode ser útil algum tempo para uma conversa um pouco mais informal sobre o ambiente familiar e as expectativas sobre a gravidez. Ao descontrair a conversa, facilita-se a adequada expressão de sentimentos e de detalhes mais delicados e constrangedores, como a presença de violência doméstica e o uso de drogas ilícitas, mesmo que não verbalizadas em um primeiro momento. Um interrogatório muito direcionado e formal, sem empatia, pode impedir a paciente de relatar suas queixas ou angústias mais relevantes, comprometendo assim a assistência pré-natal. Dessa forma, espera-se que o pré-natalista mantenha uma postura de respeito e empatia, permanecendo aberto a conversar e esclarecer o casal desde o início do pré-natal.

Identificação

Para começar bem a relação médico-paciente, após o médico se apresentar, é hora de a paciente fazê-lo. É quando ela diz seu nome, esclarecendo como gosta de ser chamada, se pelo primeiro nome, pelo segundo nome, ou de alguma outra forma.

Se a paciente vier acompanhada à consulta, deve-se saber quem é esta pessoa, seu nome e seu grau de parentesco com a paciente. Se a paciente for menor de idade, é importante que se anote no prontuário o nome da mãe, companheiro ou responsável que estiver presente à consulta. Se for o marido, namorado ou companheiro, é importante que sua presença seja valorizada. A simples presença do parceiro nessa consulta já mostra aspectos do relacionamento que está por trás dessa gravidez, apresentando-se como um fator de proteção significativo para o resultado obstétrico favorável.

Na identificação da paciente, vários itens são obrigatórios e relevantes (Tabela 1):

- a idade da paciente é essencial, não só para se adequar o tipo de linguagem a ser utilizada, mas também, e principalmente, para perceber o risco envolvido em gestações nos extremos reprodutivos (abaixo dos 16 e acima dos 35 anos). Os riscos envolvidos na primeira situação – idade abaixo dos 16 anos – são, em sua maioria, de natureza psicossocial, com maiores taxas de prematuridade e pré-eclâmpsia; enquanto na segunda – idade acima dos 35 anos – predominam os riscos de natureza biológica, como malformações, hemorragia pós-parto e doenças crônicas como o diabetes e a hipertensão arterial sistêmica (HAS);

- é importante que se anote a cor ou etnia da paciente, pois, embora a miscigenação no Brasil seja grande, algumas

---

Após ter o teste confirmando a gravidez, Eva Maria agenda uma consulta e aparece na data marcada. João atende a paciente com a tarefa de realizar a anamnese. A anamnese de uma gestante apresenta algumas particularidades.

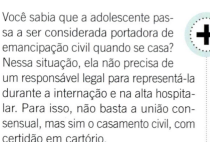

Você sabia que a adolescente passa a ser considerada portadora de emancipação civil quando se casa? Nessa situação, ela não precisa de um responsável legal para representá-la durante a internação e na alta hospitalar. Para isso, não basta a união consensual, mas sim o casamento civil, com certidão em cartório.

CAPÍTULO 6 PRIMEIRA CONSULTA DE PRÉ-NATAL

Tabela 1 Itens relevantes na identificação da paciente

Item	Como perguntar	Importância
Nome	Como você gosta de ser chamada?	Estabelece uma boa relação médico-paciente
Idade	Quantos anos você tem?	Extremos de idade (< 16 e > 35 anos) se relacionam com complicações maternas
Cor ou etnia	Como você descreve sua cor de pele?	Pacientes negras e pardas podem apresentar doenças específicas
Procedência atual e pregressa	Onde você nasceu? Onde você mora atualmente?	Dá uma ideia da dificuldade da paciente para chegar ao serviço e do seu *status* social, além de poder indicar possíveis doenças endêmicas
Estado conjugal	Você é solteira? Casada? Mora com alguém?	A união estável se associa com melhores resultados obstétricos
Escolaridade	Você está estudando? Estudou até que ano da escola?	Identifica o nível socioeconômico e cultural, o que ajuda a adequar a linguagem Sabe-se que há associação entre resultados neonatais insatisfatórios e baixa escolaridade
Ocupação	No que você trabalha? Como é o seu dia de trabalho?	É importante saber se há exposição ambiental a agentes teratogênicos Estresse se associa a trabalho de parto prematuro, restrição do crescimento fetal e pré-eclâmpsia
Planejamento da gravidez	Como aconteceu esta gravidez? Você estava planejando engravidar?	Gravidez indesejada se associa com pré-natal insuficiente e complicações obstétricas

doenças são mais específicas da população afrodescendente, como anemia falciforme e HAS. Sabe-se também que, apesar de a silhueta aparentar o contrário, a bacia óssea da mulher negra é mais angustiada e apresenta maior dificuldade para o parto vaginal;

• a procedência da paciente, incluindo também o local de nascimento, revela não só a predisposição para algumas doenças endêmicas, por exemplo, malária e doença de Chagas, mas também demonstra peculiaridades culturais e linguísticas que deverão ser consideradas durante o acompanhamento pré-natal;

• a presença do companheiro na consulta já revela algo sobre o estado conjugal da gestante, mas nunca é demais perguntar sobre o tipo de união estabelecida. Entretanto, muito mais importante que o estado civil da gestante, são o tempo e a estabilidade do relacionamento, além do fato de haver ou não convívio sob o mesmo teto. No geral, já ter outro filho do mesmo companheiro significa um relacionamento mais duradouro e seguro, dado epidemiológico extremamente significativo para a mortalidade neonatal;

• o grau de escolaridade da paciente fornece um dado indireto sobre o nível socioeconômico e cultural, além de alertar sobre a adequação da linguagem do profissional. Sobretudo, trata-se de um dado epidemiológico bastante relacionado com o prognóstico materno e neonatal, com piores resultados quanto menor a escolaridade da paciente, do seu companheiro e dos seus genitores. Provavelmente, tal fato se deve pela dificuldade de entendimento da paciente sobre as orientações e prescrições do pré-natal, sendo também deficitários o reconhecimento da importância da assistência pré-natal e a adequação da prática de autocuidado. Por isso, quando o grau de escolaridade for baixo, o esforço do profissional de saúde deverá ser ainda maior, na intenção de uma orientação que se faça efetiva;

• a profissão e a ocupação atual da gestante são dados que representam indiretamente o nível socioeconômico e são relevantes para as orientações do pré-natal, visto que algumas atividades profissionais podem impor risco ocupacional durante a gravidez e, às vezes, necessitam até mesmo de afastamento por meio de licença médica. É importante entender como é o dia a dia da ocupação profissional e em que posição a paciente permanece durante um dia típico, avaliando a exposição a calor, agentes químicos e infecciosos, além do nível de estresse do trabalho e das possibilidades de resolução e enfrentamento dessas fontes de estresse. Algumas vezes, será necessário conversar com a paciente sobre possíveis mudanças no ritmo de trabalho e sobre como enfrentar de forma diferente uma rotina estressante, uma vez que está comprovado que uma atividade estressante, tanto física como psíquica, se associa com complicações obstétricas como pré-eclâmpsia, restrição do crescimento fetal (RCF) e trabalho de parto prematuro. Mesmo as pacientes de alto nível socioeconômico, profissionais liberais ou com altos cargos no mundo corporativo também apresentam risco de complicações decorrentes da atividade profissional, muitas vezes estressante.

Programação da gravidez

Um dado epidemiológico muito significativo é se a gravidez é desejada ou não, com resultados negativos quando a gravidez é indesejada, a começar pelo maior risco de abortamento induzido, com maior possibilidade de complicações hemorrágicas e infecciosas. Para as pacientes que mantêm a gravidez, a adesão ao pré-natal terá maior risco de não ser adequada, sem o mesmo cuidado que teria se fosse uma gravidez desejada e programada; e sabe-se que quanto menor for o número de consultas, pior será o resultado obstétrico.

A gravidez programada geralmente tem melhor prognóstico, não só porque a paciente está feliz e motivada para um pré-natal adequado, mas também porque há maior possibilidade de ela ter se cuidado antes da gravidez, controlando doenças prévias, emagrecendo e até talvez tendo feito um aconselhamento médico preconcepcional.

Leia mais sobre aconselhamento preconcepcional no capítulo "Avaliação preconcepcional".

É importante diferenciar, em casos de gestação programada, se ela é espontânea ou se foi obtida com auxílio de técnicas de reprodução assistida e qual a causa de esterilidade que indicou a reprodução assistida. Embora seja programada, a gravidez pós-reprodução assistida tem risco aumentado, com maiores taxas de abortamento, gemelidade, prematuridade e pré-eclâmpsia.

Por todas as questões apresentadas, vale a pena esse tipo de questionamento já no início do pré-natal, perguntando à gestante se a gravidez foi programada, desejada e se é aceita, sendo as respostas anotadas no prontuário da paciente. No entanto, não são perguntas fáceis de serem feitas, principalmente a respeito do desejo de gravidez. É muito comum o entrevistador já se colocar com preconceito e assumir, antes mesmo de formular a pergunta, que é óbvio que a mulher em questão queria engravidar. Por isso, perguntas abertas, que permitem a livre manifestação da paciente, são mais adequadas. Certamente, se há espaço para a expressão sincera da paciente, pode acontecer de a gravidez não ter sido nem planejada, nem tampouco desejada, e a paciente encontrar-se frustrada e talvez até sentindo-se culpada pelo ocorrido. Nessa eventualidade, vale a pena o médico intervir e explicar por que ocorreu a gravidez, se houve falha na anticoncepção e de que maneira aconteceu a falha, como forma de a paciente se prevenir melhor no futuro e também com o intuito de diminuir sua angústia e indignação.

Queixa e duração

O item "queixa e duração" da anamnese clássica tem uma conotação bastante distinta na obstetrícia por uma razão muito simples, já mencionada: a paciente obstétrica muitas vezes comparece à consulta sem queixas, apenas porque sabe que deve fazer o pré-natal. Nessas ocasiões, a "queixa" será: "veio fazer pré-natal e encontra-se sem queixas".

É comum, entretanto, que a gestante tenha, sim, alguma queixa vinculada à gravidez e, por isso, o médico deve perguntar mais ativamente sobre a existência dela. Mesmo que seja uma queixa fisiológica e comum, vale a pena anotá-la no prontuário, assim como dar uma resposta e uma orientação a essa queixa, mesmo que não seja tão significativa para o médico – uma preocupação da paciente, ao não ser respondida, tende a aumentar a angústia, assim como diminuir a confiança e o diálogo da paciente com o médico e o serviço, piorando a adesão ao pré-natal. Portanto, a paciente precisa ser ouvida e orientada também sobre a normalidade de seus sintomas. Outros sintomas secundários serão abordados no interrogatório sobre diversos aparelhos.

Antecedentes familiares

É interessante avaliar o núcleo familiar da gestante, inquirindo sobre o número de habitantes da casa e em que situação convivem, o que pode fornecer uma ideia mais abrangente de possíveis conflitos familiares, com interferência negativa na gravidez. Na realidade do Programa de Saúde da Família, a construção de um "genograma" (também chamado por alguns de "familiograma"), no qual são representadas graficamente as várias relações intrafamiliares, é quase obrigatória, e frequentemente a paciente em questão já estaria incluída dentro de um desses esquemas, inserido no prontuário da família. O genograma pode ser algo muito positivo, mas não é obrigatório para o bom acompanhamento pré-natal. Por outro lado, os antecedentes mórbidos familiares perfazem um item fundamental para a avaliação de risco da presente gravidez. A seguir, serão apresentados os principais antecedentes familiares de risco para a gravidez em foco.

Hipertensão arterial sistêmica

A HAS é um dos antecedentes mais importantes, não só pela sua alta prevalência, mas também pelas repercussões

Não deixe de acessar o site: http://virtual.ufms.br/objetos/Genograma/6.html.
Lá, você terá acesso a informações sobre como construir um genograma.

que pode apresentar na gravidez. Trata-se de uma doença crônico-degenerativa, com incidência maior após a quarta década de vida, com forte componente familiar e genético, devendo, por isso, ser sempre pesquisada, principalmente em mulheres após os 35 anos. Cada vez mais, no entanto, se observa o surgimento da doença em idades mais precoces, a ponto de justificar a preocupação antes da terceira ou da quarta décadas de vida. Quanto maior for o número de familiares acometidos, e maior também a idade da paciente, maior o risco a ser considerado.

Doença hipertensiva específica da gestação (DHEG)

Denomina-se doença hipertensiva específica da gestação (DHEG) o conjunto das alterações pressóricas específicas da gestação, incluindo a pré-eclâmpsia e a eclâmpsia. Define-se pré-eclâmpsia como o surgimento, após a vigésima semana de gravidez, de hipertensão arterial ($\geq 140 \times 90$ mmHg) antes inexistente, concomitantemente a um quadro de edema (principalmente de mãos e face) e/ou proteinúria (≥ 300 mg em urina de 24 horas). Eclâmpsia seria o surgimento de convulsões tonicoclônicas generalizadas e/ou coma em gestante com quadro de pré-eclâmpsia.

O antecedente familiar de DHEG apresenta em si um risco relativo de três a sete vezes, na dependência do tipo de vínculo familiar. Nenhum teste preditivo para pré-eclâmpsia consegue adicionar um risco relativo dessa magnitude, o que revela a importância de uma boa anamnese para extrair esse dado.

Algumas vezes, a paciente reconhece os termos pré--eclâmpsia e eclâmpsia e os relata espontaneamente. Em outras vezes, não conhece esses nomes, mas saberá referir se alguma mulher na família ficou hipertensa e inchada na gravidez, voltando ao normal após o parto. Por isso, vale a pena perguntar dessa forma e valorizar a informação assim obtida.

Diabetes

O antecedente de diabetes na família eleva o risco de diabetes gestacional na atual gravidez. Deve-se considerar, no entanto, que não só as mulheres com fator de risco de-

Leia mais sobre o rastreamento de diabetes no capítulo "Assistência pré-natal na segunda metade da gestação".

senvolvem a doença, ocorrendo vários casos na população tida como de baixo risco. Por isso, o rastreamento do diabetes deverá ser universal.

Cardiopatia

A existência de familiares com cardiopatia deve ser avaliada com cuidado. A presença de pessoas mais velhas com cardiopatia, como os avós, não representa um risco adicional para a presente gravidez, pois devem ser casos de coronariopatia ou insuficiência cardíaca adquiridas com o processo de envelhecimento, que não deve incidir na gestante sob cuidado pré-natal – mesmo que o componente genético para a doença seja alto –, porque a paciente não terá idade para desenvolver tal doença. A preocupação poderá ser justificável se houver casos de familiares com insuficiência coronariana antes dos 55 anos, indicando uma genética mais desfavorável e a possibilidade de acometimento em idades mais precoces, ainda no período reprodutivo da mulher.

O antecedente de cardiopatia mais preocupante é o que se refere a familiares com cardiopatia congênita. Quando houver esse tipo de antecedente, eleva-se o risco de alterações genéticas a se repetirem, com indicação de investigação adicional de cardiopatia congênita no feto em questão, por meio de ecocardiografia fetal.

Hemopatia

Algumas hemopatias têm transmissão genética e devem ser lembradas por conta do risco de estarem presentes tanto na gestante como em seu feto: as hemoglobinopatias, em especial a anemia falciforme e a talassemia; além de outras doenças dos eritrócitos, como a hemoglobinopatia C e a esferocitose; alterações na coagulação, como a doença de von Willebrand; e as trombofilias hereditárias, como a mutação do fator V de Leiden e a mutação do gene da protrombina. Quando a doença já foi diagnosticada na família, a anamnese fica fácil, sendo relatada pela paciente de forma completa e bem definida. No entanto, às vezes, existe a doença familiar, mas ainda não diagnosticada como tal. É função do médico, portanto, inquirir com mais detalhe e investigar adicionalmente com exames laboratoriais, quando houver relatos pela paciente de casos de anemia grave em familiares (principalmente na juventude e na fase adulta), de feridas que sangram muito e que não cicatrizam, além de tromboses sem explicação. Um cuidado adicional a ser tomado é investigar a família do pai da criança, se houver hemoglobinopatia no lado materno, pois dois traços desse tipo de doença podem levar a concepto com a doença manifesta.

Gemelidade

O antecedente familiar de gemelidade no lado materno da paciente aumenta o risco de gestação gemelar na presente oportunidade. Embora atualmente a gestante já inicie o pré-natal com alguma ultrassonografia feita, trazendo o laudo consigo, atestando ou não a presença de gestação gemelar, em muitos outros casos não haverá essa situação e, neste panorama, o antecedente pode ajudar no raciocínio do que se percebe no exame físico. Assim, se o tamanho do útero não for compatível com o tempo de gravidez e houver antecedente familiar para gemelidade, deve-se pensar com mais afinco na hipótese de ser uma gestação gemelar, mesmo podendo ser um erro de data, com gestação mais adiantada do que se imaginava pela data da última menstruação (DUM).

Epilepsia

Se houver casos de epilepsia na família, a paciente pode apresentar risco aumentado para a doença. É um antecedente de pouca importância, porque é pouco provável que a paciente ainda não tenha apresentado o quadro clínico antes da gravidez; por outro lado, se a gestante convulsionar na gravidez sem possuir qualquer antecedente para a doença, a probabilidade de ser eclâmpsia aumenta bastante, principalmente na presença de hipertensão.

Tuberculose

A tuberculose é um antecedente cada vez mais raro, mas se reveste de importância por conta do risco de transmissão ao recém-nascido, principalmente por meio da amamentação, acarretando um quadro grave, de tuberculose miliar. Assim, se há familiar com tuberculose com o qual a paciente tenha convivido, torna-se importante avançar na investigação, realizando um teste cutâneo ou pesquisando o bacilo de Koch no escarro. Se a paciente for bacilífera, ainda haverá tempo hábil para o tratamento antes do nascimento da criança.

Neoplasia

O antecedente familiar de neoplasias revela um terreno genético propício para o desenvolvimento de neoplasia na paciente em questão. Pela faixa etária habitual da gestante, a neoplasia que mais preocupa é a de mama, cuja incidência tem aumentado nas últimas décadas. A investigação desse tipo de neoplasia na gravidez é dificultada, principalmente, pela alteração da arquitetura da mama, que se torna mais densa e edemaciada, o que torna a interpretação dos exames de imagem mais difícil. Assim, o ideal seria que a mulher com antecedente familiar fosse investigada antes da gravidez. Por outro lado, não se deve postergar a investigação se esta for necessária, pois o tratamento adequado muda o prognóstico materno, podendo ser iniciado, na maior parte dos casos, já durante a gravidez.

Depressão e transtornos psiquiátricos

O antecedente familiar de depressão remete a um ambiente domiciliar com certa fragilidade na dinâmica emocional, podendo ter repercussões de saúde mental, principalmente se a pessoa acometida for a figura materna. Entretanto, muito mais grave do que a história de depressão é o antecedente de transtorno afetivo bipolar, o qual apresenta um componente genético mais bem estabelecido. Como há correlação entre a depressão pós-parto e o surgimento de um quadro de transtorno afetivo bipolar posteriormente, este antecedente deve ser devidamente esclarecido. Outro antecedente digno de nota é a presença de esquizofrenia ou alcoolismo na família, ambos com possibilidade de acometer outros membros, com componente genético também significativo.

Alcoolismo e drogas

O alcoolismo é uma questão que deve ser ativamente perguntada, pois se relaciona com famílias problemáticas, desestruturadas e com a saúde mental comprometida, principalmente se a pessoa acometida for a figura paterna, quando a história de violência intrafamiliar se torna mais comum.

O uso de drogas ilícitas, como cocaína e *crack*, por membros da família também deve ser questionado. Aqui, a figura do companheiro da gestante se reveste de importância, porque muitas vezes a paciente se envolve nesse mundo por causa do companheiro e, se assim for, será difícil para ela tanto assumir o uso pessoal, como também deixar o vício. É comum a paciente negar o consumo de drogas em um primeiro momento, mas depois revelar a verdade, quando houver mais confiança na figura do médico. Assim, o fato de o companheiro ser adicto é um sinal importante que não deve ser esquecido. Se a gestante não for adicta, encontra-se em situação de risco para vir a ser, com sérias repercussões não só para ela, mas também para o bebê.

Malformações congênitas

O relato de caso de malformação congênita na família chama a atenção para possível alteração genética ou cromossômica, com aumento de risco para repetição do quadro. Infelizmente, os dados obtidos na anamnese, em geral, não permitem uma conclusão sobre o real risco envolvido.

Outros

São inúmeras as doenças com história familiar e seria quase impossível listar todas aqui. Ao perguntar sobre doenças na família, talvez surja uma dessas doenças. Se houver dúvida, deve-se sempre investigar sua etiologia e considerar a transmissão para a prole.

Antecedentes pessoais

Hipertensão arterial sistêmica

Às vezes, a paciente apresenta claramente uma história prévia de HAS, mas em diversas ocasiões a história relatada é de verificações pontuais de "pressão alta", principalmente em momentos de estresse ou mal-estar, as quais não podem ser definidas como uma doença sistêmica bem estabelecida.

Leia mais sobre os antecedentes pessoais no capítulo "Avaliação preconcepcional".

Outra situação relativamente comum em obstetrícia é o antecedente de quadros de hipertensão arterial durante gestações anteriores, quando não se conseguiu esclarecer a etiologia nem durante, nem depois do evento obstétrico. Infelizmente, muitas mulheres deixam de aferir sua pressão arterial após o parto, frustrando assim a possibilidade de confirmar uma eventual hipertensão que se mantenha depois da gravidez, o que configuraria um quadro de HAS. Na dúvida, deve-se anotar o antecedente, mesmo com ressalvas, investigando-o melhor *a posteriori*.

O antecedente de HAS é extremamente importante, pois traz consigo um dos maiores riscos para a gravidez. A principal causa de morte materna no Brasil continua sendo a hipertensão arterial em suas diversas formas, e cerca de metade dos casos de óbito por eclâmpsia é de gestantes multíparas, hipertensas crônicas. A hipertensão também é a principal causa de prematuridade terapêutica na Clínica Obstétrica do HC-FMUSP, com mortalidade perinatal elevada. Além disso, é causa importante de sofrimento fetal, RCF e descolamento prematuro de placenta (DPP).

Diabetes mellitus pré-gestacional

A associação entre diabetes e gravidez, antes considerada rara e potencialmente fatal, tem se tornado cada vez mais frequente com a chegada à idade reprodutiva de mulheres com diabetes insulino-dependente. Além disso, o número de mulheres com diabetes tipo 2 também cresceu na população, por conta da associação desse quadro com obesidade, cada vez mais prevalente. Além do aumento da incidência, a associação entre diabetes e gravidez apresenta vários riscos, tanto maternos quanto neonatais. Ao fazer a anamnese, pode haver dúvida quanto ao real diagnóstico de diabetes, pois a gestante pode se confundir e dizer que tem diabetes, quando na verdade teve apenas o diabetes gestacional. Outras vezes, ela pode dizer que teve diabetes gestacional, quando na verdade ela já tinha diabetes pré-gestacional, sem diagnóstico correto. Certamente, ter tido qualquer forma de diabetes, mesmo o gestacional, é fator de risco para repetir o quadro em outra gravidez, mas não é obrigatório; assim como ter tido diabetes diagnosticado precocemente na gravidez indica forte possibilidade de a mulher já ter diabetes pré-gestacional.

Tireoidopatias

As disfunções tireoidianas podem ser de dois tipos principais:

• o hipotireoidismo, caracterizado pela diminuição ou falta dos hormônios tireoidianos, resulta da disfunção primária da glândula tireoide na grande maioria dos casos, tendo como principal etiologia a tireoidite autoimune (tireoidite de Hashimoto) e, em menor proporção, a ablação cirúrgica ou o tratamento radioativo da glândula. Acomete cerca de 5 a 15% da população em geral, com uma prevalência menor na gravidez, entre 0,3 e 3% de todas as gestantes;

• o hipertireoidismo, por sua vez, tem como principal característica o excesso de hormônios tireoidianos em circulação, tendo como principais etiologias a doença de Graves (bócio tóxico difuso) em 95% dos casos, a doença de Plummer (bócio tóxico multinodular) e outras causas menos comuns. A prevalência na população geral é ao redor de 1%, acometendo 0,1 a 0,4% das grávidas.

O hipotireoidismo é uma causa importante de abortamento e de esterilidade. Só a presença de anticorpos antitireoglobulina ou antiperoxidase tireoidiana, típicos da tireoidite autoimune, já eleva o risco de abortamento em três a oito vezes, enquanto níveis de hormônio estimulante da tireoide (TSH) superiores a 2,5 mU/mL aumentam o risco de abortamento em praticamente duas vezes. Além disso, outras complicações são descritas, como: anemia, pré-eclâmpsia, hemorragia pós-parto, prematuridade, baixo peso ao nascer, síndrome do desconforto respiratório do recém-nascido e prejuízo das funções cognitivas e neuropsíquicas da criança filha de mãe hipotireóidea.

O hipertireoidismo também se relaciona com complicações maternas e fetais, como: abortamento espontâneo, trabalho de parto prematuro, RCF, baixo peso ao nascer, bócio fetal, hipotireoidismo e hipertireoidismo fetais, hipertireoidismo neonatal, óbito fetal, DPP, pré-eclâmpsia, crise tireotóxica, fibrilação atrial e insuficiência cardíaca congestiva.

Por isso, o antecedente pessoal de disfunção tireoidiana deve ser cuidadosamente pesquisado. Quando presente, torna a gravidez de alto risco.

Cardiopatias

Algumas vezes, a paciente apresenta o antecedente de cardiopatia de forma bem definida, já tendo o diagnóstico e com tratamento adequado instituído. Entretanto, em muitas das vezes, há apenas a história de "sopro no coração" quando criança ou mesmo adolescência, sem nenhum acompanhamento. Essa história precisa ser bem investigada, pois, apesar da baixa prevalência (entre 0,1 e 0,4% das gestações), a cardiopatia é uma das principais causas de morte materna, principalmente em países desenvolvidos e nos hospitais universitários brasileiros.

A principal etiologia no Brasil é das cardiopatias adquiridas, predominando entre elas as cardiopatias reumáticas valvares e, a seguir, a miocardiopatia chagásica. No entanto, é cada vez maior a frequência de gestantes com cardiopatias congênitas muitas vezes corrigidas na infância – estas pacientes têm sobrevida cada vez maior, chegando à idade reprodutiva. Por outro lado, há também um grupo significativo de gestantes com cardiopatias congênitas não corrigidas, muitas vezes cianóticas e com risco elevado na gravidez.

Se esse antecedente estiver presente, na sua forma congênita, deve-se fazer o exame de ecocardiografia fetal.

Hemopatias

Entre as hemopatias da gravidez, a mais comum é a anemia; e, entre as anemias, a ferropriva é responsável por 95% dos casos de anemia em gestantes. A prevalência de anemia na gravidez varia bastante entre as diversas populações, mas certamente é uma das complicações clínicas mais frequentes na gravidez. Quando a gestante já relata episódios prévios de anemia, deve-se ter cuidado especial durante a gravidez, pois ela pode ter novo quadro de anemia carencial, por alimentação inadequada e baixos estoques de ferro. Se houver antecedente familiar de anemia, deve-se pensar nas hemoglobinopatias e investigar adequadamente com exames laboratoriais.

A anemia na gravidez pode levar a sintomas como fadiga, letargia, pica (ou malácia) e cefaleia, além de predispor a morbidade materna no parto e no puerpério. Em relação ao feto, a anemia relaciona-se com prematuridade, RCF e óbito fetal.

Nefropatias

As nefropatias mais comumente relatadas pelas gestantes são a nefrolitíase e a pielonefrite, embora muitas delas não saibam relatar com detalhes o que realmente aconteceu com elas. Quanto ao quadro de pielonefrite, vale a pena perguntar especificamente se ela já teve infecção urinária e se em algum desses episódios ela ficou internada, ou se teve febre e queda do estado geral. Esses quadros podem ter tido uma evolução favorável, mas algumas vezes complicam a função renal e, se isso tiver ocorrido, a gestação pode piorar ainda mais o quadro. Em casos de nefrolitíase, há risco de recorrência na gravidez, com aumento da taxa de prematuridade.

Eventualmente, a gestante pode relatar um quadro bem estabelecido de alteração da função renal e isso se torna um antecedente muito importante, porque com as alterações de volemia e de aumento do fluxo plasmático renal, a função renal pode ficar seriamente comprometida com a gravidez. É relativamente comum uma paciente nefropata, com creatinina no limite, vir a perder totalmente a função renal durante a evolução da gravidez, precisando de diálise para manter sua homeostase.

Se a mulher engravidar já em insuficiência renal, o prognóstico se tornará bastante reservado e a gravidez dificilmente alcançará o termo.

Epilepsia

É importante questionar ativamente a presença de convulsões anteriormente à gravidez. A epilepsia é a doença neurológica mais comum durante a gravidez, com incidência entre 0,3 e 0,5% de todas as gestações. Pode se apresentar de diversas formas: com crises generalizadas tipo grande mal (geralmente com convulsões tonicoclônicas) ou pequeno mal (ausência); com crises parciais simples (sem perda de consciência) ou parciais complexas (com perda de consciência); ou, por fim, crises parciais com generalização secundária.

A frequência das crises pode ficar inalterada na maioria dos casos, principalmente no grupo de mulheres que estavam com o quadro controlado, sem crises no último ano antes da gravidez. No entanto, em cerca de 14 a 32% dos casos, há piora, com aumento na frequência das crises. Muitas das drogas são teratogênicas e influenciam o bem-estar fetal, principalmente quando associadas em politerapia; entretanto, quanto maior for o número de crises, pior será o prognóstico neonatal, com maiores taxas de prematuridade, RCF e sofrimento fetal.

Pneumopatia

A asma representa a principal pneumopatia na gravidez, sendo uma das intercorrências clínicas mais comuns, presente em cerca de 8% das gestantes. A evolução da asma durante a gravidez é imprevisível, podendo ocorrer melhora (23%), piora (30%) ou manutenção do quadro clínico prévio. A asma grave tem maior tendência a piorar e as gestações que se seguirem têm a tendência de repetir o mesmo padrão. Se a asma se mantiver oligossintomática, a evolução da gravidez será adequada. No entanto, quanto maior for o número de crises e maior a gravidade delas, pior será o prognóstico obstétrico, com maiores taxas de pré-eclâmpsia, RCF, prematuridade, sofrimento fetal e óbito perinatal.

O diagnóstico de asma é comumente negligenciado tanto pelo médico quanto pela paciente, a ponto de muitas mulheres não darem a devida importância ao antecedente pessoal de asma e, portanto, não o relatarem ao médico pré-natalista. Por isso, é importante que se pergunte adequadamente sobre a doença, usando termos correlatos, como bronquite ou mesmo "falta de ar".

Depressão e outras doenças psiquiátricas

Nem sempre é fácil perguntar sobre antecedentes pessoais na área psiquiátrica. Certamente, a melhor forma de fazê-lo não será questionar de forma direta se a paciente tem doença psiquiátrica. Talvez o melhor seja perguntar se alguma vez ela já ficou muito triste e chorosa, sem querer sair de casa; ou se já precisou tomar calmantes ou remédios para depressão. De qualquer forma, é importante que o antecedente venha à tona e seja reconhecido, pois o quadro pode retornar e até piorar durante a gravidez. É útil que se tente discriminar o transtorno afetivo bipolar da depressão pura, pois esse costuma piorar durante a gravidez e no período pós-parto, demandando maior cuidado.

Sífilis e doenças sexualmente transmissíveis (DST)

O antecedente de sífilis e de outras doenças sexualmente transmissíveis (DST), como gonorreia, clamídia, vírus da imunodeficiência humana (HIV), papilomavírus humano (HPV) e herpes genital, entre outros, é importante na medida em que são doenças que podem ser transmitidas para o feto e/ou recém-nascido, com repercussões potencialmente graves. É importante não só perceber o antecedente de DST, mas também verificar se o tratamento foi correto.

Outros antecedentes

A realização prévia de cirurgias e possíveis complicações deve ser anotada, assim como a necessidade de transfusão sanguínea. Alergias medicamentosas têm de ser verificadas e devidamente anotadas em prontuário e no cartão de pré-natal, com vistas a evitar nova exposição, que possibilitariam o desencadeamento de novo quadro alérgico potencialmente grave.

Também é útil anotar no prontuário o histórico das imunizações previamente realizadas; assim, o esquema vacinal poderá ser complementado.

Os tratamentos realizados e as medicações utilizadas devem ser levantados, até como forma de esclarecer o quadro clínico das doenças em questão.

Quaisquer outras doenças relatadas pela gestante deverão ser anotadas e adicionalmente investigadas, buscando possível interferência com a gravidez e com o recém-nascido.

O quadro prévio de infertilidade deve ser anotado, assim como o tratamento realizado, por conta do risco inerente de abortamento e de mau resultado obstétrico.

A história de violência doméstica é difícil de ser abordada, mas perfaz um antecedente muito importante, que deve ser questionado durante o pré-natal. Eventualmente, não é possível fazê-lo na primeira consulta, mas se houver sinais indiretos de relacionamento conflituoso, a questão deverá retornar ao longo do pré-natal. Outros tipos de violência, como a psicológica e o assédio moral, seja em casa ou no trabalho, também poderão ser investigados, pois determinam estresse emocional, com consequências para a gravidez.

Hábitos

Neste tópico da anamnese, é importante reconhecer o uso de drogas (lícitas ou ilícitas), medicações e produtos químicos que possam interferir na gravidez e no desenvolvimento fetal. O ideal seria toda mulher ser advertida sobre o uso dessas drogas e medicações antes da gravidez, evitando a utilização durante a gravidez. Como isso não é geralmente possível, é essencial questionar ativamente tais aspectos durante a anamnese.

Em primeiro lugar, deve-se questionar sobre medicações habitualmente utilizadas, em que dose e em qual frequência, assim como se o uso é contínuo até o momento, ou se foi interrompido, quando e por qual razão. Apenas uma minoria das medicações prescritas é segura na gravidez. Infelizmente, a grande maioria das gestantes não recebe durante o pré-natal qualquer tipo de orientação sobre os efeitos deletérios dessas drogas e, portanto, não interrompem o uso; ou seja, se esse dado fosse bem levantado, advindo com isso a orientação correta, talvez muitos de seus malefícios não se fariam perceber.

Assim, deve-se questionar o abuso de drogas, lícitas e ilícitas. Entre as substâncias lícitas, as mais comuns são as bebidas alcoólicas e o tabaco; entre as drogas ilícitas, são mais frequentes a maconha e a cocaína. Grande dificuldade se tem para obter esse tipo de informação da paciente, por serem drogas ilícitas e cujo uso sempre acarreta juízo de valor por parte do profissional de saúde.

O uso de bebidas alcoólicas durante a gravidez é bastante prevalente, estando presente em cerca de 25% das gestantes paulistas, e esse uso leva riscos tanto à gestante como ao feto. A intoxicação aguda pelo álcool aumenta a acidez do conteúdo gástrico e diminui os reflexos protetores das vias aéreas, expondo a gestante a um grande risco de aspiração pulmonar do conteúdo gástrico, por já haver maior tempo de esvaziamento gástrico e incompetência da cárdia (com refluxo gastroesofágico), decorrentes das modificações gravídicas. Para o feto, descreve-se a síndrome alcoólica fetal ou síndrome fetal do alcoolismo materno.

O tabagismo também é bastante frequente, estando presente em cerca de 25% das gestantes brasileiras, muitas das quais com uso de mais de 10 cigarros/dia, quantia comprovadamente relacionada com diminuição do peso e do QI do recém-nascido. Outros efeitos do tabagismo incluem insuficiência placentária, RCF, DPP e rotura prematura de membranas ovulares (RPMO), além de diminuição na lactação. Apesar disso, apenas 20% das gestantes interrompem o fumo durante a gravidez.

A maconha é uma das drogas ilícitas mais consumidas em todo mundo, com frequência de uso variando entre 10 e 27% da população. Similarmente ao tabaco, ela leva a diminuição na perfusão uteroplacentária e prejuízo do crescimento fetal. Há indícios de que retarde a maturação do sistema nervoso fetal e aumente os níveis sanguíneos de noradrenalina junto ao parto, levando a distúrbios neurocomportamentais do recém-nascido que podem evoluir para falta de estabilidade da atenção, dificuldade na memorização e maior impulsividade. Alguns estudos perceberam aumento do risco para hidrocefalia e gastrósquise, se inalada no primeiro trimestre.

O uso da cocaína, por sua vez, tem aumentado muito nos últimos anos, incluindo seu produto alcalinizado, o *crack*, mais barato e de efeito mais devastador para a saúde. Estima-se, nos Estados Unidos da América, que cerca de 10% das gestantes consumiram alguma dessas duas drogas durante a gravidez, metade das quais tendo tido trabalho de parto prematuro ou DPP, duas das principais complicações obstétricas desse tipo de droga. Outras ações no organismo materno incluem hipertensão, taquicardia, arritmia e até falência miocárdica. A droga passa livremente pela "barreira" placentária e age no feto gerando malformações geniturinárias, cardiovasculares e do sistema nervoso central, além de alterar o fluxo feto-placentário, desencadeando insuficiência placentária, hipoxemia e acidose fetais.

A pintura de cabelo, os produtos químicos para alisamento e outros de uso cosmético devem ser inquiridos e adequadamente anotados. Seus efeitos no concepto não estão ainda plenamente esclarecidos, mas há indícios de que aumentem o risco de neoplasias na primeira infância (leucemia e tumor cerebral), além de poderem estar associados com malformações (particularmente a fenda labial) e baixo peso ao nascer. Dessa forma, tal exposição deverá ser evitada, e a gestante, orientada adequadamente sobre isso.

A prática de atividade física deverá ser perguntada e a gestante, orientada para não exagerar em tais atividades. Principalmente no início da gravidez, a preocupação deverá ser com a hipertermia que pode estar associada com atividade física em ambientes pouco arejados, pois há indícios de que ela possa levar à malformação fetal. Por outro lado, essa atividade deverá ser estimulada, em todas as fases da gravidez, desde que seja com baixo impacto e sem exagero.

Antecedentes ginecológicos

Deve-se perguntar sobre a menarca (idade da primeira menstruação), assim como a característica dos ciclos menstruais. A menarca precoce pode estar relacionada com o fechamento das cartilagens epifisárias, com o desenvolvimento de baixa estatura e bacia pequena para o parto vaginal e com maior probabilidade de haver bacia platipeloide. Ao contrário, a menarca tardia pode estar associada com bacia do tipo androide, além de hipoplasia genital, a comprometer tanto o sucesso da via vaginal, como também a evolução da gravidez.

Ciclos hipermenorrágicos e com dismenorreia são sugestivos de miomatose uterina, que pode complicar a gravidez, com maior risco de abortamento, parto prematuro e obstrução à progressão fetal, dependendo do tamanho e da localização dos miomas. Ciclos oligomenorreicos lembram insuficiência lútea, que pode comprometer a gravidez no seu início, levando a abortamento. Por outro lado, ciclos espaniomenorreicos são característicos da síndrome dos ovários policísticos, que se apresenta muitas vezes com resistência periférica à insulina e maior risco de síndrome metabólica, assim como para o desenvolvimento de diabetes gestacional e pré-eclâmpsia.

Alteração no ciclo menstrual também remete à não confiabilidade da DUM, podendo se relacionar mais frequentemente com erro de data. Nesse sentido, o uso de

Leia mais sobre os tipos de bacia no capítulo "Admissão da gestante para o parto".

métodos anticoncepcionais hormonais proximamente à concepção também pode justificar a não confiabilidade da DUM e a maior frequência de erro de data. A anticoncepção de emergência, cada vez mais usada nos dias atuais, também se associa com erro de data, por postergar o momento da ovulação.

A dismenorreia, além de alertar sobre a possibilidade de miomatose uterina, também se associa com a endometriose, que pode predispor à gestação ectópica. Além disso, não havendo substrato anatômico para a dismenorreia, é um sintoma que permite avaliar qual seria o limiar de dor da paciente para o trabalho de parto e o parto vaginal.

A idade da primeira relação sexual (coitarca), sendo precoce, também serve para identificar comportamento de maior vulnerabilidade, com tendência a múltiplos parceiros sexuais e maior risco para DST. Entre as DST, assumindo importância cada vez maior, estaria a condilomatose vulvovaginal, sinal da infecção pelo HPV, antecedente importante não só pelo risco de câncer do colo uterino, mas também pela possibilidade de funcionar como tumor prévio, impedindo a evolução para parto vaginal, quando presente de forma extensa. Em se falando do risco de neoplasia cervical, é importante também saber quando foi o último exame de Papanicolaou (colpocitologia oncótica) e se o resultado foi normal. Em se passando mais de 1 ano do último exame preventivo, impõe-se a realização de uma nova coleta. Igualmente, se houver história de alteração no exame, faz-se necessária uma investigação maior, com repetição do exame e, possivelmente, indicando colposcopia e vulvoscopia para completa avaliação do caso.

O antecedente de cirurgias ginecológicas também precisa ser devidamente registrado: a miomectomia de miomas intramurais contraindica a via vaginal, pelo risco de rotura uterina; o antecedente de cirurgia para tratamento de incontinência urinária de esforço e/ou prolapso genital indica a via alta, por cesárea, para não comprometer a cirurgia já realizada; e cirurgias no colo uterino, como a conização ou a amputação do colo, permitem o parto vaginal, mas podem levar a incompetência cervical, podendo indicar cuidado adicional, eventualmente com a realização de cirurgia específica para manter a competência cervical, a assim denominada cerclagem uterina.

Antecedentes sexuais como história de abuso sexual, estupro e vaginismo também são relevantes, pois podem comprometer o equilíbrio emocional e também a possibilidade de parto por via vaginal.

Antecedentes obstétricos

Este é um item da anamnese característico da obstetrícia, devendo ser investigado com detalhe, pois muitas doenças obstétricas se repetem de uma gravidez a outra.

Inicialmente, deve-se perguntar à gestante se é sua primeira gravidez. Algumas mulheres tendem a não considerar o abortamento como gravidez e este cuidado deve ser tomado pelo médico ao tirar a história obstétrica da paciente. Se for a primeira gravidez, a gestante será considerada primigesta e não haverá antecedente obstétrico a ser preenchido.

Todas as outras opções deverão ser esclarecidas e devidamente descritas. Sugere-se utilizar uma tabela para organizar os dados, na qual cada gravidez ocupará uma linha, na sequência temporal descrita pela paciente, e as colunas servirão para conter os dados mais relevantes: tipo de parto, idade gestacional do parto, peso do recém-nascido, idade deste nos dias atuais, sexo do recém-nascido e intercorrências do parto e do pós-parto (Tabela 2). Também deverá ser questionada a indicação do parto operatório, se este for o caso. Algumas indicações contraindicam o parto vaginal em uma outra gestação, como: desproporção cefalopélvica, vício pélvico e cicatriz uterina prévia. Alguns antecedentes do parto também são importantes, pois podem ocorrer novamente, como DPP e hemorragia uterina por atonia uterina.

Tabela 2 Exemplo de anotação para antecedentes obstétricos

Ordem	Desfecho	Tempo de gestação	Peso	Sexo	Ano	Recém-nascido	Intercorrências
1ª	Cesárea	7 meses	1.200 g	Masculino	2007	Vivo	Doença hipertensiva específica da gestação (DHEG) e sofrimento fetal; cesárea de urgência
2ª	Abortamento espontâneo	2 meses	?	?	2010	–	Necessidade de curetagem uterina
3ª	Atual						

Em termos de nomenclatura, cada gravidez será descrita como um número junto à letra "G" (de "gesta"), enquanto cada parto será descrito como um número junto à letra "P" (de "para"). Assim, a gestante que estiver na sua segunda gravidez, já tendo tido um parto anterior, receberá a nomenclatura de 2G 1P. Se ela estiver na terceira gravidez, já tendo tido um parto e um aborto, a nomenclatura será 3G 1P 1A; e assim sucessivamente. Se não houver abortamento, pode-se omitir a letra "A". Se houver antecedente de gestação molar (doença em que há um tumor placentário, com ou sem feto), será considerado como abortamento, e isso vale também para os casos de gravidez ectópica; indicados como "Mola" e "PE", respectivamente. Nesses casos, a descrição deverá ser colocada entre parênteses após a descrição de aborto, assim 3G 0P 2A (1PE e 1Mola). Em relação ao parto, o raciocínio é semelhante. Se for uma gestação gemelar, o parto será único, mas este detalhe deverá vir em parênteses, como no exemplo: 2G 1P (gemelar). Também é usual colocar mais uma letra ("n", "f" ou "c") após a letra "P", se o parto for normal, fórcipe ou cesárea, facilitando assim o entendimento.

Quanto à descrição dos abortamentos, importa detalhar se foi espontâneo ou provocado, se teve quadro de infecção, com febre, e se foi necessária a realização de curetagem uterina, com ou sem dilatação. O quadro infeccioso e a curetagem podem alterar o útero, predispondo à placenta prévia, assim como a dilatação do colo pode predispor ao quadro de incompetência cervical.

Ao descrever o peso dos recém-nascidos e a idade gestacional do parto, pode-se inferir se houve RCF, que cursa com recém-nascidos pequenos para a idade gestacional; ou se houve, ao contrário, um exagero do crescimento fetal, com recém-nascido grande para a idade gestacional. Nesse sentido, também se classifica a gestante de acordo com o peso dos recém-nascidos, mesmo sem saber ao certo o tempo de gravidez, descrevendo o antecedente de recém-nascido de baixo peso (< 2.500 g) ou de recém-nascido macrossômico (> 4.000 g). Na primeira eventualidade, há risco de repetição do quadro em uma próxima gravidez, por insuficiência placentária; na segunda, pode ter ocorrido diabetes gestacional, também com risco de repetição em uma nova gravidez.

Outro dado importantíssimo, que deve constar da anamnese obstétrica, é se houve óbito fetal, ou neonatal, e sob quais circunstâncias eles ocorreram. Deve-se lembrar de que o óbito neonatal pode ser precoce (até 6 dias) ou tardio (entre 7 e 27 dias), relacionando-se o primeiro fortemente com fenômenos ocorridos durante o trabalho de parto e o parto. Se houver um antecedente desses, mesmo que único, já se classifica a gestação subsequente como de alto risco, pela possibilidade do mesmo evento fatal ocorrer novamente. Esse antecedente é tão relevante que, se a paciente não souber relatar adequadamente a causa da morte, deve-se solicitar que ela traga a declaração de óbito na próxima consulta.

Alguns outros antecedentes devem ser atentamente observados. No caso de partos prematuros, investigar se ocorreu por trabalho de parto prematuro ou por RPMO ou, ainda, se houve uma interrupção terapêutica, por alguma complicação materna da gravidez, como hipertensão, diabetes, cardiopatia, asma etc.; ou se houve alguma complicação fetal, como sofrimento fetal, alteração do Doppler, malformação.

A necessidade de transfusão sanguínea é um dado concreto e objetivo sobre o grau de sangramento no intraparto e deverá ser questionada e anotada no prontuário, devendo tentar esmiuçar a razão para a referida transfusão: se foi provocada por laceração do canal de parto, por atonia uterina, por DPP ou por placenta prévia. O antecedente de DPP aumenta o risco de repetição do quadro em até 33%.

O intervalo entre as gestações também é um dado significativo, principalmente da última gestação para a atual. Define-se espaço interpartal curto se houver menos de 2 anos entre um parto e outro, com maior risco nutricional e de anemia, assim como de rotura uterina, se o parto tiver sido uma cesárea; e como reestreia funcional se o tempo decorrido desde o último parto for maior do que 10 anos. Além de significar muitas vezes a troca de parceiro sexual, com nova configuração familiar e imunológica, esse antecedente se relaciona com tempo de trabalho de parto semelhante ao de uma primigesta, com maior risco de trabalho de parto prolongado, distocia funcional e necessidade de parto instrumentado, com aplicação de fórcipe.

O antecedente de DHEG deve ser bem avaliado, pois, seja em sua forma de pré-eclâmpsia ou de eclâmpsia, eleva consideravelmente o risco para essa doença na próxima

CAPÍTULO 6 PRIMEIRA CONSULTA DE PRÉ-NATAL

gravidez em questão. O antecedente pessoal eleva o risco de repetição para cerca de 30%, ou seja, tem risco relativo de aproximadamente três vezes.

Por fim, os dados do puerpério anterior também são relevantes e devem ser investigados. O antecedente de depressão puerperal eleva o risco de repetição do quadro e os dados da amamentação prévia também chamam a atenção para possíveis intercorrências advindas da falta de orientação adequada. Assim, é interessante questionar se a paciente amamentou seus outros filhos, por quanto tempo o fez e quais foram os motivos do desmame. Muitas vezes, a interrupção se dá pelo surgimento de fissuras, com pouca orientação na técnica de amamentação, e uma nova orientação corrigida poderá contribuir para um sucesso antes não alcançado.

História da gestação atual

Na anamnese em obstetrícia, não existe o item de história pregressa da moléstia atual, pois não se trata de uma doença, e sim de uma condição fisiológica diferenciada. Assim, tal item é substituído aqui pela história da gestação atual, em que são pormenorizados a história e os acontecimentos da gestação atual, desde a última menstruação, considerando a descoberta da gravidez e os sintomas e sinais que surgiram. Descreve-se, portanto, de que forma a paciente soube que estava grávida, se foi com teste de farmácia ou de sangue, ou se foi realizada uma ultrassonografia para confirmar, se teve alguma dor ou sangramento, se usou alguma medicação abortiva, ou na intenção de regularizar a menstruação.

Nos hospitais universitários, é muito comum que a gestante chegue ao pré-natal por meio de um encaminhamento da UBS ou do pronto-socorro onde passou anteriormente, tendo recebido o diagnóstico de gravidez. Há casos em que já tinham iniciado o pré-natal em outro serviço. Se este for o caso, há a necessidade de anotar esse dado, informando por que ela mudou o local do pré-natal, se foi por comodidade pela proximidade, se procurava uma assistência diferenciada, ou se foi por se tratar de uma gravidez de alto risco. Os exames realizados no outro local deverão ser anotados no prontuário, assim como seus resultados e data de realização. Igualmente, deverão ser anotados a pressão arterial e os principais dados de exame, se houver, assim como os tratamentos prévios (por exemplo, se estava usando complemento vitamínico ou não). Eventuais intercorrências, como desmaios, infecção urinária e vulvovaginite, também deverão ser verificadas e descritas.

Um questionamento específico deverá ser feito no tocante à possível exposição a agentes físicos, químicos, bacterianos ou medicamentos, mesmo que pareçam ser inofensivos ao feto. O fato de ter ocorrido exposição, sem acometimento de qualquer espécie, também é um antecedente importante, porque revela a benignidade do seu uso, sem ter desencadeado reação alérgica.

Talvez o dado mais importante a ser considerado na anamnese obstétrica da gestação atual é aquele que permite calcular o tempo de gravidez e a data provável do parto, questão sensível a praticamente todas as gestantes. Para tanto, deve-se perguntar quando foi a DUM, a contar do primeiro dia do fluxo, e se a quantidade e o número de dias foram normais. A gravidez humana se constitui em uma média de 280 dias, desde a última menstruação até o dia do parto, variando entre 166 e 294 dias, ou seja, 10 meses lunares, com variação de 2 semanas para mais ou para menos. Para calcular a data provável do parto de forma prática e rápida, utiliza-se a regra de Näegele, somando-se 7 dias e subtraindo-se 3 meses da DUM, obtendo-se assim a data provável do parto.

Seria útil questionar um último dado neste começo de gravidez: a data em que se iniciou a percepção da movimentação fetal pela gestante. Em casos em que o pré-natal começa tardiamente e no qual se somam dúvidas acerca da idade gestacional, uma vez que a ultrassonografia de segundo trimestre possui uma razoável margem de erro para essa definição, qualquer informação adicional pode ajudar. O que se sabe sobre a movimentação fetal é que ela começa a ser percebida pelas primigestas entre 19 e 20 semanas de gravidez e, para as multíparas, entre 16 e 18 semanas.

Interrogatório sobre diversos aparelhos

Neste item da anamnese, também há uma abordagem própria da obstetrícia. Como não há uma doença a ser pers-

Leia mais sobre o cálculo da data provável do parto no capítulo "Crescimento e fisiologia fetal".

crutada, é relevante distinguir quais são os sintomas próprios da gravidez, diferenciando-os de outros sintomas possivelmente relacionados com doenças, sejam clínicas ou obstétricas. Dessa forma, é importante saber quais são os sintomas próprios e fisiológicos da gravidez, relacionados às modificações gravídicas. Ao reconhecer as características desses sintomas, então será mais fácil a diferenciação com outros sintomas, advindos da clínica médica.

Leia mais sobre os sintomas de gravidez nos capítulos "Assistência pré-natal na primeira metade da gestação" e "Assistência pré-natal na segunda metade da gestação".

Exame físico geral e dos principais aparelhos

Leia mais sobre exame físico e obstétrico nos capítulos "Assistência pré-natal na primeira metade da gestação" e "Assistência pré-natal na segunda metade da gestação".

Os preceitos do exame físico geral continuam valendo em obstetrícia, mas apresentam alguns aspectos práticos mais específicos.

Embora a primeira consulta idealmente seja realizada no primeiro trimestre, eventualmente a gestante pode iniciar o pré-natal mais tardiamente, por vezes na segunda metade da gestação. Dessa maneira, algumas características do exame clínico podem variar de acordo com a idade gestacional em que ocorre a consulta. Assim, é interessante conhecer esses aspectos diversos.

Exame físico obstétrico

Em obstetrícia, os recursos propedêuticos básicos (inspeção, palpação, percussão e ausculta) também são empregados, mas de forma distinta. Os achados de exame físico obstétrico serão diferentes de acordo com o tempo de gravidez considerado. Alguns sinais de gravidez já estarão presentes no início do pré-natal, e outros só serão perceptíveis mais tardiamente. Assim, o exame físico obstétrico deve ser direcionado à fase em que se encontra a gestação, sendo possível dividi-la didaticamente em primeira e segunda metades.

Diagnósticos

Após completar a anamnese e o exame físico, o médico pré-natalista pode, ao final da primeira consulta, estabelecer os diagnósticos da paciente. Em obstetrícia, são quatro os tipos de diagnóstico:

João realizou a anamnese da gestante Eva Maria, que se lembrou do atendimento dele quando passou no acolhimento da Unidade Básica de Saúde, o que facilitou bastante o diálogo entre os dois. A maior dificuldade do inquérito foi obter as informações sobre os antecedentes obstétricos e sobre a gravidez atual. Ele ficou metade da consulta achando que ela era 2G 1P, quando descobriu que já tinha provocado um abortamento depois do parto do primeiro filho. Seria, portanto, uma paciente 3G 1P 1A. Seu parto foi uma cesárea, após ter entrado em trabalho de parto prematuro, porque a criança passou mal dentro do útero, e nasceu de 8 meses, com cerca de 2.100 g. Nos antecedentes, Eva Maria tinha uma mãe diabética, além de uma tia com pré-eclâmpsia na primeira gravidez. A paciente havia tido asma na infância. Fumava cerca de 10 cigarros/dia. Calculando o tempo de gravidez, a partir da última menstruação, João chegou à idade gestacional de 8 semanas, mas ele não sabia se podia confiar nesta data, já que a paciente tinha ciclos menstruais irregulares no passado e havia interrompido o uso da pílula pouco tempo antes de engravidar.

- clinicocirúrgicos: são os diagnósticos prévios à gravidez, muitas vezes apresentados como antecedentes pessoais, por exemplo, HAS, *diabetes mellitus* pré-gestacional, hipertireoidismo, asma, colecistopatia calculosa, hepatite viral, gastrite etc.;
- ginecológicos: são os diagnósticos anteriores à gravidez, da área da ginecologia, envolvendo doenças como mioma uterino, síndrome dos ovários policísticos, amputação do colo, ectrópio etc.;
- obstétricos de normalidade: são os diagnósticos referentes à gestação atual, envolvendo o desenvolvimento normal e fisiológico da gravidez, sem considerar as doenças obstétricas. Envolve as seguintes possibilidades: gestação de feto único e vivo, idade gestacional de 20 semanas, 2G 1P etc.;
- obstétricos patológicos: são os diagnósticos da gestação atual, de conteúdo patológico. São exemplos: gestação gemelar, placenta prévia, incompetência cervical, trabalho de parto prematuro, pré-eclâmpsia etc.

Avaliação do risco pré-natal

De acordo com os diversos antecedentes investigados na anamnese e nos achados de exame físico, além do perfil socioeconômico-demográfico, pode-se esboçar um quadro dos fatores de risco encontrados, por exemplo, risco para DHEG, risco para parto prematuro, risco para hemorragia pós-parto, risco para malformações congênitas, risco de exposição ocupacional, risco para depressão pós-parto etc.

Com base nesse quadro inicial de riscos, pode-se fazer um plano de investigação ou mesmo terapêutico, a ser desenvolvido nos próximos meses da gravidez.

Na primeira fase dessa abordagem de riscos, faz-se a solicitação dos exames laboratoriais e subsidiários. De acordo com o resultado desses exames, nova avaliação de riscos será efetuada.

Certamente, alguns exames serão solicitados apenas na dependência de sinais e sintomas indicativos de doenças clínicas e/ou obstétricas. Entretanto, na ausência destes, alguns exames laboratoriais se impõem de forma rotineira, a saber: tipo sanguíneo (ABO + Rh); pesquisa de anticorpos eritrocitários irregulares; hemograma completo com plaquetas; urina tipo I (sedimento urinário ou uroanálise);

Não deixe de acessar o site: http://www.nichd.nih.gov/health/topics/pregnancy/conditioninfo/Pages/complications.aspx.
Nele, você encontrará nformações sobre gstação de alto risco.

Leia mais sobre os exames laboratoriais no capítulo "Assistência pré-natal na primeira metade da gestação".

protoparasitológico de fezes; colpocitologia oncótica; sorologias para HIV, sífilis, toxoplasmose, rubéola, hepatites B e C; e glicemia em jejum. Além desses exames, também se solicita uma ultrassonografia obstétrica que, na dependência da idade gestacional, será morfológica de primeiro trimestre para verificação da translucência nucal (entre 12 e 14 semanas), morfológica de segundo trimestre ou morfológica propriamente dita (entre 18 e 20 semanas), de avaliação do colo uterino (entre 20 e 24 semanas), ou obstétrica de terceiro trimestre (normalmente entre 34 e 36 semanas).

 Não deixe de acessar o manual técnico do Ministério da Saúde brasileiro, no endereço: http://bvsms.saude.gov.br/bvs/publicacoes/cd04_11.pdf.

Relembrando

- O primeiro elemento a ser considerado na consulta de pré-natal é o acolhimento da paciente, que procura assistência médica muitas vezes sem saber que está grávida.
- A identificação da gestante já traz informações relevantes, como idade, etnia, profissão, estado civil, que ajudam na anamnese e também já definem alguns fatores de risco.
- A programação e o desejo pela gravidez são itens epidemiológicos significativos, que denotam risco aumentado quando negativos.
- A anamnese clássica da clínica médica tem algumas adaptações em obstetrícia. Muitas vezes, a paciente não tem queixa alguma para ser anotada na seção "queixa e duração", apenas o desejo de realizar o pré-natal. Além disso, não existe história pregressa da moléstia atual, que é substituída pela história da gestação atual.
- Há uma série de queixas em obstetrícia que são fisiológicas e consideradas como normais na evolução da gravidez. Saber discriminá-las em relação às queixas potencialmente patológicas é tarefa essencial para o médico pré-natalista.
- Entre os antecedentes familiares de maior importância, estão os seguintes: hipertensão arterial sistêmica, *diabetes mellitus*, pré-eclâmpsia, gemelidade, doenças psiquiátricas, trombofilias, cardiopatia congênita e hemoglobinopatias.

- Entre os antecedentes pessoais de maior importância, relacionam-se os seguintes: hipertensão arterial sistêmica, diabetes pré-gestacional, cardiopatia, epilepsia, asma, nefropatia e distúrbios da tireoide.
- Os hábitos da gestante podem influenciar negativamente a gravidez, sendo os mais perigosos o alcoolismo, o tabagismo e o consumo de drogas ilícitas, como a maconha, a cocaína e o *crack*.
- Após a anamnese e o exame físico, o médico pode elaborar os diagnósticos clinicocirúrgico, ginecológico, obstétrico de normalidade e obstétrico patológico, além de estabelecer um quadro de riscos obstétricos.
- A partir dos riscos obstétricos observados, o médico poderá fazer um plano de acompanhamento.

Casos clínicos

Maria Auxiliadora, 34 anos, foi encaminhada para o serviço de pré-natal de alto risco com 4 meses de gravidez por causa de uma medida alta da pressão arterial. A gravidez não era desejada e a paciente não tinha nenhum tipo de controle da pressão arterial antes da gravidez. Ela está irritada com o encaminhamento, pois o serviço fica longe da casa dela e a pressão ficou boa com um chá que a vizinha a ensinou a fazer.

1. Como você faria esta primeira consulta?
2. Como conversaria com a paciente e como abordaria os antecedentes pessoais e familiares?

Solange, 28 anos, 3G 2Pn 0A, com dúvida sobre a data da última menstruação, comparece à primeira consulta de pré-natal sem saber se está mesmo grávida, pois o teste de gravidez foi de urina. A paciente tem certo grau de obesidade e a forma do abdome traz dúvidas em relação à presença de um útero aumentado ou não.

1. Como você deve se direcionar em relação a esta dúvida da paciente, no tocante à anamnese e ao exame físico?

Para refletir

- Quando a gestante deve iniciar seu pré-natal?
- O que você faria para diminuir os casos de início tardio da assistência pré-natal?

Referências bibliográficas

1. Couto AC. Exposições ambientais e padrões de distribuição de leucemias na infância [Dissertação – Mestrado]. Rio de Janeiro: Escola Nacional de Saúde Pública "Sérgio Arouca"; 2010.

2. Infante-Rivard C, Siemiatycki J, Lakhani R, Nadon L. Maternal exposure to occupational solvents and childhood leukemia. Environ Health Perspect 2005;113(6): 787-92.

3. Peters C, Harling M, Dulon M, Schablon A, Costa JT, Nienhaus A. Fertility disorders and pregnancy complications in hairdressers: a systematic review. J Occup Med Toxicol 2010;5:24-37.

4. Yamaguchi ET, Cardoso MMSC, Torres MLA, Andrade AG. Drogas de abuso e gravidez. Rev Psiq Clin 2008; 35(1):44-7.

5. Zugaib M (ed.). Zugaib obstetrícia. 2.ed. Barueri: Manole; 2012.

6. Zugaib M, Bittar RE. Protocolos assistenciais: clínica obstétrica, FMUSP. 4.ed. São Paulo: Atheneu; 2011.

7. Zugaib M, Ruocco R. Pré-natal. 3.ed. São Paulo: Atheneu; 2005.

8. Zugaib M, Sancovski M. O pré-natal. São Paulo: Atheneu; 1991.

CAPÍTULO 7

Assistência pré-natal na primeira metade da gestação

Para discutir

- Quais as principais dificuldades que se espera encontrar durante a realização de consultas na primeira metade do pré-natal?

- Muitas gestantes só começam o pré-natal mais tardiamente e não recebem cuidados na primeira metade da gestação. Que implicações isso pode acarretar para a assistência da gravidez?

Ao fim deste capítulo, você terá conhecido

- As principais queixas da gestante na primeira metade da gestação.
- As principais modificações gravídicas fisiológicas que acompanham o início da gestação.
- A interpretação dos resultados dos exames da rotina de pré-natal solicitados na primeira consulta.

- Quando a gestante deve ser encaminhada para serviço especializado.
- Como fazer as orientações gerais e agendar os retornos médicos para a gestante no início do pré-natal.

Consulta de pré-natal

Principais queixas das gestantes na primeira metade da gestação

A maioria das mulheres apresenta alguma queixa durante a gravidez, muitas das quais não representam aspecto patológico algum. As modificações gravídicas fisiológicas são o motivo de muitas das queixas apresentadas pelas gestantes durante as primeiras consultas de pré-natal.

Geralmente, a mulher não tem como reconhecer o que seja normal e fisiológico, distinguindo-o do que seja anormal ou patológico durante a gravidez, a não ser que o profissional de saúde possa esclarecê-la. Sem isso, toda mudança que perceber em seu corpo será motivo de dúvidas e preocupações. O obstetra afeito a essas mudanças pode orientar e antecipar essas modificações fisiológicas à gestante, poupando-a de preocupações excessivas e preparando-a para as semanas subsequentes. Vista dessa forma, a atividade do pré-natalista poderia ser definida como sendo a de um facilitador na adaptação da mulher às mudanças vitais que ocorrem durante a sua gravidez, para que transcorram da forma mais tranquila e saudável possível.

Pele

Em decorrência de alterações endócrinas que ocorrem fisiologicamente na gravidez, a pele da gestante pode apresentar diversas modificações pigmentares, vasculares e glandulares, assim como alterações dos folículos pilosos, das unhas, da mucosa e do tecido colagenoso.

As alterações pigmentares são muito frequentes e podem acometer até 90% das gestantes. A hiperpigmentação ocorre precocemente, decorrente de aumento dos níveis de estrógeno, progesterona e hormônio melanocítico-estimulante e pode acometer a face (melasma ou cloasma – Figura 1), as aréolas mamárias (sinal de Hunter), a linha *alba* (que recebe o nome de linha *nigra* na gestação), as axilas e a região genital (arroxeamento da vulva – sinal de Jacquemier – e eritema da vagina – sinal de Kluge).

As estrias são mais frequentes na segunda metade da gestação, mas podem surgir a partir do segundo trimestre,

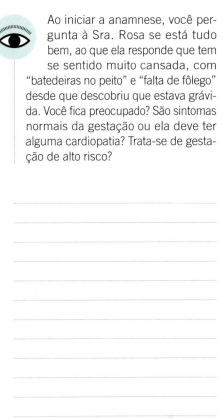

Ao iniciar a anamnese, você pergunta à Sra. Rosa se está tudo bem, ao que ela responde que tem se sentido muito cansada, com "batedeiras no peito" e "falta de fôlego" desde que descobriu que estava grávida. Você fica preocupado? São sintomas normais da gestação ou ela deve ter alguma cardiopatia? Trata-se de gestação de alto risco?

Apesar de serem habitualmente temporárias, as alterações pigmentares da gestação podem tornar-se permanentes quando houver exposição inadequada da pele ao sol. Por isso, é fundamental informar à gestante a importância da aplicação diária de filtro solar.

Modificações pigmentares também podem ocorrer nos nevos melanocíticos, motivo por que modificações significativas da lesão devem ser avaliadas por especialista, considerando-se biópsia excisional para estudo da lesão, sob pena de negligenciar uma transformação maligna do nevo como modificação fisiológica da gestação.

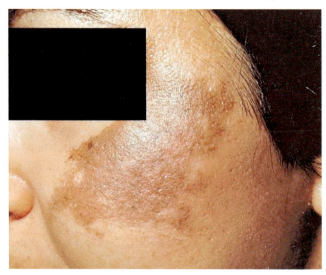

Figura 1 Melasma ou cloasma gravídico: hiperpigmentação da pele da gestante, mais frequente na face.

sendo motivo de grande preocupação das gestantes. Geralmente ocorrem no abdome, mamas, coxas e região inguinal. Como não há alteração da qualidade das fibras colágenas nem da constituição da epiderme, atribui-se sua ocorrência à hiperfunção das glândulas adrenais, portanto, ao hipercortisolismo típico da gravidez. A distensão da pele do abdome, das mamas e do quadril predispõe ao aparecimento das estrias nessas regiões. As estrias são permanentes, porém sua coloração, inicialmente violácea ou rósea, clareia gradativamente com o tempo, até que elas se tornem nacaradas (Figura 2).

Embora não haja medidas que garantam proteção para o aparecimento das estrias, uma vez que seu surgimento depende muito de características individuais da gestante, algumas medidas podem ser orientadas na tentativa de evitar as lesões, como o controle do ganho de peso durante a gestação e o uso de emolientes, como os cremes hidratantes.

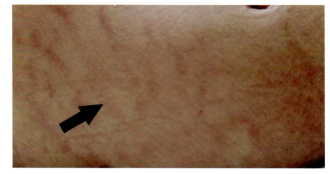

Figura 2 Estrias abdominais (seta).

Alterações vasculares na pele podem manifestar-se por meio de teleangiectasias, hiperemia, hemangiomas, varicosidades e edema.

A acne apresenta curso imprevisível na gestação, podendo apresentar melhora ou piora em mulheres que já apresentam a doença. As glândulas sebáceas também podem sofrer hipertrofia na gestação, aumentando a oleosidade da pele ou apresentando-se como erupções (nas aréolas mamárias, são chamadas tubérculos de Montgomery). Analogamente, ocorre aumento da atividade das glândulas sudoríparas, propiciando o desenvolvimento de miliária e hiperidrose.

Durante a gravidez, ocorre aumento do diâmetro dos pelos e cabelos, não sendo infrequente a ocorrência de hirsutismo nas gestantes, especialmente nos membros superiores e na face. Após o término da gestação, ocorre o eflúvio telógeno, com queda capilar e redução do diâmetro das hastes dos fios, o que acontece entre 2 e 6 meses após o parto e dura cerca de 3 meses.

As unhas apresentam aceleração do crescimento e aumento da fragilidade, tornando-se mais quebradiças.

Cavidade oral

Recomenda-se que a gestante faça avaliação periódica com odontologista, pois muitas vezes afecções de dentes e gengivas são negligenciadas e podem ser fatores de risco para complicações obstétricas, como o trabalho de parto prematuro. Frequentemente, existem dúvidas sobre a possibilidade de se fazer procedimentos odontológicos durante a gravidez. Para a maioria dos procedimentos, no entanto, não há contraindicação e eles devem ser realizados quando houver necessidade.

O granuloma *gravidarum* (ou épulide gravídico) é um tipo de hemangioma que aparece mais comumente na mucosa gengival, podendo causar sangramentos tão frequentes que justifiquem sua retirada cirúrgica, embora regridam espontaneamente com o final da gestação. A gengivite acomete quase todas as gestantes em diferentes graus de intensidade, começando no final do primeiro trimestre e aumentando até o final da gestação.

Aparelho cardiorrespiratório

O aparelho cardiovascular sofre importantes adaptações para o estado gestacional. Muitas delas repercutem como queixas das gestantes durante a consulta de pré-natal.

Ocorre precocemente, no primeiro trimestre, o aumento da volemia, com rápida ascensão no segundo trimestre e mais lenta no terceiro trimestre, permanecendo estável nas últimas semanas da gravidez. O aumento da volemia se dá às custas de aumento plasmático proporcionalmente maior que o aumento eritrocitário, o que provoca diluição do sangue materno.

Seguindo o aumento da volemia, a gestação demanda incremento no débito cardíaco, que acontece por meio de aumento do volume sistólico e da frequência cardíaca, razão para muitas gestantes se queixarem de palpitação e "batimento cardíaco acelerado" nas consultas de pré-natal.

Também ocorre durante a gravidez uma vasodilatação sistêmica importante, que se reflete em queda da pressão arterial e é mais acentuada no segundo trimestre. Associado à queda de pressão arterial, há um aumento progressivo da pressão venosa nos membros inferiores em função da compressão de veias pélvicas pelo aumento do volume uterino, favorecendo o surgimento de varizes, edema de membros inferiores e doença hemorroidária. Quando ocorre compressão de vasos maiores, como a veia cava inferior, há redução da pré-carga cursando com hipotensão, bradicardia reflexa e quadro de lipotimia, especialmente na posição supina. Embora esses sintomas sejam mais frequentes e mais expressivos na segunda metade da gravidez, algumas gestantes podem apresentá-los durante a primeira metade da gestação.

A dispneia também pode ser uma queixa da gestante. Durante a gestação, o volume corrente aumenta, favorecendo condição de hiperventilação. Além dessa adaptação mecânica da ventilação, deve-se lembrar que a gravidez promove edema e hipervascularização da mucosa nasal, causando obstrução nasal e piora de doenças prévias como rinite, o que pode contribuir para a queixa de dispneia da gestante. Como consequência do edema e da hipervascularização das mucosas, também pode haver maior frequência de queixa de sangramento nasal.

As pacientes com doenças prévias à gestação são mais sensíveis às adaptações hemodinâmicas da gravidez e podem ter sua doença de base descompensada nesse período, como cardiopatias e hipertireoidismo. Por esse motivo, é importante o obstetra estar atento a esse tipo de modificação e otimizar o tratamento da doença de base já no início do pré-natal.

Aparelho gastrointestinal

Uma das queixas mais comuns apresentadas pela gestante no início do pré-natal são as náuseas e vômitos (êmese gravídica). Cabe ao obstetra tranquilizar a gestante sobre a alta frequência desses sintomas na gravidez, que podem acometer até 75% das mulheres, além de sua característica autolimitada, cessando por volta de 16 semanas de gestação. A ocorrência de náuseas e vômitos na gestação está relacionada com altos níveis de gonadotrofina coriônica humana (hCG) e estrógeno, e o tratamento é paliativo, apenas com medicamentos antieméticos.

Como métodos terapêuticos, a primeira opção é adotar medidas de alívio, como a ingestão de alimentos frios, secos e não gordurosos. A dieta deve ser fracionada, evitando-se refeições copiosas e jejum prolongado. A higiene bucal deve ser postergada para após o café da manhã, quando é menor a queixa de náusea.

Em algumas gestantes, o quadro clínico é tão exuberante (hiperêmese gravídica) que pode se agravar com distúrbios hidroeletrolíticos e cetose, necessitando de internação hospitalar.

O aumento da salivação também pode ser relatado pela gestante no início da gestação e, por vezes, dura toda a gravidez. O mecanismo fisiopatológico é incerto e muitas vezes envolve um componente psicossomático. Outra hipótese proposta para o mecanismo de sialorreia seria o estímulo exacerbado de secreção salivar pelos nervos trigêmeo e vago, associado à dificuldade de deglutição decorrente das náuseas.

Também é muito comum que as gestantes se queixem de aumento do apetite e da sede no início da gestação, o que pode ser explicado pela elevação na secreção de leptina e pelas alterações na secreção de vasopressina ou hormônio antidiurético (ADH).

Por conta do aumento significativo de progesterona sérica, que atua como potente relaxante da musculatura lisa, a peristalse intestinal fica comprometida, levando à queixa de obstipação pelas gestantes. O tratamento desses sintomas baseia-se em reeducar os hábitos alimentares, com fracionamento da dieta; evitar alimentos gordurosos; evitar jejum prolongado; e aumentar a ingestão de água e fibras.

Quadros exuberantes de êmese gravídica podem estar associados a situações que cursam com níveis séricos aumentados de gonadotrofina coriônica humana (hCG), como gestação múltipla e, mais raramente, doença trofoblástica gestacional, nas quais o aumento da massa placentária promove níveis mais altos de hCG. Não é infrequente que casos refratários ao tratamento também estejam associados a questões psicológicas e má aceitação da gestação e, nessa situação, uma abordagem psicoterápica pode ser importante.

A diminuição da peristalse ureteral e o aumento do volume residual vesical são fatores que propiciam o surgimento e o agravamento de episódios de cálculos e infecções do trato urinário durante a gestação, condições que sempre devem ser lembradas e afastadas quando a gestante tem queixas mais específicas, como disúria e polaciúria, ou mesmo inespecíficas, como dor hipogástrica.

Aparelho geniturinário

Já no primeiro trimestre, a gestante frequentemente relata poliúria e sensação de diminuição da capacidade vesical. O aumento do ritmo de filtração glomerular cursa com aumento da frequência e do volume miccional; e altos níveis séricos de progesterona determinam hipotonia da musculatura lisa dos ureteres e da bexiga, com aumento do volume residual vesical. Além disso, a compressão mecânica exercida pelo crescimento do útero também contribui para a queixa de polaciúria por parte das gestantes.

A atividade sexual não está contraindicada na gestação, exceto em condições de risco, como em casos de sangramento.

Do ponto de vista puramente biológico, a resposta sexual da gestante modifica-se durante o período gravídico, com aumento do leito vascular mamário, promovendo maior volume e sensibilidade das mamas; vasocongestão pélvica, com aumento do volume dos lábios vulvares e da vagina; lubrificação vaginal mais rápida e abundante; pequenas contrações uterinas durante o orgasmo; e fase de resolução mais longa.

Algumas vezes, no entanto, as gestantes podem relatar dificuldade para a prática sexual. Há que se atentar, contudo, para o fato de que a resposta e o desejo sexual não dependem apenas de variáveis biológicas, e que fatores psicossociais são determinantes para a vida sexual do casal durante a gravidez. A vivência da gestação, os valores culturais, os anseios e os aspectos psicológicos são determinantes para seu comportamento sexual durante o período gravídico. Cabe ao obstetra estar aberto a discutir esse tópico, muitas vezes desfazendo os tabus e os obstáculos psicológicos para a prática sexual.

Também em relação ao sistema genital, é muito comum as gestantes relatarem aumento do conteúdo vaginal, que se deve ao incremento fisiológico da secreção de muco pelas glândulas endocervicais em resposta ao hiperestrogenismo; é imprescindível que seja realizado exame ginecológico cuidadoso com o intuito de afastar vaginites e vaginose bacteriana, as quais devem ser tratadas durante a gestação (Tabela 1).

Tabela 1 Vulvovaginites mais comuns na gestação

	Candidíase	Tricomoníase	Vaginose bacteriana
Cor	Branca	Amarela, branca ou acinzentada	Amarelo-esverdeada
Consistência	Grumosa	Fluida	Fluida bolhosa
Odor	Não	Sim	Sim
pH	< 4,0	> 4,5	> 4,5
Sinais flogísticos associados	Sim	Sim	Não
Complicações obstétricas	Não	Sim	Sim
Transmissão sexual	Não	Sim	Não
Tratamento	Nistatina ou imidazólico tópico	Metronidazol via oral (com ou sem tratamento tópico)	Metronidazol via oral ou tópico

Mamas

O surgimento de alterações mamárias durante a gestação é bem precoce e, muitas vezes, é responsável pelas primeiras queixas das gestantes, como aumento do volume e da sensibilidade mamária.

Já no primeiro trimestre ocorre aumento de volume, dor e hipersensibilidade, em consequência do aumento de estrógeno, progesterona e prolactina séricos.

A gestante também pode perceber a hipertrofia das glândulas sebáceas do mamilo, que recebem nesta fase o nome de tubérculos de Montgomery (Figura 3).

Ocorre hiperpigmentação do mamilo, que adquire coloração acastanhada. Ao redor da aréola, surge novo contorno hipercrômico, embora mais claro que ela, fenômeno que recebe o nome de sinal de Hunter, ou aréola secundária. Por conta do aumento da vascularização das mamas, a rede venosa sob a pele pode tornar-se visível, sendo então denominada rede de Haller.

Aparelho musculoesquelético

Assim como todo o organismo materno, o aparelho musculoesquelético também apresenta acúmulo de líquido

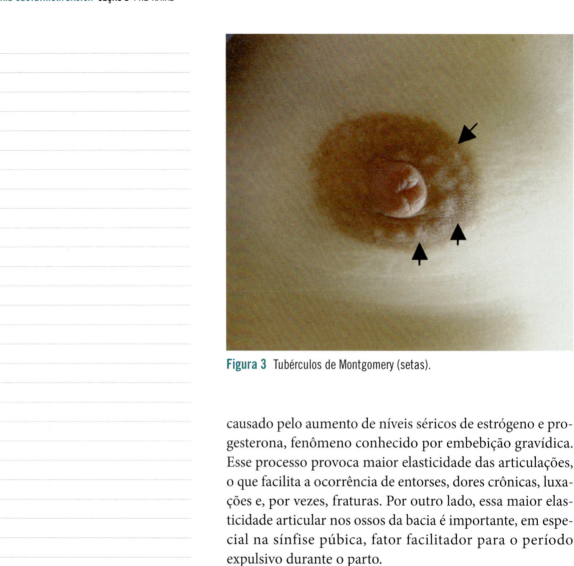

Figura 3 Tubérculos de Montgomery (setas).

causado pelo aumento de níveis séricos de estrógeno e progesterona, fenômeno conhecido por embebição gravídica. Esse processo provoca maior elasticidade das articulações, o que facilita a ocorrência de entorses, dores crônicas, luxações e, por vezes, fraturas. Por outro lado, essa maior elasticidade articular nos ossos da bacia é importante, em especial na sínfise púbica, fator facilitador para o período expulsivo durante o parto.

Sistema nervoso

As principais queixas das gestantes em relação ao sistema nervoso central (SNC) estão relacionadas aos níveis séricos elevados de progesterona, que pode atuar como depressor do SNC. São sintomas frequentes: a sonolência, a lentificação e o prejuízo da memória.

Esses sintomas e sinais com frequência são vivenciados pela gestante com apreensão, preocupação e surpresa. A orientação médica adequada ajuda a reduzir a ansiedade e o medo, especialmente na primeira gestação, em que tudo é novidade.

Também ocorrem modificações periféricas nos órgãos sensoriais, especialmente decorrentes da embebição gravídica, como piora de acuidade visual, hiposmia e hipoacusia, eventos que regridem após o parto.

O paladar pode ficar alterado e são frequentes as perversões alimentares, que não configuram necessariamente afecções clínicas, como anemia, e podem ser consideradas alterações fisiológicas da gestação.

Doenças clínicas

Como já mencionado neste capítulo, a gestação acarreta modificações fisiológicas importantes no organismo materno, com adaptações metabólicas e hemodinâmicas determinantes para o desenvolvimento fetal. Como consequência dessas adaptações, é muito frequente que doenças preexistentes à gestação sejam descompensadas neste período, como diabetes, hipertensão arterial sistêmica, colagenoses, tireopatias e cardiopatias.

É importante que o pré-natalista esteja atento a essa questão, antevendo o risco de descompensação clínica e otimizando o tratamento dessas doenças, como forma de evitar quadros mais graves. Também é importante que esteja prontamente atento a sintomas novos que possam indicar a descompensação de doenças de base da gestante.

Exame físico

O exame físico da gestante compreende o exame clínico geral e o exame específico obstétrico e ginecológico. É um momento de ansiedade por parte das gestantes, que não estão habituadas a ter seu corpo examinado para avaliação das mudanças que estão ocorrendo nele. Muitas vezes, elas ficam apreensivas sobre o que pode ou não ser realizado durante a gravidez, como o medo da palpação abdominal, do exame especular e do toque ginecológico. O obstetra deve tranquilizá-las sobre a importância desses exames durante a gestação e o não malefício deles.

Exame geral

Antes de iniciar o exame físico, é importante sempre recalcular e checar a idade gestacional, em função da qual o exame físico pode variar bastante.

A Sra. Rosa, mesmo gestante de 11 semanas, perdeu 2 kg desde que engravidou e você fica preocupado ao perceber um discreto aumento na glândula tireoide, ao palpar seu pescoço. Isso é normal?

Leia mais sobre o cálculo da idade gestacional no capítulo "Primeira consulta de pré-natal".

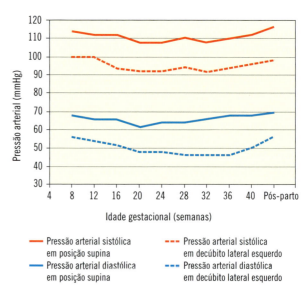

Figura 4 Comportamento da pressão arterial sistêmica ao longo da gestação na posição supina e em decúbito lateral esquerdo. (Figura adaptada de Cunningham et al.[3])

Ao exame clínico geral, o obstetra deve estar atento ao descoramento de mucosas, pois, como já foi mencionado, ocorre hemodiluição fisiológica e aumento de risco de anemia na gestação.

Também é importante, na avaliação geral da gestante, acompanhar as medidas de pressão arterial, que deve ser aferida com a paciente sentada, observando a queda fisiológica que é esperada no segundo trimestre (Figura 4). Deve-se avaliar a frequência cardíaca da gestante, sendo que espera-se que apresente aumento fisiológico na gravidez, chegando a valores como 100 bpm. Frequências cardíacas muito elevadas, no entanto, devem ser investigadas, pois podem ser produto de doenças clínicas subjacentes, como anemias, descompensação de doenças cardíacas ou hipertireoidismo.

A palpação da glândula tireoide também é importante. É esperado que haja um aumento fisiológico da glândula na gestação. Aumentos muito significativos ou a identificação de nódulos devem ter investigação prosseguida com exame de ultrassonografia. A função da glândula é avaliada na rotina pré-natal.

Peso

As gestantes em geral ficam aflitas em relação ao ganho de peso durante a gravidez, sendo comum aumentarem muito a ingestão alimentar com o intuito de "comerem por dois". Orienta-se à gestante aumento diário da ingestão calórica em 100 a 300 kcal para suprir as necessidades fisiológicas da gestação, com dieta equilibrada e fracionada.

O acompanhamento do ganho ponderal durante o primeiro trimestre deve ser individualizado de acordo com o estado nutricional da gestante (Tabela 2).

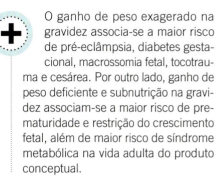

O ganho de peso exagerado na gravidez associa-se a maior risco de pré-eclâmpsia, diabetes gestacional, macrossomia fetal, tocotrauma e cesárea. Por outro lado, ganho de peso deficiente e subnutrição na gravidez associam-se a maior risco de prematuridade e restrição do crescimento fetal, além de maior risco de síndrome metabólica na vida adulta do produto conceptual.

Tabela 2 Ganho de peso esperado no primeiro trimestre de acordo com o estado nutricional

Classificação nutricional	Ganho de peso total no primeiro trimestre (kg)
Baixo peso	2,3
Adequado	1,6
Sobrepeso	0,9
Obesidade	–

 Leia mais sobre o ganho de peso ideal durante a gestação no capítulo "Primeira consulta de pré-natal".

Havendo dificuldade em se obter ganho de peso adequado pela gestante, deve-se lançar mão de orientação alimentar especializada realizada por nutricionista, pois sabe-se que ganho de peso insuficiente ou excessivo estão relacionados a maior frequência de complicações obstétricas.

É comum haver apenas pequeno ganho ponderal ou mesmo perda de peso no primeiro trimestre, questão que preocupa muito as gestantes no início da gestação. Metabolicamente, a gestação é dividida em duas fases: anabólica e catabólica. A primeira, que vai até 24 a 26 semanas de gestação, corresponde ao período de anabolismo materno e fetal, em que ocorre estocagem de gordura no tecido adiposo materno e queima de parte da glicose ingerida para os gastos energéticos, uma vez que é pequena a demanda fetal. A segunda fase, a partir de 24 a 26 semanas, é a fase de crescimento fetal máximo, com aumento da passagem de glicose da mãe para o feto e catabolismo do organismo materno.

É importante orientar a gestante e informar que o maior ganho de peso acontece no segundo e no terceiro trimestres da gestação – cerca de 400 g/semana –, pois esse é o período em que ocorre maior aumento de massa do feto e da placenta, além de maior retenção líquida pela gestante.

Exame obstétrico e ginecológico

O exame obstétrico e ginecológico confirma modificações fisiológicas muitas vezes já relatadas pela gestante durante a anamnese.

Em relação à parte obstétrica, na primeira metade da gestação pode-se documentar a presença de batimentos cardíacos fetais por meio da ausculta com sonar Doppler a partir de 12 semanas. O crescimento fetal pode ser avaliado por medidas seriadas da altura uterina. Espera-se que o útero se encontre fora da pelve a partir de 12 semanas, e que a partir de 20 semanas de gestação seja palpado na altura da cicatriz umbilical.

O exame ginecológico revela as modificações locais do organismo materno decorrentes da gestação.

Ao exame genital externo, pode-se observar hiperpigmentação da vulva, chamada de sinal de Jacquemier. Também pode ser observada sua hipervascularização que, associada à compressão venosa pélvica exercida pelo aumento do volume uterino, pode determinar o aparecimento e o aumento de varizes na vulva ou mesmo doença hemorroidária à inspeção anal.

Ao exame especular, pode ser observado arroxeamento da mucosa vaginal, o que é chamado de sinal de Kluge. Como já descrito anteriormente, o conteúdo vaginal pode estar fisiologicamente aumentado, mas ao exame devem ser investigadas características de vaginites ou vaginoses e, quando presentes, devem ser tratadas, uma vez que podem aumentar o risco de trabalho de parto prematuro.

O colo uterino merece atenção especial, uma vez que apresenta modificações fisiológicas que podem ser confundidas com situações patológicas, sendo achados comuns ao exame colposcópico de gestantes: hipervascularização, hiperemia e ectopia cervical. Por esse motivo, o ideal é que o exame seja realizado por profissional afeito às modificações gravídicas do colo uterino, a fim de evitar biópsias e estresses desnecessários.

O exame de toque também apresenta características particulares nas gestantes: o colo uterino encontra-se mais amolecido que em mulheres não grávidas (regra de Goodell), ocorre acentuação da anteversoflexão uterina (sinal de MacDonald), secundária ao amolecimento do istmo (sinal de Hegar). Como consequência do aumento da vascularização, também pode ser observada ao exame de toque a pulsação das artérias vaginais, denominada sinal de Osiander.

Um aspecto muito importante a ser observado no toque vaginal é a avaliação do esvaecimento e da dilatação do colo uterino, tendo em mente diagnóstico precoce e avaliação de risco de prematuridade. O achado, ao exame do colo uterino, de esvaecimento ou cervicodilatação precoce é importante para a assistência à gestante, mediante um risco aumentado de prematuridade. Embora sejam incomuns na primeira metade de gestação, modificações do colo podem ser preditivas do risco de parto prematuro espontâneo.

O aumento do volume e da sensibilidade mamária pode dificultar o exame das mamas durante a gestação, mas trata-se de um tempo obrigatório do exame clínico da mulher.

Eventualmente, podem ser diagnosticados nódulos mamários. A ocorrência de câncer de mama na gestação é rara, e a percepção de nódulos durante o exame clínico deve ser seguida de investigação. O exame de eleição no período gestacional para investigação de nódulos mamários é a ultrassonografia, pois a mamografia é prejudicada pela densidade mamária aumentada e pela hipersensibilidade das mamas.

Exames laboratoriais

É importante ressaltar que este capítulo aborda a consulta de pré-natal e os exames complementares para a assistência à gestante normal, de baixo risco obstétrico, e que avaliações e exames específicos adicionais fazem parte da rotina pré-natal de gestantes de alto risco, a depender de sua doença de base.

De acordo com o perfil da gestante, são solicitados alguns exames laboratoriais na primeira consulta de pré-natal. Na segunda consulta de pré-natal, realizada idealmente 2 semanas após a anterior, será necessário checar e discutir com a gestante e o parceiro os resultados dos exames previamente solicitados.

Leia mais sobre os exames laboratoriais que devem ser inicialmente solicitados à gestante no capítulo "Primeira consulta de pré-natal".

Tipo sanguíneo materno e pesquisa de anticorpos irregulares

O objetivo de estudar o tipo sanguíneo materno é avaliar o risco e melhorar a assistência para casos de doença hemolítica perinatal.

De modo geral, a incompatibilidade ABO não causa repercussão na vida intrauterina nem casos de icterícia grave. A incompatibilidade Rh é a causa mais comum de aloi-

A Sra. Rosa tira de sua bolsa os resultados dos exames de sangue que foram pedidos na consulta anterior. Os exames estão, em sua maioria, dentro dos valores de referência do laboratório, mas duas alterações chamam sua atenção: a paciente apresenta imunoglobulina G positiva e imunoglobulina M negativa para toxoplasmose e anti-HBc, imunoglobulina G e AgHBs positivos para hepatite B. E agora? O que deve ser feito? Como orientar a gestante?

munização e, se a gestante for Rh-negativa, é necessário identificar o tipo sanguíneo do pai da criança:

- se ele for Rh-negativo, a pesquisa está encerrada, pois necessariamente o feto será Rh-negativo e não haverá incompatibilidade Rh;
- se o pai for Rh-positivo ou desconhecido, é necessário realizar a pesquisa de anticorpos irregulares maternos para verificar a presença de sensibilização prévia da gestante.

Enquanto se mantiver negativo, o teste é repetido mensalmente até 28 semanas de gestação, quando é administrada a imunoglobulina anti-D para a mãe, oferecendo a ela proteção para aloimunização Rh pelo período de 12 semanas após a administração, ou seja, até a data provável do parto, quando completa 40 semanas.

Caso a pesquisa de anticorpos irregulares se revele positiva, a gestante deve ser encaminhada para pré-natal de alto risco, onde será acompanhada em setor especializado e serão feitos investigação e acompanhamento de anemia fetal, adotando condutas específicas de acordo com protocolo assistencial (Figura 5).

Atualmente, sabe-se que é possível ocorrer sensibilização materna a outros antígenos eritrocitários que não RhD. Por isso, na Clínica Obstétrica do HC-FMUSP, recomenda-se a realização de pesquisa de anticorpos irregulares (PAI) na primeira consulta de pré-natal também para pacientes Rh-positivas. Neste caso, para pacientes com PAI negativo, não é necessário repetir o exame durante o pré-natal. Em gestantes com PAI positivo, determina-se qual é o anticorpo positivo e são realizados acompanhamento e investigação de anemia fetal em serviço de alto risco especializado, da mesma forma que aquelas com diagnóstico de aloimunização Rh.

Hemograma completo

A avaliação do hemograma na gestante é importante para a identificação, a correção e o acompanhamento de quadros hematológicos alterados. Valores de hemoglobina menores que 11 g/dL indicam anemia, que deve ser investigada e tratada de acordo com sua etiologia. É esperado encontrar

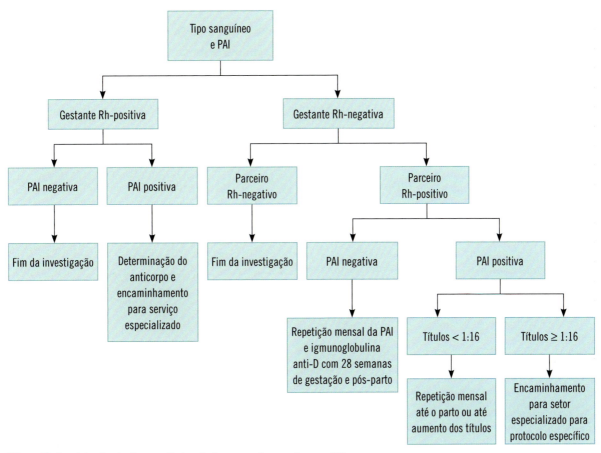

Figura 5 Conduta diante dos resultados de tipo sanguíneo materno e PAI.
PAI: pesquisa de anticorpos irregulares.

discreta leucocitose na gestante, especialmente às custas dos neutrófilos, que geralmente não excedem 14.000/mm^3. Uma pequena diminuição no número de plaquetas é esperada em consequência da hemodiluição.

Glicemia em jejum

A glicemia em jejum realizada na primeira consulta do pré-natal tem por objetivo rastrear casos de diabetes tipo 2 não diagnosticados antes da gestação, bem como estabelecer o diagnóstico e o tratamento precoces de diabetes gestacional. Glicemias em jejum menores que 92 mg/dL são consideradas normais e serão seguidas de teste de tolerância à glicose oral (TTGO) de 75 g entre 24 e 28 semanas de gestação. Valores de glicemia entre 92 e 125 mg/dL são consi-

 Leia mais sobre o teste de tolerância à glicose oral no capítulo "Assistência pré-natal na segunda metade da gestação".

derados anormais e determinam diagnóstico de diabetes gestacional, devendo a gestante ser encaminhada para acompanhamento de alto risco em ambulatório adequado. Glicemias em jejum iguais ou maiores que 126 mg/dL, confirmadas por uma segunda medida, fazem o diagnóstico de diabetes pré-gestacional tipo 2 e essas pacientes devem ser acompanhadas em ambulatório específico, sendo caracterizada gestação de alto risco (Figura 6).

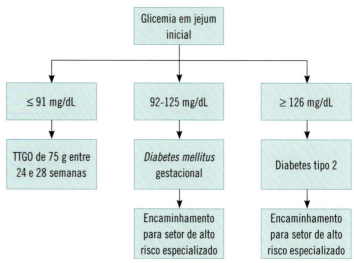

Figura 6 Rastreamento de *diabetes mellitus* na primeira consulta de pré-natal. TTGO: teste de tolerância à glicose oral.

Hormônio estimulante da tireoide (TSH) e tiroxina (T4) livre

Embora não exista consenso na literatura sobre os benefícios de se fazer rastreamento para doenças tireoidianas nas gestantes, existem evidências de aumento da frequência de complicações obstétricas em gestações com disfunções tireoidianas associadas, como: abortamento, anemia, pré-eclâmpsia, prematuridade, restrição do crescimento fetal (RCF) e descolamento prematuro de placenta (DPP). Também há indícios de prejuízos das funções neuropsíquicas e cognitivas dos filhos de gestantes com disfunções tireoidianas não tratadas na gestação. Por esse motivo, na Clínica Obstétrica do HC-FMUSP, realiza-se o rastreamento universal das gestantes para disfunções tireoidianas, por meio de dosagem de hormônio estimulante da tireoide (TSH) e tiroxina (T4) livre na primeira consulta do pré-natal.

O diagnóstico de disfunções é feito conforme descrito na Tabela 3. As gestantes que apresentarem diagnóstico de hipotireoidismo ou hipertireoidismo, clínico ou subclínico, devem ser encaminhadas para setor especializado de pré-natal e serão tratadas conforme protocolos específicos.

Tabela 3 Diagnóstico e indicação de tratamento para disfunções tireoidianas na gestação

Disfunção	TSH sérico	T4 livre sérico	Tratamento
Hipotireoidismo clínico	> 3,0 µU/mL	< 0,6 ng/dL	Levotiroxina
Hipotireoidismo subclínico	> 4,5 µU/mL	Normal	Levotiroxina
Hipotiroxinemia	0,3-3 µU/mL	< 0,6 ng/dL	Não recomendado
Hipertireoidismo clínico	< 0,3 µU/mL	> 1,5 ng/dL	Drogas antitireoidianas
Hipertireoidismo subclínico	< 0,3 µU/mL	Normal	Não recomendado

T4: tiroxina; TSH: hormônio estimulante da tireoide.

Sorologia para vírus da imunodeficiência humana (HIV)

O rastreamento do vírus da imunodeficiência humana (HIV) é realizado para todas as gestantes no primeiro trimestre, sempre com aconselhamento pré-teste e pós-teste. O rastreamento para HIV é feito por meio do ensaio imunoenzimático (Elisa).

Quando o teste é negativo, deve ser repetido no terceiro trimestre de gestação. Quando o resultado do HIV é positivo, deve ser confirmado por novo teste, conforme esquema apresentado na Figura 7.

A gestante que apresentar o diagnóstico deve ser encaminhada e acompanhada em ambulatório especializado de alto risco, onde receberá terapia antirretroviral combinada a partir de 14 semanas de gestação para profilaxia da transmissão vertical do HIV ou mesmo para tratamento materno,

Além dos exames de rotina pré-natal habituais, a gestante com vírus da imunodeficiência humana (HIV) precisa de exames complementares com o intuito de avaliar o risco de doenças oportunistas, bem como monitorizar os efeitos dos medicamentos antirretrovirais. Devem ser solicitados: avaliação das funções renal e hepática, sorologia para citomegalovírus, citologia para herpes simples, sorologia para *human T-cell lymphotropic virus* (HTLV) 1 e 2, rastreamento para tuberculose (teste de Mantoux), colposcopia, contagem de linfócitos T CD4+ e carga viral.

Além das vacinas antitetânica e para gripe, indicadas para todas as gestantes, as pacientes com HIV devem ser orientadas a receber a vacina pneumocócica e da hepatite B, caso sejam suscetíveis a esta última.

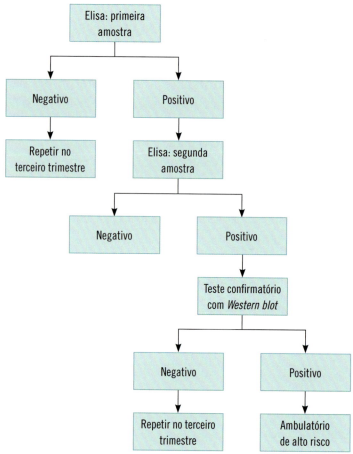

Figura 7 Rastreamento do HIV durante o pré-natal. Elisa: ensaio imunoenzimático; HIV: vírus da imunodeficiência humana.

caso haja indicação (sintomas e/ou CD4 < 350 células/mm³). O acompanhamento será feito em conjunto por obstetra e infectologista.

Sorologia para sífilis

A infecção por sífilis durante a gestação é pesquisada com testes treponêmicos, realizados para identificação de antígenos treponêmicos específicos, como *fluorescent treponemal antibody absorption test* (FTA-Abs), Elisa e *microhemaglutination assay for treponemal pallidum antibody* (MHA-TP), e não treponêmicos, como o *venereal disease research laboratory* (VDRL) e o *rapid plasma reagin* (RPR). Os testes treponêmicos têm alta sensibilidade e especificidade, porém

O diagnóstico de sífilis durante a gestação deve ser notificado à vigilância epidemiológica. É importante lembrar que outras doenças pesquisadas durante a gravidez, uma vez diagnosticadas, também são de notificação compulsória, como vírus da imunodeficiência humana (HIV), rubéola e hepatites virais.

tendem a permanecer positivos por toda a vida após o contato com o antígeno.

Idealmente, o rastreamento durante o pré-natal deve ser feito por um teste treponêmico. Quando positivo, realiza-se teste não treponêmico para dosagem de títulos de anticorpos – que pode ser utilizado para acompanhamento da resposta ao tratamento: títulos maiores que 1:4 sugerem infecção recente pelo treponema. Com o tratamento, espera-se queda de duas diluições nos títulos de VDRL. O teste tende a negativar entre 6 e 12 meses após o tratamento, mas pode permanecer positivo em baixos títulos por longos períodos, fenômeno que se denomina memória ou cicatriz sorológica.

Em gestantes não tratadas, 70 a 100% dos fetos são infectados, mas o risco de transmissão vertical cai para 1 a 2% em gestantes que recebem tratamento adequado. Os achados fetais mais frequentes são alteração da função hepática, hepatomegalia, plaquetopenia, anemia, ascite e presença de imunoglobulina M (IgM) antitreponêmica fetal. A placenta tipicamente se apresenta aumentada e edematosa. O acometimento neonatal pode causar lesões em órgãos internos como pulmão (pneumonia alba de Virchow), fígado (cirrose hipertrófica), baço, pâncreas e também ossos (osteocondrite).

O tratamento da sífilis, tanto da gestante quanto do feto, é realizado com penicilina, que atravessa a "barreira" placentária e previne a sífilis neonatal em 98% dos casos. Nos casos de gestantes com sífilis primária, secundária ou latente recente, a dose preconizada de penicilina G benzatina é de 2.400.000 UI por via intramuscular em dose única. Nos casos de sífilis latente tardia ou de duração indeterminada (maioria dos casos), o tratamento se dá por meio de penicilina G benzatina, 2.400.000 UI, por via intramuscular, uma vez por semana, por 3 semanas. Nos casos de neurossífilis, a droga de escolha é a penicilina G cristalina, 3.000.000 a 4.000.000 UI, por via intravenosa, a cada 4 horas, por 10 a 14 dias, seguida de penicilina G benzatina, 2.400.000 UI, por via intramuscular, semanalmente, por 3 semanas.
O tratamento para o feto é considerado adequado quando é terminado pelo menos 1 mês antes do parto, quando o parceiro também é tratado, e quando há queda dos títulos de VDRL. A repetição da sorologia após 4 semanas pode auxiliar na definição da eficácia do tratamento, sendo indicativa de infecção persistente ou reinfecção quando houver aumento em quatro vezes dos títulos.

Sorologia para hepatite B

O aconselhamento em relação aos resultados para a sorologia de hepatite B baseia-se na detecção de anticorpos e antígenos específicos, cuja interpretação se encontra descrita na Tabela 4.

O curso da infecção por hepatite B não é alterado pela gravidez. A transmissão placentária é rara e a infecção do feto ou recém-nascido se dá pela ingestão de material contaminado, durante o parto ou na amamentação.

Se a mãe for portadora de AgHBs e AgHBe e o recém-nascido não receber imunoprofilaxia no momento do parto, a possibilidade de infecção é de 70 a 90%, ao passo que os filhos de gestantes com AgHBs e anti-HBe positivos e AgHBe negativo têm risco de cerca de 10% de transmissão vertical.

Os recém-nascidos de mães com AgHBs e AgHBe positivo devem receber imunoglobulina hiperimune com 12 horas de vida, além da vacina para hepatite B. A via de parto é de indicação obstétrica, não havendo contraindicação para parto vaginal. A amamentação também pode ser realizada, uma vez que tenha sido feita imunoprofilaxia para o recém-nascido. As gestantes que se apresentarem suscetíveis para hepatite B podem ser orientadas a receber vacinação ainda durante a gestação, pois a vacina não contém partículas infecciosas do vírus e não é contraindicada para gestantes.

Tabela 4 Interpretação dos padrões sorológicos da hepatite B

Interpretação	AgHBs	AgHBe	Anti-HBc IgM	Anti-HBc IgG	Anti-HBe	Anti-HBs
Suscetível	–	–	–	–	–	–
Incubação	+	–	–	–	–	–
Fase aguda	+	+	+	±	–	–
Fase aguda final	+	+	–	+	–	–
Início da convalescença	–	–	+	+	–	–
Imunidade na infecção passada recente	–	–	–	+	+	+
Imunidade na infecção passada	–	–	–	+	–	+*
Imunidade na resposta vacinal	–	–	–	–	–	+*

* O anti-HBs pode estar em níveis indetectáveis após muito tempo da vacinação.

Até o momento, não há evidências de que haja método de prevenção da transmissão vertical da hepatite C no parto, de maneira que a via de parto é de indicação obstétrica. A decisão de amamentar é deixada para os pais, após discussão a respeito dos conhecimentos científicos atuais sobre a dificuldade de se prever a transmissão vertical do vírus. O tratamento da doença, quando indicado, é realizado após o parto.

Sorologia para hepatite C

Há poucos estudos sobre as complicações gestacionais em pacientes com hepatite C, mas parece que não há diferenças em relação ao curso da doença quando comparadas às mulheres não gestantes.

Não há consenso sobre o benefício de se conhecer o *status* sorológico na gestação, mas na Clínica Obstétrica do HC-FMUSP faz-se de rotina a pesquisa da sorologia materna para hepatite C com o objetivo de se acompanhar a função hepática caso a pesquisa seja positiva, além de permitir precauções adicionais para a equipe no momento do parto. As gestantes com sorologia positiva devem ser acompanhadas por equipe multidisciplinar composta por obstetra e infectologista.

Sorologia para rubéola

A transmissão vertical da rubéola varia de acordo com a idade gestacional na qual ocorreu a infecção materna. Durante o primeiro trimestre, pode acometer cerca de 81% dos fetos, diminuindo o risco para 39% no segundo trimestre e elevando-se para 53% no terceiro trimestre. Quanto mais precocemente ocorre a infecção, maiores são os danos observados no feto.

As implicações da virose materna na gestação (quadro agudo de rubéola) incluem abortamento precoce ou tardio;

óbito fetal; infecção congênita sem anomalia fetal e com alterações fetais como surdez, catarata e glaucoma; alterações cardiovasculares, como persistência do ducto arterioso; hepatoesplenomegalia; e alterações do SNC.

O diagnóstico clínico não é muito comum, pois, em geral, o quadro clínico é frustro ou inexistente. A maioria das gestantes recebe o diagnóstico por meio de testes laboratoriais realizados como rastreamento na primeira consulta de pré--natal. O teste mais empregado é o Elisa, mas também pode ser realizado o teste de imunofluorescência indireta. Na infecção aguda, os anticorpos da classe IgM costumam ser detectados a partir de 4 ou 5 dias após início do *rash* e persistem por 6 semanas. Pode haver, no entanto, resultado falso-positivo em casos de infecção por mononucleose infecciosa, parvovírus e em portadoras de fator reumatoide. Algumas pacientes podem, ainda, ser portadoras crônicas de IgM antirrubéola. Os níveis de IgG atingem seu pico após 1 a 2 semanas do evento agudo. Para se determinar a época em que ocorreu a infecção e, portanto, estimar o risco de acometimento fetal, pode-se lançar mão da pesquisa de avidez por IgG, uma vez que durante os 3 primeiros meses após a infecção primária a avidez da IgG aumenta progressivamente, podendo ser baixa até 6 semanas após a infecção.

As gestantes com diagnóstico laboratorial para rubéola confirmado devem ser encaminhadas para acompanhamento em serviço de alto risco, para avaliação ultrassonográfica especializada e investigação de acometimento fetal com procedimentos invasivos nos casos em que houver indicação. Não há tratamento específico ou medidas de redução da transmissão vertical para rubéola, e a melhor prevenção é a vacinação de mulheres em idade fértil fora do período gestacional.

Aquelas que se apresentarem suscetíveis à doença devem ser orientadas a receber vacinação após o parto. A vacina para rubéola é contraindicada durante a gravidez.

Sorologia para toxoplasmose

A taxa de infecção pela toxoplasmose varia de 0,5 a 8:1.000 gestantes suscetíveis. A principal forma de contaminação em seres humanos é pela via oral, sendo o parasita veiculado por fezes de gatos infectados.

A transmissão vertical ocorre por meio de lesões placentárias e transmissão do parasita ao feto. O risco de infecção fetal aumenta com a idade gestacional em que ocorre a infecção materna, sendo de 6% com 13 semanas e até 72% com 36 semanas. Apesar disso, o risco e a gravidade de acometimento fetal são maiores quanto mais precoce for a infecção (Figura 8). A tríade clássica da toxoplasmose congênita é composta por coriorretinite, calcificações intracranianas e hidrocefalia.

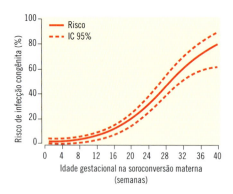 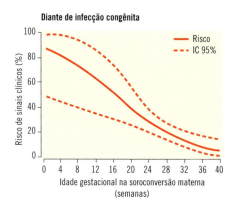

Figura 8 Risco de transmissão vertical e de sinais clínicos da doença de acordo com a idade gestacional da infecção materna.

Cerca de 90% das infecções maternas são subclínicas e, nos casos sintomáticos, as manifestações são pouco sintomáticas e autolimitadas, com fadiga, mialgia e linfadenomegalia. Por esse motivo, o diagnóstico é feito primordialmente por exames laboratoriais. Na Clínica Obstétrica do HC-FMUSP, é realizado rastreamento na primeira consulta de pré-natal para todas as gestantes. O teste empregado para o rastreamento é o Elisa, mas os casos IgM-positivos devem ser confirmados por imunofluorescência indireta.

A IgM surge na primeira semana de infecção e apresenta rápido aumento dos títulos para depois desaparecer gradualmente, em intervalos variáveis, podendo permanecer positiva por até 1 ano. A IgG surge 1 a 2 semanas após a infecção aguda e caracteriza imunidade permanente à doença.

Em casos de IgM e IgG positivas, deve-se prosseguir investigação para tentar determinar há quanto tempo houve a infecção aguda. Uma forma de se investigar é por meio de testes seriados, 3 semanas após a primeira amostra. Se os anticorpos IgG apresentarem títulos crescentes, deve-se estar em um período de até 8 semanas após infecção aguda. Outra opção é a determinação da avidez de IgG. Resultados de alta avidez (> 30%) sugerem infecção há mais de 3 a 4 meses, ao passo que resultados de baixa avidez nem sempre estão associados à infecção aguda.

Nas gestantes suscetíveis (resultados de IgM e IgG negativos), faz-se orientação higienodietética (Tabela 5) e repete-se a sorologia a cada 2 meses, com o objetivo de identificar e tratar infecções agudas.

Tabela 5 Orientações higienodietéticas para prevenção de toxoplasmose em gestantes suscetíveis

Não comer carne crua ou malpassada
Preferir carnes congeladas
Não comer ovos crus ou malcozidos
Usar luvas ao manipular alimentos ou carnes cruas
Não utilizar a mesma faca para cortar carnes, vegetais e frutas
Lavar bem frutas, verduras e legumes
Evitar contato com gatos e tudo o que possa estar contaminado com suas fezes
Alimentar gatos domésticos com rações comerciais
Realizar limpeza diária com água fervente do recipiente onde os gatos defecam
Usar luvas ao manusear terra ou jardim

Nas gestantes com padrão de infecção crônica (IgM negativo e IgG positivo), não são necessárias novas intervenções.

Nos casos suspeitos de infecção aguda, até que se confirme ou descarte a infecção recente, deve-se introduzir profilaxia da infecção fetal com espiramicina, 3 g/dia; se for descartada, a profilaxia pode ser suspensa.

Nos casos de infecção aguda comprovada, deve-se manter a profilaxia com espiramicina, 3 g/dia, e encaminhar a gestante para serviço de referência, onde serão realizadas ultrassonografias seriadas e propedêutica especializada para pesquisa de infecção fetal, com tratamento específico, se necessário.

Urina tipo I e urocultura

O exame de urina solicitado na primeira consulta de pré-natal será avaliado conforme suas características gerais, bioquímicas e análise do sedimento urinário. Entre as características gerais, avaliam-se a cor, o aspecto e o odor, em busca de sinais de hematúria, colúria, infecção urinária e resíduos de medicamentos.

A análise bioquímica da urina é feita por meio de tiras reagentes e compreende avaliação do pH; da densidade urinária; e da presença de proteínas, glicose, corpos cetônicos, sangue, bilirrubina, urobilinogênio, nitrito e esterase na urina. Essa análise tem por objetivo investigar sinais de disfunções renais, hepatopatias, hemólise, diabetes, cálculos ou infecções urinárias. Deve-se lembrar que a gestante apresenta aumento do ritmo de filtração glomerular, motivo pelo qual proteinúria discreta pode ser considerada fisiológica.

Na análise do sedimento urinário, investigam-se elementos como leucócitos, hemácias, células epiteliais, cilindros e cristais na urina, em busca de sinais de sangramentos do trato urinário, cálculos, infecções ou lesões tubulares renais. Eventualmente, também podem ser identificados patógenos na urina, como bactérias, leveduras ou protozoários.

A urocultura inicial tem por objetivo rastrear casos de bacteriúria assintomática, uma vez que gestantes podem apresentar infecção do trato urinário sem sintomas e que aumentam o risco de complicações, como trabalho de parto prematuro. Pelo risco inerente, repete-se a urocultura entre 12 e 16 semanas de gravidez, conforme protocolo da Clínica Obstétrica do HC-FMUSP. A urocultura deve ser valorizada quando apresentar mais de 100.000 UFC e o tratamento deve ser realizado de acordo com o antibiograma para o agente infeccioso isolado. Os antibióticos de uso mais frequente na gestação são as cefalosporinas de primeira geração, como a cefalexina e a nitrofurantoína.

Protoparasitológico de fezes

O exame protoparasitológico de fezes tem por objetivo identificar protozoários e parasitas no trato gastrointestinal das gestantes para que se proceda ao tratamento, quando indicado. Alguns protozoários identificados na amostra do exame protoparasitológico de fezes não são patogênicos e não precisam ser tratados, como *Eschirichia coli*, *Entamoeba coli*, *Endolimax nana*, *Trichomonas hominis* e *Iodamoeba butschii*.

Parasitoses intestinais diagnosticadas durante a gestação devem ser tratadas com medicação específica após o primeiro trimestre. São exceções a teníase – que deve ser tratada mesmo no primeiro trimestre na presença de hiperêmese gravídica, sob o risco de regurgitação de proglotes e desenvolvimento de cisticercose – e a esquistossomose, que só deve ser tratada após o parto.

Muitas vezes, parasitoses intestinais são causa negligenciada de anemia e devem ser investigadas e tratadas quando presentes.

Avaliação fetal

Ultrassonografia do primeiro trimestre e rastreamento de aneuploidias

No primeiro trimestre, é importante a realização precoce da ultrassonografia com o objetivo de avaliar se a gestação é tópica, se é única ou múltipla e determinar precisamente a sua datação. Em casos de gestações múltiplas, também é importante determinar precocemente a sua corionicidade (número de placentas). O exame do primeiro trimestre também fornece informações importantes sobre o desenvolvimento embriológico normal e o diagnóstico precoce de malformações.

O primeiro sinal ultrassonográfico de gestação é o espessamento decidual, que pode ser observado ao final de 3 semanas de gravidez. O saco gestacional é o primeiro sinal ultrassonográfico de gestação intrauterina e pode ser identificado pelo exame transvaginal com 4 semanas e 3 dias a partir da data da última menstruação (DUM). A seguir, a próxima estrutura visualizada pela ultrassonografia é a vesícula vitelínica, no início de 5 semanas de gestação. O embrião só é visualizado à ultrassonografia ao final de 5 semanas de gestação a partir da DUM, adjacente à vesícula vitelínica. A atividade cardíaca do embrião pode ser verificada e medida no momento em que ele mede 2 a 5 mm, com 6 semanas de gestação a partir da DUM.

Tendo tranquilizado a Sra. Rosa e seu marido, Sr. Marcos, com a informação de que a gestante teve contato prévio, mas não infecção atual, com toxoplasmose – o que não acarreta risco fetal –, e que ela tem uma infecção crônica não ativa para hepatite B, podendo dar à luz por parto vaginal e amamentar o recém-nascido depois que este tomar vacina e imunoglobulina para hepatite B, você checa o exame de ultrassonografia que a Sra. Rosa realizou com cerca de 4 semanas de gestação, 2 dias depois do atraso menstrual. Você percebe que ao exame foi visualizado o saco gestacional, mas nenhum embrião. Fica então na dúvida: será que ela abortou?

A datação precoce da gestação é fundamental para o diagnóstico de desvios do crescimento fetal (fetos grandes para a idade gestacional e fetos com restrição do crescimento fetal) no segundo e no terceiro trimestres, especialmente quando a data da última menstruação da gestante é incerta. No entanto, fetos com malformações graves e portadores de trissomias e triploidias podem apresentar restrição do crescimento fetal já no primeiro trimestre.

Não deixe de acessar o site: http://www.portalmedico.org.br/resolucoes/CFM/2012/1989_2012.pdf. Lá, você encontrará a nova resolução que permite o abortamento em casos confirmados de anencefalia, sem necessidade de autorização do Estado.

Com o intuito de realizar datação precoce da gestação, a medida ultrassonográfica mais precisa é o comprimento cabeça-nádegas do embrião, que pode ser verificado após 9 ou 10 semanas de gravidez, com estimativa da idade gestacional com desvio de ± 2,7 a 4,7 dias.

No primeiro trimestre, existem testes de rastreamento de aneuploidias fetais que têm sido amplamente utilizados. A avaliação mais difundida é a medida da translucência nucal, realizada entre 11 semanas e 13 semanas + 6 dias de gestação, sendo capaz de identificar 80% dos fetos anormais, com resultados falso-positivos em 5% dos casos. A idade gestacional mais adequada para a realização da translucência nucal é com 12 semanas. São conhecidos outros marcadores ultrassonográficos de cromossomopatias fetais no primeiro trimestre, como osso nasal, ducto venoso e regurgitação da valva tricúspide, porém menos estudados e menos padronizados que a medida da translucência nucal (Figura 9). Além de avaliar a translucência nucal, essa ultrassonografia morfológica no primeiro trimestre também é importante para investigar alterações estruturais mais graves, como a anencefalia, malformação incompatível com a vida e que pode ser motivo de interrupção judicial da gestação, caso seja a vontade dos pais.

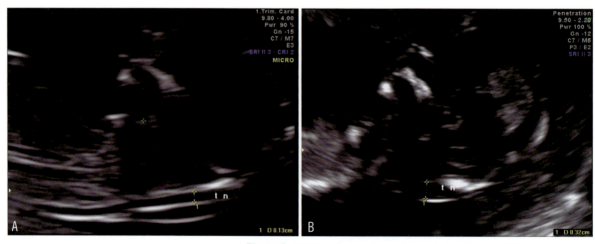

Figura 9 Medidas da translucência nucal em fetos com 12 semanas de gestação. A: medida normal da translucência nucal; B: medida alterada da translucência nucal.

Além da ultrassonografia, desde a década de 1980, métodos alternativos para o rastreamento de cromossomopatias vêm sendo estudados. Os marcadores bioquímicos que podem ser utilizados para o rastreamento da síndrome de Down no primeiro trimestre são a beta-hCG, cujos níveis se encontram aumentados nas gestações de fetos com trissomia do cromossomo 21, e a proteína plasmática A, associada à gestação (PAPP-A), cujos níveis se encontram diminuídos nesses casos. Com relação às trissomias dos cromossomos 13 e 18, ambos os marcadores se encontram reduzidos no primeiro trimestre quando comparados a gestações normais. Os marcadores bioquímicos são utilizados em conjunto com o exame ultrassonográfico para aumentar a sensibilidade do rastreamento e diminuir o número de falso-positivos. Os valores encontrados da translucência nucal e dos marcadores bioquímicos, além dos riscos epidemiológicos da gestante (como idade ou antecedente de cromossomopatias em gestações anteriores) são computados em *softwares* específicos, que fazem o cálculo de risco para cromossomopatias na gestação atual. Embora a melhor época para dosagem de PAPP-A seja entre 9 e 10 semanas de gestação, pela maior facilidade de realização e pela possibilidade de se obter o resultado no mesmo dia do exame para o cálculo do risco, pode-se orientar a realização da ultrassonografia e dos exames bioquímicos ao mesmo tempo, com 12 semanas de gestação.

Condutas e orientações

Os retornos da gestante serão agendados mensalmente até 28 semanas, quando então deverão ser marcados a cada 14 ou 21 dias até 36 semanas. A partir dessa idade gestacional, os retornos ocorrerão semanalmente até o parto.

Alguns exames, além daqueles solicitados na primeira consulta de pré-natal, deverão ser pedidos e/ou repetidos durante as consultas na primeira metade da gestação. Os exames da rotina de pré-natal a serem repetidos já foram discutidos no item "exames laboratoriais".

Outros exames complementares dependem das intercorrências observadas durante o acompanhamento, como perfil de ferro, vitamina B12, eletroforese de hemoglobina nos casos de anemias ou anticorpos antitireoidianos nos casos de disfunções da glândula tireoide.

A determinação do sexo fetal pode ser realizada a partir de 5 semanas de gravidez (embora haja melhor acurácia com coletas feitas após 8 semanas de gestação) por meio da coleta de sangue periférico materno e da determinação da presença ou ausência do cromossomo Y. Essa técnica de identificação precoce do sexo fetal pode ser particularmente útil em casos de doenças ligadas ao sexo, como hemofilias, ou em casos de doenças maternas cujo tratamento possa evitar a virilização de fetos femininos, como na hiperplasia adrenal congênita.

Técnicas não invasivas de diagnóstico pré-natal baseadas na identificação de DNA fetal livre na circulação materna têm sido motivo de estudos para o rastreamento de aneuploidias e de doenças gênicas como acondroplasia, displasia tanatofórica, doença de Huntington e fibrose cística, já a partir de 10 semanas de gestação.

O casal fica mais tranquilo ao ser orientado que o embrião não apareceu na ultrassonografia provavelmente porque o exame foi muito precoce e agora vai repetir novo exame em 1 semana e depois com 12 semanas de gestação para avaliar a morfologia fetal. Você deve marcar o próximo retorno e o Sr. Marcos gostaria de saber com que frequência ocorrerão as consultas, pois está preocupado com as faltas no seu emprego. Como você orienta o casal?
A Sra. Rosa também está preocupada porque suas amigas tomam "vitaminas" para a gravidez e ela não começou a tomar nenhuma, pois perdeu a receita do médico na primeira consulta. O que você recomenda a ela?

Alguns cuidados gerais devem ser recomendados à gestante para a boa evolução da gestação.

O cuidado com a pele deve ser estimulado e o uso de protetor solar deve ser indicado, bem como evitar exposição prolongada ao sol, a fim de evitar que se tornem perenes as alterações pigmentares fisiológicas da gestação. A gestante também deve ser informada que muitos cosméticos apresentam substâncias contraindicadas ou não estudadas na gestação, devendo evitar o seu uso, especialmente no primeiro trimestre. Recomenda-se que a gestante consulte seu obstetra antes de usar esses cosméticos na gestação.

É importante reforçar a necessidade de dieta equilibrada e fracionada, a fim de garantir o ganho de peso adequado e atender às necessidades nutricionais da gravidez. Alguns alimentos devem ser evitados ou limitados pelo potencial tóxico, como carnes cruas, frutas e vegetais não lavados e produtos não pasteurizados.

Deve ser prescrito suplemento vitamínico para suprir as necessidades aumentadas de ácido fólico e, assim, prevenir os defeitos de fechamento do tubo neural. Em pacientes sem antecedentes de defeitos na prole, recomenda-se o uso de 400 μg/dia, e naquelas com presença de antecedentes, a dose de 4 mg/dia. O ideal é que a suplementação se inicie 12 semanas antes da gestação e continue pelo menos até os 2 primeiros meses de gravidez. Na Clínica Obstétrica do HC-FMUSP, recomenda-se a suplementação durante toda a gestação.

Como a deficiência de ferro é a principal causa de anemia e como a gestação acarreta aumento significativo da necessidade de ferro decorrente da captação da placenta e do feto, e também do aumento da volemia materna, é recomendada a suplementação de ferro na dose de 60 mg/dia a partir de 16 semanas de gestação até 8 semanas após o parto.

A principal fonte de vitaminas e minerais é proveniente da alimentação e uma dieta balanceada não demanda suplementações adicionais, além do ácido fólico e do ferro; no entanto, para as gestantes que não consomem produtos lácteos, recomenda-se a reposição de cálcio na dose de 600 mg/dia. Nos casos de vegetarianas radicais, há necessidade de suplementação de vitamina B12 e vitamina D. É preciso tomar cuidado com a administração da vitamina D, uma vez que muitos medicamentos associam-na à vitamina A, e o consumo da vitamina A em doses superiores a 10.000 UI/dia é sabidamente teratogênico.

É importante que a atualização do calendário vacinal da mulher seja feita na consulta preconcepcional.

Caso essa consulta não tenha sido realizada, algumas vacinas são indicadas à gestante, como contra gripe (que pode ser administrada em qualquer idade gestacional), contra hepatite B (após o final do primeiro trimestre) para aquelas com vacinação anterior ausente ou incompleta, e contra difteria e tétano (dT) ou difteria, tétano e coqueluche acelular (dTpa – indicada após 20 semanas de gestação). Em situações especiais, quando houver indicação, as gestantes podem receber, ainda, vacina contra hepatite A, raiva, pneumocócica, meningocócica e febre amarela, quando houver grande risco de contrair a doença.

A prática de atividade física regular deve ser encorajada na gestação, podendo ser recomendados exercícios de moderada intensidade por 30 minutos ou mais diariamente, como caminhadas e hidroginástica, de preferência supervisionadas por profissionais afeitos à prática de exercícios em gestantes, com atividades sem risco para queda ou trauma do abdome. Devem sempre ser respeitadas contraindicações para atividade física na gestação, como incompetência cervical, sangramentos, trabalho de parto prematuro, rotura prematura de membranas ovulares (RPMO) e algumas doenças maternas.

Leia mais sobre o esquema de vacinação da gestante no capítulo "Avaliação preconcepcional".

Não deixe de acessar o site: http://www.cdc.gov/vaccines/parents/pregnant.html.
Nesse endereço, você encontrará recomendações do Centers for Disease Control and Prevention para vacinação de gestantes.

Acesse também, no site da Sociedade Brasileira de Imunizações, o calendário de vacinação da mulher, adotado pela Federação Brasileira das Associações de Ginecologia e Obstetrícia (Febrasgo), no endereço: http://www.sbim.org.br/wp-content/uploads-/2013/10/mulher_calendarios-sbim_-2013-2014_130916.pdf

Relembrando

- A maior parte das queixas das gestantes durante a primeira metade do pré-natal diz respeito às modificações gravídicas locais e sistêmicas fisiológicas; é preciso conhecê-las para tranquilizar a gestante e saber diferenciá-las de condições patológicas.
- As gestantes Rh-negativas com parceiros Rh-positivos exigem atenção e acompanhamento especial pelo risco de aloimunização Rh durante o pré-natal e o parto.
- Embora a hemodiluição seja fisiológica na gestação, casos de anemia não devem ser negligenciados.

- A glicemia em jejum inicial destina-se ao rastreamento de graus variáveis de intolerância à glicose e só é considerada normal quando menor que 92 mg/dL.
- O rastreamento de disfunções tireoidianas é feito pela dosagem do hormônio estimulante da tireoide (normal entre 0,3 e 3,0 µU/mL) e do T4 livre (normal entre 0,6 e 1,5 ng/dL).
- Pacientes que recebam diagnóstico de vírus da imunodeficiência humana (HIV) devem ser encaminhadas para serviço de referência para profilaxia da transmissão vertical por meio de terapia antirretroviral.
- Gestantes com sífilis devem ser tratadas com esquema adequado até 1 mês antes do parto, juntamente ao parceiro, a fim de se considerar efetivo o tratamento para o feto.
- Hepatite B não é contraindicação para parto vaginal nem para amamentação, desde que o recém-nascido receba vacinação e imunoglobulina hiperimune.
- Não há consenso sobre o risco de transmissão vertical de hepatite C durante a amamentação, e essa decisão fica a critério dos pais, após aconselhamento sobre riscos e benefícios.
- Uma vez diagnosticada infecção aguda durante a gestação, não há tratamento para rubéola e a gestante deve ser referenciada para serviço que disponha de equipe especializada em medicina fetal para acompanhamento.
- O diagnóstico de toxoplasmose aguda na gravidez exige início de quimioprofilaxia da transmissão vertical e encaminhamento para serviço onde seja possível propedêutica fetal.
- A ultrassonografia do primeiro trimestre é de extrema importância para identificação da topografia, quantificação do número de embriões, datação da gestação e rastreamento inicial de malformações fetais.
- Além de dieta equilibrada e fracionada, a gestante deve receber suplementação de ácido fólico e ferro.
- Deve-se atualizar o calendário vacinal da gestante, com atenção à dose de reforço da vacina de tétano após o primeiro trimestre.
- Os retornos ambulatoriais devem ser mensais na primeira metade da gestação.

Caso clínico

Você vai fazer a segunda consulta de pré-natal da Sra. Ana Maria. Ela retorna com os exames laboratoriais que foram solicitados há 2 semanas e a ultrassonografia que fez há 7 dias. Trata-se de uma senhora de 39 anos, casada, negra, 3G 2Pc 0A, com idade gestacional de 14 semanas e 2 dias pela data da última menstruação. Tem antecedente pessoal de diabetes gestacional na última gestação e, atualmente, diagnóstico de obesidade, sem uso regular de medicamentos. Não apresenta outras queixas. Ao exame clínico, a paciente apresenta-se em bom estado geral, hipocorada e hidratada, com pressão arterial de 120 × 78 mmHg, peso de 82 kg (altura = 1,6 m). Exame cardiorrespiratório sem alterações. Observa-se abdome em aventa, com presença de ruídos hidroaéreos, flácido e indolor à palpação. Apesar de algumas tentativas, ainda não foi possível auscultar os batimentos cardíacos fetais pelo sonar. O exame ginecológico está normal. Os resultados dos exames laboratoriais e da ultrassonografia estão descritos a seguir:

Tipo sanguíneo: A-negativo, pesquisa de anticorpos irregulares negativa
Hemoglobina: 9,8 mg/dL
Hematócrito: 30%
Leucócitos: 7.500/mm^3
Plaquetas: 158.000/mm^3
Urina tipo I: sem alterações
TSH: 2,4 μU/mL
T4 livre: 0,8 ng/dL
Sorologia HIV: negativa
Sorologia para sífilis: VDRL positivo, FTA-Abs negativo
Sorologia para toxoplasmose: IgG negativo, IgM negativo
Sorologia para hepatite B: AgHBs negativo, AgHBc negativo, AgHBe negativo, anti-HBc negativo, anti-HBe negativo, anti-HBs negativo
Sorologia para hepatite C: negativa
Sorologia para rubéola: IgG negativo, IgM negativo
Glicemia em jejum: 91 mg/dL
Colpocitologia oncótica: alterações reparativas inflamatórias, sem sinais de malignidade

Protoparasitológico de fezes: presença de ovos de *Ascaris lumbricoides*

Ultrassonografia: gestação tópica, única, evolutiva; embrião com atividade cardíaca presente e comprimento cabeça-nádegas de 6,5 cm, compatível com gestação de 12 semanas e 1 dia; medida de translucência nucal dentro dos limites de normalidade

1. Quais os diagnósticos obstétricos de normalidade e patológicos dessa gestante?
2. Quais achados de história, exame clínico e exames complementares chamam sua atenção?
3. Quais são as recomendações e condutas necessárias para um adequado acompanhamento dessa gestação?

Para refletir

- Como você faria para envolver o pai da criança na assistência pré-natal? Você considera isso importante?

Referências bibliográficas

1. Atalah ES, Castillo CL, Castro RS, Aldea AP. Propuesta de un nuevo estándar de evaluación nutritional de enbarazadas. Rev Med Chile 1997;125(12):1429-36.
2. Costa A, Gilvan A, Azulay L. Dermatologia e gravidez. Rio de Janeiro: Elsevier; 2009.
3. Cunningham FG, Leveno KJ, Bloom SL, Hauth JC, Gilstrap III LC, Wenstrom KD. Maternal physiology. In: Williams' obstetrics. 23.ed. New York: McGraw-Hill; 2010. p.107-35.
4. Hill M, Barret AN, White H, Chitty LS. Uses of cell free fetal DNA in maternal circulation. Best Pract Res Clin Obst Gynecol 2012;26:639-54.
5. Neme B. Obstetrícia básica. 3.ed. São Paulo: Sarvier; 2005.

6. Neves NA (ed.). Vacinação da mulher: manual de orientação da Federação Brasileira de Associações de Ginecologia e Obstetrícia. São Paulo: Febrasgo; 2013.

7. Nicolaides K. Screening for fetal aneuploidies at 11 to 13 weeks. Prenat Diag 2011;31:7-15.

8. Zugaib M. Medicina fetal. 3.ed. São Paulo: Atheneu; 2012.

9. Zugaib M (ed.). Zugaib obstetrícia. 2.ed. Barueri: Manole; 2012.

10. Zugaib M, Bittar RE. Protocolos assistenciais: clínica obstétrica, FMUSP. 4.ed. São Paulo: Atheneu; 2011.

11. Zugaib M, Ruocco R. Pré-natal. 3.ed. São Paulo: Atheneu; 2005.

CAPÍTULO 8

Assistência pré-natal na segunda metade da gestação

Para discutir

- Quais são as principais intercorrências clínicas e obstétricas que podem surgir na segunda metade da gestação?

- Quais são as principais causas de mortalidade materna de causa direta? Como você acha que a assistência pré-natal pode modificar esse panorama?

Ao fim deste capítulo, você terá conhecido

- As principais queixas da gestante na segunda metade da gestação.
- As principais modificações gravídicas fisiológicas que acompanham a segunda metade da gestação.
- A interpretação dos resultados dos exames da rotina de pré-natal solicitados na segunda metade da gestação.

- Os sinais e sintomas de intercorrências obstétricas mais comuns da segunda metade da gestação.
- Como fazer as orientações gerais e agendar os retornos médicos para a gestante no final do pré-natal.
- Quando e como deve terminar a gestação de baixo risco.
- Como identificar a gestação de alto risco.

Consulta de pré-natal

Na segunda metade da gestação, alguns pontos de fundamental importância precisam ser avaliados. As queixas mais típicas e mesmo a abordagem da gestante diferem do que se preconiza para a primeira metade da gestação. É na segunda metade da gravidez que algumas intercorrências obstétricas poderão ser diagnosticadas, de maneira que o conhecimento do curso normal da gestação e dos desvios da normalidade é essencial para assegurar gestação e parto saudáveis.

Na segunda metade da gestação, a ansiedade pelo parto se exacerba e, por conta disso, o relacionamento médico-paciente é fundamental para o término adequado do pré-natal e para assegurar um período puerperal saudável.

Anamnese

Algumas queixas são mais frequentemente relatadas pelas gestantes na segunda metade do pré-natal. Elas serão exploradas a seguir.

Pele

As estrias são mais frequentes na segunda metade da gestação, principalmente no período mais próximo do termo. Acometem cerca de 90% das gestantes e são faixas de tecido atrófico hiperemiadas e que depois adquirem coloração nacarada. Geralmente, ocorrem no abdome, nas mamas, nas coxas e na região inguinal. Como não há alteração da qualidade das fibras colágenas nem da constituição da epiderme, atribui-se sua ocorrência à hiperfunção das glândulas adrenais, portanto, ao hipercortisolismo típico da gravidez, além de fatores como predisposição genética e ganho de peso excessivo na gravidez. A distensão da pele do abdome, das mamas e do quadril predispõe ao aparecimento das estrias nessas regiões. As estrias são permanentes, porém sua coloração, inicialmente violácea ou rósea, clareia progressivamente com o tempo, até elas se tornarem nacaradas (Figura 1). Para diminuir a probabilidade do surgimento de estrias, deve-se ficar atento ao ganho de peso adequado e orientar hidratação da pele com o uso de cremes emolientes.

> Você está no ambulatório do seu estágio de pré-natal, atendendo as gestantes que acompanha desde o início da gravidez. Ao chamar sua paciente, Sra. Rosa, percebe que ela entra no consultório com aparência de desconforto e logo relata que tem tido muita dor nas costas e sente vontade de urinar com maior frequência que o habitual. Ela conta que nas últimas 2 semanas já procurou o pronto-atendimento três vezes porque sentia a "barriga endurecer". Também queixa-se por ter apresentado cãibras à noite e amanhecer com as mãos formigando. Ela afirma que não tinha sentido nada disso até 35 semanas de gravidez e está preocupada porque não sabe se isso é normal. O que você orienta à Sra. Rosa?

Leia mais sobre as queixas no início da gestação no capítulo "Assistência pré-natal na primeira metade da gestação".

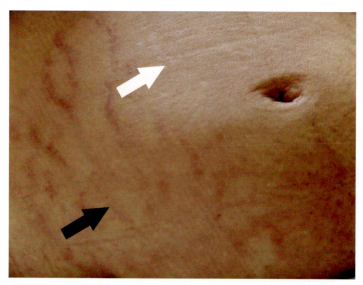

Figura 1 Estrias abdominais em puerpério imediato. Efeito do cortisol associado à distensão localizada durante a gestação. Notam-se estrias antigas com aspecto nacarado (seta branca) e estrias recentes com aspecto violáceo (seta preta).

O quadro clínico da coléstase gravídica compreende prurido importante, que começa no período noturno e tende a piorar progressivamente, tornando-se contínuo, além de icterícia em até 50% dos casos. Algumas gestantes também podem apresentar anorexia, desconforto epigástrico e colúria.

O diagnóstico é feito, além do quadro clínico, pela presença de aumento da fosfatase alcalina, da bilirrubina e das transaminases hepáticas, embora algumas vezes as duas últimas estejam dentro de níveis normais. Sempre devem ser excluídas outras causas de icterícia.

O prognóstico materno tende a ser favorável, com remissão após o parto; no entanto, algumas complicações fetais estão associadas à coléstase gravídica, como prematuridade, mecônio anteparto, óbito fetal e síndrome do desconforto respiratório do recém-nascido.

O tratamento é sintomático e compreende hidratação da pele, uso de anti-histamínicos por via oral e ácido ursodesoxicólico.

Pelo risco de sofrimento fetal, o parto deve ser feito com 38 semanas ou, em casos graves e com icterícia, com 36 semanas.

Outra queixa frequente na segunda metade da gestação é o prurido. Uma das causas mais comuns é o chamado prurido gestacional, caracterizado por pápulas pequenas, escoriadas, principalmente nas porções proximais dos membros e na porção superior do tronco, que ocorre mais frequentemente entre 20 e 34 semanas de gestação, tem causa desconhecida e é autolimitado, resolvendo-se rapidamente após o parto. Um diagnóstico diferencial importante de prurido na gestação, especialmente no terceiro trimestre, é a coléstase gravídica ou coléstase intra-hepática da gestação, doença hepática mais comum na gravidez, cuja etiopatogenia permanece desconhecida, mas parece estar relacionada às altas concentrações de estrógeno nesse período. Os sintomas tendem a regredir após o parto e podem recorrer em gestações subsequentes em até 60 a 70% das mulheres.

Aparelho musculoesquelético

A ocorrência de lombalgias durante a gestação chega a atingir até 70% das gestantes, sendo mais comuns em mulheres com antecedentes de lombalgia e nas obesas. O aumento do volume abdominal e das mamas desvia o eixo gravitacional materno para a frente (Figura 2). Compensa-

CAPÍTULO 8 ASSISTÊNCIA PRÉ-NATAL NA SEGUNDA METADE DA GESTAÇÃO

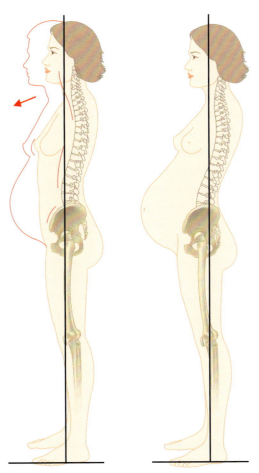

Figura 2 Mudança do centro de gravidade da gestante com o progressivo aumento do volume abdominal e com a embebição gravídica das articulações.

toriamente, a gestante direciona o corpo todo para trás, de forma a encontrar novo eixo gravitacional que a permita manter-se ereta. Por essa razão, surgem lordose e cifose da coluna vertebral, aumento da base de sustentação, com afastamento dos pés, e diminuição da amplitude dos passos durante a deambulação ("marcha anserina"). Existe, dessa forma, participação de novos grupos musculares que não são rotineiramente utilizados, o que pode causar dor. Para amenizar a lombalgia, recomenda-se evitar ganho excessivo de peso; manter postura adequada ao fazer as atividades diárias, de modo que a coluna não seja sobrecarregada ou fique desalinhada; usar somente sapatos com saltos baixos; e praticar exercícios físicos e acupuntura nos casos de dores mais intensas. A postura durante o sono também deve ser abordada com a gestante e o decúbito lateral deve ser estimulado, com atenção ao alinhamento da coluna durante o sono.

Sempre é importante procurar outras causas de dor lombar como diagnóstico diferencial. Primigestas podem confundir as dores provenientes das contrações uterinas com dores lombares, queixa que merece cuidado especial mais próximo ao termo. Além disso, a presença de outros sintomas, como febre e disúria, náuseas e vômitos, pode caracterizar infecções urinárias ou cálculos renais como causas de lombalgias. O direcionamento cervical para a frente, comprimindo os nervos ulnar e mediano, ainda acarreta fadiga muscular, dores lombares e cervicais e parestesia de extremidades.

Formigamento ou dormência nas mãos são queixas comuns da gestante, principalmente durante a noite e com melhora após movimentação e mudança de posição. Algumas vezes, as queixas são de sensação de peso nas mãos, acompanhadas de dificuldade em desempenhar atividades manuais da vida diária, caracterizando a síndrome do túnel do carpo. Mais frequente no terceiro trimestre, em decorrência da embebição gravídica, tem como fisiopatologia a compressão do nervo mediano na região do túnel do carpo. Apesar de causar grande incômodo à gestante, na maioria das vezes tem caráter transitório, com resolução em 2 a 4 semanas de puerpério. O tratamento durante a gestação deve ser paliativo, com analgésicos comuns e imobilização do punho.

As cãibras são contrações musculares dolorosas que geralmente ocorrem durante o sono, com duração de segundos ou minutos, e que são mais comuns na segunda metade da gestação. Sua etiologia exata é desconhecida, mas envolve o acúmulo de ácidos lático e pirúvico nos músculos. Podem ser aliviadas por exercícios de alongamento, calor local e massagem.

Mamas

Pode surgir, além do aumento do volume e de sensibilidade das mamas, a presença do colostro na segunda metade da gestação, especialmente mais próximo ao termo. Sua ausência, no entanto, não deve ser motivo de preocupação e muitas vezes gera ansiedade nas gestantes, que ficam com medo de não conseguirem amamentar. Deve-se orientar a gestante informando que o surgimento do colostro pode ser mais tardio em alguns casos, sem significar impedimento para amamentação.

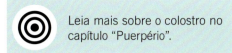

Leia mais sobre o colostro no capítulo "Puerpério".

Aparelho cardiorrespiratório

A dispneia é sintoma frequente durante a gestação e muitas vezes pode corresponder apenas à conscientização sobre a respiração. Um dos motivos que leva a gestante a ter dispneia é a elevação do diafragma, com diminuição do volume residual e redução da capacidade pulmonar total. Embora não haja alteração da frequência respiratória, o volume corrente aumenta durante a gravidez, favorecendo condição de hiperventilação que cursa com alcalose respiratória, a qual é compensada pela redução dos níveis circulantes de bicarbonato por aumento da excreção renal. Apesar disso, a queixa de dispneia nunca deve ser desvalorizada, principalmente quando surge no terceiro trimestre de gestação. Nessa situação, deve-se procurar possíveis causas cardiorrespiratórias que estejam se manifestando durante a gestação.

A dispneia pode também decorrer da compressão da veia cava inferior pelo útero gravídico, quando a paciente se encontra em decúbito dorsal horizontal. Nesse caso, a modificação para decúbito lateral reverterá facilmente o quadro.

As tonturas podem ocorrer em decorrência da vasodilatação periférica, quando se observa redução da resistência vascular e consequente queda da pressão arterial. A partir da segunda metade da gestação, pode ocorrer a compressão da veia cava inferior quando a gestante se encontra na posição supina. A redução da pré-carga nessas ocasiões leva a hipotensão, seguida de bradicardia por reflexo vagal, podendo manifestar-se com quadro de lipotimia (síndrome da hipotensão supina).

Epistaxe e obstrução nasal podem ser decorrentes do aumento do fluxo sanguíneo e da hipertrofia vascular das mucosas que acontece durante a gestação. Na maioria das vezes, os sangramentos nasais cessam apenas com compressão local.

Sistema digestório

É frequente a queixa de azia e sensação de empachamento gástrico pelas gestantes. O aumento significativo de progesterona sérica atua como potente relaxante da musculatura lisa, o que causa relaxamento do esfíncter esofágico inferior e consequente facilitação do refluxo gastroesofágico, além de diminuir o peristaltismo, aumentando o tempo de esvaziamento gástrico.

A permanência do bolo fecal por mais tempo no lúmen intestinal expõe os alimentos ao contato com enzimas digestivas por período mais prolongado e aumenta a absorção de água, o que contribui para o surgimento de obstipação. Essa queixa é mais frequente à medida que a gestação evolui e também se relaciona, na maioria dos casos, à carência de fibras nas dietas; por esse motivo, a gestante deve ser estimulada a aumentar a ingestão de água e fibras na sua alimentação. Associadamente à obstipação, o aumento da pressão venosa, justificado pela compressão das veias pélvicas pelo útero volumoso, determina maior probabilidade de aparecimento de doença hemorroidária.

Aparelho geniturinário

Fatores hormonais, como a progesterona, levam à hipotonia da musculatura dos ureteres e da bexiga, causando discreta hidronefrose e aumento do volume residual vesical.

Fatores mecânicos, como aumento do complexo vascular ovariano direito e a dextrorrotação e a compressão extrínseca uterina, predispõem a acentuação da hidronefrose do lado direito e redução da capacidade vesical, demonstrada por meio de polaciúria fisiológica da gravidez.

A bexiga encontra-se mais elevada ao longo da gestação, com retificação do trígono vesical, provocando refluxo vesicoureteral. Incontinência urinária é queixa comum, embora mecanismos protetores estejam mais desenvolvidos, como aumento do comprimento absoluto e funcional da uretra e aumento da pressão intrauretral máxima.

Uma queixa de extrema importância são as perdas vaginais, que sempre devem ser ativamente questionadas durante a consulta. Há algumas causas comuns de perdas genitais, como o próprio aumento fisiológico do conteúdo vaginal; no entanto, vulvovaginites devem ser diagnosticadas e tratadas quando presentes, pois geram maior risco de trabalho de parto prematuro. Além disso, especialmente próximo do termo, pode haver rotura alta das membranas ovulares, o que causa perda atípica de líquido, que pode ser confundido com perda urinária pela gestante. A situação contrária também é possível e algumas gestantes confundem a perda urinária com rotura das membranas, motivo por que é imprescindível o exame físico. Finalmente, também é comum que as gestantes primigestas apresentem perda de tampão mucoso (rolha de Schröder) nas semanas que antecedem o início do trabalho de parto, geralmente até 15 dias antes. Trata-se de secreção espessa, na maioria das vezes de coloração amarronzada ou pouco sanguinolenta, cuja perda é indolor. Não indica início do trabalho de parto e sua presença deve ser apenas sinal de atenção para a gestante.

Aspectos emocionais

A proximidade do momento do parto pode ser acompanhada de inseguranças, ansiedade e dificuldades emocionais. É papel do obstetra atentar para necessidades psíquicas das gestantes, aliviando suas apreensões por meio de orientação clara e objetiva quanto ao parto.

Durante a anamnese, é ainda importante abordar qual é o conhecimento que a gestante tem sobre a amamentação, quais são as suas expectativas e qual forma de aleitamento será escolhida. É durante esse diálogo que várias dúvidas poderão ser sanadas e também as ações de incentivo ao aleitamento materno poderão ser instituídas.

É comum que a gestante também fique aflita quanto ao ganho de peso fetal e muitas vezes questione quando recebe o laudo dos exames. É importante informá-la que durante o segundo trimestre o incremento de peso fetal ainda não é muito pronunciado, ganhando importância no terceiro trimestre, quando se espera um ganho de aproximadamente 30 g/dia em gestações próximas do termo.

Também pode surgir a queixa de insônia, que pode estar relacionada à ansiedade. No terceiro trimestre, outros fatores podem estar associados a esse distúrbio do sono, como a dificuldade de encontrar posição confortável para dormir e o aumento do número de micções durante a noite.

> Leia mais sobre o exame físico no pré-natal no capítulo "Assistência pré-natal na primeira metade da gestação".

> Depois de ouvir atentamente suas explicações, a Sra. Rosa e seu marido ficam mais tranquilos em relação aos sintomas que ela vem apresentando, ainda que estejam muito ansiosos com a expectativa de um parto próximo. Agora já entenderam que não precisam sair correndo para o hospital quando ela sentir as contrações de Braxton Hicks. Você prossegue a consulta, mas fica aflito ao notar, durante o exame clínico, que as pernas da Sra. Rosa estão muito edemaciadas e que ganhou quase 2 kg nas últimas 3 semanas. Lembrando das aulas teóricas de seu curso de graduação, imediatamente vai verificar a pressão arterial da Sra. Rosa. Ela e o marido percebem sua ansiedade e perguntam se está tudo bem. Qual foi sua preocupação ao ver o inchaço das pernas e o ganho de peso da gestante?

> Leia mais sobre o ganho de peso ideal na gestação no capítulo "Primeira consulta de pré-natal".

Exame físico

Exame físico geral

O exame físico geral será semelhante àquele realizado durante a primeira metade da gestação. Deverão ser verificados com atenção especial: peso materno, edemas e pressão arterial.

Peso

O ganho ponderal deverá ser avaliado em cada consulta de pré-natal e, após cálculo do índice de massa corporal (IMC), classificado de acordo com a curva de Atalah.

Em gestantes dentro da faixa de peso ideal, o ganho recomendado é de aproximadamente 400 g/semana no segundo e no terceiro trimestres (Tabela 1). Desvios no ganho de peso recomendado devem exigir atenção do obstetra e, muitas vezes, intervenção.

Tabela 1 Ganho de peso adequado no segundo e no terceiro trimestres da gestação, de acordo com o estado nutricional da gestante

Classificação nutricional	Ganho de peso no segundo e no terceiro trimestres (kg/semana)
Baixo peso	0,5
Adequado	0,4
Sobrepeso	0,3
Obesidade	0,3

Edemas

No final da gestação, pode-se observar fisiologicamente a presença de edema discreto de membros inferiores, indolor à palpação, que se deve principalmente à compressão dos vasos por conta do aumento do volume uterino. Algumas causas, no entanto, podem ser responsáveis por edema não fisiológico na gestação e devem ser afastadas.

A presença de edema generalizado, especialmente em mãos e face, associada ao aumento dos níveis pressóricos, faz o diagnóstico clínico de pré-eclâmpsia.

Outra possível causa para edema de membros inferiores é a presença de varizes, que precisam ser cuidadosamente avaliadas, por conta do maior risco de tromboses durante a gestação. A presença de varizes vulvares, quando muito volumosas, pode ser impedimento ao parto vaginal.

Pressão arterial

A pressão arterial deverá ser medida com a paciente sentada, em repouso, com o membro na altura do coração. Será observada fisiologicamente queda mais acentuada da pressão arterial sistêmica média no segundo trimestre, com retorno para níveis pré-gravídicos próximo ao parto.

A presença de pressão arterial sistólica superior ou igual a 140 e/ou diastólica maior ou igual a 90 mmHg, medida em duas ocasiões com intervalo de 1 hora, remete à possibilidade do diagnóstico de pré-eclâmpsia, que deverá ser investigado.

Exame obstétrico

Altura uterina

A altura uterina deve ser verificada após correção da dextrotorção fisiológica do útero. A extremidade da fita métrica deve ser fixada na borda superior da sínfise púbica e estendida pela borda cubital da mão, seguindo a linha mediana do abdome até encontrar o fundo uterino, conforme demonstrado na Figura 3.

A partir de 20 semanas de gestação e especialmente no terceiro trimestre, o diagnóstico de pré-eclâmpsia sempre deve ser aventado nas gestantes com aumento da pressão arterial. Trata-se de uma das intercorrências obstétricas mais frequentes, com prevalência de 3 a 7% em nulíparas. Sua etiologia ainda não está bem estabelecida e parece ser multifatorial. Define-se por aumento da pressão arterial (pressão arterial sistólica ≥ 140 mmHg e/ou pressão arterial diastólica ≥ 90 mmHg), acompanhada de edema generalizado (com atenção especial ao edema de mãos e face) e/ou proteinúria patológica (≥ 300 mg/dia). Pode cursar com complicações graves como eclâmpsia, edema pulmonar, insuficiência hepática, insuficiência renal aguda, descolamento prematuro de placenta, restrição do crescimento fetal e sofrimento fetal. As pacientes com diagnóstico de pré-eclâmpsia devem ser encaminhadas para serviço de alto risco, onde receberão tratamento à base de dieta hipossódica, com ou sem anti-hipertensivos, e monitorização do bem-estar fetal.

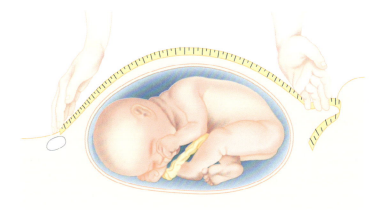

Figura 3 Técnica de medida da altura uterina da sínfise púbica (esquerda) ao fundo uterino (direita).

Leia mais sobre o crescimento fetal no capítulo "Crescimento e fisiologia fetal".

A altura uterina atinge a cicatriz umbilical por volta de 20 semanas e aumenta 1 cm/semana até próximo do termo (Figura 4). Quando da insinuação fetal na bacia, nos dias que antecedem o parto, é comum a gestante perceber a "queda do ventre", com diminuição da altura uterina.

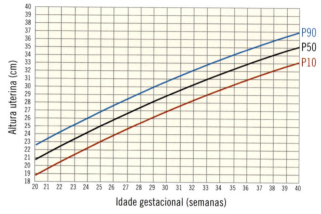

Figura 4 Curva da evolução da altura uterina durante a gestação. (Figura adaptada de Martinelli et al.[4])

Sempre devem ser considerados erros do cálculo de idade gestacional quando ocorrem desvios da altura uterina, tanto quando está aumentada, como quando está diminuída. Esse cuidado é fundamental para se evitar diagnósticos e conclusões inadequadas e também intervenções iatrogênicas, como a prematuridade, em fetos com suspeita de restrição do crescimento fetal, ou o pós-datismo, em fetos com suspeita de macrossomia. Portanto, diante de suspeitas de desvio de normalidade na curva de crescimento fetal, é fundamental excluir casos de erro de data.

Desvios dessa curva devem chamar atenção para intercorrências obstétricas. Dessa forma, aumentos das medidas podem significar gestação múltipla, aumento do líquido amniótico ou crescimento fetal excessivo. Da mesma maneira, reduções das medidas de altura uterina podem representar restrição do crescimento fetal (RCF), diminuição do líquido amniótico, ou apresentações fetais anômalas, como fetos em apresentação transversa.

Palpação

A palpação é um exame muito importante, que auxilia na determinação da situação fetal, da apresentação fetal e do lado do dorso para ausculta dos batimentos cardíacos fetais. Pode ser realizada conforme a escola francesa ou conforme a escola alemã. Ambas atendem aos três tempos da palpação abdominal, apenas diferindo a ordem em que os tempos são executados:

- a escola francesa inicia a palpação do abdome pela avaliação da escava, quando se tenta identificar se existe apresentação fetal no estreito superior da bacia: quando está vazia, trata-se de situação transversa; quando está preenchida, ainda que incompletamente, trata-se de situação longitudinal; quando está parcialmente preenchida, trata-se de apresentação pélvica; e quando está completamente cheia, está-se diante de apresentação cefálica. Neste tempo, executa-se a manobra de Leopold, que consiste em movimentos de lateralidade no intuito de pesquisar a mobilidade cefálica, presente antes da insinuação fetal na bacia. O segundo tempo da palpação consiste da exploração do fundo uterino, a fim de ter ideia de sua altura e da porção fetal que o ocupa. Também fornece informação sobre a situação fetal, sugerindo situação longitudinal quando ocupado e situação transversa, quando livre. Analogamente à palpação da escava, indica apresentação pélvica quando se palpa o polo cefálico, e apresentação cefálica quando se palpa o polo pélvico. Por fim, faz-se a exploração dos flancos, avaliando-se o dorso e membros fetais. O dorso fetal apresenta-se como superfície contínua e resistente, e é deste lado que se obtém com maior facilidade a ausculta dos batimentos cardíacos fetais, cuja frequência esperada está no intervalo de 110 a 160 bpm. Há que se atentar que, nas apresentações cefálicas, a ausculta dos batimentos cardíacos fetais é infraumbilical, ipsilateral ao dorso do feto, enquanto nas apresentações pélvicas, é supraumbilical, também do mesmo lado do dorso fetal. A palpação do dorso fetal pode ser facilitada pela manobra de Budin, que consiste na pressão no fundo uterino com o intuito de forçar a flexão fetal, tornando o dorso mais exuberante à palpação (Figura 5);

• a escola alemã avalia os mesmos parâmetros da palpação abdominal, porém se inicia com a palpação do fundo, seguida dos flancos e, por fim, a manobra de Leopold e a palpação da escava.

Especular

Durante a segunda metade da gestação, o exame especular restringe-se à avaliação do conteúdo vaginal diante das queixas da gestante ou de suspeitas clínicas de intercorrências.

Dessa forma, destina-se a avaliar vaginites e vaginoses diante da queixa de conteúdo vaginal aumentado e/ou sin-

> Em gestantes com queixas de dores em hipogástrio ou lombares, é importante avaliar a presença de dinâmica uterina. Com a mão espalmada sobre o fundo uterino, observa-se pelo intervalo de 10 minutos a presença de contrações, bem como o tônus do útero. Dessa forma, em caso de contrações regulares, procede-se ao toque vaginal a fim de diagnosticar trabalho de parto, considerado prematuro quando ocorre antes de 37 semanas de gestação.

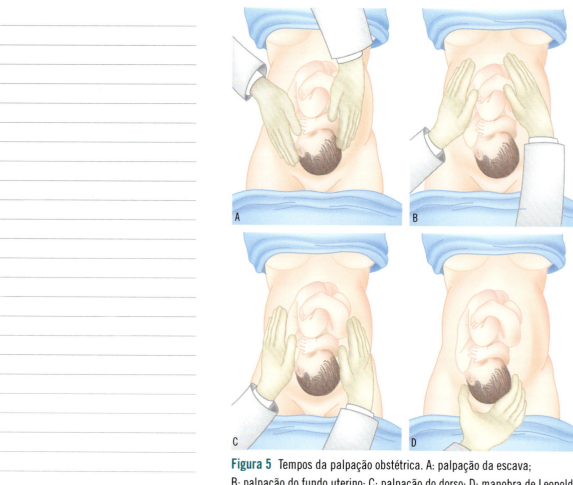

Figura 5 Tempos da palpação obstétrica. A: palpação da escava; B: palpação do fundo uterino; C: palpação do dorso; D: manobra de Leopold. (Figura adaptada de Guariento & Briquet[3])

 Leia mais sobre a rotura prematura de membranas ovulares no capítulo "Urgências em obstetrícia".

tomático; avaliar perdas vaginais de líquido para afastar ou confirmar a rotura das membranas ovulares; e avaliar sangramentos vaginais, por exemplo, em casos de ectopias cervicais friáveis ou placenta prévia sangrante.

Toque vaginal

O toque vaginal durante a segunda metade da gestação é reservado rotineiramente para avaliação do colo nas consultas de gestações de termo. Antes do termo, deverá ser realizado em condições específicas, como nas gestantes com suspeitas de trabalho de parto prematuro ou mesmo naquelas com risco aumentado de prematuridade, a fim de se surpreender esvaecimento e/ou dilatação precoces.

Em gestações de termo, o toque vaginal é fundamental para avaliação da bacia. Nessa fase da gestação, a pelvimetria, tanto externa quanto interna, será imprescindível para determinar a via de parto.

Nas gestações com pós-datismo, o toque vaginal também é tempo obrigatório do exame ginecológico, pois poderá ser determinante do final da gestação.

Nessa situação, outro passo fundamental da avaliação da gestante é a realização da amnioscopia quando houver dilatação cervical. Consiste na introdução, através do canal cervical, de um amnioscópio, tubo rígido incolor de acrílico atrás do qual se ilumina com fonte externa de luz, com o intuito de visualizar o líquido amniótico.

Leia mais sobre a pelvimetria no capítulo "Parto".

A amnioscopia fornece informações sobre a maturidade fetal (sugerida pela presença de grumos grossos), sofrimento fetal (sugerido pela presença de mecônio, que tinge de cor esverdeada o líquido amniótico) e até mesmo de morte fetal (coloração vermelho-escuro/achocolatada do líquido amniótico). No entanto, deve ser realizada apenas quando houver indicação e de maneira cuidadosa, pois pode provocar acidentalmente rotura das membranas amnióticas e está formalmente contraindicada nos casos de placenta prévia centro-total ou centro-parcial, em razão do risco de desencadear hemorragia maciça.

Exames laboratoriais

Sorologia para toxoplasmose

Nas gestantes que se mostraram suscetíveis à infecção durante a pesquisa no primeiro trimestre, a sorologia para toxoplasmose deve ser repetida a cada 2 meses, associada à orientação das medidas higienodietéticas. Uma vez que se confirme infecção aguda na gestação, deverá ser prescrita espiramicina para prevenção da transmissão vertical, e a gestante deverá ser encaminhada para serviço de referência.

Leia mais sobre a rotina para pesquisa de toxoplasmose na gestação no capítulo "Assistência pré-natal na primeira metade da gestação".

Pesquisa de anticorpos irregulares

As gestantes com tipo sanguíneo com fator Rh negativo cujos parceiros sejam Rh-positivos e cuja pesquisa de anticorpos irregulares (PAI) se mostrou negativa devem ser acompanhadas e ter mensalmente repetida a PAI até 28 semanas de gestação.

Mantendo-se negativa, com 28 semanas de gestação deve ser administrada imunoglobulina anti-D, que protege contra aloimunização Rh até 40 semanas. Ao nascimento, pesquisa-se o tipo sanguíneo do recém-nascido. Se este for negativo, está encerrada a investigação; se for positivo, administra-se imunoglobulina anti-D à puérpera, idealmente nas primeiras 72 horas pós-parto.

A pressão arterial da Sra. Rosa estava 110 × 70 mmHg e ela confessa que tem comido muito porque está ansiosa com o parto. Ela ainda está trabalhando como garçonete e fica em pé o dia todo, sem usar as meias elásticas que foram recomendadas no pré-natal. O ganho de peso e o edema se devem aos hábitos alimentares e ocupacionais dela e felizmente não são decorrentes do surgimento de pré-eclâmpsia. A Sra. Rosa agora quer saber sobre os resultados das sorologias que colheu e se ainda falta colher algum exame no pré-natal. Que exames ainda devem ser feitos nessa fase da gestação?

Se a PAI se tornar positiva durante o acompanhamento, assim que se atingirem títulos de anti-D ≥ 1:16, a gestante deve ser encaminhada para serviço de referência.

Rastreamento para diabetes gestacional – teste de tolerância à glicose oral de 75 g

O rastreamento para diabetes gestacional se completa na segunda metade da gestação. As gestantes que tiveram resultado normal da glicemia em jejum (< 92 mg/dL) devem ser testadas para diabetes gestacional entre 24 e 28 semanas de gestação. Este teste, na segunda metade da gestação, consiste em sobrecarga oral com administração de 75 g de glicose e dosagem da glicemia nos tempos 0, 1 e 2 horas após a sobrecarga.

São considerados normais os testes cujos valores forem todos abaixo do valor de referência (Tabela 2). Qualquer medida acima dos valores de referência já configura o diagnóstico de diabetes gestacional.

> Diabetes gestacional não tratado está associado a maior frequência de complicações fetais como macrossomia, polidrâmnio e óbito. Também apresenta repercussões neonatais, como hipoglicemia, hipocalcemia, icterícia e desconforto respiratório. Mesmo na vida adulta, aumenta o risco de hipertensão arterial sistêmica, obesidade e síndrome metabólica, resultados de desvios da programação fetal na vida intrauterina. O diagnóstico e o tratamento adequados são de extrema importância.

Tabela 2 Valores de referência para o TTGO de 75 g

Tempo	Valor de referência
0 hora (antes da sobrecarga)	92 mg/dL
1 hora	180 mg/dL
2 horas	153 mg/dL

TTGO: teste de tolerância à glicose oral.

As gestantes que apresentarem diagnóstico de diabetes gestacional deverão ser encaminhadas para serviço de referência para tratamento e acompanhamento adequados.

Sorologia para sífilis

Uma vez que o resultado para pesquisa de sífilis seja negativo no primeiro trimestre, deverá ser repetido no terceiro trimestre. Se o resultado novamente for negativo, está encerrada a pesquisa. Se for positivo, deverá ser instituído o tratamento.

> Leia mais sobre a rotina para pesquisa de sífilis na gestação no capítulo "Assistência pré-natal na primeira metade da gestação".

Sorologia para vírus da imunodeficiência humana (HIV)

As gestantes que tiveram a sorologia negativa para vírus da imunodeficiência humana (HIV) no primeiro trimestre devem realizar nova pesquisa. Se o resultado for negativo, está encerrada a pesquisa. Se for positivo, deverá ser encaminhada com urgência para serviço de referência, a fim de que sejam tomadas medidas de redução do risco de transmissão vertical do HIV, com a introdução de terapia antirretroviral.

Sorologia para hepatite C

A sorologia para hepatite C deve ser repetida no terceiro trimestre para as pacientes expostas a risco de infecção durante a gestação, como usuárias de drogas, portadoras de outras doenças sexualmente transmissíveis (DST) e aquelas que receberam transfusão sanguínea. A via de parto não altera o risco de transmissão vertical e não há contraindicação para parto vaginal. Dados da literatura apontam que a rotura prematura de membranas ovulares por período superior a 6 horas pode aumentar o risco de transmissão vertical. Uma vez que não haja evidências de transmissão vertical na amamentação, ela não está contraindicada. Na Clínica Obstétrica do HC-FMUSP, faz-se a orientação do casal e cabe a eles a decisão da amamentação.

Pesquisa de *Streptococcus agalactiae* (estreptococo do grupo B)

O estreptococo do grupo B faz parte da flora gastrointestinal e está presente na vagina ou no ânus de 10 a 30% das gestantes de forma transitória, intermitente ou crônica. Está associado a altas taxas de complicações neonatais nos filhos de gestantes colonizadas, especialmente em casos graves de sepse neonatal. Em gestantes portadoras, a transmissão vertical chega a 50% e é mais relevante durante o trabalho de parto e após a rotura das membranas ovulares. Em consequência de sua grande relevância clínica e do potencial de prevenção da transmissão vertical por meio de antibioticoprofilaxia periparto, a pesquisa do estreptococo do grupo B é recomendada a toda gestante com idade ges-

Leia mais sobre a rotina para pesquisa do vírus da imunodeficiência humana (HIV) na gestação no capítulo "Assistência pré-natal na primeira metade da gestação".

Independentemente da terapia antirretroviral utilizada na gestação, todas as gestantes com vírus da imunodeficiência humana (HIV) devem receber profilaxia no trabalho de parto por meio de administração intravenosa de zidovudina (AZT). A droga deve ser iniciada 3 horas antes do parto, com dose de ataque de 2 mg/kg na primeira hora, diluídos, e 100 mL de soro glicosado a 5%, seguidos da administração de 1 mg/kg/h contínuo nas 2 horas subsequentes até o clampeamento do cordão umbilical.
É importante ressaltar que o teste rápido para HIV deve ser oferecido a toda gestante que não o realizou durante o pré-natal ou que não tenha o resultado do teste disponível no momento da admissão para o parto, com o objetivo de instituir profilaxia antirretroviral intravenosa intraparto e, assim, reduzir o risco de transmissão vertical. Esse teste deve ser confirmado por meio de teste *Western blot* e o aleitamento materno deve ser suspenso até que se confirme ou descarte definitivamente o diagnóstico.

As gestantes cuja pesquisa para estreptococo do grupo B for positiva deverão receber antibioticoprofilaxia intraparto. A primeira droga de escolha para a profilaxia é a penicilina cristalina, administrada com dose de ataque intravenosa de 5.000.000 UI seguida de doses de manutenção de 2.500.000 UI a cada 4 horas até o parto. Além da pesquisa do terceiro trimestre positiva para estreptococo, são também indicações de profilaxia intraparto para estreptococo do grupo B: antecedente de recém-nascido de gestação anterior com infecção neonatal precoce por estreptococo do grupo B, bacteriúria por estreptococo do grupo B em gestação atual, trabalho de parto prematuro sem cultura negativa nas últimas 5 semanas, rotura prematura de membranas ovulares por mais de 18 horas e febre durante o trabalho de parto.

tacional entre 35 e 37 semanas, com a coleta de *swab* vaginal (colhido na fúrcula vaginal e perianal).

Intercorrências clínicas e obstétricas

Na segunda metade da gestação, o obstetra deve estar atento a possíveis descompensações clínicas de doenças prévias à gestação. A gravidez é marcada por múltiplas adaptações do organismo materno, que modificam toda a sua fisiologia. Algumas dessas alterações estão diretamente relacionadas à fisiopatologia de doenças maternas subjacentes à gestação e contribuem de forma marcante para a piora do quadro clínico da gestante.

Gestantes hipertensas exigem atenção quanto ao controle pressórico. Ainda que se espere diminuição fisiológica no segundo trimestre da gestação, os níveis de pressão arterial tendem a subir novamente próximo do termo. Embora esse aumento seja esperado fisiologicamente, há que se atentar para a possibilidade de diagnóstico de pré-eclâmpsia sobreposta à hipertensão arterial sistêmica (HAS), uma vez que a evolução e o prognóstico da gestação são distintos, bem como a abordagem terapêutica para cada situação.

O aumento progressivo da resistência à insulina imposto pelas alterações metabólicas da gestação também dificulta e piora o controle glicêmico de gestantes previamente diabéticas, mesmo para aquelas que apresentavam controle adequado da glicemia antes de engravidar.

As pacientes cardiopatas, por sua vez, diante da sobrecarga volêmica própria da gestação, podem ter agravamento da doença cardíaca, especialmente pela incapacidade patológica de aumento do débito cardíaco em resposta às modificações hemodinâmicas fisiológicas da gestação. Também é na segunda metade da gestação que acontecem as principais intercorrências obstétricas, que serão discutidas a seguir.

Doença hipertensiva específica da gestação (DHEG)

Aumento da pressão arterial sistólica acima de 140 mmHg ou da pressão arterial diastólica acima de 110 mmHg, associado a edema generalizado e/ou proteinúria maior que 300

Nesta consulta de retorno, como está com quase 36 semanas de gestação, você realizou a coleta de fúrcula vaginal e perianal para pesquisa de estreptococo do grupo B e orientou a Sra. Rosa sobre a importância do exame e de se fazer a antibioticoprofilaxia nos casos indicados. O casal já está bem mais aliviado, pois a gestação correu bem até então, a Sra. Rosa não tinha doenças preexistentes para descompensarem e até o momento todos os exames complementares vieram normais, até mesmo a curva glicêmica, que a Sra. Rosa tanto temia. O casal então questiona se podem ficar tranquilos ou se ainda pode aparecer alguma complicação da gestação. O que você responde? Quais as principais intercorrências obstétricas às quais todos devem ficar atentos?

mg em urina de 24 horas, que aparecem após 20 semanas de gestação, configura a doença hipertensiva específica da gestação (DHEG), também chamada de pré-eclâmpsia. Aumento de ácido úrico acima de 6 ng/dL em gestantes com valor anteriormente normal, em associação com o aumento pressórico, também pode ser considerado para o diagnóstico de DHEG.

A DHEG é uma forma clínica da hipertensão que acomete cerca de 6 a 8% das gestantes, sendo maior a incidência naquelas com diagnóstico prévio de hipertensão arterial sistêmica (HAS) ou com outros fatores de risco para a doença, chegando a acometer quase 50% das gestantes com síndrome antifosfolípide (SAF). Suas formas graves podem ser responsáveis por até 15% da mortalidade materna.

Pode cursar com insuficiência placentária, levando a redução do líquido amniótico; RCF; e sofrimento fetal; além dos riscos de complicações maternas, como a eclâmpsia (crise convulsiva tonicoclônica em gestantes com DHEG), síndrome HELLP (do acrônimo em inglês *hemolysis, elevated liver enzymes and low platelet count*), edema agudo de pulmão, insuficiência renal, insuficiência hepática, coagulopatia e hemorragia encefálica em casos graves.

Por conta de sua alta prevalência e dos potenciais riscos maternos e fetais, é importante que o pré-natalista esteja atento à possibilidade do diagnóstico de DHEG diante de aumento de níveis pressóricos e edema generalizado.

A DHEG pode manifestar-se na gravidez na sua forma leve ou na forma grave, definida pela presença de pelo menos um dos seguintes critérios: pressão arterial sistólica maior ou igual a 160 mmHg ou pressão arterial diastólica maior ou igual a 110 mmHg, confirmadas em duas medidas com intervalo de 2 horas entre elas com a paciente em repouso, proteinúria em urina de 24 horas maior ou igual a 5 g, sinais de iminência de eclâmpsia (cefaleia, epigastralgia e alterações visuais como fosfenas e escotomas), oligúria ou cianose/edema agudo de pulmão. Também deve ser considerada como forma grave a pré-eclâmpsia que aparece precocemente, antes de 32 semanas de gestação.

Sempre que a DHEG se manifestar em gestantes previamente hipertensas, será considerada uma forma grave de hipertensão. A classificação das síndromes hipertensivas na gestação adotada na Clínica Obstétrica do HC-FMUSP está apresentada na Tabela 3.

> A síndrome HELLP é uma entidade clínica que pode complicar a pré-eclâmpsia. Caracteriza-se por um conjunto de sinais e sintomas associados a hemólise microangiopática, elevação de enzimas hepáticas e plaquetopenia. Acomete 4 a 12% das gestantes com pré-eclâmpsia grave e associa-se a mortalidade materna em até 24% delas e a mortalidade perinatal em 30 a 40% dos casos.

Tabela 3 Classificação das síndromes hipertensivas na gestação

DHEG
Pré-eclâmpsia leve
• PAS ≥ 140 mmHg e/ou PAD ≥ 90 mmHg após 20 semanas de gestação
• Proteinúria ≥ 300 mg/L em urina de 24 horas, ou ≥ 1+ em fita indicadora, amostra isolada
Pré-eclâmpsia grave
• PAS ≥ 160 mmHg e/ou PAD ≥ 110 mmHg confirmadas em duas medidas com intervalo de 1-2 horas
• Proteinúria ≥ 5 g/L em urina de 24 horas, ou ≥ 3+ em fita indicadora, amostra isolada
• Oligúria (< 400 mL em urina de 24 horas)
• Cianose e/ou edema pulmonar
• Iminência de eclâmpsia
Eclâmpsia
• Convulsões tonicoclônicas
Hipertensão arterial sistêmica
Não complicada
Complicada
• DHEG sobreposta
• Insuficiência renal
• Insuficiência cardíaca

DHEG: doença hipertensiva específica da gestação; PAD: pressão arterial diastólica; PAS: pressão arterial sistólica.

O tratamento da DHEG baseia-se em um tripé que consiste em dieta hipossódica, repouso/sedação e medicamentos anti-hipertensivos, quando necessário. Gestantes com DHEG devem ser encaminhadas para acompanhamento em setor de gestação de alto risco. São necessários exames de vitalidade fetal, exames laboratoriais específicos e retornos ambulatoriais mais frequentes. Aquelas com formas graves devem ser acompanhadas em regime de internação hospitalar.

Diabetes gestacional

Diabetes gestacional é definido pela presença de intolerância a carboidratos de grau variável diagnosticada durante a gestação e que não contemple os critérios diagnósticos para diabetes tipo 2.

O diabetes gestacional não tratado está associado a maior frequência de complicações fetais como macrossomia, polidrâmnio e óbito intrauterino. Também apresenta repercussões neonatais como hipoglicemia, hipocalcemia, icterícia e desconforto respiratório. Mesmo na vida adulta dos conceptos, aumenta o risco de hipertensão arterial sistêmica, obesidade e síndrome metabólica, resultados de desvios da programação fetal na vida intrauterina. O diagnóstico e o tratamento adequados são, portanto, de extrema importância para evitar esses desfechos adversos.

O tratamento consiste, basicamente, no controle glicêmico materno, que é obtido por dieta e atividade física regular, e é monitorizado por medidas padronizadas de glicemia capilar. Em cerca de 60% dos casos, obtém-se bom controle apenas com dieta. Outras gestantes, no entanto, necessitam de suporte com insulinoterapia. A vitalidade fetal, bem como o crescimento fetal e o volume de líquido amniótico, devem ser monitorizados durante o pré-natal e visitas mais frequentes ao obstetra são necessárias para acompanhar o tratamento.

As gestantes com diabetes gestacional devem ser encaminhadas para serviço especializado para o acompanhamento do controle glicêmico e das repercussões fetais.

Trabalho de parto prematuro

O trabalho de parto prematuro é definido pela presença de contrações uterinas regulares, que cursem com dilatação e esvaecimento cervical, e que ocorrem entre 22 e 36 semanas e 6 dias de gestação.

Alguns fatores estão associados a maior risco de prematuridade (Tabela 4) e devem ser modificados durante o pré-natal, quando passíveis de intervenção, para a prevenção do parto prematuro.

Rotura prematura de membranas ovulares

Trata-se da rotura espontânea de membranas coriônica e amniótica antes do início do trabalho de parto, independentemente da idade gestacional. Pode ser classificada como pré-termo, quando ocorre antes de 37 semanas de gestação; ou no termo.

Não é incomum que as gestantes, especialmente as primigestas, não saibam reconhecer inicialmente as contrações uterinas de trabalho de parto e diferenciá-las daquelas de Braxton Hicks. É importante que o obstetra saiba orientá-las quanto à periodicidade das contrações, a presença de dor lombar, hipogástrica ou genital que as acompanha, bem como a concomitância de perda de líquido, sangue ou tampão mucoso, para diminuir a probabilidade de idas desnecessárias ao serviço de emergência. Ainda assim, em algumas situações, é preciso manter a gestante sob observação em repouso por 2 a 3 horas para verificar mudanças progressivas do colo e, assim, diferenciar um trabalho de parto prematuro de um falso trabalho de parto, situação com contrações não coordenadas e que não causam modificação progressiva do colo. Algumas vezes, em casos de dúvida, é possível o uso de métodos diagnósticos complementares, como a medida ultrassonográfica do comprimento do colo uterino e/ou o teste da fibronectina fetal para identificar trabalho de parto prematuro.

 Leia mais sobre a conduta diante de casos de trabalho de parto prematuro no capítulo "Urgências em obstetrícia".

Tabela 4 Fatores de risco associados à prematuridade

Baixo nível socioeconômico
Desnutrição
Tabagismo
Falta de higiene
Extremos etários
Gravidez indesejada
Estresse
Antecedente de parto prematuro
Rotura prematura de membranas ovulares
Restrição do crescimento fetal
Infecção amniótica
Sangramento vaginal
Placenta prévia
Descolamento prematuro de placenta
Incompetência cervical
Gemelidade
Polidrâmnio
Infecções genitais
Amputação do colo uterino
Miomas
Malformações uterinas
Infecção do trato urinário
Bacteriúria assintomática
Procedimentos cirúrgicos na gravidez

Leia mais sobre rotura prematura de membranas ovulares no capítulo "Urgências em obstetrícia".

O período compreendido entre a rotura prematura de membranas ovulares (RPMO) e o início do trabalho de parto é chamado período de latência e é considerado prolongado quando superior a 24 horas. Quando a RPMO ocorre no termo, 90% dos casos evoluem para trabalho de parto em 24 horas. No entanto, quando ocorre pré-termo, o período de latência relaciona-se inversamente com a idade gestacional da rotura.

A RPMO pode causar várias complicações ao concepto, em sua maioria em decorrência do oligoâmnio que provoca. A gravidade das complicações costuma ser inversamente proporcional à idade gestacional em que ocorre a rotura. Entre elas, destacam-se fácies características (nariz achatado, orelhas dobradas e pele enrugada), pé torto congênito e hipoplasia pulmonar. Além disso, acarreta maior risco de trabalho de parto prematuro e infecção ovular.

Avaliação fetal

Durante a segunda metade da gestação, alguns exames de ultrassonografia são fundamentais para o acompanhamento da gestação e a avaliação do bem-estar fetal e serão descritos a seguir.

Exame morfológico

O exame deve ser realizado entre 20 e 24 semanas para todas as gestantes e consiste na avaliação sistemática minuciosa da morfologia fetal. Após 20 semanas de gravidez, é melhor a visibilização de estruturas fetais. Eventualmente, em casos de risco ou quando o exame não foi satisfatório por condições maternas ou fetais, pode ser necessária a realização do exame morfológico em outros períodos da gestação.

A sensibilidade da ultrassonografia para detecção de malformações fetais aumenta com a idade gestacional, sendo de 31,2% no primeiro trimestre, de 59% entre 20 e 23 semanas e de 68% após 24 semanas.

Compreende estudo detalhado de crânio, encéfalo, face, pescoço, coluna, tórax, abdome, extremidades, genitália, cordão umbilical, volume de líquido amniótico e placenta. Nessa oportunidade, também é realizado um rastreamento de cardiopatias fetais por meio do estudo de cortes padronizados do coração, que incluem a posição das quatro câmaras cardíacas e a determinação da saída dos grandes vasos do coração.

A acurácia da ultrassonografia para detectar malformações varia de acordo com o tipo e a extensão da lesão, a qualidade do equipamento, a experiência do examinador e possíveis dificuldades técnicas, como idade gestacional, posição do feto, distorção acentuada da anatomia fetal, volume de líquido amniótico e biótipo materno.

Sua explicação deixou o casal interessado, pois não sabiam que ainda poderiam acontecer tantas intercorrências como a pré-eclâmpsia, o trabalho de parto prematuro e a rotura prematura de membranas ovulares, mas compreenderam os sinais e sintomas que devem chamar a atenção e levá-los a procurar o serviço de emergência da maternidade. A Sra. Rosa, então, questiona: "já vimos que a ultrassonografia morfológica estava normal, mas ainda preciso fazer mais algum exame? Como vou saber se meu bebê está bem aqui dentro?".

Nas gestantes em que for diagnosticada presença de colo curto, são indicadas medidas como repouso e abstinência sexual. Nesses casos, são importantes a investigação e o tratamento de eventuais infecções geniturinárias. Na presença de colo curto, também pode ser realizado o teste da fibronectina fetal, que se comporta como um marcador preditivo do parto prematuro em gestantes de risco e pode ser realizado a cada 3 semanas entre 22 e 34 semanas e 6 dias de gestação. Nas gestantes com colo curto, está indicado o uso de progesterona natural por via vaginal na dose de 200 mg/dia à noite, a qual deve ser mantida até 36 semanas de gestação, com o objetivo de manter quiescentes as fibras musculares uterinas. Deve ser indicada internação para tocólise nos casos de colo curto com sintomas e trabalho de parto prematuro.

Algumas malformações não são aparentes à ultrassonografia com 20 a 24 semanas, como algumas formas de hidrocefalia, microcefalia, obstrução intestinal, displasia policística renal e acondroplasia heterozigótica. Outras anomalias, como a hidronefrose e a hidrocefalia obstrutiva, podem agravar-se no decorrer da gestação. Ainda há aquelas que regridem espontaneamente com a evolução da gestação, como a dilatação ventricular encefálica. Recomenda-se, portanto, sempre que disponível, que sejam realizados exames de morfologia fetal no primeiro trimestre, entre 20 e 22 semanas, quando se pode avaliar detalhadamente a face e outros órgãos fetais; e após 26 semanas, para pesquisa de malformações tardias.

Avaliação do colo uterino

Na ocasião do exame morfológico, realizado entre 20 e 24 semanas de gestação, é realizada a avaliação do comprimento do colo uterino (Figura 6), medido por meio de ultrassonografia transvaginal, para rastreamento de gestantes em risco de parto prematuro. Aquelas cujo comprimento do colo for maior que 20 mm são consideradas de baixo risco para parto prematuro. Naquelas em que o comprimento medido for menor ou igual a 20 mm, considerado colo curto, é maior o risco para parto prematuro e são indicados cuidados adicionais.

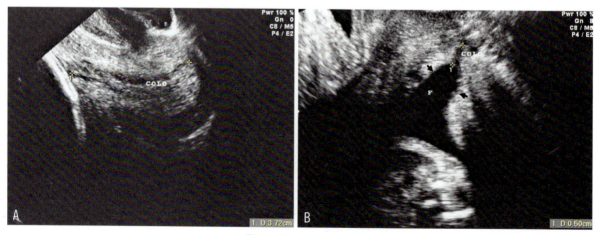

Figura 6 Medidas do colo uterino. A: colo normal; B: colo curto, com afunilamento.

Ecocardiografia fetal

A ecocardiografia fetal deve ser realizada naquelas gestações com fatores etiológicos ou grupos de alto risco para cardiopatias fetais (Tabela 5), ou seja, risco maior que 1%, que é o que se observa na população geral.

Tabela 5 Fatores de risco para cardiopatia fetal que justificam ecocardiografia fetal

Fatores maternos
Doença metabólica (por exemplo, diabetes)
Exposição a substâncias cardioteratogênicas (álcool, lítio, vitamina A, antiepilépticos)
Infecção (rubéola, citomegalovírus, coxsackie)
Exposição à radiação ionizante
Fatores fetais
Suspeita de cardiopatia à ultrassonografia morfológica ou obstétrica
Presença de distúrbios do ritmo cardíaco
Hidropisia fetal não imune
Malformações extracardíacas com associação aumentada com cardiopatia
Alteração cromossômica ou de cariótipo fetal
Gemelar monozigótico
Fatores familiares
História de cardiopatia congênita
Filho previamente afetado por cardiopatia congênita
História familiar de herança monogênica/síndromes mendelianas
Recusa de procedimento invasivo diagnóstico para cariótipo em casos de idade materna avançada, teste de rastreamento bioquímico alterado, translucência nucal aumentada e risco familiar de doença genética

Além disso, são consideradas indicações relativas para a ecocardiografia fetal idade materna avançada (> 35 anos) e gestações resultantes de fertilização *in vitro*.

A melhor resolução da imagem é com 28 semanas de gestação, mas o exame já pode ser realizado a partir de 12 semanas naquelas gestantes de muito alto risco (como cariótipo fetal alterado, translucência nucal aumentada, história de mais de um filho com cardiopatia anterior).

Nos casos de achado de cardiopatia fetal, a gestante deverá ser encaminhada para acompanhamento em centro referenciado para programação do parto e acompanhamento neonatal da criança com cardiopatia.

Ultrassonografia obstétrica do terceiro trimestre

A ultrassonografia de rotina do terceiro trimestre está indicada após 34 semanas de gestação, quando é possível estimar e projetar o peso ao nascimento do produto conceptual. Além de avaliar a biometria e estimar o peso fetal, são avaliados parâmetros como a apresentação fetal, o bem-estar fetal (avaliado pela presença de movimentos corporais, respiratórios e tônus fetal), o volume de líquido amniótico (pela medida do maior bolsão ou pelo índice de líquido amniótico – ILA), o cordão umbilical e a placenta (sua localização, posição em relação ao colo e o grau de maturação).

A biometria e a estimativa do peso fetal baseiam-se em medidas de estruturas fetais específicas. As principais medidas utilizadas para estimar o peso e a biometria fetal são: a medida da circunferência cefálica e seus diâmetros occipitofrontal e biparietal, a medida da circunferência abdominal e seus diâmetros transverso e anteroposterior, e a medida do comprimento do fêmur. Com base nessas três estruturas, faz-se uma média e a estimativa do peso fetal. Esse peso estimado é comparado ao peso esperado para aquela idade gestacional com base em curvas padronizadas preestabelecidas e, assim, estuda-se a adequação do crescimento fetal. Espera-se que o peso estimado fetal esteja entre os percentis 10 e 90 das curvas de normalidade, sendo considerado feto pequeno para a idade gestacional quando abaixo do percentil 10, e feto grande para a idade gestacional quando acima do percentil 90.

Avaliação da vitalidade fetal

A propedêutica para a avaliação da vitalidade fetal inclui métodos clínicos (como a observação da movimentação fetal), a cardiotocografia, o perfil biofísico fetal e a dopplervelocimetria.

Nas gestações de baixo risco, são suficientes a observação da movimentação fetal e a ausculta dos batimentos car-

---

Sempre que houver desvios do crescimento fetal, é importante checar se não há erro de idade gestacional, a fim de se evitar conclusões e condutas equivocadas. Uma vez que se confirme que há desvio de crescimento fetal, é importante diferenciar os casos de fetos pequenos ou grandes constitucionais, ou seja, aqueles que têm potencial de crescimento fisiologicamente distinto das curvas de crescimento adotadas, mesmo que não estejam associados a condições que possam incutir retardo ou aceleração do crescimento fetal, daqueles fetos que têm seu crescimento desviado em função de condições patológicas que cursem com restrição do crescimento fetal (como infecções congênitas, cardiopatias, insuficiência placentária) ou com excesso de crescimento fetal (como diabetes mal controlado).

díacos fetais, que devem ser monitorizados em todas as consultas de pré-natal.

Nas gestações de alto risco, ou seja, aquelas com maior probabilidade de comprometimento da oxigenação fetal, são importantes outros exames, com equipamentos específicos. Tratam-se de testes não invasivos que se propõem a predizer o sofrimento fetal e assegurar que a gestação possa continuar em segurança ou determinar o parto, ainda que prematuramente, em situações de comprometimento fetal. Situações que demandam avaliação da vitalidade fetal por meio de propedêutica específica estão exemplificadas na Tabela 6.

Tabela 6 Situações com risco de comprometimento da oxigenação fetal e que demandam avaliação da vitalidade fetal

Doenças maternas
Síndromes hipertensivas
Endocrinopatias
Cardiopatias
Pneumopatias
Doenças do tecido conjuntivo
Nefropatias
Hemopatias
Trombofilias
Desnutrição
Neoplasias malignas
Intercorrências da gestação
Restrição do crescimento fetal
Pós-datismo
Antecedentes obstétricos desfavoráveis
Distúrbios na produção de líquido amniótico
Rotura prematura de membranas ovulares
Gemelidade
Placenta prévia
Doenças fetais
Anemias fetais
Cardiopatias fetais
Malformações fetais
Infecções fetais

Algumas anormalidades nos testes de avaliação fetal indicam a necessidade de término imediato da gestação, como desacelerações tardias de repetição à cardiotocografia, índice de líquido amniótico (ILA) menor que 3, índice de perfil biofísico fetal inferior a 6, diástole reversa nas artérias umbilicais e valor de índice de pulsatilidade do ducto venoso superior a 1,5. Em outras, pode-se considerar a utilização de corticoterapia antenatal para maturação pulmonar antes do parto: ILA entre 3 e 5 e valores de índice de pulsatilidade do ducto venoso entre 1 e 1,5. Nos casos em que a indicação do parto ocorrer em idade gestacional de prematuridade extrema, é importante o atendimento multidisciplinar envolvendo obstetra, neonatologista e psicólogo, com o intuito de garantir o entendimento dos pais sobre a gravidade do quadro e os riscos de morbidade e mortalidade para o produto conceptual.

Finalmente, é hora de discutir com o casal os próximos retornos e as perspectivas para o parto. A Sra. Rosa e seu marido querem saber se devem fazer algum preparo para a amamentação e até quando ela pode ir dirigindo até o trabalho. Como você orienta o casal?

É fundamental orientar o casal quanto aos sinais de alerta que devem motivá-los a procurar a maternidade a qualquer momento, mesmo fora das datas programadas para o retorno na consulta de pré-natal. Em casos de sangramento, perda de líquido amniótico e sinais de trabalho de parto, é imprescindível que procurem a maternidade de referência e levem consigo o cartão da gestante, em que constam as informações relevantes do pré-natal.

As gestantes em situação de risco devem ser encaminhadas para serviço de referência para avaliação especializada da vitalidade fetal.

Sucintamente, a dopplervelocimetria tem como objetivo a avaliação indireta da função placentária e da resposta hemodinâmica fetal à hipoxemia por meio do estudo do fluxo nas artérias umbilicais e cerebral média e no ducto venoso, e representa sofrimento fetal crônico desenvolvido no decorrer da gestação. Já a cardiotocografia e o perfil biofísico fetal representam a diminuição da oxigenação no sistema nervoso central (SNC) e indicam, na maioria das vezes, sofrimento fetal agudo, com exceção da diminuição do volume de líquido amniótico, que reflete sofrimento fetal crônico.

A periodicidade dos exames complementares é particularizada para cada gestação e depende da condição clínica presente, bem como dos resultados encontrados nos exames de vitalidade fetal.

Condutas

Intervalo de retorno

O acompanhamento de gestação em que não se identifique qualquer fator de risco materno ou fetal será feito segundo os retornos previamente programados: até 28 semanas de idade gestacional serão programados retornos mensais; de 28 a 36 semanas, os retornos serão a cada 2 ou 3 semanas; e de 36 semanas até o momento do parto, retornos semanais.

À identificação de qualquer desvio da normalidade – materno ou fetal –, o intervalo entre as consultas de pré-natal deve ser diminuído, personalizando-o para o tipo de anormalidade identificado, de acordo com protocolos específicos para cada situação.

Vacinação

Diante dos altos índices de morbidade e mortalidade materna e neonatal causados pelo tétano adquirido na gestação, a vacinação para tétano é rotineiramente recomendada para as gestantes, preferindo-se sua administração após

20 semanas e terminando preferencialmente 20 dias antes da data provável do parto.

Além disso, diante de casos frequentes de óbito neonatal e infantil por coqueluche nos últimos anos, tendo como principais agentes de transmissão as mães e os familiares próximos, seguindo diretrizes internacionais, a Federação Brasileira das Associações de Ginecologia e Obstetrícia (Febrasgo) e a Sociedade Brasileira de Imunizações indicam em seu calendário de vacinação da mulher a vacina tríplice bacteriana acelular do adulto (dpTa) após 20 semanas de gestação, segundo esquema de vacinação da Tabela 7. Apesar de atualmente só estar disponível na rede privada, o Ministério da saúde do Brasil prevê a inserção no Sistema Único de Saúde (SUS) da vacina dpTa para o calendário de vacinação da gestante. De acordo com essa medida, estima-se que a administração da dpTa após 20 semanas possa propiciar imunização passiva do lactente para coqueluche.

Tabela 7 Esquema de vacinação para o tétano

Histórico vacinal	Na gravidez	No puerpério
Esquema completo, com último reforço há menos de 5 anos	Uma dose de dTpa após 20 semanas (ideal 27-36 semanas)	Uma dose de dpTa se não tiver recebido durante a gestação
Esquema completo, com último reforço há mais de 5 anos	Uma dose de dT ou de dTpa após 20 semanas (ideal 27-36 semanas)	Uma dose de dpTa se não tiver recebido durante a gestação
Esquema incompleto, com apenas duas doses antes da gestação	Uma dose de dT ou dTpa (ideal 27-36 semanas)	Uma dose de dpTa se não tiver recebido durante a gestação
Esquema incompleto, com apenas uma dose antes da gestação	Uma dose de dT e uma dose de dT ou dTpa (intervalo de 2 meses entre elas)	Uma dose de dpTa se não tiver recebido durante a gestação
Esquema desconhecido	Uma dose de dT e uma dose de dT ou dTpa (intervalo de 2 meses entre elas)	Uma dose de dpTa se não tiver recebido durante a gestação ou uma dose de dT 6 meses após a última dose recebida na gravidez

dT: vacina contra difteria e tétano; dTpa: vacina tríplice bacteriana acelular do adulto (difteria, coqueluche e tétano).

Preparo das mamas/amamentação

A amamentação é um ato que se reveste de significado emocional e se relaciona à construção inicial do elo materno-infantil. O ato de amamentar estreita o vínculo afetivo entre mãe e filho e promove alguns benefícios biológicos.

Não deixe de acessar, no site da Sociedade Brasileira de Imunizações, o calendário de vacinação da gestante, adotado pela Federação Brasileira das Associações de Ginecologia e Obstetrícia (Febrasgo), no endereço: http://www.sbim.org.br/wp-content/uploads/2013/10/mulher_ calendarios-sbim_2013-2014_130916.pdf.

A produção de colostro pode ser observada já no segundo trimestre da gravidez. A lactogênese, no entanto, não ocorre em decorrência do efeito inibitório da progesterona e do hormônio lactogênico placentário sobre os efeitos da prolactina nos alvéolos mamários (Figura 7). Após o parto e a dequitação, com a queda abrupta dos níveis circulantes de hormônios placentários, cessa-se essa inibição e a prolactina passa a agir, estimulando a produção de leite. Em geral, a transição colostro-leite demora cerca de 72 horas após o parto, fenômeno conhecido como apojadura.

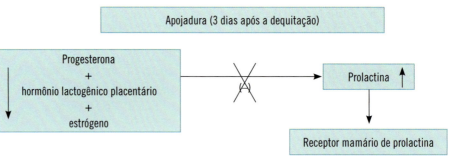

Figura 7 Cessação da inibição da lactogênese após o parto.

A produção insuficiente de leite é conhecida como hipogalactia e, embora seja queixa comum, só é confirmada em 10% das lactantes. A principal manifestação clínica é o ganho de peso insuficiente do recém-nascido (embora o médico deva estar atento à técnica de amamentação, uma vez que a técnica incorreta também é causa de ganho de peso inadequado pelo lactente). A causa pode ser de origem biológica e/ou emocional. A primeira conduta é sempre reavaliar se a técnica de amamentação está adequada, além de reforçar a ingestão hídrica materna e corrigir distúrbios hemodinâmicos ou metabólicos. Embora não haja evidência científica, alguns medicamentos têm sido empregados para tentar aumentar a produção de leite, como a clorpromazina, a sulpirida e a metoclopramida.

São vantagens do aleitamento materno exclusivo a menor incidência de diarreia, doenças respiratórias e outras infecções; e proteção contra *diabetes mellitus* tipos 1 e 2, doença de Crohn, retocolite ulcerativa, linfoma, doenças alérgicas e outras doenças do sistema digestório; para a lactante, há redução do risco de câncer de mama, além de maior rapidez na perda ponderal pós-parto. Também há de se lembrar dos benefícios sociais e econômicos, com a economia da compra de fórmulas e mamadeiras.

A segunda metade da gestação é um momento muito oportuno para se conversar com a gestante, esclarecer dúvidas e estimular a amamentação. Nessa fase, podem ser empregadas técnicas de preparo das mamas que facilitarão o aleitamento. Gestantes bem orientadas durante o pré-natal terão mais segurança para amamentar.

O obstetra deve observar durante a anamnese fatores de risco para desmame precoce, como experiência prévia ruim para amamentação, profissão da gestante, escolaridade e idade materna.

O exame físico, em seguida, destina-se a observar alterações anatômicas e corrigi-las, se possível. Observam-se o ressecamento da pele, a presença de fissuras e a forma da papila. Papilas planas, pseudoinvertidas e invertidas podem conferir maior dificuldade à amamentação (Figura 8).

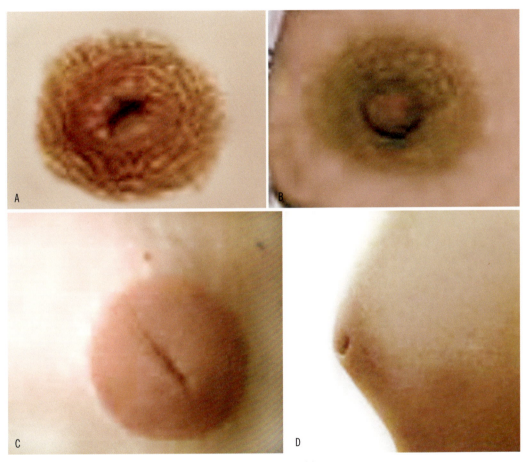

Figura 8 A e B: mamilos pseudoinvertidos; C e D: mamilos invertidos.

Alguns exercícios podem auxiliar no preparo das papilas menos favorecidas à amamentação, como rotação, tração e exteriorização das papilas (exercícios de Hoffman – Figura 9). O uso de peças plásticas ou de silicone colocadas entre o mamilo e o sutiã ("conchas" – Figura 10) podem auxiliar na extrusão da papila.

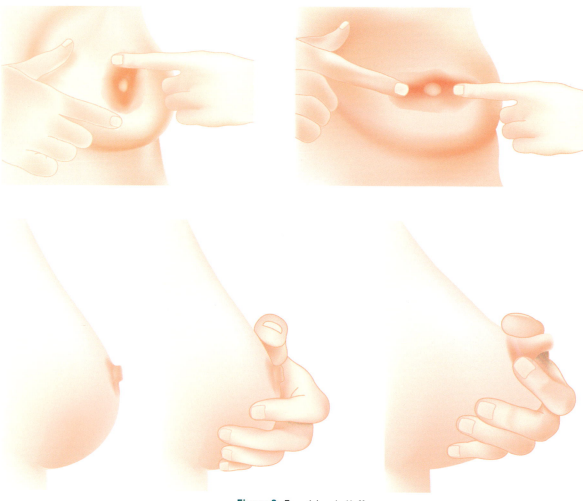

Figura 9 Exercícios de Hoffman.

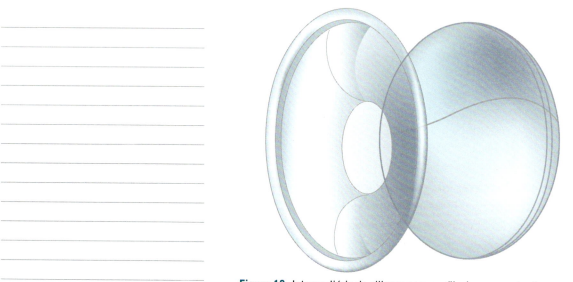

Figura 10 Intermediário de silicone para auxílio da amamentação.

CAPÍTULO 8 ASSISTÊNCIA PRÉ-NATAL NA SEGUNDA METADE DA GESTAÇÃO

Devem ser orientados cuidados com os mamilos, como evitar o uso de hidratantes e emolientes na região, estimular higiene com água, bem como leve atrito com toalha, a fim de diminuir a probabilidade de ocorrerem fissuras.

As orientações do obstetra durante o pré-natal podem ser decisivas para o incentivo à amamentação.

Orientações sobre atividade física/relação sexual

É comum que a gestante se preocupe, conforme o aumento do volume abdominal, sobre sua capacidade de manter suas atividades físicas, bem como relações sexuais.

Quanto à atividade física, a gestante deve ser orientada a manter atividades físicas regulares de intensidade moderada, como caminhadas ou hidroginástica, por 30 minutos/dia, ou pelo menos três vezes por semana, desde que não haja contraindicações, como RPMO, trabalho de parto prematuro ou sangramento vaginal.

Para as gestantes sedentárias, não é adequado iniciar treinamentos aeróbios nessa fase da gestação, assim como não é recomendado que se intensifiquem os treinamentos das gestantes.

A prática sexual pode ser mantida pelo casal desde que não haja contraindicações, como RPMO, sangramento e contrações uterinas exacerbadas. A atividade sexual pode estimular o parto tanto pela liberação endógena de ocitocina provocada pela estimulação do segmento inferior, como pela liberação de prostaglandinas do sêmen.

Orientações sobre viagens/transporte

As gestantes devem utilizar cinto de segurança de três pontos enquanto continuam utilizando automóveis, com o cuidado de se colocar a parte inferior do cinto sob o abdome e a parte superior entre as mamas e a porção lateral do útero. São orientadas a não dirigirem a partir de 36 semanas de gestação e em condições adversas, como calor demasiado, edema importante de membros inferiores, picos hipertensivos ou sangramentos.

Em relação às viagens de avião, não há indícios de complicações maternas ou fetais. Alguns cuidados adicionais

Pelo aumento do volume abdominal e pelo aumento do risco de hipotensão postural, devem ser desaconselhados exercícios que exijam muito tempo na posição supina, bem como aqueles que mantenham a gestante muito tempo em pé sem se movimentar, sob risco de síncope. Especial atenção deve ser dada ao risco de trauma abdominal durante a realização de alguns tipos de exercícios, que devem ser desestimulados durante a gestação.

devem ser reforçados, como necessidade de hidratação, uso de meias elásticas e movimentação constante dos membros inferiores para profilaxia de eventos tromboembólicos.

Entre 36 e 38 semanas de gestação, exige-se atestado médico para permissão de viagem de avião para a gestante, mesmo que seja uma gestação de baixo risco. A partir de 38 semanas, a gestante só poderá embarcar em avião acompanhada de um médico.

Orientações sobre trabalho e licença-maternidade

A gestante tem direito à estabilidade de emprego desde a confirmação da gravidez até 5 meses após o parto, exceto por dispensas com justa causa. Ainda durante a gestação, são direitos garantidos à empregada, sem prejuízo de salário: mudar de função quando as condições de saúde assim o exigirem, dispensa do horário de trabalho pelo tempo necessário para a realização de no mínimo seis consultas médicas e demais exames complementares, e romper o compromisso de contrato de trabalho, mediante atestado médico, quando este for prejudicial à gestação.

Após o parto, é assegurado à gestante o direito à licença-maternidade, sem prejuízo do emprego ou salário, com duração de 120 dias, sendo facultado ao empregador a prorrogação para 180 dias. Pode ser iniciada a partir de 28 dias antes da data provável do parto, mediante apresentação de atestado médico, se assim for o desejo da gestante ou exigirem suas condições de saúde.

Mesmo quando retornar ao trabalho, após o período de licença-maternidade, é assegurado à mulher que estiver amamentando o direito de dois descansos especiais remunerados de 30 minutos cada um durante sua jornada diária de trabalho até que seu filho complete 6 meses de vida, como forma de incentivar o aleitamento materno.

Determinação do fim da gravidez

Na gestação normal, espera-se que o parto ocorra entre 37 e 42 semanas de gravidez.

O mais comum é que o parto ocorra até 40 semanas, período em que não se exigem cuidados adicionais. Uma vez que não ocorra o trabalho de parto até 40 semanas de gestação, desde que não haja nenhuma comorbidade/intercorrência materna ou fetal, pode-se aguardar até 42 semanas, período denominado pós-datismo. Durante esse período, em virtude do maior risco de sofrimento fetal e insuficiência placentária, a gestante será avaliada a intervalos menores, a cada 3 dias, com o intuito de se examinar o colo e observar a vitalidade fetal – mais especificamente o perfil biofísico fetal.

Diante de achado de colo favorável, oligoâmnio (ILA < 5), suspeita de mecônio à amnioscopia ou alterações sugestivas de sofrimento fetal agudo na avaliação do perfil biofísico fetal, está indicada a resolução da gestação (Figura 11).

Após 42 semanas, a gestação é denominada prolongada, serotina ou protraída e está indicada sua interrupção.

> Leia mais sobre a avaliação do colo uterino no capítulo "Parto".

Determinação da via de parto

Ao final da gestação, é comum que gestante, parceiro e família fiquem apreensivos e ansiosos em relação à via de parto, e essa questão deve ser abordada durante as consultas de pré-natal, a fim de se esclarecer as dúvidas, orientar o preparo e diminuir a ansiedade do casal.

Em princípio, na ausência de qualquer contraindicação, deve ser tentado o parto por via vaginal.

Para que o parto vaginal ocorra com sucesso, é fundamental que se avalie com cuidado o colo uterino e a bacia da gestante. O colo uterino se modifica com o trabalho de parto, esvaecendo-se e dilatando-se e, via de regra, não é motivo de contraindicação para o parto, uma vez que apresenta modificações dinâmicas para o parto vaginal.

A bacia obstétrica, no entanto, é fator decisivo para o sucesso do parto vaginal, assim como o tamanho do feto e a efetividade das contrações uterinas. Em presença de vício pélvico, com bacia desfavorável ao parto vaginal, a cesárea deverá ser discutida com o casal como opção para via de parto.

> Leia mais sobre a avaliação da bacia obstétrica no capítulo "Parto".

É fundamental orientar a gestante durante o terceiro trimestre sobre quais são os sinais e sintomas que indicam início do trabalho de parto, a fim de que saiba quando deve procurar a maternidade de referência. Ela deve ser informada de que, no momento em que apresentar contrações dolorosas e ritmadas, deve procurar atendimento médico para que este avalie se há modificação do colo uterino (esvaecimento e

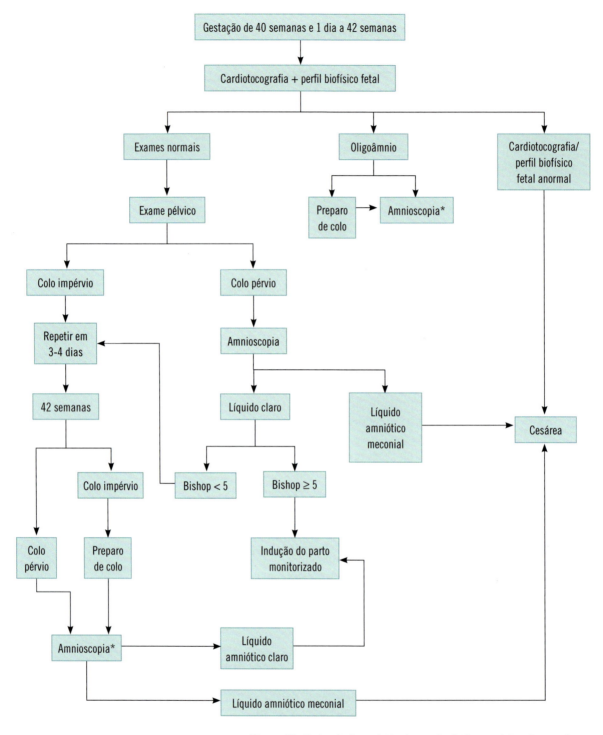

Figura 11 Protocolo de assistência ao pós-datismo e determinação do fim da gestação. * Situações em que após a amnioscopia está indicada a resolução da gestação (independentemente do índice de Bishop), encerrando o acompanhamento do pós-datismo.

dilatação) e, portanto, determine se a gestante está ou não em trabalho de parto. A própria perda do tampão mucoso muitas vezes é motivo de preocupação pelo casal e de procura do serviço de emergência. Durante a consulta de pré-natal, é preciso orientá-los quanto à possibilidade da perda do tampão na ausência do trabalho de parto e que não deve ser motivo de preocupação nem tampouco representa iminência do parto, podendo este acontecer dias depois da perda.

Em algumas situações, quando se indica o parto, a gestante não se encontra em trabalho de parto ou não apresenta condições cervicais favoráveis para este. Nesses casos, é necessário realizar a indução do trabalho de parto, com ou sem o preparo do colo uterino para tal. Essa situação deve ser prevista e explanada junto ao casal, para que se antecipem e se preparem para essa possibilidade.

Embora, na maioria das vezes, espere-se que ocorra o parto por via vaginal, algumas situações são motivo de indicação de cesárea eletivamente, ou seja, fora de trabalho de parto.

 Leia mais sobre as indicações de cesárea no capítulo "Distocias e parto operatório".

Nas últimas décadas, tem ganhado força o procedimento denominado "cesárea a pedido" ou "por opção", que é aquela que ocorre na ausência de qualquer fator médico ou obstétrico como indicação, por solicitação da paciente. Nesses casos, os aspectos éticos e legais devem ser cuidadosamente trabalhados por meio de consentimento informado e recomenda-se que seja praticada a partir de 39 semanas de gestação. Os desejos maternos devem ser respeitados, respeitando-se sua autonomia, porém é imprescindível que sejam discutidos e ponderados com o casal os riscos e benefícios de tal decisão, sempre procurando obter o melhor desfecho da gestação, ou seja, mãe e filho saudáveis em casa.

Conforme se aproxima o término da gestação, é importante orientar o casal sobre os cuidados de preparo para o dia do parto. É comum que questionem sobre o que comer e o que podem ou não fazer nesse dia.

A dieta não precisa ser alterada para o parto, mesmo quando a paciente se encontra na fase latente do trabalho de parto, pois o jejum não é necessário para o parto vaginal. Em caso de cesárea eletiva, a gestante deve ser orientada a fazer jejum de sólidos e líquidos durante as 8 horas que precedem o horário agendado para o parto. Também é importante orientar que não há necessidade de preparo intes-

 As gestantes devem ser orientadas a manter as medicações de que fazem uso regular e, rotineiramente, nenhuma medicação adicional é necessária para o dia do parto. No entanto, em situações específicas, pode ser necessária alguma adequação dos medicamentos para o dia em que ocorrerá o parto. Aquelas com diabetes insulino-dependente, por exemplo, devem ter o esquema de insulina ajustado para o dia do parto; assim como gestantes soropositivas para vírus da imunodeficiência humana (HIV) devem receber profilaxia para transmissão vertical com antirretrovirais. Assim, orientações específicas devem ser dadas a cada gestante durante o pré-natal, para que saibam como agir em relação aos seus medicamentos no dia do parto.

tinal prévio ao parto, o que dispensa o uso de produtos para lavagem intestinal. A depilação da região perineal também não deve ser estimulada nos dias que antecedem o parto e será realizada seletivamente, na região onde for necessária, na sala de parto, para diminuir o risco de infecção do sítio cirúrgico.

Muitas gestantes temem o momento do parto particularmente pelo receio da dor que podem sentir ao dar à luz, no entanto, nem todas sabem que é possível minimizar o trauma doloroso do parto por meio de analgesia durante o trabalho de parto. É obrigação do médico durante o pré-natal informar a gestante da possibilidade de se fazer analgesia para o trabalho de parto tão logo a parturiente sinta necessidade, sem prejuízo da evolução do parto. Mesmo para as anestesias de cesáreas eletivas, é importante orientar como será o procedimento anestésico ainda durante o pré-natal, como forma de reduzir a ansiedade para o dia do parto.

Tanto no parto vaginal como na cesárea, é garantido à parturiente o direito da presença de um acompanhante de sua escolha na sala de parto, atitude que, além de estar prevista por lei, garante maior humanização ao parto.

Relembrando

- Algumas queixas das gestantes durante a segunda metade do pré-natal são relativas à adaptação fisiológica do organismo às condições gravídicas; no entanto, é na segunda metade da gestação que algumas intercorrências obstétricas podem ser diagnosticadas. É preciso saber diferenciar as condições fisiológicas das condições patológicas para não se negligenciar diagnósticos frequentes da segunda metade da gestação.
- As lombalgias podem ser fisiológicas em resposta à mudança postural da gestante, mas não se pode esquecer da possibilidade de infecções do trato urinário ou trabalho de parto prematuro como causas de dor lombar.

CAPÍTULO 8 ASSISTÊNCIA PRÉ-NATAL NA SEGUNDA METADE DA GESTAÇÃO

- A queixa de corrimento pode ser decorrente do aumento fisiológico do conteúdo vaginal, mas vaginites e vaginoses devem ser investigadas e tratadas quando presentes. A perda do tampão mucoso ou eventuais roturas altas de membranas ovulares também devem ser lembradas como diagnóstico diferencial.
- O maior incremento de peso fetal acontece no terceiro trimestre, quando se espera ganho de aproximadamente 30 g/dia.
- As contrações de Braxton Hicks, indolores e de frequência variável, são comuns no terceiro trimestre e não devem ser confundidas com as contrações de trabalho de parto.
- O ganho de peso esperado para a gestante com peso ideal no segundo e no terceiro trimestres é de 400 g/semana.
- O surgimento de edema generalizado deve chamar atenção para a possibilidade de diagnóstico de pré-eclâmpsia quando associado ao aumento dos níveis pressóricos.
- A altura uterina atinge a cicatriz umbilical por volta de 20 semanas e aumenta cerca de 1 cm/semana até o termo.
- O toque vaginal é reservado para gestações de termo ou em situações de suspeita de trabalho de parto prematuro.
- Quando da vigência de pós-datismo, a amnioscopia deve ser realizada com o intuito de diagnosticar mecônio anteparto.
- Devem ser repetidas, no terceiro trimestre, sorologias para sífilis e vírus da imunodeficiência humana (HIV).
- Nas gestantes suscetíveis a toxoplasmose, a sorologia deve ser repetida bimensalmente.
- A pesquisa de anticorpos irregulares deve ser realizada mensalmente nas gestantes com exame negativo até 28 semanas de gestação, quando deve ser prescrita imunoglobulina anti-D.
- A curva glicêmica com 75 g de glicose deve ser feita entre 24 e 28 semanas de gestação para rastreamento de diabetes gestacional naquelas gestantes que apresentaram glicemia em jejum normal. É considerado normal teste com valores: 0 hora < 92 mg/dL; 1 hora < 180 mg/dL; e 2 horas < 153 mg/dL.

- São intercorrências obstétricas frequentes na segunda metade da gestação: doença hipertensiva específica da gestação (DHEG), diabetes gestacional, trabalho de parto prematuro e rotura prematura de membranas ovulares.
- A avaliação ultrassonográfica na segunda metade da gestação compreende ultrassonografia morfológica com medida do comprimento do colo uterino se houver risco de prematuridade; ecocardiografia fetal, quando indicada; e ultrassonografia obstétrica do terceiro trimestre. Exames de vitalidade fetal ficam reservados para situações específicas de risco de insuficiência placentária.
- Devem ser realizados preparo das mamas e incentivo à amamentação na segunda metade do pré-natal.
- Os intervalos de retornos, na ausência de intercorrências, serão mensais até 28 semanas, quinzenais até 36 semanas e semanais até 40 semanas.
- Deve-se orientar a gestante sobre os sinais de alerta para procura imediata da maternidade de referência.
- Espera-se que o parto ocorra entre 37 e 40 semanas de gestação. No entanto, se não houver contraindicações e sob cuidados especiais, pode-se aguardar pelo parto até 42 semanas de gestação, período denominado pós-datismo.

Caso clínico

Você está fazendo o ambulatório de pré-natal e retorna à consulta médica a Sra. Ana Maria, gestante de 39 anos, 3G 2Pc 0A, com idade gestacional de 30 semanas. Está fazendo uso de sulfato ferroso diariamente. Tem como antecedente pessoal o diagnóstico de obesidade. Você verifica no prontuário que a gestante recebeu uma dose de imunoglobulina anti-D na última consulta, há 2 semanas, quando também foram pedidos alguns exames complementares.

Ao fazer a anamnese, a gestante queixa-se que tem se sentido muito cansada e inchada, únicos sintomas que a têm incomodado.

CAPÍTULO 8 ASSISTÊNCIA PRÉ-NATAL NA SEGUNDA METADE DA GESTAÇÃO

Ao exame clínico, a paciente apresenta-se em bom estado geral, corada, hidratada, acianótica, anictérica, afebril e eupneica. Apresenta pressão arterial de 138×96 mmHg, confirmada após duas medidas. O peso verificado é de 90 kg (na última consulta, o peso anotado era de 88 kg). A altura uterina é de 32 cm. A presença de batimentos cardíacos fetais com frequência de 140 bpm é aferida pelo sonar. Observa-se ausência de dinâmica uterina. Os membros inferiores apresentam edema 1+/4+ e presença de edema nas mãos e nas pálpebras. Dos exames que foram solicitados na última consulta, você observa:

Teste de tolerância à glicose oral de 75 g:
- 0 hora – 93 mg/dL
- 1 hora – 185 mg/dL
- 2 horas – 150 mg/dL
Sorologia para toxoplasmose: IgG negativo, IgM negativo
Hemoglobina: 11,5 mg/dL
Hematócrito: 34%

1. Quais são os diagnósticos obstétricos de normalidade e patológicos dessa gestante?
2. Quais achados de história, exame clínico e exames complementares chamam sua atenção?
3. Quais são as condutas necessárias para um adequado acompanhamento dessa gestação?

Para refletir

- Qual é sua opinião sobre a assistência pré-natal prestada por profissionais da saúde que não são obstetras, como enfermeiros, médicos generalistas ou especialistas em saúde da família?
- No sistema público, a maioria das gestantes não terá seu parto realizado pelo médico que a acompanhou durante o pré-natal. Você acha que isso causa algum impacto no final da gestação?
- É prática corrente durante o pré-natal estimular e preparar a gestante para a amamentação?

Referências bibliográficas

1. Atalah ES, Castillo CL, Castro RS, Aldea AP. Propuesta de un nuevo estándar de evaluación nutritional de enbarazadas. Rev Med Chile 1997;125(12):1429-36.

2. Costa A, Gilvan A, Azulay L. Dermatologia e gravidez. Rio de Janeiro: Elsevier; 2009.

3. Guariento A, Briquet R. Obstetrícia normal. 2.ed. Barueri: Manole; 2010.

4. Martinelli S, Bittar RE, Zugaib M. Proposta de nova curva de altura uterina para gestações entre 20 e 42 semanas. Rev Bras Ginecol Obstet 2001;23(4):234-41.

5. Neme B. Obstetrícia básica. 3.ed. São Paulo: Sarvier; 2005.

6. Neves NA (ed.). Vacinação da mulher: manual de orientação. São Paulo: Febrasgo; 2013.

7. Zugaib M. Medicina fetal. 3.ed. São Paulo: Atheneu; 2012.

8. Zugaib M (ed.). Zugaib obstetrícia. 2.ed. Barueri: Manole; 2012.

9. Zugaib M, Bittar RE. Protocolos assistenciais: clínica obstétrica, FMUSP. 4.ed. São Paulo: Atheneu; 2011.

10. Zugaib M, Ruocco R. Pré-natal. 3.ed. São Paulo: Atheneu; 2005.

CAPÍTULO 9

Urgências em obstetrícia

Para discutir

- Você sabe quais são as principais queixas que levam a gestante a procurar o pronto-atendimento?

- Você considera que a abordagem da gestante que procura pronto-atendimento é diferente daquela de uma mulher não gestante?

Ao fim deste capítulo, você terá conhecido

- As principais queixas que levam a gestante a procurar o serviço de emergência durante a primeira metade do pré-natal.
- Como reconhecer e orientar a conduta nos casos de hiperêmese gravídica.
- Como reconhecer e orientar as condutas nos sangramentos da primeira metade da gestação.
- As principais queixas que levam a gestante a procurar o serviço de emergência durante a segunda metade do pré-natal.
- Como diagnosticar e orientar a conduta em casos de trabalho de parto prematuro.

- Como diagnosticar e orientar a conduta nos casos de rotura prematura de membranas ovulares.
- Como reconhecer o diagnóstico e orientar as condutas nos sangramentos da segunda metade da gestação.
- Como reconhecer causas de dor abdominal.
- Como reconhecer e qual é a conduta inicial nos casos de eclâmpsia.
- Algumas particularidades em casos de trauma e parada cardiorrespiratória.

CAPÍTULO 9 URGÊNCIAS EM OBSTETRÍCIA

Introdução

A procura pelo pronto-atendimento é muito frequente durante a gestação. Embora a realização de um pré-natal cuidadoso, em que se façam orientações adequadas e se esclareçam todas as dúvidas da gestante, possa reduzir em grande proporção essa procura, qualquer situação que não estiver sendo esperada pela gestante pode levá-la a procurar o serviço de saúde. Isso ocorre porque muitas vezes a gestante não sabe se o que está acontecendo é próprio da gravidez ou pode representar algum risco para esta e, na falta de um contato direto com seu pré-natalista, acaba procurando o pronto-atendimento para sanar suas dúvidas.

Em primeiro lugar, cabe lembrar que a gestante está sujeita a intercorrências e urgências não obstétricas e que essa possibilidade deve sempre ser aventada entre os diagnósticos diferenciais. A seguir, serão conhecidas as principais queixas que levam as gestantes a procurarem o serviço de emergência durante o período pré-natal, bem como suas possíveis causas obstétricas e eventuais diagnósticos diferenciais, não necessariamente relacionados ao estado gravídico.

Queixas no serviço de pronto-atendimento na primeira metade da gestação

Náuseas e vômitos

Durante o primeiro trimestre, uma das queixas mais frequentes é com relação às náuseas e aos vômitos, podendo acometer até 90% das gestantes. Estão relacionados às alterações hormonais da gestação, como o aumento significativo da concentração da fração beta da gonadotrofina coriônica humana (beta-hCG) e de estrógeno, além de fatores psicológicos e emocionais associados à gestação. O sintoma é mais frequente por volta da nona semana de gestação, podendo surgir desde a quinta semana e tendendo a regredir espontaneamente após 16 semanas. A esse quadro, dá-se o nome de êmese gravídica.

O tratamento baseia-se em orientação dietética (fracionar a dieta, consumir alimentos ricos em carboidratos e

Você está de plantão no pronto-atendimento de obstetrícia, quando atende a Sra. Joana. É uma mulher de 39 anos, 3G 2Pc 0A, com idade gestacional de 12 semanas calculada pela data da última menstruação. A paciente ainda não realizou exame de ultrassonografia. Ela procurou o pronto-atendimento porque apresenta há 2 horas sangramento vaginal associado a cólica discreta. Está preocupada porque tem medo de perder o bebê. Questionada sobre outros sintomas, ela relata que tem apresentado muita náusea e vomita pelo menos duas vezes por dia, mas questiona se não ocorre em função da gravidez. Quais são suas hipóteses diagnósticas para o sangramento da Sra. Joana? Como pretende investigá-las?

211

evitar alimentos gordurosos), além de antieméticos como dimenidrato, meclizina, metoclopramida e ondansetrona.

Algumas vezes, no entanto, o quadro de êmese gravídica é tão acentuado que se acompanha de perda de peso maior que 5% do peso pré-gravídico, desidratação, cetonúria e distúrbios hidroeletrolíticos. Nessa situação, denominada hiperêmese gravídica, o tratamento demanda internação hospitalar, jejum oral de 24 a 48 horas, antieméticos intravenosos, hidratação parenteral e correção de eventuais distúrbios hidroeletrolíticos. A reintrodução de dieta deve ser lenta e gradual e, por vezes, inicia-se por meio de sonda enteral.

É importante ressaltar que o diagnóstico de hiperêmese gravídica é clínico e exige a exclusão de outras causas, como gastroenterocolite, dispepsias, pancreatites, colecistite, hepatite, esteatose hepática, obstrução intestinal, enxaqueca, distúrbios psiquiátricos, intoxicações, hipertireoidismo e cetoacidose diabética.

Sangramento vaginal

Sem dúvidas, um dos primeiros sintomas que podem levar a gestante a procurar o serviço de urgência na primeira metade da gestação e também uma das queixas que mais a afligem é a presença de sangramento vaginal.

Em primeiro lugar, o médico que fizer a recepção dessa gestante no pronto-atendimento deve ter em mente uma série de diagnósticos diferenciais que podem levar ao sangramento na primeira metade da gestação e tranquilizar a paciente explicando que existem causas "benignas" de sangramento vaginal e que não representam, necessariamente, um risco ao prosseguimento da gestação, já que esta é a principal angústia das gestantes que procuram o pronto--atendimento com tal queixa.

A história e o exame físico (geral, ginecológico e obstétrico) dessa gestante podem ser suficientes para o diagnóstico, mas, na maior parte das vezes, a ultrassonografia será uma ferramenta indispensável para o diagnóstico final da causa do sangramento.

As modificações gravídicas locais no sistema genital feminino acentuam tanto o fluxo sanguíneo local quanto a fragilidade tecidual. Dessa forma, qualquer trauma na região

Leia mais sobre as modificações gravídicas no capítulo "Assistência pré-natal na primeira metade da gestação".

genital, por menor que seja, pode provocar sangramento, não necessariamente relacionado ao sítio da gestação.

Um dos locais mais comuns desse sangramento pós--trauma é o colo uterino. Além do aumento da vascularização, ocorre uma ectopia fisiológica no colo desde o início da gravidez, sendo este epitélio endocervical exposto ainda mais vascularizado e friável ao toque do que o restante do colo, o que pode cursar com sangramentos, por exemplo, após a relação sexual ou a realização de exame ginecológico. Geralmente, o sangramento de colo é de pequena quantidade, indolor, vermelho-vivo e costuma cessar espontaneamente.

A presença de determinadas infecções cervicais específicas, denominadas colpites (ou cervicites), ou de processos pré-neoplásicos ou neoplásicos, também pode acentuar a fragilidade tecidual no colo uterino, e, portanto, não se deve jamais menosprezar o achado de sangramento cervical no exame físico, com atenção especial aos sinais inflamatórios, como enantema e petéquias, ou sinais neoplásicos, como lesões verrucosas e anomalias localizadas de vascularização. Pólipos cervicais também podem ser causa de sangramentos genitais e podem ser identificados durante o exame especular.

É possível, ainda, que o sangramento tenha origem na vagina, secundário a lacerações traumáticas após relações sexuais ou, com menor frequência, à presença de vulvovaginites exuberantes. Nesses casos, o exame especular vai evidenciar a origem do sangramento, seja o colo ou a vagina, e pode-se "tranquilizar" a gestante de que provavelmente não há repercussões para a evolução da gestação.

Cabe ao médico, ainda, diferenciar outras possíveis fontes de sangramento que a paciente identifica como genital mas que, na verdade, são oriundas do trato urinário ou do trato intestinal. Muitas vezes, são quadros de infecção urinária que podem vir acompanhados de hematúria macroscópica, ou então situações de sangramentos de mamilos hemorroidários, e a paciente não consegue distinguir se o sangramento se originou da via uretral, intestinal ou vaginal, chegando ao pronto-socorro com queixa de sangramento vaginal. O médico que presta o atendimento à gestante sempre deve ter em mente as principais causas obstétricas de sangramento na primeira metade da gestação, sendo mandatórios sua diferenciação e tratamentos pertinentes.

Não deixe de acessar o site: http://www.rcog.org.uk/files/rcog-corp/GTG22AntiD.pdf.
Lá, você encontrará as diretrizes do Royal College of Obstetricians and Gynaecologists sobre a administração da imunoglobulina anti-D na gestação.

É importante lembrar que, nos casos de sangramento vaginal de causa obstétrica, é preconizada a utilização de imunoglobulina anti-D para a prevenção de aloimunização Rh em pacientes de tipo sanguíneo com fator Rh negativo, desde que já não sejam previamente sensibilizadas (Coombs indireto ou pesquisa de anticorpos irregulares negativa). Existem poucas evidências científicas que suportem o uso da imunoglobulina anti-D nos sangramentos de primeiro trimestre. No entanto, mediante o comprovado benefício de seu uso nas hemorragias feto-maternas do terceiro trimestre, a conduta adotada na Clínica Obstétrica do HC-FMUSP é que se administre imunoglobulina anti-D em todas as gestantes Rh-negativas que não sejam previamente sensibilizadas quando houver sangramento no primeiro trimestre, na dose de 300 µg, por via intramuscular, em até 72 horas após o sangramento.

Abortamento

O abortamento é a causa obstétrica mais frequente de sangramento na primeira metade da gestação. A Organização Mundial da Saúde (OMS) define o abortamento como a expulsão ou a extração do feto antes de 20 semanas ou pesando menos de 500 g.

A incidência de abortamento corresponde a 15 a 25% das gestações, sendo mais comum até 12 semanas (80% dos casos), quando as cromossomopatias são a principal causa.

O abortamento pode ser classificado como espontâneo ou induzido, a depender da intenção de provocá-lo ou não. Quando induzido, é importante esclarecer em que condições foi provocado, antevendo possíveis situações de risco para infecção genital associada. Em relação à idade gestacional, pode ser classificado em precoce (perda gestacional até 12 semanas) ou tardio (perda gestacional entre 12 e 20 semanas).

Em casos de gestações que terminam em abortamento, é importante garantir à gestante suporte psicológico para enfrentar a perda e tranquilizá-la explicando que esse é um desfecho comum na gestação e que não determina, por si, risco para gestações futuras. Apenas em casos de três ou mais abortamentos consecutivos condições subjacentes devem ser investigadas.

Pode ser identificado sob algumas formas clínicas distintas (Tabela 1), que diferem quanto à conduta a ser adotada.

CAPÍTULO 9 URGÊNCIAS EM OBSTETRÍCIA

Tabela 1 Resumo dos aspectos clínicos e radiológicos das diferentes formas de abortamento

	Sinais e sintomas	Achados ultrassonográficos
Ameaça de abortamento	Sangramento pequeno; cólicas leves ou ausentes; colo uterino fechado	Saco gestacional regular e embrião vivo
Abortamento em curso	Sangramento abundante; cólicas intensas; colo uterino aberto	Saco gestacional irregular, baixo; descolamento da placenta
Abortamento completo	História de sangramento; colo fechado	Endométrio linear ou ≤ 15 mm
Abortamento incompleto	Sangramento abundante; cólicas intensas; colo aberto, com saída de restos ovulares	Endométrio espessado > 15 mm
Aborto retido	Sangramento pequeno ou ausente; colo fechado	Embrião com CCN > 5 mm; ausência de batimentos cardíacos
Aborto infectado	Febre, taquicardia, dor abdominal; colo aberto com saída de secreção fétida	Endométrio espessado; restos ovulares
Gestação anembrionada	Sangramento variável; colo fechado	Saco gestacional com diâmetro médio > 16 mm (ou diâmetro máximo > 20 mm); ausência de embrião

CCN: comprimento cabeça-nádegas.

Ameaça de abortamento

Ocorre em aproximadamente 16 a 30% das gestações. Caracteriza-se clinicamente por sangramento vaginal em pequena quantidade, acompanhado ou não de cólica em região hipogástrica. Ao exame ginecológico, o colo uterino encontra-se fechado e o tamanho do útero é geralmente compatível com o atraso menstrual. Não é acompanhado de outras anormalidades de exame físico, isto é, o abdome é inocente e indolor, não se identificam massas ao exame pélvico e não há dor significativa ou febre na história da paciente. Para o diagnóstico final, desde que ainda não se consiga detectar batimentos cardíacos fetais pelo sonar (antes de 12 semanas de gestação), é obrigatória a realização de ultrassonografia.

É importante salientar que algumas mulheres apresentam sangramento no início da gestação, no período que seria correspondente à sua menstruação, o que está relacionado à implantação do embrião.

Na ameaça de abortamento, o exame ultrassonográfico evidencia atividade cardíaca do produto conceptual ou, se a idade gestacional for inferior a 6 semanas, a presença de saco gestacional regular, o que indica boa evolução da gestação.

Aproximadamente 50% das mulheres que apresentam sangramento vaginal no início da gestação irão eventualmente abortar ou apresentar alguma forma de gestação não evolutiva; contudo, a taxa de abortamento diminui para 4 a 10% se a ameaça de abortamento ocorrer após a constatação prévia de batimentos cardíacos do produto conceptual à ultrassonografia.

Diante do diagnóstico de ameaça de abortamento, não há evidências científicas de tratamentos efetivos para reduzir o risco de evolução para abortamento inevitável. Ainda que sejam adotadas com frequência a recomendação de repouso no leito e a prescrição de progesterona por via oral ou vaginal, não existem evidências científicas suficientes que indiquem seu uso para a melhora do prognóstico da gestação. Em geral, o tratamento é feito com antiespasmódicos para cólicas e orientação de abstinência sexual.

Abortamento inevitável

Abortamento inevitável, ou ainda denominado abortamento em curso, apresenta-se clinicamente com sangramento moderado ou intenso acompanhado de cólicas abdominais, geralmente de forte intensidade. Ao exame físico, pode-se encontrar anemia, taquicardia e hipotensão arterial nos casos mais graves. Ao exame especular, observa-se sangramento ativo proveniente do canal cervical, frequentemente com presença de restos ovulares. Ao exame de toque vaginal, o orifício interno do colo uterino geralmente se encontra dilatado. A ultrassonografia pode evidenciar o descolamento ovular com saco gestacional irregular e já em posição baixa junto ao canal cervical. O abortamento inevitável pode evoluir para as formas completa ou incompleta.

Quando o abortamento ocorre na fase inicial da gestação, especialmente nas 10 primeiras semanas, a expulsão dos produtos da concepção pode ser completa. O útero se contrai e o sangramento, juntamente às cólicas, diminui de intensidade. O orifício interno do colo uterino tende a se fechar em poucas horas. Ao exame ultrassonográfico, pode não haver evidência de conteúdo uterino; porém, algumas vezes observa-se mínima quantidade de conteúdo hiperecoico e líquido que determina espessura endometrial de até 15 mm. Nesse caso, não é necessária conduta adicional.

O abortamento incompleto é mais frequente após o primeiro trimestre da gravidez e ocorre quando há eliminação apenas parcial dos produtos da concepção. O sangramento vaginal persiste e por vezes torna-se intermitente. O volume uterino é menor que o esperado para a idade gestacional e, ao exame de toque, o orifício interno do colo uterino geralmente está pérvio; contudo, algumas vezes pode se apresentar fechado, sendo o diagnóstico realizado pelo achado ultrassonográfico da presença de conteúdo intrauterino de aspecto amorfo e heterogêneo, com espessura maior ou igual a 15 mm (Figura 1). Nessa situação, classicamente o tratamento de escolha é o esvaziamento cirúrgico do conteúdo uterino, por curetagem ou aspiração manual intrauterina.

> Tanto nos casos de abortamento completo quanto nos de abortamento incompleto, é recomendável que se oriente a paciente a realizar retorno ambulatorial em 3 semanas para verificar o resultado do estudo anatomopatológico do material coletado. Caso não tenha sido possível a coleta do produto do abortamento, recomenda-se repetir neste mesmo intervalo novo teste qualitativo urinário de gonadotrofina coriônica humana (hCG), esperando-se que seja negativo após 4 semanas do abortamento. Essas medidas visam afastar a possibilidade de doença trofoblástica gestacional.

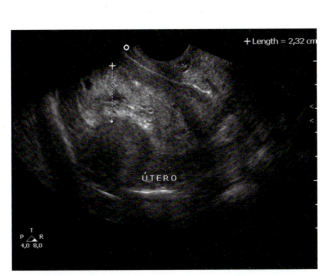

Figura 1 Abortamento incompleto, com espessura endometrial maior que 15 mm estimada por meio de ultrassonografia transvaginal.

Aborto retido e gestação anembrionada

Denomina-se aborto retido a ocorrência de morte embrionária ou fetal antes de 20 semanas de gravidez associada à retenção do produto conceptual por período prolongado de tempo, por vezes dias ou semanas.

Clinicamente, as pacientes relatam parada dos sintomas gravídicos (náusea, vômito, ingurgitamento mamário). Pode ocorrer sangramento vaginal, geralmente em pequena quantidade, de forma semelhante ao observado nos casos de ameaça de abortamento. O volume uterino é menor que o esperado para a idade gestacional e o colo uterino encontra-se fechado ao exame de toque.

Por meio de ultrassonografia transvaginal, denomina-se morte do produto conceptual a ausência de atividade cardíaca em embriões com comprimento cabeça-nádegas (CCN) superior a 5 mm.

Em alguns casos, ocorre a reabsorção do embrião antes da confirmação ultrassonográfica, ou o desenvolvimento deste não chega a ocorrer. Quando, ao exame ultrassonográfico, encontra-se uma gestação "vazia", sem embrião detectável, nomeia-se gestação anembrionada. Os principais critérios utilizados, por meio de ultrassonografia transvaginal, são: ausência de vesícula vitelínica com diâmetro interno médio do saco gestacional superior a 8 mm ou não visibilização de embrião quando o diâmetro interno médio do saco gestacional for maior que 16 mm, ou pelo menos um dos diâmetros maior que 20 mm (Figura 2).

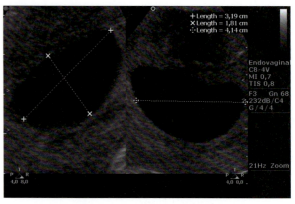

Figura 2 Gestação anembrionada (ausência de embrião). À ultrassonografia transvaginal, verifica-se diâmetro interno médio do saco gestacional > 16 mm.

Muitas vezes, para confirmação diagnóstica, tanto nos casos de aborto retido, quanto naqueles de gestação anembrionada, torna-se necessária a repetição do exame ultrassonográfico no intervalo de 1 semana. Ao caracterizar-se que não houve evolução entre dois exames com 7 dias de intervalo, pode-se afirmar que é um caso de gestação não evolutiva.

Os casos de aborto retido e gestação anembrionada podem ser conduzidos de maneira expectante, uma vez que cerca de 30 a 50% das pacientes com diagnóstico no primeiro trimestre apresentarão abortamento completo em até 15 dias a partir do diagnóstico ultrassonográfico, ou então tratados de maneira ativa, seja de forma medicamentosa, com uso de misoprostol via vaginal até eliminação do produto conceptual, ou de forma cirúrgica, com realização de curetagem uterina ou aspiração manual intrauterina. Nos casos em que não houver eliminação do produto conceptual após 15 dias de conduta expectante, preconiza-se a conduta ativa, com esvaziamento uterino. A conduta ativa pode ser feita por via medicamentosa ou cirúrgica. Quando se opta pelo método medicamentoso, a droga de escolha é o misoprostol, análogo sintético da prostaglandina E1 que causa esvaecimento do colo uterino e contrações miometriais, administrado por via vaginal até a eliminação do produto conceptual. As doses do medicamento variam de acordo com a idade gestacional do diagnóstico, a presença de cicatriz uterina prévia e a opção de conduta ambulatorial ou regime de internação hospitalar. Por sua vez, quando se opta pela conduta ativa cirúrgica, é administrada uma dose de misoprostol de 400 μg por via vaginal seguida, após 4 horas, de esvaziamento uterino por curetagem ou aspiração manual intrauterina. É importante salientar que após o primeiro trimestre, em virtude da presença de espículas ósseas fetais, o esvaziamento só pode ser completado após a eliminação do feto, sob risco de perfuração uterina quando da manipulação cirúrgica.

Abortamento infectado (séptico)

O abortamento infectado, principalmente em países nos quais a lei proíbe a interrupção da gestação, muitas vezes está relacionado à clandestinidade, estando relacionado a altas taxas de morbidade e mortalidade.

É causado por flora polimicrobiana, com bactérias aeróbias e anaeróbias, dentre as quais merecem destaque: estreptococos beta-hemolíticos, *Enterococcus* spp., *Escherichia coli, Peptostreptococcus, Bacteroides fragilis* e *Clostridium* spp. A infecção que se inicia no útero (endomiometrite) pode se propagar para os anexos (anexite), peritônio pélvi-

Quando ocorrem três ou mais episódios consecutivos de abortamento, pode-se dizer que se trata de abortamento habitual ou abortamento recorrente. Apenas diante dessa situação de abortamento habitual é que estão indicadas a avaliação cromossômica do produto conceptual e a pesquisa de condições associadas ao diagnóstico, pois muitas vezes são passíveis de intervenções que podem mudar o prognóstico de futuras gestações.

co (pelviperitonite), cavidade peritoneal (peritonite generalizada) e, ainda, disseminar-se por via hematogênica (sepse).

O quadro clínico depende da gravidade do caso. Nos casos de endomiometrite leve, observam-se febre; sangramento vaginal leve, que pode ser acompanhado de saída de material seropurulento com odor fétido pelo canal cervical; dores abdominais tipo cólica; e útero doloroso à palpação. Ao toque vaginal, o colo uterino apresenta-se geralmente pérvio e doloroso à mobilização.

Nos casos mais graves, pode haver saída de material francamente purulento pelo colo uterino, sangramento vaginal intenso e a paciente pode apresentar peritonite generalizada e sepse.

O tratamento é clínico e cirúrgico e consiste, basicamente, em tratar a hipovolemia, combater a infecção por meio de antibioticoterapia de amplo espectro e esvaziar o conteúdo uterino infectado quando for detectada presença de restos ovulares à ultrassonografia.

As combinações de antibióticos mais utilizadas são: ampicilina ou penicilina associada à gentamicina e ao metronidazol ou clindamicina, administrados por via parenteral (Tabela 2).

Tabela 2 Principais antibióticos empregados no abortamento infectado e suas dosagens habituais

Antibiótico	Dose	Intervalo	Via de administração
Ampicilina	1-2 g	A cada 6 horas	IV
Penicilina G cristalina	4.000.000 UI	A cada 4 horas	IV
Gentamicina	1,5 mg/kg	A cada 8 horas	IV
	3,5-5 mg/kg	A cada 24 horas	IV
Metronidazol	500 mg	A cada 8 horas	IV
Clindamicina	900 mg	A cada 8 horas	IV
	600 mg	A cada 6 horas	IV

IV: via intravenosa.

Em casos de endometrite não complicada, a antibioticoterapia parenteral deve ser administrada até a paciente permanecer afebril e assintomática por pelo menos 48 horas. Após esse período, não há necessidade de manutenção de antibióticos, podendo-se suspender a antibioticoterapia e realizar acompanhamento ambulatorial. Por outro lado, em casos mais graves, em que se constate sepse, o tempo de tratamento será de pelo menos 14 dias.

Gestação ectópica

Além do abortamento, outra causa de sangramento vaginal de origem obstétrica na primeira metade da gestação é a gestação ectópica. Denomina-se gravidez ectópica a gestação cuja implantação do blastocisto e o desenvolvimento do embrião ocorrem fora da cavidade corporal do útero.

A tuba uterina é o local mais frequente de gravidez ectópica, sendo responsável por mais de 95% dos casos. Nas gestações tubárias, a implantação ocorre na região ampular em 80% das vezes; no istmo, em 12%; na região infundibular, em 6%; e na porção intersticial da tuba, em 2%. Gravidez ectópica de localização extratubária é uma entidade rara: somente 1 a 3% são ovarianas e menos de 1% são abdominais ou cervicais (Figura 3).

Não deixe de acessar o site: http://www.who.int/reproductivehealth/publications/unsafe_abortion/9789241548434/en/index.html. Trata-se de publicação da Organização Mundial da Saúde com diretrizes para a prática de abortamento seguro, destinada aos países ou situações em que o abortamento é legalizado.

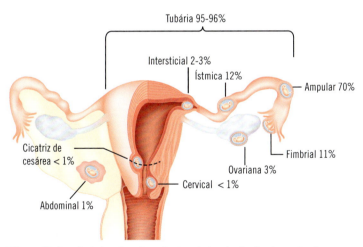

Figura 3 Possíveis locais e frequências de implantação da gestação ectópica. (Figura adaptada de Cunningham et al.[2])

A gravidez ectópica geralmente se encontra associada a fatores de risco que ocasionam lesão tubária ou acarretam alteração no transporte ovular, como antecedente de doença inflamatória pélvica (com ênfase para infecção prévia por clamídia, que pode ser assintomática e menos diagnosticada), gravidez que se instala em vigência do uso de dispositivo intrauterino (DIU), história de gravidez ectópica prévia ou de cirurgia tubária anterior.

O quadro clínico clássico é composto por atraso menstrual seguido de dor abdominal e sangramento vaginal.

A dor abdominal é o sintoma mais frequente, presente em quase 100% dos casos, e pode variar desde um quadro de cólica abdominal até a presença de dor incapacitante. O sangramento vaginal geralmente é leve e ocorre em 60 a 90% dos casos. A incidência de atraso menstrual em casos de gravidez ectópica varia de 75 a 95%.

A ocorrência de atraso ou irregularidade menstrual acompanhada de dor abdominal em mulher com vida sexual ativa durante o período reprodutivo deve sempre chamar a atenção para a possibilidade de gravidez ectópica, uma vez que casos não diagnosticados podem evoluir para quadros graves de abdome agudo hemorrágico se houver evolução da gravidez ectópica e rotura desta.

Os achados ao exame físico variam de acordo com o estado hemodinâmico da paciente. Pode-se encontrar desde pacientes com exame físico normal até mulheres com evidente instabilidade hemodinâmica.

Ao exame do abdome, raramente se observa, à inspeção, equimose periumbilical (sinal de Cullen), proveniente de grande hemorragia intra-abdominal – sinal ausente na grande maioria dos casos. À palpação, observa-se dor localizada em um dos quadrantes, em caso de gravidez ectópica íntegra, ou generalizada, após a rotura tubária. Outros achados abdominais também dependem da integridade da gravidez ectópica e são indicativos de irritação peritoneal, manifestando-se por distensão abdominal, descompressão brusca dolorosa e diminuição ou parada de ruídos hidroaéreos. Também pode ser identificado, em casos de gravidez ectópica rota, o sinal de Laffont, dor subescapular causada pela irritação do nervo frênico em decorrência de hemoperitônio.

Ao exame ginecológico, observa-se a presença de sangramento vaginal, geralmente em pequena quantidade, escuro, acompanhado de coágulos e restos de decídua. O colo uterino, de forma semelhante ao que é observado na gestação tópica, geralmente se encontra amolecido. Em virtude do acúmulo de sangue e coágulos na pelve, o exame do fundo de saco posterior pode ser extremamente doloroso (sinal de Proust, também denominado "grito de Douglas").

Na maioria dos casos, o útero apresenta tamanho normal; contudo, como consequência da ação hormonal, pode-se verificar amolecimento e discreto aumento do volume uterino, inferior ao esperado pelo atraso menstrual. Em cerca de 50% dos casos, pode-se palpar uma massa anexial dolorosa, de consistência e tamanho variados.

Para o diagnóstico definitivo de gravidez ectópica, são necessários exames complementares, como a dosagem quantitativa de beta-hCG e a realização de ultrassonografia (Figura 4):

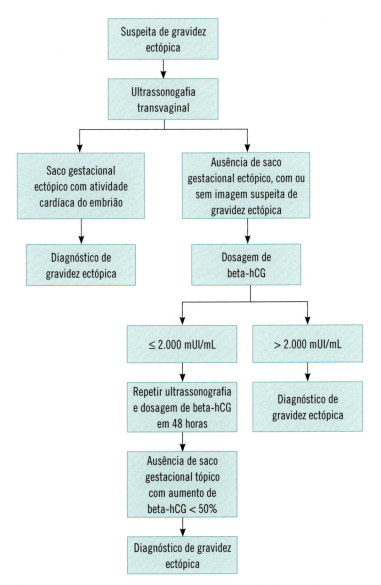

Figura 4 Diagnóstico de gestação ectópica. Beta-hCG: fração beta da gonadotrofina coriônica humana.

- dosagem de beta-hCG: existem diferenças entre a concentração sérica de beta-hCG entre uma gestação tópica normal e uma gravidez ectópica. O tempo de duplicação do valor de beta-hCG é útil na diferenciação entre elas. A gestação tópica inicial duplica o título de beta-hCG a cada 1,5 a 3 dias, enquanto uma gravidez ectópica demora cerca de 5 a 7 dias para duplicar os níveis do hormônio. Em duas dosagens consecutivas, com intervalo de 48 horas, 99% das gestações tópicas evolutivas elevam em pelo menos 53% o valor de beta-hCG, evento que não ocorre na gravidez ectópica;

- ultrassonografia: a ultrassonografia pode afastar a possibilidade de gravidez ectópica pela identificação de gestação intrauterina tópica, uma vez que é raríssima a presença de gestação heterotópica (tópica + ectópica). O saco gestacional pode ser visto por ultrassonografia transvaginal a partir de 2,5 a 3 semanas após a implantação (4,5 a 5 semanas a partir da data da última menstruação – DUM). Em uma gestação tópica e evolutiva, é obrigatória a visualização de saco gestacional dentro do corpo uterino quando a dosagem de beta-hCG for superior a 2.000 mUI/mL. A visibilização de embrião com atividade cardíaca localizado fora da cavidade corporal do útero é o único sinal de imagem de certeza de gravidez ectópica, porém esse tipo de imagem é evidenciado apenas em 15 a 28% dos casos. A imagem anexial paraovariana semelhante a saco gestacional, denominada anel tubário (Figura 5), é observada em 15 a 70% dos casos de gravidez ectópica e está mais relacionada à gravidez ectópica íntegra. Pode-se também visualizar uma formação anexial sólida ou complexa. Esse tipo de imagem, quando associada a um caso de gravidez ectópica, geralmente representa hematossalpinge ou hematoma pélvico, sendo observada em 19 a 89% dos casos de gravidez ectópica, e é a mais encontrada na prática clínica habitual. A observação de líquido livre na cavidade peritoneal também constitui importante sinal ultrassonográfico de gravidez ectópica. A quantidade de líquido livre pode ser classificada como discreta, se ocupar somente o fundo de saco posterior; moderada, se recobrir o fundo uterino e anexos; e acentuada, ao se estender para goteiras parietocólicas.

Consideradas isoladamente, a dosagem de beta-hCG e a ultrassonografia representam métodos de elevada impor-

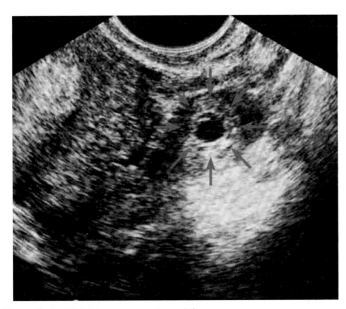

Figura 5 Anel tubário em gestação ectópica.

tância no diagnóstico da gravidez ectópica, pois seu uso combinado permite diagnosticar praticamente 100% dos casos, evitando, na maioria das vezes, a utilização de técnicas diagnósticas invasivas, como a laparoscopia.

Apesar de mais empregada atualmente para terapêutica, a laparoscopia representa importante recurso diagnóstico, sobretudo para casos em que os métodos não invasivos suscitam dúvidas. Geralmente, a laparoscopia permite excelente exploração da pelve, possibilitando certeza diagnóstica de gravidez ectópica, e ainda permite averiguar as condições da tuba contralateral, a presença de aderências pélvicas e de lesões de endometriose, sendo possível, ao final do procedimento diagnóstico, realizar o tratamento pela própria via laparoscópica. A única contraindicação para uso da laparoscopia é instabilidade hemodinâmica da paciente, e ela não é adequada para pacientes com apresentação de abdome agudo hemorrágico com peritonismo e outros sinais de gravidez ectópica rota. Nessa situação, está indicada a laparotomia.

O tratamento para gravidez ectópica pode ser cirúrgico (radical/salpingectomia ou conservador/salpingostomia) ou clínico (medicamentoso, com metrotrexato, ou expectante); a escolha do tipo de terapêutica deve ser individualizada e depende principalmente da integridade ou não da gravidez ectópica, do estado hemodinâmico da paciente, de seu desejo reprodutivo, do local e do tamanho da gravidez ectópica, e da experiência do médico com o método a ser empregado (Figura 6).

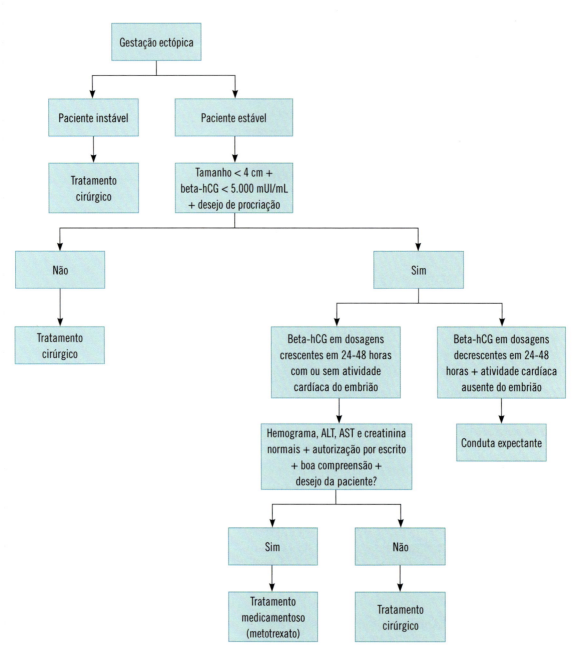

Figura 6 Tratamento da gestação ectópica. ALT: alanina aminotransferase; AST: aspartato aminotransferase; beta-hCG: fração beta da gonadotrofina coriônica humana.

Doença trofoblástica gestacional/mola hidatiforme

Uma causa mais rara, mas que deve ser lembrada, no diagnóstico diferencial de sangramento da primeira metade da gestação, é a doença trofoblástica gestacional. Embora a incidência da doença não esteja bem estabelecida e varie muito nos diferentes países, dados brasileiros apontam taxa de 465 casos de mola hidatiforme em 100 mil gestações, enquanto nos Estados Unidos da América estima-se que acometa cerca de 110 mulheres em cada 100 mil gestações.

Doença trofoblástica gestacional é uma expressão genérica que engloba um conjunto de alterações que se formam a partir do trofoblasto humano. Caracteriza-se pela proliferação anormal dos diferentes tipos de epitélio trofoblástico: citotrofoblasto, sinciciotrofoblasto e trofoblasto intermediário.

A expressão neoplasia trofoblástica gestacional refere-se às doenças que possuem potencial para invasão local e emissão de metástases.

Entre as doenças trofoblásticas gestacionais, a mais frequente e mais benigna é a mola hidatiforme (Figura 7), que pode se apresentar nas formas invasora e não invasora.

No atendimento da gestante no pronto-socorro, tem particular importância o conhecimento da mola hidatiforme,

Figura 7 Aspecto macroscópico da mola hidatiforme completa.

porque em quase 1% dos casos de ameaça de abortamento este é o diagnóstico final. Muitas vezes, a apresentação clínica pode ser confundida com abortamento incompleto, razão pela qual é imperativo, para todo caso de abortamento suspeito ou confirmado, solicitar exame anatomopatológico do material proveniente da curetagem ou da aspiração uterina, que deve ser posteriormente checado na consulta de retorno da paciente. Nos casos em que o diagnóstico foi de abortamento completo, ou seja, sem material disponível para análise anatomopatológica, torna-se imperativo confirmar a negativação sérica da beta-hCG em até 1 mês após o episódio de abortamento.

Para o diagnóstico de mola hidatiforme, o sangramento vaginal é o sinal mais encontrado (75 a 95% dos casos), associado ou não ao atraso menstrual. Apresenta-se com coloração escura, geralmente em pequena quantidade, e tem início em torno de 8 semanas de gravidez. Pode vir acompanhado de dores abdominais, geralmente localizadas no hipogástrio, podendo prenunciar a eliminação de vesículas. A eliminação espontânea de vesículas é sinal patognomônico dessa enfermidade; contudo, atualmente é de ocorrência rara, em virtude do diagnóstico cada vez mais precoce da doença promovido pelo uso disseminado de ultrassonografia no diagnóstico bioquímico de gestação.

Os vômitos estão presentes em cerca de 25% dos casos de mola hidatiforme. A hiperêmese gravídica parece estar relacionada aos altos títulos de hCG encontrados na doença, sendo esta uma importante característica para o diagnóstico.

Ao exame físico, nota-se a discordância entre o volume uterino e o atraso menstrual. O aumento exagerado do volume uterino, consequente à proliferação do conteúdo molar, é o segundo sinal mais frequente em pacientes com mola hidatiforme, sendo observado em 50% dos casos. Com exceção dos casos de mola parcial com feto, não se identificam partes fetais, e a ausculta dos batimentos cardíacos do produto conceptual é negativa.

Aproximadamente 15 a 25% das pacientes com mola completa apresentam cistos ovarianos (tecaluteínicos) com mais de 6 cm de maior diâmetro, sendo comum a ocorrência de dor abdominal por distensão da cápsula ovariana. Os cistos tecaluteínicos originam-se da hiperestimulação ovariana, consequência das altas concentrações de hCG.

A doença hipertensiva específica da gestação (DHEG) está presente em cerca de 30% dos casos de mola completa. Nas molas volumosas, pode-se observar hipertensão, edema e proteinúria já no primeiro trimestre de gravidez, podendo, inclusive, haver a evolução para eclâmpsia.

Sinais de hipertireoidismo – como taquicardia, extremidades quentes, pele úmida, tremores e exoftalmia – são encontrados em menos de 10% das vezes e estão associados às molas volumosas, com alta concentração de hCG. O hipertireoidismo é consequente à estimulação cruzada dos receptores tireoidianos do hormônio estimulante da tireoide (TSH) pela cadeia alfa da hCG.

Em relação aos exames complementares, valores séricos elevados de hCG, especialmente acima de 200.000 mUI/mL, são altamente sugestivos de doença trofoblástica gestacional.

A ultrassonografia é o exame mais empregado no diagnóstico da gestação molar. O aspecto ecográfico da mola hidatiforme depende da idade gestacional e do tamanho das vesículas. O padrão ultrassonográfico mais descrito consiste em múltiplas áreas anecoicas entremeadas por ecos amorfos (imagem em "flocos de neve") (Figura 8).

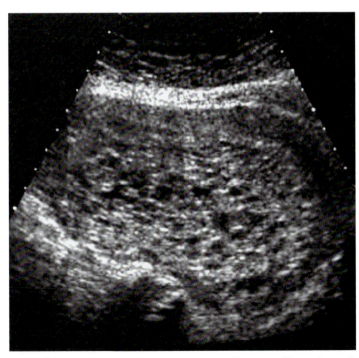

Figura 8 Aspecto ultrassonográfico de mola hidatiforme em "flocos de neve".

O tratamento da mola hidatiforme constitui-se, basicamente, do esvaziamento do conteúdo uterino. O método de eleição para tal é a vacuoaspiração. Em caso de útero de pequeno volume, compatível com gestação de primeiro trimestre, pode-se utilizar a aspiração manual intrauterina e, para úteros maiores, dá-se preferência à aspiração elétrica.

A histerectomia é uma alternativa terapêutica válida para mulheres que já têm sua prole constituída. O risco de transformação maligna diminui consideravelmente após histerectomia em comparação ao observado após esvaziamento molar por vacuoaspiração ou dilatação cervical e curetagem.

As pacientes com mola hidatiforme devem realizar acompanhamento de 1 ano após o tratamento, com dosagem seriada de beta-hCG, além de exame ginecológico. Após esvaziamento uterino, os sintomas da gestação regridem rapidamente e o sangramento vaginal não costuma permanecer por mais de 1 semana. O útero e os cistos tecaluteínicos regridem para as dimensões pré-gestacionais em 2 a 3 semanas e em 2 a 4 meses, respectivamente.

Geralmente, os valores séricos de beta-hCG tornam-se negativos entre 8 e 10 semanas após o esvaziamento molar. A persistência de beta-hCG detectável ou uma nova ascensão após descenso inicial obrigam a investigação diagnóstica para localização de eventual forma maligna/invasora da doença.

A neoplasia trofoblástica gestacional, também denominada doença trofoblástica gestacional maligna, inclui a mola invasora, o coriocarcinoma gestacional, o tumor trofoblástico do sítio placentário e o tumor trofoblástico epitelioide – por ser muito raro, o estudo dessa doença foge ao escopo deste livro.

Dor abdominal

É frequente a queixa de dor no hipogástrio e nas fossas ilíacas na primeira metade da gestação. O próprio crescimento uterino e a distensão de suas estruturas ligamentares, principalmente o ligamento redondo, podem determinar sensação de desconforto ou dor no hipogástrio na primeira metade da gravidez. Outra causa comum e benigna de dor nessa fase da gestação é a ocorrência de distensão gasosa intestinal, consequente às mudanças do peristaltismo determinadas pelo aumento da progesterona circulante.

CAPÍTULO 9 URGÊNCIAS EM OBSTETRÍCIA

Infecção do trato urinário é intercorrência clínica mais frequente em gestantes do que em mulheres não gestantes e sempre deve ser afastada quando houver queixa de dor em hipogástrio na gestação. Também se deve lembrar que qualquer gestante está sujeita a intercorrências clínicas e cirúrgicas de causa não obstétrica e, nesses casos, o quadro deve ser conduzido pelo médico especialista e o tratamento deve levar em conta algumas ressalvas para exames diagnósticos e medicamentos que devem ser preferencialmente evitados na gestação, mas que, em caso de evidente relação risco-benefício favorável, podem ser adotados para benefício materno.

Assim, os principais diagnósticos diferenciais que devem ser realizados para essas dores na primeira metade da gestação estão resumidos na Tabela 3.

Tabela 3 Diagnósticos diferenciais de dor abdominal na primeira metade da gestação

Obstétricos
"Fisiológico" por distensão ligamentar e crescimento uterino (exclusão de outras causas)
Abortamento
Gestação ectópica
Clinicocirúrgicos
Infecção do trato urinário
Litíase urinária
Gastroenterocolite
Apendicite
Dor musculoesquelética
Torção anexial

Infecção do trato urinário

A estase urinária, pelas alterações gravídicas do trato urinário, é o grande fator predisponente das duas complicações urinárias mais frequentes na gestação: infecção do trato urinário e nefrolitíase.

A infecção do trato urinário é a forma de infecção bacteriana mais frequente no ciclo gravídico-puerperal e pode levar a gestante a procurar o pronto-atendimento com quei-

Leia mais sobre as alterações do trato urinário na gestação no capítulo "Assistência pré-natal na primeira metade da gestação".

xa de disúria, polaciúria, maior frequência urinária, incontinência urinária ou simplesmente desconforto e/ou dor em hipogástrio. O médico que atende a gestante no pronto-atendimento deve estar atento e investigar se está diante de um quadro de infecção do trato urinário inferior (cistite) ou diante de um quadro mais grave, de infecção do trato urinário superior (pielonefrite).

Cistite aguda não complicada

A cistite aguda não complicada é a forma de infecção localizada da porção inferior do trato urinário e costuma ser de pequenas repercussões para as mulheres. No entanto, na gestação, há maior risco de evoluir para pielonefrite, sendo motivo de preocupação. Clinicamente, a paciente queixa-se de disúria, polaciúria, urgência, incontinência, maior frequência urinária e dor suprapúbica ao urinar. O exame físico não costuma revelar alterações e, por vezes, o toque vaginal é doloroso à topografia vesical ou à palpação profunda suprapúbica.

A urocultura é exame obrigatório na suspeita diagnóstica de cistite aguda na gestação e deve ser colhida sempre antes da primeira dose do antibiótico. Embora não se deva retardar o início do tratamento até o resultado da cultura, as pacientes devem ser sempre reavaliadas entre o terceiro e o quarto dias de tratamento para verificação de seu estado geral, pesquisa ativa de evolução para pielonefrite e checagem do antibiograma associado à cultura de urina.

Os principais antibióticos utilizados para o tratamento empírico de cistite aguda na gestação são a nitrofurantoína, a cefalexina e a cefuroxima, utilizados em regimes prolongados de 7 a 10 dias e, mais recentemente, fosfomicina-trometamol, utilizada em regime de dose única (Tabela 4). Devem ser inicialmente empregados até o resultado do antibiograma com posterior modificação, se necessário.

Pielonefrite aguda

A pielonefrite é a infecção do trato urinário superior, ou seja, que acomete o parênquima, a pelve e os cálices renais. Embora em adultos saudáveis seja uma infecção sistêmica de moderada repercussão e tratamento ambulatorial, nas

Tabela 4 Esquemas posológicos mais frequentes para o tratamento de infecção do trato urinário na gestação

Medicamento	Posologia	Duração
Nitrofurantoína	100 mg, por via oral, a cada 6 horas	7-10 dias
Cefalexina	500 mg, por via oral, a cada 6 horas	7-10 dias
Cefuroxima	250 mg, por via oral, a cada 12 horas	7-10 dias
Fosfomicina-trometamol	Um sachê (8 g), por via oral, diluído em meio copo d'água	Dose única

gestantes e puérperas representa grave morbidade materna e fetal e é sempre de tratamento inicial parenteral e em regime de internação hospitalar.

Comumente, a paciente se apresenta com história prévia sugestiva de cistite aguda, com piora recente dos sintomas, acompanhados de queda do estado geral, prostração, febre, taquicardia, sudorese, calafrios, dor lombar intensa e urina por vezes fétida e com aspecto purulento e denso. O exame físico costuma revelar dor intensa à punhopercussão lombar.

Após internação e medidas de suporte iniciais, como hidratação e expansão volêmica, repouso e controle da febre com antitérmicos, devem ser colhidos urocultura, hemograma e, nas pacientes com sintomas sugestivos de bacteriemia, também a hemocultura.

O início do antibiótico é imediato e empírico, e tal qual nas infecções urinárias baixas, será corrigido pelo resultado da urocultura com antibiograma.

Os principais antibióticos parenterais para iniciar empiricamente o tratamento de pielonefrite em gestantes são a cefazolina, a cefalotina e a ceftriaxona.

Após início do tratamento, a paciente deve apresentar melhora em até 48 a 72 horas. Nos casos em que a melhora não for evidente, deve-se trocar o antibiótico conforme o antibiograma.

O tratamento para pielonefrite tem duração de 10 a 14 dias. Uma vez que a paciente esteja bem e afebril por pelo menos 48 horas, pode-se trocar o esquema antibiótico por alternativa oral e completar o tratamento ambulatorialmente, desde que o antibiograma revele suscetibilidade bacteriana a algum antibiótico oralmente disponível e que possa ser usado na gestação. Habitualmente, empregam-se os mesmos esquemas posológicos utilizados no tratamento da cistite aguda não complicada.

Em razão da predisposição aumentada à infecção do trato urinário na gestação e do maior potencial de complicações nesse período, existem recomendações para a profilaxia de infecção do trato urinário na gravidez. Sendo assim, havendo dois episódios de cistite aguda em uma mesma gestação, após o fim do tratamento do segundo episódio está indicada a profilaxia com nitrofurantoína, 100 mg, por via oral, à noite, até o parto. Nos casos de pielonefrite aguda, já após o primeiro episódio tratado, deve-se empregar a profilaxia com nitrofurantoína até o parto.

Queixas no serviço de pronto-atendimento na segunda metade da gestação

Sangramento vaginal

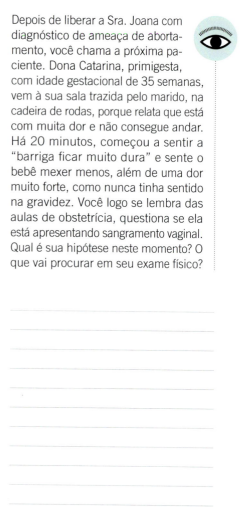

Depois de liberar a Sra. Joana com diagnóstico de ameaça de abortamento, você chama a próxima paciente. Dona Catarina, primigesta, com idade gestacional de 35 semanas, vem à sua sala trazida pelo marido, na cadeira de rodas, porque relata que está com muita dor e não consegue andar. Há 20 minutos, começou a sentir a "barriga ficar muito dura" e sente o bebê mexer menos, além de uma dor muito forte, como nunca tinha sentido na gravidez. Você logo se lembra das aulas de obstetrícia, questiona se ela está apresentando sangramento vaginal. Qual é sua hipótese neste momento? O que vai procurar em seu exame físico?

A queixa de sangramento vaginal na segunda metade da gestação é sempre um evento alarmante. Algumas causas de sangramento nesta fase podem significar intercorrências graves, com grande potencial de morte materna e/ou fetal e, por isso, sempre devem ser afastadas.

No entanto, da mesma forma que na primeira metade da gestação, deve-se afastar a hipótese de o sangramento ser de origem vaginal, cervical, do trato urinário ou gastrointestinal.

Cabe aqui reforçar a importância da profilaxia da aloimunização Rh e, sempre que for identificada uma hemorragia feto-materna, seja qual for o seu volume, deve ser administrada imunoglobulina anti-D às gestantes Rh-negativas que não tenham sido previamente sensibilizadas, em até 72 horas após o sangramento.

A seguir, serão abordadas as principais causas obstétricas de sangramento na segunda metade da gestação.

Descolamento prematuro de placenta (DPP)

Denomina-se descolamento prematuro de placenta (DPP) a separação da placenta normalmente inserida antes da expulsão fetal após 20 semanas de gestação.

A incidência de DPP varia de 0,4 a 1,3% das gestações, e o DPP com gravidade suficiente para ocasionar óbito fetal ocorre em cerca de 0,12% das gestações.

Existem alguns fatores de risco associados à ocorrência de DPP, como: síndromes hipertensivas, cesárea prévia, rotura prematura de membranas ovulares (RPMO), trombofilias hereditárias, antecedente de DPP, tabagismo, uso de cocaína, traumas, idade materna avançada e multiparidade.

O DPP resulta de hemorragia na interface deciduoplacentária, sendo a hipertonia uterina um fenômeno reflexo. O aumento do tônus uterino ocasiona colapso venoso com pouca alteração do fluxo arterial. Como consequência do aumento da pressão venosa, ocorre a rotura de vasos uteroplacentários, piorando o descolamento da placenta. A liberação na circulação materna de fatores tissulares e de tromboplastina origina quadro de coagulação intravascular disseminada, que está presente em cerca de 10 a 20% dos casos de DPP grave (com óbito fetal). Depósitos de fibrina podem resultar em trombos renais. O rim pode sofrer necrose tubular aguda e cortical.

O diagnóstico de DPP é basicamente clínico. Na anamnese, observa-se o relato de dor súbita e intensa acompanhada de sangramento vaginal (Figura 9). Em aproximadamente 20 a 25% dos casos, não há referência à hemorragia, pois o sangramento se encontra oculto, na porção retroplacentária, e sem exteriorização (Figura 10). Essa informação é fundamental, pois estes consistem nos casos de diagnóstico mais difícil, visto que em geral o médico vincula a hipótese diagnóstica de DPP à ocorrência do sangramento.

O exame físico geral evidencia sinais de hipovolemia e pode-se também encontrar sinais indiretos de coagulação intravascular disseminada como petéquias, equimoses e hematomas. Ao exame obstétrico, identifica-se sangramento vaginal em quase 80% dos casos, aumento do tônus uterino, aumento progressivo da altura uterina nos casos de sangramento oculto, ausculta fetal difícil ou ausente e, ao toque vaginal, pode-se evidenciar a bolsa das águas tensa. Especialmente nos casos de sangramento oculto, em que o sangue fica acumulado entre a placenta descolada e o útero, pode-se identificar o útero de Couvelaire, de aspecto lenhoso e infiltrado por sangue no miométrio e até a serosa. Após

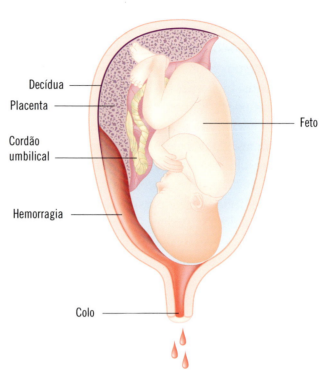

Figura 9 Descolamento prematuro de placenta com hemorragia externa.

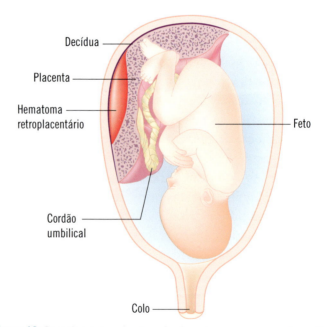

Figura 10 Descolamento prematuro de placenta com sangramento oculto.

o parto, esse tipo de infiltrado chama a atenção para um risco particularmente alto de atonia uterina.

A ultrassonografia evidencia somente sinais tardios de DPP que incluem a visibilização de coágulo retroplacentário, elevações da placa coriônica, aumento localizado da espessura placentária e imagens compatíveis com coágulos no estômago do feto. Por isso, nunca deve ser pensada como propedêutica acessória no diagnóstico de DPP, pois o seu tempo de execução associado aos pobres achados na fase inicial aguda do processo podem comprometer o bem-estar do binômio materno-fetal ao atrasar a conduta.

A cardiotocografia pode auxiliar no diagnóstico por evidenciar sofrimento fetal e alterações da contratilidade uterina como taquissistolia e hipertonia uterina.

Deve-se ter em mente que o DPP configura evento grave, de altas morbidade e mortalidade materno-fetal, e, portanto, exige condutas ativas e imediatas compatíveis com o atendimento de urgência grave como traumas e choques hemorrágicos. É a principal causa de coagulopatia na gravidez.

Além da estabilização hemodinâmica materna, como conduta obstétrica, a amniotomia deve ser a primeira medida a ser tomada, se possível, no local da suspeita diagnóstica. Além de contribuir para a confirmação diagnóstica, no caso de achado de hemoâmnio, ocorre a descompressão da cavidade amniótica, com interrupção (ou ao menos desaceleração) da cadeia autoalimentada de eventos fisiopatológicos do DPP, retardando a instalação de complicações maternas e aumentando as chances fetais. Na presença de feto vivo e viável, desde que o parto vaginal não seja iminente, impõe-se realização de operação cesariana. Na presença de feto inviável ou morto, estando as condições maternas preservadas, opta-se por amniotomia, sedação com meperidina e infusão de ocitocina caso haja necessidade. O parto deverá ocorrer obrigatoriamente em até 4 a 6 horas, reavaliando-se o quadro clínico a cada hora. Nesse período, são obtidos os resultados laboratoriais que irão orientar o tratamento materno.

Placenta prévia

Define-se placenta prévia como a presença de tecido placentário no segmento inferior, que recobre ou está muito próximo ao orifício interno do colo uterino após 28 semanas de gestação. Pode ser classificada, de acordo com sua localização (Figura 11), como:

• placenta prévia centro-total: aquela que recobre totalmente o orifício interno do colo uterino;
• placenta prévia centro-parcial: aquela que recobre parcialmente o orifício interno do colo do útero;

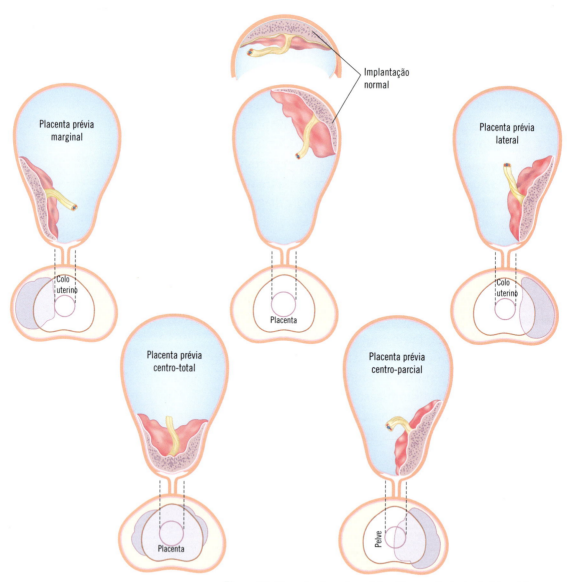

Figura 11 Tipos de placenta prévia. (Figura adaptada de Edgard.[3])

CAPÍTULO 9 URGÊNCIAS EM OBSTETRÍCIA

- placenta prévia marginal: placenta cuja borda atinge o orifício interno do colo do útero, sem ultrapassá-lo, ficando à sua margem;
- placenta prévia lateral ou, ainda, placenta de implantação baixa: ainda que implantada no segmento inferior do útero, a placenta não atinge o colo uterino e sua borda dista até 7 cm do orifício interno do colo. Pode também incluir os casos em que a relação exata da placenta com o orifício interno não pode ser determinada, ou de aparente placenta prévia no segundo trimestre, quando ainda não se tem certeza se a posição placentária é definitiva ou não.

A placenta prévia está associada a grandes morbidade e mortalidade fetal, mas acarreta também morbidade materna significativa. Do ponto de vista fetal, implica maior risco de prematuridade, restrição do crescimento fetal (RCF) e até mesmo malformações. Entre os riscos maternos associados à placenta prévia, estão histerectomia, anemia aguda e transfusão.

Existem fatores de risco claramente associados à ocorrência de placenta prévia, sendo os principais: multiparidade, gestações múltiplas, idade materna avançada e o número de cesáreas e/ou curetagens prévias.

Placenta prévia é um possível diagnóstico para qualquer gestante que apresentar sangramento vaginal após 28 semanas de gestação e, considerando-se ainda os casos de placentas baixas que também sangram, deve-se desconfiar dessa possibilidade em sangramentos a partir de 24 semanas.

Classicamente, distingue-se do DPP por apresentar-se como sangramento vermelho-vivo, indolor, imotivado e em múltiplos episódios, cada um mais intenso do que o anterior (Tabela 5).

O diagnóstico definitivo exige ultrassonografia transvaginal, pois o exame abdominal pode apresentar até 25% de resultados falso-positivos (Figura 12).

O exame especular pode demonstrar colo uterino normal ou ainda evidenciar coágulo vaginal ou sangramento ativo que se origina do orifício externo do colo.

Uma vez que pode ocasionar hemorragia volumosa, o toque vaginal está proscrito em caso de suspeito de placenta prévia até que seja realizado o exame ultrassonográfico. Em casos de absoluta exceção, somente pode ser realizado

Tabela 5 Diferenças clínicas entre placenta prévia e descolamento prematuro de placenta

	Placenta prévia	Descolamento prematuro de placenta
Sangramento	Vermelho-vivo	Escuro e, às vezes, ausente
Dor	Ausente	Presente
Tônus uterino	Normal	Aumentado
Alteração de vitalidade fetal	Geralmente ausente; instala-se após instabilidade hemodinâmica materna	Precoce
Instabilidade hemodinâmica	Dependente do volume de sangramento	Pode instalar-se de maneira desproporcional ao sangramento exteriorizado

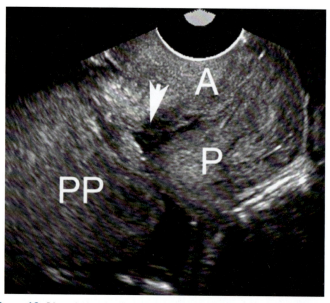

Figura 12 Diagnóstico de placenta prévia centro-total por ultrassonografia transvaginal. Seta: orifício interno do colo uterino; A: lábio anterior; P: lábio posterior; PP: placenta prévia. (Figura retirada de Oyelese & Smulian[6])

em locais em que seja possível intervenção cirúrgica de emergência e pelo obstetra mais experiente disponível, já com equipe cirúrgica pronta e em posição.

Como os casos de placentas baixas diagnosticadas antes de 28 semanas, em sua maioria, não serão confirmados como reais casos de placentas prévias no terceiro trimestre, o exame ultrassonográfico transvaginal de confirmação deve ser repetido entre 28 e 34 semanas para as pacientes com suspeita diagnóstica. Quando a paciente procura o pronto-socorro com quadro de sangramento, não havendo ultrassonografia da gestação disponível que confirme a placenta como normalmente inserida, então o exame deverá ser realizado naquele momento.

Nos poucos casos em que o exame ultrassonográfico não for suficiente para o diagnóstico (especialmente nos casos de placentas posteriores, cujo exame ultrassonográfico é tecnicamente mais difícil), ou ainda nos casos em que houver suspeita de acretismo placentário associado à placenta prévia, recomenda-se a realização de ressonância nuclear magnética, que visibiliza bem a placenta e o colo uterino e não sofre interferência da posição da apresentação fetal.

Os casos assintomáticos com achado diagnóstico devem ser sempre referenciados para centros terciários de atendimento que disponham de unidade de terapia intensiva adulta e neonatal. No acompanhamento ambulatorial desses casos, quando houver sangramento, recomenda-se internação imediata, com observação da paciente em conduta expectante. Nessa situação, caso haja hemorragia espontânea e grave, a paciente poderá ser rapidamente levada ao centro cirúrgico para realização do parto e terapêuticas associadas.

Nos casos em que a paciente procurar o pronto-socorro com sangramento, a internação é mandatória após o diagnóstico e a conduta varia conforme a gravidade clínica do episódio hemorrágico e a idade gestacional.

Em todos os casos de sangramento com idade gestacional acima de 37 semanas, está indicado o parto terapêutico após estabilização materna. Para os casos de sangramento anterior a 37 semanas, a conduta é tomada conforme o volume de sangramento.

A conduta expectante é baseada no fato de que 75% dos episódios de sangramento são autolimitados e não impõem risco para a mãe ou o feto. Em aproximadamente 50% dos casos, é possível ganhar 4 semanas entre o primeiro episódio de sangramento e o momento do parto, e este tempo repre-

Pacientes com placenta prévia têm maior risco de apresentar também acretismo placentário, expressão utilizada quando a placenta está aderida de forma anormal ao útero, podendo invadir o miométrio, a serosa e até mesmo estruturas vizinhas ao órgão. Dependendo do grau de invasão, determina maior ou menor gravidade da doença.

senta grande impacto sobre a morbidade neonatal decorrente de prematuridade.

Para os casos de sangramentos leves, portanto, é adotada a conduta expectante, com repouso absoluto da paciente, controle laboratorial de hemoglobina e hematócrito. A paciente deve receber suplementação adequada de ferro, além da suplementação habitual que a gestação exige.

Havendo controle espontâneo do sangramento, a paciente será mantida internada em repouso absoluto. Com a conduta expectante, se a gestação chegar a termo, pode ser possível realizar o parto vaginal em mulheres com placenta prévia lateral ou marginal. Nos casos de placenta prévia centro-total ou centro-parcial, o objetivo é alcançar 37 semanas de gestação, quando então a cesárea eletiva é realizada. Em todos os casos de placenta prévia em que o sangramento foi controlado, é prudente o uso de corticosteroides para maturação pulmonar fetal quando a idade gestacional se encontrar entre 26 e 34 semanas.

Os casos de sangramento intenso exigem conduta ativa por parte do obstetra. Após estabilização do quadro clínico materno ou, algumas vezes, até mesmo durante as medidas terapêuticas de estabilização, a paciente deve ser conduzida ao centro cirúrgico para cesárea imediata.

Rotura uterina

Embora se apresente mais frequentemente como possível causa de hemorragia pós-parto e na maior parte das vezes acompanhada de dor abdominal, instabilidade hemodinâmica materna e sofrimento fetal, a rotura uterina é um quadro grave e potencialmente letal que deve ser lembrado em gestantes com dor forte e refratária à analgesia e com antecedente de cicatrizes uterinas prévias, em especial as cicatrizes não segmentares como aquelas provenientes de miomectomias ou cesárea corporal ou antecedente de duas ou mais cesáreas prévias. O sangramento vaginal costuma ser pequeno e desproporcional à instabilidade hemodinâmica e à dor abdominal, e o atraso no seu diagnóstico pode ser fatal.

A rotura uterina pode ser classificada em parcial, quando o peritônio permanece intacto, ou completa, quando há rompimento de peritônio e o feto é expulso na cavidade abdominal, situação grave e que apresenta mortalidade de até 75% dos casos.

Os casos de rotura espontânea são muito raros e, quando relatados, em geral acontecem no terceiro trimestre, próximos ao termo, resultantes da distensão uterina ou das contrações em útero com parede fragilizada por cicatrizes prévias.

A conduta diante do diagnóstico de rotura uterina é cirúrgica e imediata, sob risco de choque hemorrágico materno.

Rotura de *vasa praevia*

A *vasa praevia* acontece quando os vasos umbilicais se encontram na frente da apresentação fetal no segmento inferior. Geralmente, há coexistência com inserção velamentosa do cordão umbilical, e nessa conjuntura os vasos umbilicais encontram-se entre o âmnio e o cório sem a presença da gelatina de Warthon.

Leia mais sobre a composição do cordão umbilical no capítulo "Placentação e hormonologia da placenta".

Atualmente, o diagnóstico de *vasa praevia* pode ser obtido por ultrassonografia com Doppler colorido, mas mesmo nos aparelhos modernos de ultrassonografia não é um diagnóstico fácil, pois depende de diversos outros fatores, como apresentação fetal, localização placentária e posição fetal no momento do exame. Infelizmente, na maioria dos casos, o diagnóstico ocorre com o sangramento após a rotura das membranas, uma vez que os vasos umbilicais estão justamente entre o âmnio e cório. É, portanto, uma situação mais frequente na amniotomia ativa durante o trabalho de parto, por isso é importante atentar, ao exame de toque, para a presença de vasos que possam resultar em rotura de *vasa praevia*. Como o sangramento é de origem fetal, após rotura de um vaso umbilical, a morte do produto conceptual por exsanguinação é a regra.

Alguns fatores de risco podem ser identificados, como inserção baixa da placenta, placentas bilobadas e gestações gemelares. A identificação de *vasa praevia* em casos suspeitos implica na realização de operação cesariana após assegurada a maturidade fetal. Justamente por ser condição de sangramento vaginal, é diagnóstico diferencial dos sangramentos de placenta prévia e DPP, mas raramente essa hemorragia é espontânea e a causa de procura do pronto-socorro, pois é uma situação peculiar do andamento do trabalho de parto.

Leia mais sobre as contrações de Braxton Hicks no capítulo "Assistência pré-natal na segunda metade da gestação".

Leia mais sobre o diagnóstico do trabalho de parto prematuro no capítulo "Parto".

Contrações

Durante a segunda metade da gestação, uma queixa frequente que leva à procura pelo pronto-socorro são as contrações uterinas, na maior parte das vezes relatadas como "endurecimento da barriga", especialmente por aquelas mulheres que nunca vivenciaram o trabalho de parto.

Nesses casos, há que se diferenciar se são as contrações de Braxton Hicks ou se são contrações próprias do trabalho de parto.

Em casos de gestantes de termo, com mais de 37 semanas, o principal objetivo é determinar se a gestante está ou não na fase ativa de trabalho de parto.

Mediante uma gestante com idade gestacional menor que 37 semanas, o médico deve sempre afastar ou confirmar a hipótese de trabalho de parto prematuro para adotar as medidas cabíveis.

Define-se trabalho de parto prematuro aquele que ocorre antes de 37 semanas completas de gestação. A gestante pode procurar o pronto-socorro em uma fase mais inicial ou mais tardia do trabalho de parto prematuro, e a queixa mais comum é a percepção de contrações, acompanhadas ou não de dor em baixo ventre e/ou lombar.

Quando a gestante procura o pronto-atendimento no estágio inicial do trabalho de parto prematuro, as modificações bioquímicas relacionadas ao evento do parto foram iniciadas, mas, apesar da constatação clínica de contrações uterinas, não se evidenciam modificações significativas do colo uterino. Habitualmente, essas contrações são bastante irregulares e não apresentam a característica rítmica do trabalho de parto propriamente dito. Esse estágio é denominado "útero irritável".

Do ponto de vista assistencial, a conduta é preconizar repouso físico, abstinência sexual, afastar quadros infecciosos e introduzir progesterona por via vaginal.

Existem alguns fatores que podem desencadear a presença do útero irritável, como infecções geniturinárias (cistite, vulvovaginite etc.) e volume uterino excessivo (gestação múltipla, polidrâmnio, feto macrossômico etc.). Os fatores associados ao trabalho de parto prematuro devem ser investigados e tratados quando passíveis de intervenção. Dessa forma, além de exame físico e obstétrico completo, pode-

-se utilizar o período de analgesia e reavaliação para pesquisa de infecções (urina tipo I, leucograma) e exames de avaliação do bem-estar fetal (ultrassonografia obstétrica e cardiotocografia, quando feto viável, ou seja, a partir de 26 semanas).

Se houver evolução do trabalho de parto prematuro, as contrações tornam-se rítmicas e regulares e ocorrem também as modificações cervicais que levam à dilatação do colo uterino.

Do ponto de vista assistencial, define-se o trabalho de parto prematuro quando:

a. as contrações uterinas são regulares e com intervalo máximo de 5 minutos entre cada contração;
b. há dilatação cervical de pelo menos 1 cm;
c. ocorre o esvaecimento cervical;
d. constatam-se alterações cervicais progressivas.

Constatada e confirmada a instalação do trabalho de parto prematuro, deve ser sempre tentada a inibição deste (tocólise), visando à prevenção terciária da prematuridade. Essa medida visa adiar o nascimento por alguns dias, permitindo algumas medidas importantes como a corticoterapia e a profilaxia para infecção por estreptococos do grupo B, melhorando muito o prognóstico do recém-nascido. No entanto, existem condições maternas e fetais que impedem a tocólise, por acarretarem risco à mãe, ao feto ou a ambos (Tabela 6). Dessa forma, a paciente deverá ser internada para tocólise ou, estando esta proscrita, para condução e adequada assistência ao parto prematuro, a fim de diminuir os prejuízos sobre o neonato pré-termo.

Os mesmos exames solicitados na condição de útero irritável devem ser solicitados nos casos de trabalho de parto prematuro, pois os fatores desencadeantes são comuns às duas condições. Toda tocólise deve ser realizada com a paciente em repouso no leito, monitorizada, mantendo-se acompanhamento constante da dinâmica uterina e dos batimentos cardíacos fetais.

As drogas mais utilizadas para a tocólise são os beta-agonistas (como a terbutalina) e os antagonistas da ocitocina (acetato de atosibana). A primeira classe, apesar de seu uso disseminado, tem como desvantagens os efeitos colate-

> Nos casos em que não houver evolução do trabalho de parto, eventuais causas desencadeantes do útero irritável devem ser tratadas e a gestante pode voltar a fazer o acompanhamento ambulatorial. Nesses casos, para diminuir a contratilidade uterina, está indicado o uso de progesterona natural por via vaginal na dose de 200 a 400 mg/dia.

Tabela 6 Condições obrigatórias e contraindicações para tocólise

Condições obrigatórias para tocólise
Feto vivo sem sinais de sofrimento fetal ou malformações incompatíveis com a vida
Dilatação cervical < 4 cm
Esvaecimento cervical não pronunciado
Membranas fetais íntegras
Idade gestacional entre 22 e 34 semanas
Ausência de contraindicações
Contraindicações para tocólise
Restrição do crescimento fetal
Suspeita ou confirmação de infecção amniótica
Suspeita ou confirmação de descolamento prematuro de placenta
Placenta prévia sangrante
Síndromes hipertensivas maternas
Doenças maternas graves descompensadas: cardiopatias, diabetes, hipertireoidismo, anemia falciforme etc.
Malformações fetais incompatíveis com a vida

rais relacionados aos receptores beta-1, como taquicardia e hipertensão. Já a segunda classe tem como vantagem principal a melhor tolerabilidade, mas seu custo é bem maior, limitando a disponibilidade em alguns serviços.

Em concomitância com a tocólise, é iniciada administração de progesterona natural por via vaginal na dose de 200 mg a cada 12 horas, a fim de aumentar a quiescência das fibras miometriais, e corticoterapia, para acelerar a maturação pulmonar fetal. Uma vez alcançada a inibição efetiva das contrações, mantém-se a paciente internada por alguns dias, para avaliação laboratorial, investigação etiológica e observação de recidiva do trabalho de parto prematuro. Após a inibição do trabalho de parto prematuro, quando da alta hospitalar, recomenda-se repouso físico e abstinência sexual à gestante, manutenção da progesterona via vaginal e retorno ambulatorial frequente para avaliação da contratilidade e do colo uterino.

A corticoterapia é realizada entre 26 e 34 semanas de gestação, por meio de aplicação intramuscular de betametasona, 12 mg, duas doses, com intervalo de 24 horas entre elas. O efeito máximo inicia-se 24 horas após a segunda dose e persiste por 7 dias.

O trabalho de parto prematuro por si só é fator de risco significativo para a sepse neonatal por estreptococo do grupo B. Diante de trabalho de parto prematuro em evolução, a menos que se disponha de cultura vaginal e anal negativas para estreptococo realizada nas últimas 5 semanas, deve ser feita antibioticoprofilaxia.

Justamente por ser difícil, em muitos casos, diferenciar claramente entre dores fisiológicas da gestação, útero irritável ou efetivo trabalho de parto prematuro, a medicina busca ativamente marcadores diagnósticos ou preditivos do trabalho de parto prematuro.

Na prática obstétrica moderna, já está disponível a realização de um teste rápido para detecção da presença da fibronectina fetal na secreção vaginal. A fibronectina é uma glicoproteína produzida pelo trofoblasto, que é normalmente encontrada na matriz extracelular adjacente ao trofoblasto, e sua função é a de aderência do tecido trofoblástico à decídua uterina (Figura 13).

> Não deixe de acessar o site: http://bvsms.saude.gov.br/bvs/publicacoes/atencao_recem_nascido_%20guia_profissionais_saude_v4.pdf. Nele, você encontrará as diretrizes do Ministério da Saúde para o cuidado dos recém-nascidos prematuros.

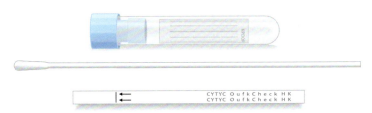

Figura 13 *Kit* para o teste de fibronectina fetal.

Durante o desenvolvimento gestacional normal, a cavidade uterina é completamente vedada e isolada pela fusão do cório com o âmnio ao redor de 22 semanas, não sendo mais possível detectar a fibronectina no conteúdo vaginal a partir dessa idade gestacional.

Quando há risco para trabalho de parto prematuro, a fibronectina fetal destaca-se da interface materno-fetal e atinge a vagina. Portanto, em condições totalmente fisiológicas, a fibronectina é detectável no conteúdo vaginal antes de 22 semanas e a partir de 35 semanas, quando as modificações cervicais que antecedem o parto começam a se instalar.

O teste rápido é capaz de detectar a presença de pequenas concentrações de fibronectina fetal no conteúdo vaginal e pode ser realizado ambulatorialmente, no consultório ou no ambiente de pronto-socorro.

A grande vantagem do teste é o seu elevado valor preditivo negativo, que é de aproximadamente 98%. Ou seja, em 98% dos casos em que o teste resulta negativo, a paciente não apresentará trabalho de parto prematuro por um período de 14 a 21 dias a partir da data de sua realização. Dessa forma, diante de uma paciente que se apresente para avaliação com queixa sugestiva de contrações ou ainda com um quadro clínico de difícil avaliação, se o teste de detecção da fibronectina se mostrar negativo, pode-se assumir que não se trata de falso trabalho de parto, sendo mais provável o diagnóstico de útero irritável ou simplesmente dor de origem fisiológica benigna. Por outro lado, a ocorrência de um resultado positivo indica a necessidade de internação da paciente para prevenção terciária da prematuridade, com instituição de tocólise, corticoterapia e antibioticoprofilaxia para sepse neonatal por estreptococo do grupo B, pois a probabilidade de que a paciente venha a apresentar franco trabalho de parto prematuro é grande.

"Perda de líquido"

Queixa muito frequente na segunda metade da gestação, a perda de conteúdo vaginal deve ser prontamente avaliada e interpretada pelo médico no pronto-atendimento. Entre os diagnósticos diferenciais, incluem-se leucorreia, perda de tampão mucoso, incontinência urinária e a RPMO.

Define-se por RPMO a rotura espontânea das membranas coriônica e amniótica antes do início do trabalho de parto, independentemente da idade gestacional ou da dilatação cervical.

Alguns fatores de risco estão associados à ocorrência de RPMO, como gestação múltipla, polidrâmnio, incompetência cervical, tabagismo, infecções genitais e placenta prévia.

Na maior parte das vezes, o exame clínico é suficiente para diagnosticar a RPMO. Durante a anamnese, há que se investigar se a "perda de líquido", como é relatada, é contínua ou apenas às manobras de esforço; em que quantidade ocorre; se o líquido tem algum aspecto característico (cor, odor); se a queixa é acompanhada de sintomas como prurido genital, disúria, polaciúria etc.

CAPÍTULO 9 URGÊNCIAS EM OBSTETRÍCIA

Quando associada a sintomas como prurido genital e leucorreia branca grumosa, por exemplo, pode evidenciar quadro de candidíase vaginal. Perdas involuntárias, não contínuas, associadas a disúria e polaciúria, por exemplo, podem ser indicativas de infecção do trato urinário. A saída de secreção mucosa, espessa, por vezes clara ou de cor acastanhada, pode ser indicativa de perda de tampão mucoso. A perda de grande quantidade de líquido desprovida de outros sintomas sempre deve levar à suspeita de RPMO.

O exame especular costuma ser definitivo na maioria dos casos para a confirmação de RPMO. Além de identificar outras causas de "perda de líquido", como candidíase, vaginose ou mesmo o conteúdo vaginal aumentado fisiológico da gravidez, durante o exame especular é possível observar a saída de líquido amniótico pelo orifício externo do colo uterino, especialmente à manobra de Valsalva, nos casos de RPMO. Deve-se evitar o toque vaginal para diminuir o risco de infecções.

Outras vezes, no entanto, a perda de líquido pode ser imperceptível ao exame especular e, nesses casos, alguns exames complementares podem auxiliar no diagnóstico.

Entre os exames complementares mais utilizados, destacam-se:

- teste de pH: na RPMO, ocorre mudança do pH vaginal ácido (4,5 a 6) para pH alcalino (7,1 a 7,3), que pode ser verificada por meio do teste do fenol vermelho (no qual se observa mudança de coloração de laranja para vermelho em casos de RPMO), pelo papel de nitrazina (coloração azul em pH alcalino) ou por fitas de medição direta de pH;
- prova de cristalização do líquido amniótico: observa-se aspecto de "samambaia" após aquecimento em lâmina com líquido amniótico;
- pesquisa de elementos fetais na microscopia óptica (escamas, células orangiófilas, penugem);
- teste de detecção da proteína-1 ligada ao fator de crescimento insulina-símile (IGFBP-1): presente no líquido amniótico e identificada por meio de uma fita indicadora da substância, muito semelhante a um teste urinário de gravidez;
- ultrassonografia: evidência de diminuição da quantidade de líquido amniótico.

Uma vez diagnosticada a RPMO, a conduta baseia-se, fundamentalmente, na presença ou não de infecção ovular e na idade gestacional, com o objetivo de minimizar a morbidade e a mortalidade materna e fetal (risco infeccioso e complicações decorrentes da prematuridade). Entre as repercussões fetais, além de infecção e das complicações secundárias à prematuridade, a ocorrência de RPMO também pode acarretar problemas específicos, com gravidade variável dependendo da precocidade em que se instalou, como fácies características, pé torto congênito e hipoplasia pulmonar.

O diagnóstico de infecção ovular baseia-se na presença de febre (temperatura $\geq$ 37,8°C) ou de dois ou mais dos sinais a seguir: taquicardia materna (> 100 bpm), taquicardia fetal (> 160 bpm), útero irritável, secreção purulenta oriunda do orifício externo do colo e leucocitose (> 15.000/mm^3 ou aumento de 20%), sempre descartando outros focos de infecção. No caso de infecção ovular, independentemente da idade gestacional, a conduta será ativa com término da gestação, preferencialmente por via vaginal, acompanhada de antibioticoterapia de amplo espectro, com esquema preferencial composto por: ampicilina, 2 g, por via intravenosa, a cada 6 horas + gentamicina, 1,5 mg/kg, por via intravenosa, a cada 8 horas + metronidazol, 500 mg, por via intravenosa, a cada 8 horas, mantido por 48 horas após último episódio de febre.

Na ausência de infecção ovular e boa vitalidade fetal, a conduta é expectante, com controle diário de vitalidade fetal e pesquisa de infecção ovular a cada 2 dias em regime de internação hospitalar até que se completem 36 semanas de gestação. A partir de 36 semanas, a conduta diante da RPMO será ativa, com término da gestação, preferencialmente por via vaginal (Figura 14).

Dor abdominal e lombar

Na segunda metade da gestação, continuam presentes as dores pelo crescimento uterino e pela distensão dos ligamentos, e somam-se a elas também as eventuais dores provocadas pelo peso fetal direto sobre a região pélvica, em especial nas apresentações cefálicas e no final da gestação, todas fisiológicas e que podem ser relatadas pela gestante como dor ou desconforto no hipogástrio.

Não deixe de acessar o site: http://www.cdc.gov/mmwr/pdf/rr/rr5910.pdf.
Nele, você encontrará recomendações do Centers for Diseases Control and Prevention para o controle da doença perinatal causada por estreptococo do grupo B.

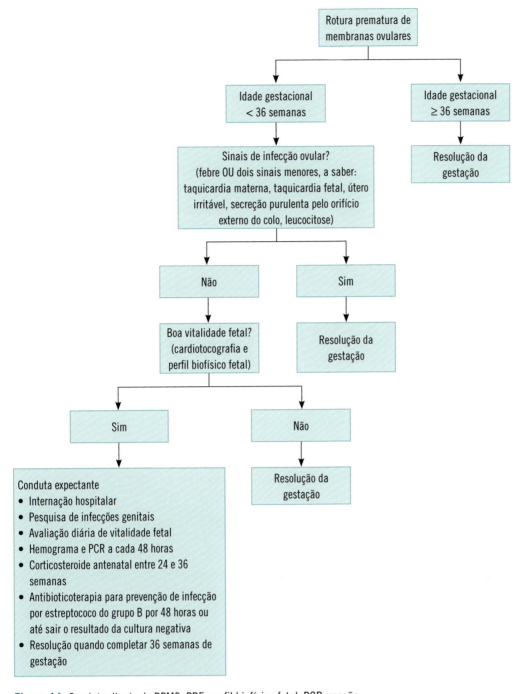

Figura 14 Conduta diante de RPMO. PBF: perfil biofísico fetal; PCR: reação em cadeia da polimerase; RPMO: rotura prematura de membranas ovulares.

Nessa ocasião, o principal diagnóstico diferencial a ser realizado é com a possibilidade de a dor ser manifestação inicial do trabalho de parto, seja este prematuro ou de termo.

Leia mais sobre as adaptações musculoesqueléticas que ocorrem durante a gestação no capítulo "Assistência pré-natal na segunda metade da gestação".

Embora dificilmente se apresente como dor isolada e, geralmente, venha acompanhada de queixa de "endurecimento da barriga" (aumento do tônus uterino), sangramento vaginal e diminuição de movimentação fetal, o DPP também é um diagnóstico diferencial de dor abdominal na segunda metade da gestação. A rotura uterina em gestações próximas do termo em mulheres com cicatrizes uterinas prévias também pode ser apontada como diagnóstico diferencial da dor, como já discutido neste capítulo.

Acrescentam-se aos diagnósticos diferenciais as causas não obstétricas e intercorrências clinicocirúrgicas (Tabela 7).

Durante a segunda metade da gravidez, a gestante também pode se queixar frequentemente de "dor nas costas", o que geralmente exprime dor nas regiões lombar, paravertebrais e nos flancos. Essas dores, em sua maioria, são resultantes da mudança postural da grávida na segunda metade da gestação.

A gestante também está suscetível a outras intercorrências clinicocirúrgicas, que devem fazer parte dos diagnósticos diferenciais. Entre elas, destacam-se as afecções do trato urinário. Além da pielonefrite, a litíase urinária também pode se manifestar como lombalgia e deve ser investigada nas gestantes com tal queixa, uma vez que as alterações fisiológicas da gestação predispõem ao surgimento de cálculos. O tratamento baseia-se na analgesia e na orientação de hidratação e esvaziamento vesical regular. O uso de anti-inflamatórios é contraindicado na gestação. Em casos de cálculos bilaterais, de dilatação importante das vias urinárias ou de piora de função renal, a avaliação de especialista se faz necessária.

Uma observação importante para o médico responsável pelo pronto-atendimento é que algumas alterações anatômicas da gestação podem determinar mudança no padrão habitual da manifestação clínica de algumas doenças. Por exemplo, em casos de apendicite, pela mudança da posição do apêndice cecal decorrente do crescimento uterino, a dor pode ser relatada na região dos flancos ou eventualmente até no hipocôndrio, diferentemente da dor em fossa ilíaca esperada para mulheres não gestantes. Até mesmo o exame de imagem para o diagnóstico dessas doenças pode ser prejudicado pelo estado gravídico e o médico que assiste essa gestante deve estar afeito às adaptações anatômicas do organismo materno à gravidez, a fim de proporcionar melhor diagnóstico e tratamento para a gestante com dor abdominal ou lombar.

Tabela 7 Diagnósticos diferenciais de dor abdominal e lombar em gestantes na segunda metade da gestação

Obstétricos
"Fisiológico" por distensão ligamentar, crescimento uterino, compressão fetal (exclusão de outras causas)
Dor musculoesquelética por alteração postural
Trabalho de parto
Descolamento prematuro de placenta
Rotura uterina
Clinicocirúrgicos
Infecção do trato urinário
Litíase urinária
Gastroenterocolite
Apendicite
Pancreatite
Colelitíase
Torção de anexos

Convulsões

Embora não seja, felizmente, um motivo frequente de procura ao pronto-atendimento, a história de convulsões em gestantes deve sempre ser interpretada à luz da visão obstétrica, em virtude de suas particularidades na gestação.

Evidentemente, gestantes com antecedentes de epilepsia ou outras causas conhecidas que possam ser responsáveis pelas convulsões – tais quais distúrbios neurológicos, intoxicações e distúrbios metabólicos – podem estar diante de episódio de descompensação de sua doença de base. No entanto, a hipótese de eclâmpsia sempre deve ser afastada, especialmente naquelas mulheres com diagnóstico preestabelecido de pré-eclâmpsia.

A eclâmpsia é definida pelo desenvolvimento de convulsões tonicoclônicas generalizadas, excluindo-se as convulsões de causas neurológica, anestésica, farmacológica ou por complicações metabólicas, em gestante com sinais e sintomas de pré-eclâmpsia. No entanto, deve-se lembrar que nem sempre a gestante chega ao pronto-socorro já com diagnóstico prévio firmado de pré-eclâmpsia e, por vezes, é o médico do pronto-atendimento que vai estabelecê-lo.

Não deixe de acessar o site: http://bvsms.saude.gov.br/bvs/publica-coes/comites_mortalidade_materna_3ed.pdf.
Trata-se de uma publicação do Ministério da Saúde sobre a mortalidade materna no Brasil, em que pré-eclâmpsia/eclâmpsia são apresentadas como primeira causa direta de morte materna no país.

Leia mais sobre as causas de morte materna no capítulo "Estatísticas vitais".

Trata-se de um quadro grave, que exige diagnóstico e terapêutica adequados, sob risco de morte do binômio materno-fetal, podendo ser acompanhado de coagulopatia, insuficiência respiratória, insuficiência cardíaca, insuficiência renal aguda, hemorragia cerebral, choque, coma e óbito.

Ao atender uma gestante com suspeita de eclâmpsia, seja durante ou após a convulsão, o primeiro cuidado a ser tomado é a proteção das vias aéreas, seguida da administração de sulfato de magnésio como medida terapêutica anticonvulsivante (Figura 15). Uma vez estabilizada, essa gestante sempre deve ser transferida para um centro terciário de atendimento de saúde, por conta da gravidade do quadro.

A proteção das vias aéreas pode ser obtida pelo posicionamento da paciente, que deve ser mantida com dorso elevado e em decúbito lateral esquerdo, pela proteção da língua com cânula de Guedel, pela oferta de oxigênio em nebulização e pela assistência ventilatória, quando necessária.

A paciente deve ser monitorizada, deve-se obter acesso venoso, manter sondagem vesical de demora e obter amostra de sangue e urina para avaliação laboratorial.

A administração de sulfato de magnésio ($MgSO_4$) pode ser realizada pelo esquema de Pritchard, que oferece níveis terapêuticos adequados para garantir segurança e eficácia no tratamento da eclâmpsia. O esquema é composto de uma dose de ataque com injeção intravenosa de 4 g de sulfato de magnésio mais injeção intramuscular de 10 g de sulfato de magnésio, seguida de doses de manutenção, a cada 4 horas, com 5 g de sulfato de magnésio por 24 horas após o parto ou após a dose de ataque, quando se optar por conduta conservadora.

Quando a pressão arterial diastólica se mantiver acima de 110 mmHg após 20 a 30 minutos da dose de ataque do sulfato de magnésio, é necessário acrescentar medidas hipotensoras para o tratamento da gestante com eclâmpsia. Para tal, a droga de eleição é a hidralazina, 5 mg, aplicada por via intravenosa a cada 15 minutos, até obtenção de redução em 20 a 30% da medida da pressão arterial diastólica, com dose máxima de 30 mg.

Após estabilização materna e conduta obstétrica, orienta-se que essa gestante seja internada em unidade de terapia intensiva, com supervisão do obstetra.

Um diagnóstico importante a ser lembrado é a iminência de eclâmpsia, ou seja, um quadro de eclâmpsia prestes a

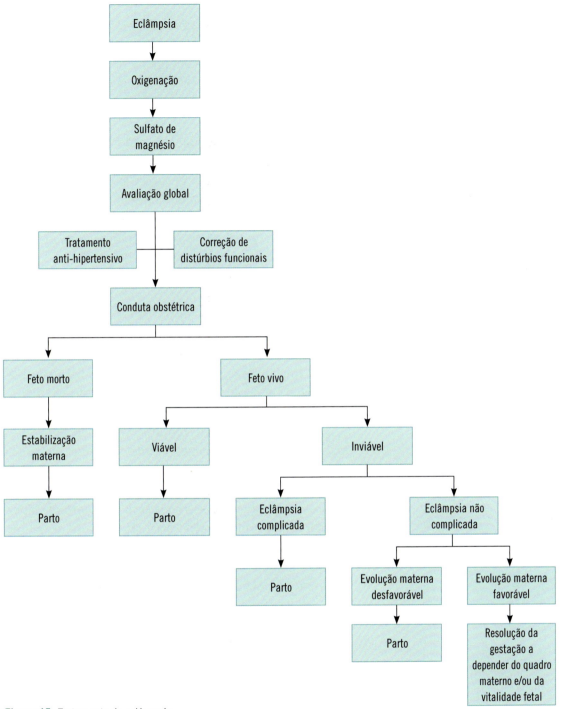

Figura 15 Tratamento de eclâmpsia.

acontecer em paciente com diagnóstico de pré-eclâmpsia. Esse diagnóstico é clínico e definido pela presença simultânea da tríade cefaleia, epigastralgia e alterações visuais (fos-

De fato, hoje está sendo um plantão agitado. Depois de ter feito o diagnóstico de descolamento prematuro de placenta para Dona Catarina e prontamente encaminhá-la ao centro obstétrico para o parto, você é chamado no pronto-socorro da cirurgia porque estão atendendo uma gestante que acaba de chegar, vítima de acidente de automóvel. E agora? Você sabe o que fazer em casos de traumas na gestação? É diferente do atendimento de não gestantes?

fenas, escotomas) em pacientes com pré-eclâmpsia. Trata-se também de uma emergência hipertensiva e a conduta deve ser a mesma daquela adotada nos casos de eclâmpsia.

Trauma na gestação

Para instituir tratamento adequado à gestante vítima de trauma, é importante que se conheçam as alterações anatômicas e funcionais do ciclo gravídico-puerperal, pois a mãe e o feto respondem de maneira diferente aos eventos traumáticos. Na Tabela 8, encontram-se as principais alterações gravídicas relevantes para o atendimento da gestante vítima de trauma.

Avaliação materna

É fundamental que a gestante vítima de trauma seja avaliada por equipe com experiência nesse tipo de atendimento. Inicialmente, deve-se proceder à avaliação e à reanimação da gestante, pois as condições do feto são dependentes das maternas.

De forma idêntica ao atendimento da não gestante, as manobras de ressuscitação da vítima de trauma seguem as diretrizes do *advanced trauma life support* (ACLS) e têm como foco a manutenção da permeabilidade das vias aéreas e a restauração do volume circulatório. É importante hiperventilar e manter hipervolêmica a gestante vítima de trauma, pois a hipoxemia pode ser extremamente danosa para o feto.

Em gestações com mais de 20 semanas e, do ponto de vista prático, naquelas cujo fundo uterino ultrapassa a cicatriz umbilical, pode ocorrer diminuição do retorno venoso ao coração por compressão da veia cava, podendo agravar o estado de choque hipovolêmico. Dessa forma, após avaliação da coluna cervical e descartada a possibilidade de lesão neurológica, a gestante deve ser transportada e avaliada em decúbito lateral esquerdo. Caso exista suspeita de lesão cervical, a paciente deverá ficar em posição supina com elevação de 10 a 15 cm do quadril direito e o útero deverá ser desviado manualmente para a esquerda.

Como a gestante tem um considerável aumento em seu volume plasmático, pode acontecer perda de até um terço

Tabela 8 Modificações anatômicas e fisiológicas durante a gestação e sua relevância nos casos de traumas

Sistema ou órgão	Alterações na gestação	Importância
Útero	Aumento no tamanho de 7 cm e 70 g (inicial) para 36 cm e 1.100 g (termo) Fluxo aumenta de 60 mL/min (inicial) para 600 mL/min (termo)	Após 12 semanas, útero extrapélvico e mais suscetível a trauma Lesão uterina pode causar hemorragia intensa
Cardiovascular	Aumento no volume sanguíneo de 40% Aumento no débito cardíaco de 40% Aumento de pulso de 20-30% (10-15 bpm) Queda da PVC de 9 mmHg para 4-5 mmHg no termo	Sinais de hipotensão aparecem tardiamente, após perdas que ultrapassam 30% da volemia Grandes volumes de soluções cristaloides e sangue são necessários para correção do choque instalado Posição supina pode diminuir o débito cardíaco em até 30% no termo, devendo ser tratada pelo deslocamento lateral esquerdo do útero
Hematológico	Queda no hematócrito por hemodiluição Leucocitose Aumento nos níveis de fibrinogênio e de fatores VII, VIII, IX e X Queda nos fatores ativadores de plasminogênio	"Anemia fisiológica" da gestação Cuidado no diagnóstico falso de infecção baseado no aumento de leucócitos Aumento nos riscos de fenômenos tromboembólicos, que se intensificam com a imobilização
Respiratório	O diafragma se eleva 4 cm, mas sua excursão aumenta de 1-1,5 cm Volume corrente e volume-minuto aumentam 40% Frequência respiratória não se altera e o volume residual diminui	Queda na pCO_2 Alcalose respiratória parcialmente compensada Resposta alterada a anestésicos inalatórios, com tempo de indução anestésico mais curto Uso precoce de oxigenoterapia é essencial
Gastrointestinal	Retardo no esvaziamento gástrico Presença de hipomotilidade Deslocamento do intestino para a porção superior do abdome Tração do peritônio secundária ao aumento uterino	Aumento no risco de aspiração Alteração no padrão de lesão em relação a paciente não gestante pela alteração na topografia abdominal Diminuição da sensibilidade peritoneal pode dificultar diagnóstico de peritonite
Geniturinário	Hipomotilidade dos sistemas coletores Dilatação das pelves renais e dos ureteres Bexiga em porção intra-abdominal	Risco maior de infecções pela estase Maior suscetibilidade do sistema renal ao trauma

pCO_2: pressão parcial de dióxido de carbono; PVC: pressão venosa central.

de sua volemia sem que ocorram alterações hemodinâmicas relevantes. Contudo, em virtude da hipoperfusão placentária, o feto pode sofrer hipoxemia, mesmo nos casos em que a gestante não apresentar claramente sinais de choque hemorrágico. Dessa forma, é importante a reposição precoce de cristaloides e sangue para manter a gestante em estado de hipervolemia fisiológica.

Após a avaliação inicial e a estabilização da gestante vítima de trauma, inicia-se minucioso exame abdominal e uterino. Na palpação uterina, deve-se avaliar se há contrações sugestivas de trabalho de parto prematuro, de hipertonia sugestiva de DPP ou de dor e sangramento sugestivos de rotura uterina.

Avaliação fetal

Os cuidados obstétricos e a monitorização fetal são etapas importantes do tratamento, porém a consideração inicial é sempre em relação à mãe. Somente após a estabilização materna é que se parte para a avaliação da vitalidade fetal.

Como nem sempre existe relação direta entre a gravidade da lesão materna e a gravidade da lesão fetal, a avaliação do feto é importante mesmo em traumas considerados leves.

A avaliação das condições fetais pode ser realizada por meio da ultrassonografia e da cardiotocografia. A ultrassonografia obstétrica é um exame importante na identificação do número de fetos, do cálculo da idade gestacional, da localização placentária e do volume de líquido amniótico. A cardiotocografia é exame valioso no diagnóstico de sofrimento fetal. A monitorização contínua dos batimentos cardíacos fetais é um exame mais sensível que a ultrassonografia para o diagnóstico de DPP. Em gestações com fetos viáveis (na Clínica Obstétrica do HC-FMUSP, a partir de 26 semanas), deve-se realizar a monitorização fetal por período entre 4 e 6 horas em casos de trauma leve e recomenda-se a monitorização por períodos mais prolongados (até 24 horas) em casos de trauma grave.

Exames de imagem

Os exames de imagem devem ser solicitados logo após a estabilização da gestante. A ultrassonografia, além de avaliar as condições fetais, permite a identificação de hemoperitônio, sinal sugestivo de lesão visceral. As radiografias devem ser indicadas de acordo com a extensão do trauma; geralmente, radiografias simples de coluna cervical, tórax e pelve são solicitadas. Sempre que possível, o feto deve ser protegido com avental de chumbo. Os efeitos da radiação dependem basicamente da idade gestacional e da dose administrada. Doses de até 100 mGy são consideradas seguras e parecem ter baixo risco de efeitos teratogênicos. Os exames utilizados na prática clínica, em geral, apresentam doses de radiação muito menores que essas. Para se ter uma ideia, uma radiografia de tórax acarreta, em média, dose menor que 0,01 mGy e uma tomografia de abdome, dose de 8 a 49 mGy por exame. A ressonância magnética não utiliza radiação ionizante. De forma semelhante a outros procedimentos na gravidez, a utilização de radiografias e tomografias deve ser indicada quando seu uso for necessário, isto é, quando o benefício superar os eventuais riscos.

Conduta obstétrica

A conduta obstétrica é individualizada de acordo com a idade gestacional e as condições do binômio materno-fetal. A cesárea está indicada na presença de feto viável com sofrimento fetal agudo, DPP, rotura uterina e fraturas pélvicas ou lombossacras instáveis.

Parada cardiorrespiratória – particularidades na gestação

O atendimento à gestante em parada cardiorrespiratória deve ser feito por equipe de socorristas treinada para tal. A reanimação cardiorrespiratória da gestante respeita as diretrizes preconizadas pelo ACLS e pouco difere daquela feita em paciente não gestante; no entanto, algumas particularidades da gestação devem ser lembradas para otimizar o atendimento:

- após completadas 27 semanas de gestação (ou, em termos práticos, quando o fundo uterino se encontra na topografia da cicatriz umbilical), é preciso descomprimir a veia cava e facilitar o retorno venoso, posicionando a paciente em decúbito lateral esquerdo de 15° a 30° ou, ainda, deslocando manualmente o útero para a esquerda;
- é interessante aplicar pressão cricoide durante a ventilação com pressão positiva e durante a entubação orotraqueal, pois há maior risco de regurgitação na grávida inconsciente;

O teste de Kleihauer-Betke consiste na pesquisa de hemoglobina fetal no sangue materno. É, portanto, um teste utilizado para quantificar a transfusão feto-materna e tem muita utilidade em casos de trauma de gestantes Rh-negativas, pois permite calcular o volume de imunoglobulina anti-D a ser administrado para se neutralizar o sangue fetal transfundido com a lesão placentária (cada 300 μg de imunoglobulina anti-D neutralizam 15 mL de eritrócitos fetais).

Não deixe de acessar o site: http://circ.ahajournals.org/content/122/16_suppl_2/S250.full.
Nele, constam as diretrizes de reanimação de parada cardiorrespiratória preconizadas pela American Heart Association.

- a via aérea deve ser acessada e garantida o mais rapidamente possível, pois é grande a demanda de oxigênio; em geral, utiliza-se um tubo com diâmetro 0,5 a 1,0 mm menor que o esperado para mulher não grávida, por causa do edema fisiológico das vias aéreas;
- deve-se diminuir o volume da ventilação para evitar volutrauma pulmonar, por conta da elevação fisiológica do diafragma;
- as compressões torácicas devem ser realizadas em região mais alta do esterno, ligeiramente acima da metade dele, para compensar a elevação do diafragma;
- as doses e medicações utilizadas na parada cardiorrespiratória são as mesmas de não gestantes;
- as cargas utilizadas no desfibrilador são as mesmas utilizadas em não gestantes;
- deve-se ter em mente que estão sendo socorridos dois pacientes simultaneamente: mãe e feto. As melhores taxas de sobrevivência de um recém-nascido ocorrem quando o parto é feito em até 5 minutos após a parada cardiorrespiratória materna. Por outro lado, a ressuscitação materna também pode ser mais efetiva após a retirada do feto, diminuindo a obstrução venosa e a compressão aórtica. Sendo assim, deve-se determinar se a parada cardiorrespiratória será revertida em até 5 minutos de atendimento inicial e, em caso negativo, a equipe obstétrica deverá realizar a cesárea *perimortem* de gestações viáveis (na Clínica Obstétrica do HC-FMUSP, a partir de 26 semanas) na própria sala de emergência entre 4 e 5 minutos de tentativas de reanimação materna, a fim de garantir maiores chances de sobrevida para o neonato e, também, aumentar as chances de reanimação da gestante.

Relembrando

- Quando as queixas de náuseas e vômitos na primeira metade da gestação implicam perda de mais de 5% de peso, além de distúrbios hidroeletrolíticos e cetonúria, esse quadro configura hiperêmese gravídica e a gestante precisará de internação hospitalar para tratamento.

- As principais causas obstétricas de sangramento na primeira metade da gestação são, em ordem decrescente de frequência: abortamento, gestação ectópica e mola hidatiforme.
- É importante realizar, em qualquer época da gestação, a profilaxia para aloimunização Rh nas situações de sangramento de gestantes Rh-negativas cujo parceiro seja Rh-positivo e que não sejam previamente sensibilizadas. É realizada por meio da administração de imunoglobulina anti-D em até 72 horas após o sangramento.
- As principais causas de dor no hipogástrio durante a primeira metade da gestação são: dor do crescimento uterino, abortamento e gravidez ectópica; no entanto, deve-se afastar causas não obstétricas de dor abdominal na gestação, com ênfase para as causas do trato urinário.
- As principais causas obstétricas de sangramento durante a segunda metade da gestação são o descolamento prematuro de placenta e a placenta prévia. Outras causas possíveis, porém mais raras, são a rotura uterina e a rotura da *vasa praevia*.
- O diagnóstico de descolamento prematuro de placenta é eminentemente clínico e inclui dor abdominal, aumento do tônus uterino e sofrimento fetal. Pode ou não haver exteriorização de sangramento e constitui uma emergência obstétrica, com grande risco de morte materna e fetal, o que impõe o término da gestação.
- O sangramento da placenta prévia, via de regra, difere do sangramento do descolamento prematuro de placenta porque costuma ser vermelho-vivo, indolor e imotivado. O diagnóstico definitivo é ultrassonográfico e determina que a gestante permaneça internada até o parto, que será instituído na dependência da idade gestacional e das condições maternas e fetais. O toque vaginal é contraindicado nesses casos.
- Sempre que a paciente procurar o pronto-atendimento com queixa de contrações, deve ser investigado se ela se encontra em trabalho de parto. Quando ocorrer antes de 37 semanas, é denominado prematuro. Respeitando-se as condições obrigatórias e as contraindicações, deve-se sempre tentar realizar tocólise, corticoterapia e

- antibioticoterapia profilática para diminuir as consequências da prematuridade.
- O diagnóstico de rotura prematura de membranas ovulares impõe internação hospitalar da gestante e a conduta depende, fundamentalmente, da idade gestacional, dos sinais de infecção ovular e do bem-estar fetal. O toque vaginal deve ser evitado nesses casos.
- O quadro de dor abdominal e lombar na segunda metade da gestação pode indicar trabalho de parto, descolamento prematuro de placenta, rotura uterina ou ser apenas fisiológico da gestação. No entanto, causas não obstétricas devem ser afastadas, com ênfase para as afecções do trato urinário.
- Todo quadro de convulsão em gestante exige a exclusão da possibilidade de eclâmpsia, quadro de enorme gravidade que exige cuidados especializados.
- Casos de trauma e parada cardiorrespiratória devem seguir os protocolos habituais de atendimento, com a ressalva de que alterações anatômicas e fisiológicas da gestação implicam alguns cuidados adicionais. Em caso de parada cardiorrespiratória não revertida, as chances de vida do recém-nascido aumentam quando a cesárea *perimortem* é feita em até 5 minutos após a parada.

Casos clínicos

Você está de plantão no pronto-socorro de obstetrícia quando atende a Sra. Carmen, 32 anos, casada. Ela procura o pronto-socorro porque está com sangramento vaginal vermelho-vivo há 2 dias, com saída de grande quantidade de coágulos hoje, associada a cólica abdominal e febre de 38°C. É nuligesta e está sem método anticoncepcional porque está tentando engravidar. A data da última menstruação foi há 7 semanas. Não tem comorbidades e não faz uso regular de medicação.

1. Pela história apresentada até aqui, quais são suas hipóteses diagnósticas?
2. Quais dados da história chamam sua atenção?

No exame clínico, você observa que a Sra. Carmen está em bom estado geral, embora descorada 1+/4+, hidratada, anictérica, eupneica e febril (temperatura axilar = 38,1°C). Apresenta pressão arterial de 100 × 70 mmHg e frequência cardíaca de 120 bpm. O exame cardiorrespiratório não apresenta alterações. Observa-se abdome plano, com ruídos hidroaéreos presentes, doloroso à palpação de hipogástrio, sinal de descompressão brusca negativo. Ao exame especular, determina-se sangramento ativo e vermelho-vivo pelo orifício externo do colo uterino, com discreta fisiometria. Ao toque vaginal, identifica-se colo uterino grosso, posterior, entreaberto.

1. Suas hipóteses mudaram após o exame clínico desta paciente? Por quê?
2. Você pediria algum exame complementar? Qual(is)? Como auxiliariam para o diagnóstico diferencial?

O teste de gravidez qualitativo veio positivo. Os demais exames estão descritos a seguir:

Beta-hCG quantitativa: 2.100 mU/mL
Tipo sanguíneo: A-positivo
Hemoglobina: 9,5 mg/dL
Hematócrito: 32%
Leucócitos: 16.000/mm^3, com 12% de bastonetes
Plaquetas: 180.000/mm^3
Ultrassonografia transvaginal: útero anteverso fletido, com volume estimado de 150 cc; presença de conteúdo intrauterino de aspecto amorfo e heterogêneo, hiperecoico, medindo até 30 mm de espessura; anexos visibilizados bilateralmente, de tamanho, forma e aspecto habituais; ausência de líquido livre na cavidade abdominal

1. Qual sua principal hipótese diagnóstica após os resultados dos exames complementares?
2. Quais seriam suas condutas para este caso?

Durante seu plantão, chega para atendimento a Sra. Ana, 37 anos, casada, natural de São Paulo, 3G 2Pc 0A, com idade gestacional de 33 semanas e 5 dias. Ela procurou atendimento porque há 2 horas está apresentando sangramento vaginal.

1. Qual é o diagnóstico sindrômico?
2. Que informações clínicas serão importantes para os diagnósticos diferenciais?

 Após seus questionamentos, ela relata que o sangramento vaginal é de moderada quantidade, vermelho-vivo. Relata movimentação fetal presente e apenas uma leve cólica abdominal. Ao exame, está em bom estado geral, descorada 1+/4+, hidratada, com frequência cardíaca de 110 bpm e pressão arterial de 110 × 70 mmHg. Você observa que o tônus uterino está normal, a altura uterina é de 34 cm e não há dinâmica uterina presente. A frequência dos batimentos cardíacos fetais é de 140 bpm. Ao exame especular, observa-se sangramento vermelho-vivo pelo orifício externo do colo uterino, em pequena quantidade.

1. Qual é sua principal hipótese neste caso?
2. Como conduziria esta situação?

 Chega ao seu plantão de obstetrícia a Sra. Fátima, trazida pelos familiares, que está acordada, mas um pouco confusa e com demora para responder a seus questionamentos. Os familiares afirmam que ela queixava-se de muita dor de cabeça e dor de estômago em casa, além de pontos escurecidos na visão, e por isso acharam melhor trazê-la. Observando o cartão de pré-natal, você rapidamente identifica que é uma primigesta e calcula a idade gestacional, que é de 35 semanas. Prontamente, coloca a paciente na maca para examiná-la. Ela está em bom estado geral, corada, com edema generalizado significativo, incluindo mãos e face. Apresenta frequência cardíaca de 115 bpm, pressão arterial de 170 × 120 mmHg, altura uterina de 34 cm, e batimentos cardíacos fetais de 132 bpm, com dinâmica uterina ausente.

1. Qual é sua hipótese diagnóstica e quais são as melhores condutas diante deste caso?

CAPÍTULO 9 URGÊNCIAS EM OBSTETRÍCIA

Para refletir

- Você considera adequado o pronto-atendimento para gestantes no Brasil? Por quê?
- Você acha que a qualidade do pré-natal interfere na procura pelo pronto-atendimento? Como?
- Na sua opinião, por que as causas hipertensivas, infecciosas e hemorrágicas continuam vigorando como grandes causas de mortalidade materna no Brasil?

Referências bibliográficas

1. Altieri A, Franceschi S, Ferlay J, Smith J, La Vecchia C. Epidemiology and aetiology of gestational throphoblastic diseases. Lancet Oncol 2003;4:670-8.

2. Cunningham FG, Leveno KJ, Bloom SL, Hauth JC, Rouse DJ, Spong CY. Ectopic pregnancy. In: Williams' obstetrics. 23.ed. New York: McGraw-Hill; 2010. p.238-56.

3. Edgard JC. Anomalies and diseases of the placenta. In: Edgard JC, Vaux NW (eds.). Edgard's practice of obstetrics. 6.ed. Philadelphia: P. Blakinston's Son & Co; 1926.

4. Groen RS, Bae JY, Lim KJ. Fear of the unknown: ionizing radiation exposure during pregnancy. Am J Obst Gynecol 2012;206(6):456-62.

5. Neme B. Obstetrícia básica. 3.ed. São Paulo: Sarvier; 2005.

6. Oyelese Y, Smulian JC. Placenta previa, placenta accreta, and vasa previa. Obstet Gynecol 2006;107(4):927-41.

7. Raja AS, Zabbo CP. Trauma in pregnancy. Emerg Med Clin N Am 2012;30:937-48.

8. Sommerkamp SK, Gibson A. Cardiovascular disasters in pregnancy. Emerg Med Clin N Am 2012;30:949-59.

9. Zugaib M. Medicina fetal. 3.ed. São Paulo: Atheneu; 2012.

10. Zugaib M (ed.). Zugaib obstetrícia. 2.ed. Barueri: Manole; 2012.

11. Zugaib M, Bittar RE. Protocolos assistenciais: clínica obstétrica, FMUSP. 4.ed. São Paulo: Atheneu; 2011.

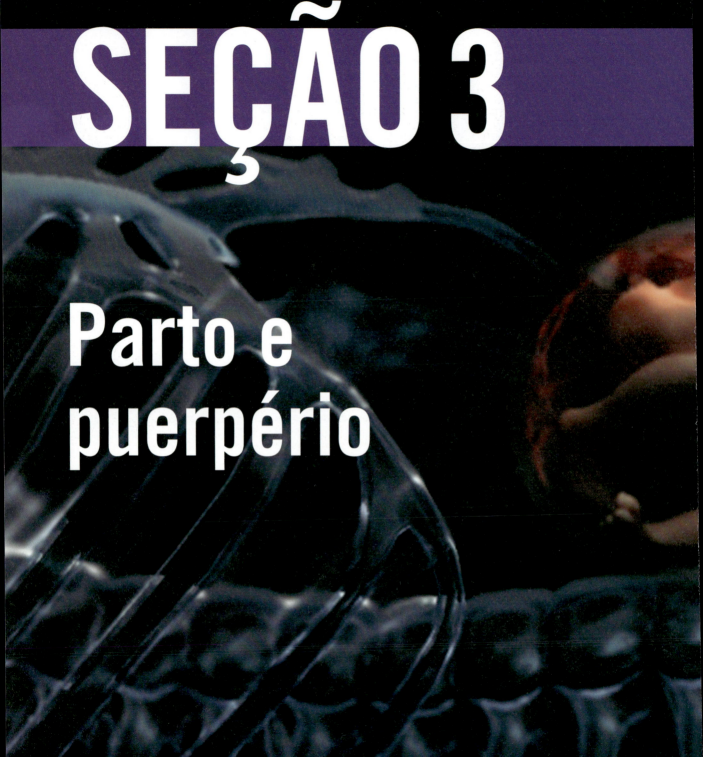

SEÇÃO 3

Parto e puerpério

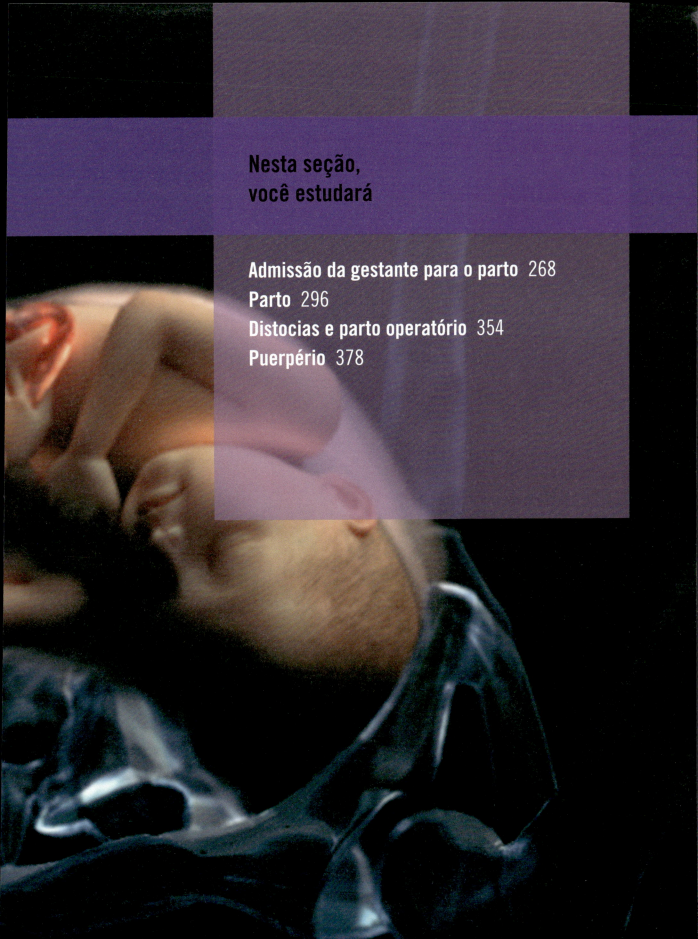

Nesta seção, você estudará

Admissão da gestante para o parto 268
Parto 296
Distocias e parto operatório 354
Puerpério 378

CAPÍTULO 10

Admissão da gestante para o parto

Para discutir

- Quando a gestante deve ser internada para o parto?
- O que você pensa sobre o parto hospitalar e domiciliar?
- O que você pensa sobre a presença do acompanhante durante o trabalho de parto e o parto?

Ao fim deste capítulo, você terá conhecido

- Os sintomas e sinais característicos do trabalho de parto e como reconhecer o falso trabalho de parto.
- A importância do registro adequado das informações da anamnese.
- Os dados básicos do pré-natal necessários para admissão da gestante para o parto.
- Os dados de exame físico e obstétrico necessários na admissão para o parto.
- A relação entre o feto e a mãe e como fazer a avaliação fetal e seus pontos de reparo e referência.
- A importância da avaliação da bacia obstétrica para o parto.
- As medidas assistenciais na internação para condução do trabalho de parto.
- Como identificar situações em que está indicada a indução do trabalho de parto.
- Como o misoprostol promove a maturação cervical e quais os cuidados na sua utilização.
- O protocolo de indução do trabalho de parto da Clínica Obstétrica do HC-FMUSP.

Admissão da gestante em trabalho de parto

Avaliação inicial

Antes de admitir a gestante, é importante distinguir o verdadeiro do falso trabalho de parto (Tabela 1):

- o trabalho de parto verdadeiro caracteriza-se por contrações uterinas regulares e dolorosas: pelo menos uma a cada 5 minutos, dilatação cervical de pelo menos 2 cm e esvaecimento cervical;
- o falso trabalho de parto é caracterizado por contrações uterinas irregulares e sem coordenação (contrações de Braxton Hicks) que não produzem modificações no colo uterino.

Você está de plantão no pronto-socorro e chega para atendimento a Sra. Ana Maria. Trata-se de uma primigesta, com idade gestacional de 38 semanas, com queixa de contrações e dor no abdome. A paciente está um pouco ansiosa, pois esta já é a terceira vez que vem ao hospital em 3 dias e sempre tem recebido alta porque, após ser examinada e ficar em observação, o médico diz que ainda não é a hora do parto. E agora? Como você vai saber se desta vez está na hora de interná-la para o parto? Você sabe que parâmetros deve avaliar?

Tabela 1 Diferenças clínicas entre trabalho de parto e falso trabalho de parto

Trabalho de parto	Falso trabalho de parto
Contrações em intervalos regulares	Contrações em intervalos irregulares
Contrações com intensidade crescente	Intensidade variável
Dores predominantemente na região sacral	Dores abdominais
Aumento das contrações ao deambular	Deambular não exerce efeito sobre as contrações
Esvaecimento e dilatação progressivos do colo uterino	Esvaecimento e dilatação, se presentes, não evoluem

- Momento ideal para a internação: durante a fase ativa do trabalho de parto, ou seja, quando a contração é regular, a cada 3 a 5 minutos, o colo está esvaecido e a dilatação cervical for maior ou igual a 3 cm. Nessa fase, a velocidade de dilatação é superior ou igual a 1 cm/h.
- Evitar a internação: durante a fase latente do trabalho de parto, quando as contrações são irregulares e a dilatação cervical menor do que 3 cm. A velocidade de dilatação é inferior a 1 cm/h. Em tal situação, é preferível que a parturiente deambule durante um tempo (em torno de 2 horas) e seja reavaliada posteriormente. Não raramente, a internação precoce predispõe a intervenções desnecessárias e iatrogênicas.

Anamnese

Na anamnese da parturiente, merece destaque a queixa de contrações uterinas, frequência e intensidade, perda do tampão mucoso e rotura da bolsa das águas, dando especial atenção ao tempo de rotura decorrido.

As anotações do pré-natal devem ser verificadas para observar se ocorreram complicações clínicas e/ou obstétricas durante a gestação, revisar os exames complementares realizados durante o pré-natal e confirmar a idade gestacional. Visando ao tratamento precoce de complicações intraparto, devem ser pesquisadas as seguintes situações: presença de feto único ou gemelar, tamanho do feto, malformações fetais, tipo sanguíneo ABO/Rh e demais exames do pré-natal que estão anotados no cartão da gestante. A gestante também deverá ser abordada quanto à possibilidade de colonização pelo estreptococo do grupo B, instituindo-se a terapêutica necessária em casos positivos ou com risco potencial.

Leia mais sobre a profilaxia para colonização por estreptococo do grupo B no capítulo "Parto".

Exame físico

Na internação para o parto, é necessária a realização de exame físico completo da gestante. O exame inclui inspeção geral, verificação de mucosas, temperatura, peso, altura, ausculta cardíaca, ausculta respiratória, palpação da tireoide, palpação abdominal e exame das extremidades.

Durante o pré-natal, caso tenham sido identificadas comorbidades, deve-se avaliar mais criteriosamente como está o funcionamento do órgão afetado. Em gestantes que não tiveram assistência pré-natal adequada, o exame físico da admissão será o momento oportuno de diagnosticar desvios clínicos que poderão interferir e modificar o prognóstico materno e fetal durante a assistência ao parto. Quando diante de alguma alteração, pode-se necessitar de uma interconsulta com alguma especialidade clinicocirúrgica e, por vezes, compensar a patologia materna antes do parto.

Exame físico obstétrico

Altura uterina

A avaliação do peso fetal, e consequentemente do crescimento fetal, é importante no momento da internação da gestante para o parto, uma vez que poderá ser fator relevante para a escolha da via do parto. A medida da altura uterina deve ser feita neste momento.

Leia mais sobre a medida da altura uterina no capítulo "Assistência pré-natal na segunda metade da gestação".

Palpação

No momento da internação, deve ser realizada a palpação obstétrica para identificação da situação, da apresentação e do dorso fetal.

Após a palpação obstétrica, é importante realizar a ausculta dos batimentos cardíacos fetais, que atualmente é realizada com sonar Doppler.

 Leia mais sobre a palpação obstétrica no capítulo "Assistência pré-natal na segunda metade da gestação".

Contrações uterinas

As contrações uterinas são avaliadas pela palpação abdominal (dinâmica uterina) ou por tocodinamômetro externo.

 Leia mais sobre as contrações uterinas no trabalho de parto no capítulo "Parto".

Bacia obstétrica

A bacia é dividida em bacia óssea e bacia mole. A bacia ou pelve óssea é constituída de quatro ossos: dois ilíacos, o sacro e o cóccix (Figura 1). Por sua vez, o ilíaco é formado por três ossos: ílio, ísquio e púbis, que se fundem ao redor do acetábulo. Os ossos da bacia são unidos pelas seguintes articulações:

- sínfise púbica, que une uma púbis à outra;
- sacroilíacas, que ligam os ossos ilíacos com o sacro;
- sacrococcígea, que articula o cóccix com o sacro.

 Leia mais sobre a anatomia da bacia obstétrica no capítulo "Parto".

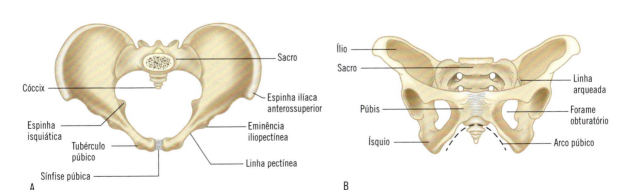

Figura 1 Bacia obstétrica. A: visão superior; B: visão anterior.

A bacia mole, também chamada de infundíbulo perineovulvar, compreende o diafragma pélvico e urogenital.

Durante a gestação, as articulações tornam-se mais frouxas em decorrência da ação hormonal. A pelve denominada maior ou anatômica é aquela acima do estreito superior, e a pelve menor ou obstétrica é a que fica entre o estreito superior e o inferior. É a bacia menor que mais interessa ao obstetra.

O exame da bacia compreende a avaliação dos estreitos, diâmetros, planos paralelos, arco anterior, eixo e inclinação.

Estreitos da bacia

Os estreitos são planos da bacia que podem dificultar a passagem do feto. São três:

- superior: é constituído pelo promontório sacro vertebral, asas do sacro e, de cada lado, pela interlinha do seio sacroilíaco, linha arqueada do íleo, eminência iliopectínea, crista pectínea, margem superior da púbis e sínfise púbica. Em 50% das vezes, o estreito superior é arredondado;
- médio: tem forma circular e é constituído pelo terço inferior do sacro – geralmente na união da quarta e da quinta vértebras sacrais –, borda inferior do pequeno ligamento sacroilíaco, espinha isquiática e borda inferior da sínfise púbica;
- inferior: constituído de dois triângulos que têm o diâmetro bituberoso como base comum. O anterior é formado pelo ângulo subpúbico, cujo ápice corresponde à margem inferior da sínfise púbica e os lados, aos ramos isquiopúbicos. Em geral, mede de 90° a 100°. O posterior tem seu ápice na ponta do sacro, e os lados correspondem aos ligamentos sacrotuberosos. Quanto maior o ângulo da arcada púbica, melhor será a adaptação e menor a solicitação perineal.

Para cada estreito, existem diâmetros específicos (Figura 2):

- no estreito superior, existe o conjugado verdadeiro ou obstétrico (11 cm), no sentido anteroposterior, que vai do meio do promontório ao ponto mais saliente da face posterior da sínfise púbica, que é o ponto retrossinfisário de Crouzat, situado 3 a 4 cm abaixo da borda superior da sínfise púbica. O diâmetro transverso médio (12 cm) é equidistante do promontório e da face posterior da sínfise. O diâmetro transverso máximo (13 cm) tem os extremos mais distanciados da linha inominada e, por ficar mais próximo do sacro, é destituído de valor obstétrico. O diâmetro oblíquo, esquerdo e direito (12 cm), estende-se da eminência ileopectínea à articulação sacroilíaca do lado oposto;

• no estreito médio, dois diâmetros são de interesse obstétrico: o sacromédio púbico (12 cm), do meio da terceira vértebra ao meio da face posterior da sínfise púbica; e o diâmetro bi-isquiático (10,5 cm), de uma espinha isquiática à outra no sentido transverso;

• no estreito inferior, o cóccix subpúbico (9 cm), também conhecido como *conjugata exitus*, vai da borda inferior da sínfise púbica à ponta do cóccix e tem direção anteroposterior. No período expulsivo, por ocasião do desprendimento, aumenta 2 cm. O bi-isquiático ou bituberoso (11 cm) é um diâmetro transverso que vai da face interna de uma tuberosidade isquiática à outra. É na avaliação desse diâmetro que se encerra o toque vaginal.

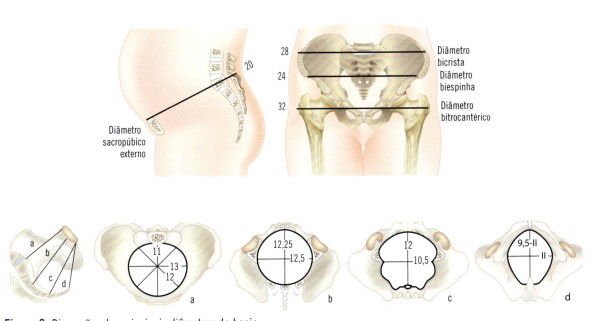

Figura 2 Dimensões dos principais diâmetros da bacia.

Existem quatro tipos de pelve feminina de acordo com a forma dos ossos (Figura 3 e Tabelas 2 e 3):

- bacia ginecoide: tem forma arredondada; o diâmetro transverso é levemente maior que o anteroposterior e situa-se pouco atrás do meio deste último diâmetro. A arcada púbica é larga e as espinhas isquiáticas, pouco salientes. É característica do sexo feminino;
- bacia antropoide: tem o diâmetro anteroposterior maior que o transverso, que está reduzido de modo real ou relativo. Assemelha-se à bacia dos símios. A arcada púbica pode ser larga ou estreita;
- bacia androide: o diâmetro transverso supera o anteroposterior e situa-se bem atrás, próximo ao sacro. As espinhas isquiáticas são salientes e reduzem as dimensões dos diâmetros transversos e anteroposterior do estreito médio

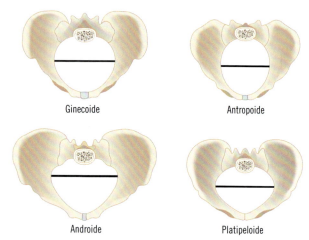

Figura 3 Tipos de bacia: os traços pretos mostram a localização de cada diâmetro transverso máximo.

Tabela 2 Frequência dos tipos de bacia obstétrica

Bacias	Incidência
Ginecoide	50-62%
Antropoide	11-25%
Androide	18,5-20%
Platipeloide	5-8%

CAPÍTULO 10 ADMISSÃO DA GESTANTE PARA O PARTO

Tabela 3 Principais características dos quatro tipos de bacia obstétrica

	Ginecoide	Antropoide	Androide	Platipeloide
Estreito superior	Arredondado	Elíptico (maior diâmetro no sentido anteroposterior)	Triangular	Ovalado (maior diâmetro no sentido transverso)
Diâmetro anteroposterior	Grande	Predominante	Pequeno	Menor
Sacro	Largo, côncavo e de inclinação média	Estreito e longo	Estreito, plano, longo e inclinado para a frente	Largo, curto e côncavo
Ângulo subpúbico	Médio	Levemente estreitado	Estreitado	Amplo
Occipício fetal à insinuação	Anterior	Posterior	Posterior	Transverso
Diâmetro bituberoso	Grande	Pequeno	Estreitado	Aumentado
Prognóstico	Excelente	Ocorrendo insinuação, evolui bem	Distocia crescente com a descida	Distocia maior na insinuação, amenizada depois

da bacia. A arcada púbica é estreita e assume forma de arco gótico. Aproxima-se do tipo masculino de pelve;

• bacia platipeloide: tem o diâmetro transverso do estreito superior maior que o anteroposterior e situa-se no meio deste último a uma distância igual à do promontório e da sínfise púbica.

Exame clínico da bacia obstétrica

Na avaliação da pelve feminina, é essencial a identificação de fatores que possam dificultar o parto vaginal. O exame clínico da pelve é chamado de pelvimetria, que pode ser interna ou externa.

Na pelvimetria externa, é avaliado o diâmetro bituberoso do estreito inferior. A paciente deve estar em posição ginecológica, com as coxas hiperfletidas sobre a bacia. Assim, a borda interna da tuberosidade isquiática é localizada bilateralmente e mede-se a distância entre elas com a fita métrica.

Na pelvimetria interna (Figura 4), o estreito superior é avaliado indiretamente pela medida da *conjugata diagonalis*, de cujo valor reduzido de 1,5 cm (relação de Smellie) se obtém a *conjugata vera* obstétrica. Na prática, essa avaliação é feita pelo toque.

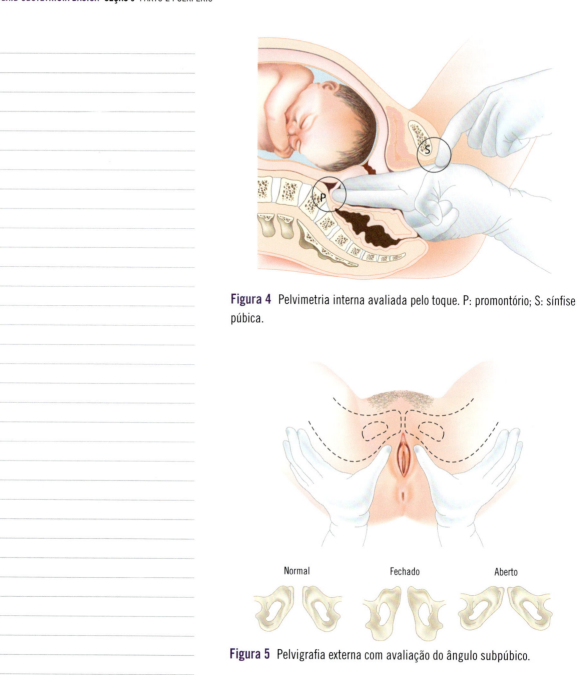

Figura 4 Pelvimetria interna avaliada pelo toque. P: promontório; S: sínfise púbica.

Figura 5 Pelvigrafia externa com avaliação do ângulo subpúbico.

A pelvigrafia externa (Figura 5) avalia o ângulo subpúbico, também denominado arcada púbica ou arco subpúbico. É avaliado com a paciente em posição ginecológica, aplicando-se a face palmar dos polegares, em abdução, sobre o ramo isquiopúbico, tocando os extremos dos dedos debaixo do ligamento arqueado. O ângulo subpúbico mede de 90° a 100°. Quanto mais ampla a arcada, mais fácil é o desprendimento do feto. Quando o ângulo subpúbico é peque-

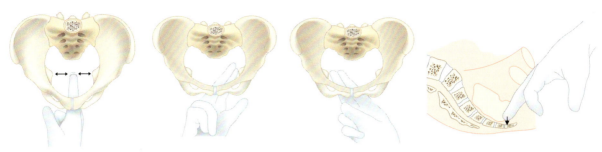

Figura 6 Principais tempos da pelvigrafia interna.

no, a cabeça adapta-se mal à arcada, o que dificulta o desprendimento e acarreta roturas perineais extensas.

A pelvigrafia interna (Figura 6) tem por objetivo avaliar a configuração endopélvica. Nela, analisa-se o estreito superior por meio do arco anterior, e o estreito médio por meio da caracterização da espinha isquiática.

Relações uterofetais

Parte importante do exame obstétrico realizado na admissão da gestante para o parto é o reconhecimento das relações espaciais entre o feto e a mãe. Essas relações descrevem o posicionamento fetal no abdome materno. São denominadas atitude, situação, apresentação e posição; e obtidas pela palpação do abdome materno e pelo toque vaginal.

Atitude

A atitude é a relação das partes fetais entre si. O feto se posiciona com a coluna vertebral para a frente, a cabeça levemente fletida e as coxas sobre a bacia, assumindo uma configuração de ovoide, com duas extremidades: os polos cefálico e pélvico. O polo pélvico é o maior. Denomina-se de ovoide córmico o conjunto constituído por tronco e membros superiores e inferiores. O feto fica nessa posição fletida praticamente durante toda a gestação (Figura 7). A atitude fetal é uma forma de o feto adaptar-se ao espaço intrauterino. Ao final da gestação, o feto mede aproximadamente 50 cm, enquanto a cavidade uterina tem aproximadamente 30 cm.

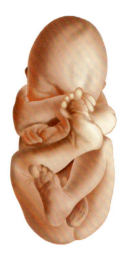
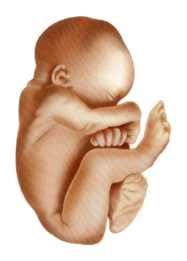
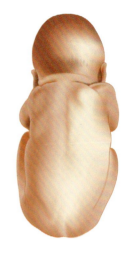

Figura 7 Atitude de flexão generalizada do feto normal de termo. (Figura adaptada de Delascio & Guariento[4])

Situação

A situação é a relação entre o maior eixo uterino e o maior eixo fetal. Existem três tipos de situação fetal (Figura 8):

1. longitudinal: quando ambos os eixos (materno e fetal) são coincidentes;
2. transversa: quando o maior eixo do feto está perpendicular ao eixo maior do útero;
3. oblíqua: o eixo fetal encontra-se oblíquo em relação à coluna vertebral materna

A avaliação da situação fetal é determinante para a escolha da via de parto. Nas situações transversas, o parto vaginal não é possível. Atualmente, em gestantes em trabalho de parto com o feto em situação transversa, opta-se pela cesárea.

Apresentação

A apresentação é definida pela região fetal que ocupa a área do estreito superior da bacia materna e que consequentemente nela vai se insinuar. A apresentação somente é definida a partir de 7 meses de gestação. Antes disso, a bacia

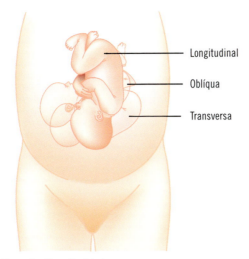

Figura 8 Tipos de situação fetal.

materna não oferece resistência à passagem da parte fetal que se apresentará, que é um pré-requisito para definição da apresentação. Da mesma forma, quando a parte fetal que ocupa ou se aproxima do estreito superior é um membro, não há resistência à sua passagem, pois os diâmetros dos membros são muito inferiores ao da bacia, não podendo se definir como apresentação.

A Tabela 4 apresenta as possibilidades de apresentação fetal.

Tabela 4 Tipos de apresentação fetal e sua frequência

Situação longitudinal	99,5%
Apresentação cefálica	96,5%
• Cefálica fletida	95,5%
• Cefálica defletida	1,0%
Apresentação pélvica	3,0%
• Pélvica completa	2,0%
• Pélvica incompleta	1,0%
Situação transversa	0,5%
Apresentação córmica	
Dorsoanteriores	
Dorsoposteriores	

> Leia mais sobre as variedades de posição da apresentação cefálica fletida no capítulo "Parto".

Nas apresentações cefálicas, na maioria das vezes, o mento se aproxima do esterno, o que constitui apresentação cefálica fletida, também denominada de vértice ou occipício (Figura 9). Quando o mento se afasta do esterno, configura-se a apresentação cefálica defletida, que pode ser de três graus:

- defletida de 1° grau ou apresentação de bregma: o ponto de referência que surge no estreito superior é o ângulo anterior do bregma;
- defletida de 2° grau ou apresentação de fronte: surge a raiz do nariz como ponto de referência fetal;
- defletida de 3° grau ou apresentação de face: surge o mento como ponto de referência fetal.

A quantidade de líquido amniótico pode influir no grau de flexão fetal. Quando há redução do líquido amniótico, o grau de flexão se acentua; já nas situações de líquido amniótico aumentado, a flexão pode estar reduzida. Essa última possibilidade favorece a ocorrência de apresentações defletidas de 1°, 2° e 3° graus. A atitude fletida do feto também é avaliada no perfil biofísico fetal, que é um exame de vitalidade fetal. A ausência de flexão está relacionada à perda de tônus muscular fetal, o que é sugestivo de sofrimento fetal. Essas alterações podem ser avaliadas por meio da ultrassonografia.

A apresentação pélvica pode ser completa (pelvipodálica), quando os membros inferiores estão completamente fletidos (as coxas sobre a bacia e a as pernas sobre as coxas); ou incompleta (modo nádegas ou agripina), quando os membros inferiores estão estirados e rebatidos de encontro à parede ventral do feto – as nádegas ocupam o estreito superior. Na apresentação pélvica, o ponto de referência é o sacro. Na apresentação pélvica incompleta (modo de joelho ou de pé), o feto apresenta uma ou ambas as coxas estendidas, de tal forma que permaneçam um ou ambos os joelhos ou pés no estreito superior.

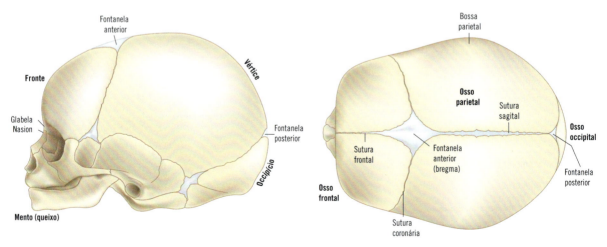

Figura 9 Referências na determinação da posição fetal segundo o polo cefálico.

A apresentação córmica está associada à situação transversa e pode ser dorsoanterior ou dorsoposterior. Mais raramente, o dorso pode se orientar para cima (dorso superior) ou para baixo (dorso inferior). O ponto de referência nesta apresentação é o acrômio.

Posição

Na Clínica Obstétrica do HC-FMUSP, adota-se a definição de posição fetal da escola alemã, que define como orientação o dorso fetal com o lado materno. Quando o dorso está voltado para a esquerda materna, a posição é chamada de esquerda ou primeira, por ser a mais comum. A posição direita ocorre quando o dorso fetal está para a direita. Não é comum a posição anterior ou posterior completa em razão da lordose lombar materna.

Características morfológicas do feto de termo

O obstetra deve conhecer bem as características morfológicas do feto para um adequado acompanhamento do trabalho de parto e melhor escolha da via de parto (vaginal ou abdominal).

Os diâmetros do polo cefálico são importantes para a assistência ao parto na apresentação cefálica (Figura 10). A

> Algumas condições favorecem a situação transversa e a apresentação córmica: flacidez da musculatura abdominal, que pode ser decorrente de grande multiparidade, obesidade e idade materna avançada, dificulta a retificação pela ausência de contrações uterinas; malformações fetais, como hidrocefalia com macrocrania; e localização anômala da placenta, como a placenta prévia.

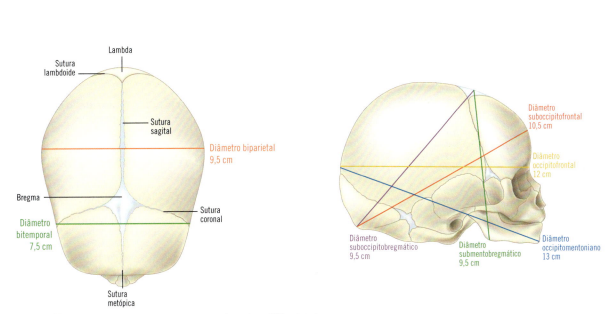

Figura 10 Linhas de orientação e diâmetros do polo cefálico fetal.

partir das relações dos diâmetros fetais com a bacia é que se estabelece a proporção cefalopélvica. Os diâmetros cefálicos são divididos em anteroposteriores, transversos e vertical:

- diâmetros anteroposteriores:
  1. occipitomentoniano: da ponta do occipício ao mento (13 cm);
  2. occipitofrontal: da ponta do occipício à raiz do nariz (12 cm);
  3. suboccipitofrontal: do suboccipício à bossa frontal (10,5 cm);
  4. suboccipitobregmático: do suboccipício ao bregma (9,5 cm). É o diâmetro de insinuação da cabeça fetal e o primeiro a desprender.
- diâmetros transversos:
  1. biparietal: entre os pontos mais salientes das bossas parietais (9,5 cm);
  2. bitemporal: entre as têmporas (7,5 cm);
  3. bimalar: entre as apófises zigomáticas (7,0 cm).
- diâmetro vertical:
  1. submentobregmático ou hiobregmático: do submento ou ângulo maxilar inferior ao meio do bregma (9,5 cm).

Os ombros fetais apresentam dois diâmetros principais:

- diâmetro biacromial: situado entre os dois acrômios, mede 12 cm e reduz-se por compressão para 9 cm;
- circunferência biacromial: corresponde e relaciona-se com o diâmetro biacromial, mede 34 cm.

No quadril fetal, de importância para o parto, devem ser considerados:

- diâmetro bitrocantérico: mede 9 cm e estende-se de um grande trocânter ao outro;
- circunferência sacrotibial: envolve o quadril nas apresentações pélvicas completas e passa pelo meio da coluna sacral e das tíbias;
- circunferência sacrofemoral: menor que a anterior, envolve o quadril nas apresentações pélvicas incompletas, modo de nádegas ou agripina. Passa pelo meio da coluna sacral e dos fêmures.

Medidas assistenciais na internação para condução do trabalho de parto

Depois de estabelecido o diagnóstico de trabalho de parto, a parturiente receberá os primeiros cuidados. Primeiramente, deve ser instruída a remover todos os seus trajes e substituí-los por avental próprio do hospital.

A preparação para o parto inclui alguns procedimentos de rotina, como medir temperatura, frequência cardíaca e pressão arterial, que podem ter implicações sobre o resultado do parto e, portanto, influenciar o seu manejo. Tais procedimentos devem ser mantidos durante todo o trabalho de parto e ser apresentados e explicados à parturiente e ao seu acompanhante. A verificação periódica da temperatura é importante porque a elevação desta, juntamente à taquicardia materna, pode indicar a presença de infecção (por exemplo, corioamnionite), sendo necessária a utilização de antibióticos, especialmente no caso de trabalho de parto com rotura de membranas ovulares. A verificação periódica da pressão arterial é outro item importante. A elevação súbita da pressão arterial exige tratamento medicamentoso e adequação da conduta obstétrica.

Enema e tricotomia pubiana

Enema e tricotomia pubiana não fazem parte da rotina na Clínica Obstétrica do HC-FMUSP, pois não existem evidências científicas de que devam ser realizados durante a assistência ao parto.

Ingestão de alimentos

O jejum não é recomendado para parturientes com baixo risco para anestesia geral. Quando existe a probabilidade de anestesia geral, há o risco de aspiração do conteúdo gástrico com consequente pneumonite química (síndrome de Mendelson), situação agravada pela demora do esvaziamento gástrico normalmente presente durante a gestação.

O trabalho de parto requer enormes quantidades de energia e como algumas vezes a sua duração é longa e surge a sensação de fome, é preciso repor as fontes de energia, a fim de garantir o bem-estar materno e fetal. Além disso, a restrição da ingestão oral pode levar a desidratação e cetose.

Agora que você já observou o cartão de pré-natal, fez a anamnese e o exame obstétrico, avaliou a bacia da Sra. Ana Maria e constatou que ela realmente está na fase ativa do trabalho de parto, com contrações regulares e ritmadas e dilatação cervical de 5 cm, você a informa que dessa vez vai ficar internada para a condução do trabalho de parto. O marido da Sra. Ana Maria pergunta se pode acompanhá-la até o momento do parto, porque ela está muito nervosa. A gestante também pergunta se pode comer alguma coisa, pois está em jejum há 6 horas e sente fome. Como você responderia as indagações do casal? Você sabe que cuidados são necessários para a assistência ao parto?

Tais complicações podem ser evitadas pela oferta de líquidos por via oral e pela oferta de alimentos que produzam poucos resíduos, como gelatinas e sorvetes.

A administração rotineira de infusões intravenosas de soluções contendo glicose não é aconselhável porque pode interferir no processo natural e restringe a liberdade de movimentos da mulher. A prática do acesso venoso só deve ser utilizada em situações em que é necessária, como na administração de antibióticos, nas induções de trabalho de parto, nos trabalhos de parto prolongados e quando se faz a analgesia.

Apoio

É recomendável que durante o trabalho de parto, o parto e o puerpério imediato a parturiente seja acompanhada por pessoas em quem confia e com quem se sinta à vontade (parceiro, mãe, melhor amiga ou uma obstetriz). A presença do acompanhante visa a ouvir, apoiar, estimular, massagear, confortar e dar carinho à parturiente, o que pode diminuir a ansiedade e a sensação de um parto difícil. Este é um direito da gestante, assegurado pela Lei Federal n. 12.895/2013.

No trato com a parturiente, esta deverá ser informada do transcorrer de todo o trabalho de parto e o obstetra deverá assegurar respeito absoluto ao pudor feminino e praticar as manobras propedêuticas com gestos delicados, informando a ela o momento do exame e, sempre que possível, realizando-os no intervalo das contrações uterinas. No trato com os familiares, estes também devem ser informados das condições que cercam o parto, procurando utilizar linguagem cordial e acessível.

Uma vez preparada, a paciente será removida para o centro obstétrico, onde receberá assistência para o primeiro período do trabalho de parto.

Admissão da gestante para indução do trabalho de parto

Indução do trabalho de parto

A indução do parto consiste na estimulação de contrações uterinas, por meio de métodos específicos, com o objetivo de promover o parto antes do início espontâneo do trabalho de parto. Difere da condução, na qual o objetivo é a adequação das contrações uterinas, iniciadas espontaneamente, para determinada fase do trabalho de parto.

Indicações e contraindicações

A indução do trabalho de parto terá por indicação fatores maternos e fetais, quando o benefício da interrupção da gestação suplanta o risco de sua continuidade e não há contraindicação ao parto vaginal. Este risco é influenciado por diversos fatores, como idade gestacional, presença ou não de maturidade pulmonar fetal, condição clínica materna e estado do colo uterino. Alguns exemplos de indicações obstétricas para as quais a indução do trabalho de parto pode ser necessária estão citados na Tabela 5. As mais comuns são rotura prematura de membranas ovulares (RPMO), síndromes hipertensivas e pós-datismo.

Tabela 5 Indicações e contraindicações para a indução de trabalho de parto

Indicações
Rotura prematura de membranas ovulares
Síndromes hipertensivas
Pós-datismo
Corioamnionite
Restrição do crescimento fetal
Aloimunização Rh
Contraindicações
Cicatriz uterina anterior
Gestação múltipla
Placenta prévia
Macrossomia fetal
Sofrimento fetal
Apresentações anômalas
Malformações uterinas
Vício pélvico
Infecção ativa por herpes genital
Sorologia positiva para vírus da imunodeficiência humana (HIV)
Carcinoma cervical invasivo

As contraindicações para a indução do parto podem ser divididas em obstétricas, maternas e fetais. A gestação múltipla e a placenta prévia (centro-total e centro-parcial) são situações nas quais a indução não é recomendada. As causas fetais incluem macrossomia, hidrocefalia importante, apresentações anômalas e sofrimento fetal. As poucas contraindicações maternas estão relacionadas a sorologia positiva para o vírus da imunodeficiência humana (HIV), vício pélvico, herpes genital com infecção ativa e carcinoma invasivo do colo uterino (Tabela 5).

Na Clínica Obstétrica do HC-FMUSP, a cicatriz uterina prévia (cesárea ou outras cirurgias uterinas, com envolvimento miometrial) é contraindicação absoluta para a indução de trabalho de parto, mas não para sua condução, desde que, neste último caso, a parturiente fique sob vigilância rigorosa.

Deve-se proceder a um exame cuidadoso das condições maternas e fetais antes de iniciar a indução do trabalho de parto. As indicações e contraindicações devem ser revistas e os riscos e benefícios devem ser discutidos com a paciente. É imperativa a confirmação da idade gestacional, assim como a avaliação da maturidade pulmonar fetal, quando necessário. Deve-se completar essa avaliação com a estimativa do peso fetal, exame clínico da bacia e confirmação da apresentação fetal. As condições do colo uterino também devem fazer parte desse registro e, em todos os casos em que se utilize drogas uterotônicas, a cardiotocografia deve ser realizada durante todo o trabalho de parto.

Índice de Bishop

As condições do colo uterino influenciam as taxas de sucesso da indução de trabalho de parto. Em 1964, Edmund H. Bishop criou um índice para avaliar gestantes multíparas para indução eletiva no termo. Esse índice é baseado em condições do colo do útero que podem ser verificadas por exame clínico (toque vaginal), como dilatação, esvaecimento, consistência e posição do colo, assim como a altura da apresentação fetal, como mostrado na Tabela 6.

Quanto maior o índice de Bishop, mais "favorável" está o colo uterino para a indução. Assim, considera-se que valores desse índice iguais ou maiores que 9 associam-se a alta frequência de partos vaginais. Valores inferiores a 5 signifi-

CAPÍTULO 10 ADMISSÃO DA GESTANTE PARA O PARTO

Tabela 6 Índice de Bishop

	0	1	2	3
Dilatação	0	1-2 cm	3-4 cm	5-6 cm
Esvaecimento	0-30%	40-50%	60-70%	80%
Altura da apresentação	−3	−2	−1 ou 0	+1 ou +2
Consistência	Firme	Média	Amolecida	−
Posição	Posterior	Medianizada	Anteriorizada	−

Tabela adaptada de Bishop.[1]

cam maturação cervical incompleta, podendo-se considerar a utilização de métodos para atingir essa maturação.

Métodos para maturação cervical

Os métodos para maturação cervical são classificados em farmacológicos e mecânicos (Tabela 7).

Tabela 7 Métodos para maturação cervical

Métodos farmacológicos
Prostagladina E2
Prostagladina E1
Relaxina
Óxido nítrico
Hialuronidase
Métodos mecânicos
Balão
Laminaria
Descolamento de membranas

Métodos farmacológicos

Apesar de várias drogas terem sido utilizadas para a maturação cervical, entre elas a relaxina e o óxido nítrico, as prostaglandinas são consideradas os principais agentes nesse processo. A administração de prostaglandinas resulta na dissolução do colágeno e em aumento do conteúdo hídrico da submucosa do colo uterino. Essas alterações no tecido conjuntivo cervical no termo são semelhantes àquelas observadas no início do trabalho de parto. Na Clínica Obstétrica do HC-FMUSP, a prostaglandina mais utilizada para a maturação cervical é a E1 (misoprostol).

Prostaglandina E1

Misoprostol (Cytotec®/Prostokos®) é um análogo sintético da prostaglandina E1, disponível em comprimidos de 25 e 200 µg. Apesar de ainda não ser aprovado pelo Food and Drug Administration (FDA), seu uso é considerado seguro e efetivo. Trata-se de medicamento de baixo custo e estável em temperatura ambiente. O misoprostol pode ser administrado tanto por via oral quanto por via vaginal, com poucos efeitos colaterais.

Revisões sistemáticas apontam que o misoprostol, quando comparado às prostaglandinas E2 (dinoprostona), exibe maiores taxas de parto vaginal em 24 horas e menor necessidade de ocitocina. As indicações e contraindicações da utilização desse método estão descritas na Tabela 8. Pode ser administrado em mulheres com história de asma e hipertensão.

Acredita-se que este medicamento, mesmo em doses baixas, provoque a maturação cervical de forma indireta, em razão da atividade uterina que desencadeia. Ainda não há consenso sobre a via de administração, a dose ideal e a segurança para o binômio materno-fetal. A apresentação mais comumente utilizada é a via vaginal, seguida pela oral. O American College of Obstetricians and Gynecologists (ACOG) recomenda dose de 25 µg a cada 3 a 6 horas de misoprostol por via vaginal. A ocitocina pode ser iniciada, se necessário, após 4 horas da dose final de misoprostol. Estudo de metanálise que comparou a administração de 25 µg *versus* 50 µg de misoprostol relatou que o uso de 50 µg resultou em taxa mais elevada de parto vaginal em 24 horas, mas com maiores taxas de hiperestimulação uterina e presença de líquido meconial.

Na Clínica Obstétrica do HC-FMUSP, o uso do misoprostol para a maturação cervical segue o esquema apresentado na Figura 11.

Tabela 8 Indicações e contraindicações da maturação cervical com misoprostol

Indicações
Indução do parto
Índice de Bishop < 5
Gestação única
Peso fetal ≥ 1.500 g
Membranas íntegras
Apresentação cefálica
Vitalidade fetal preservada
Ausência de vício pélvico
Ausência de sinais de desproporção cefalopélvica
Ausência de cirurgia uterina prévia
Paridade inferior a 5
Inserção placentária normal
Contraindicações
Febre
Doença materna que se beneficie da interrupção imediata da gestação
Alergia ou hipersensibilidade ao medicamento
Glaucoma
Trabalho de parto
Doença cardiovascular, hepática e renal (contraindicações relativas)
Sangramento vaginal

Métodos mecânicos

Entre os métodos mecânicos, podem ser citados os dilatadores osmóticos (laminárias), o cateter-balão de Foley transcervical e o descolamento digital de membranas ovulares.

Indução do trabalho de parto com ocitocina

A ocitocina é um hormônio polipeptídico produzido no hipotálamo e secretado pela neuro-hipófise de forma pulsátil. É idêntica ao seu análogo sintético, utilizado largamente em obstetrícia.

Não deixe de acessar o site: http://www.ohsu.edu/academic/som/obgyn/programs/ACOG%20Practice%20Bulletein%20107%202009.pdf.
Lá, você encontrará as diretrizes do American College of Obstetricians and Gynecologists sobre a indução do parto.

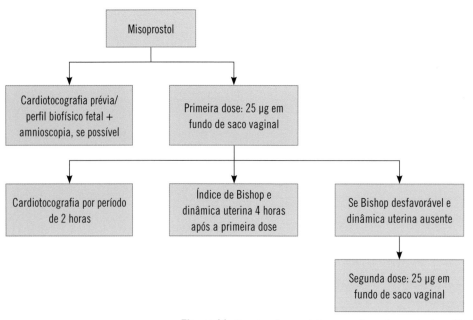

Figura 11 Uso do misoprostol para maturação cervical na Clínica Obstétrica do HC-FMUSP.

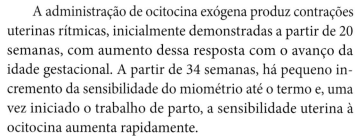

A ocitocina foi sintetizada pela primeira vez, juntamente ao hormônio antidiurético, por Vincent du Vigneaud, em 1953, o que lhe conferiu o Prêmio Nobel de Química em 1955.

A administração de ocitocina exógena produz contrações uterinas rítmicas, inicialmente demonstradas a partir de 20 semanas, com aumento dessa resposta com o avanço da idade gestacional. A partir de 34 semanas, há pequeno incremento da sensibilidade do miométrio até o termo e, uma vez iniciado o trabalho de parto, a sensibilidade uterina à ocitocina aumenta rapidamente.

A indução do trabalho de parto visa a promover contrações uterinas capazes de dilatar o colo uterino, permitindo que ocorra o parto vaginal sem que haja sofrimento fetal. Caso o número e/ou a intensidade dessas contrações estejam discordantes com a fase do trabalho de parto em que se encontra a parturiente, a infusão de ocitocina deve ser reajustada para permitir uma evolução normal desse processo. Após 3 a 5 minutos do início da infusão de ocitocina já se observa uma resposta contrátil uterina. A diminuição de ocitocina leva rapidamente ao decréscimo da frequência dessas contrações. Quando a infusão de ocitocina é interrompida, sua concentração plasmática cai rapidamente, já que sua meia-vida é de aproximadamente 5 minutos. Seus metabólitos, após a ação de várias enzimas, são excretados pela urina.

A ocitocina sintética deve ser administrada por via intravenosa, preferencialmente por infusão controlada por meio de bomba. O protocolo de indução do trabalho de parto com ocitocina utilizado na Clínica Obstétrica do HC-FMUSP pode ser verificado na Tabela 9.

Tabela 9 Protocolo de indução do trabalho de parto da Clínica Obstétrica do HC-FMUSP

Avaliação da vitalidade fetal
Cardiotocografia e, quando possível, amnioscopia
Preparo da solução
5 UI de ocitocina (uma ampola)
500 mL de soro glicosado a 5%, formando uma solução com concentração de ocitocina de 10 mUI/mL
Velocidade de infusão
Inicia-se a indução com infusão de 2 mUI/min (12 mL/h em bomba de infusão ou 4 gotas/min)
Aumentam-se 2 mUI a cada 15 minutos até se obter padrão de contração uterina adequado para a fase do trabalho de parto ou dose máxima de 32 mUI/min
Monitorização da vitalidade fetal durante a indução
Cardiotocografia contínua
Registro da indução do trabalho de parto
Preconiza-se o registro da dose de ocitocina, dos procedimentos realizados (amnioscopia, amniotomia) e do padrão cardiotocográfico em partograma, para melhor acompanhamento

A dose máxima de ocitocina tem sido arbitrariamente fixada em valores entre 20 e 40 mUI/min (2 mUI/min = 4 gotas/min em equipo comum = 12 microgotas/min ou 12 mL/h em bomba de infusão). Infusões com dose igual ou maior que 20 mUI/min acarretam risco de intoxicação hídrica.

Principais complicações do uso de ocitocina

As complicações mais comuns com o uso inadequado de ocitocina são a taquissistolia (mais de cinco contrações uterinas em 10 minutos) e a hipertonia uterina. Mediante essas complicações e, principalmente, caso sejam observadas anormalidades da frequência cardíaca fetal, deve-se suspender imediatamente a infusão do medicamento. Medidas de ressuscitação intrauterina auxiliam na reversão do quadro e incluem decúbito lateral, administração de oxigênio e infusão rápida de cristaloides. Nos casos mais graves, sem resposta com as medidas anteriores e quando se observam sinais de sofrimento fetal, pode ser utilizado agente tocolítico como a terbutalina.

A ocitocina apresenta estrutura similar ao hormônio antidiurético (ADH) e pode levar a uma reação cruzada com os receptores de vasopressina nos rins. Doses de ocitocina acima de 20 mUI/min podem resultar em retenção hídrica e consequente hiponatremia dilucional. Apesar de grave, trata-se de evento muito raro, mesmo com altas doses de ocitocina. Os principais sinais e sintomas dessa complicação são: confusão mental, convulsões, coma e insuficiência cardíaca congestiva. O tratamento consiste em suspensão da infusão da ocitocina e correção dos distúrbios hidroeletrolíticos.

Altas doses de ocitocina administradas rapidamente por via intravenosa podem levar a hipotensão. Desse modo, a infusão de ocitocina deve ser feita de preferência por meio de bomba de infusão ou de forma lenta, para evitar essa complicação.

Relembrando

- Na admissão da gestante para o parto, é importante revisar os dados do pré-natal em relação aos aspectos epidemiológicos da gestante, antecedentes familiares, pessoais e presença de complicações clínicas.
- O exame da internação deve ser clínico geral e obstétrico.
- Fazem parte da avaliação obstétrica a altura uterina, a contratilidade uterina e a ausculta dos batimentos cardíacos fetais.
- As relações espaciais do feto com a mãe são avaliadas pela palpação obstétrica e incluem sua situação, sua posição e sua apresentação.

- Para que haja sucesso no parto vaginal, é importante que haja uma interação ideal entre as variáveis força (contração uterina), conteúdo (feto) e trajeto (bacia). Cada uma dessas variáveis deve ser cuidadosamente avaliada no trabalho de parto.
- No momento da internação, a preparação para o parto inclui vários procedimentos de rotina e alguns destes (temperatura, frequência cardíaca e pressão arterial) fazem parte da avaliação contínua durante o trabalho de parto. Alteração em um desses parâmetros pode indicar necessidade de mudanças na condução do trabalho de parto.
- A indução do trabalho de parto está indicada quando os benefícios do nascimento imediato suplantam os riscos da continuidade da gestação.
- Valores do índice de Bishop inferiores a 5 significam maturação cervical incompleta. Nesses casos, deve-se considerar a utilização de métodos para atingir essa maturação.
- Dos métodos farmacológicos para a maturação cervical, as prostaglandinas são consideradas os principais agentes. O misoprostol (prostaglandina E1) é considerado seguro e efetivo, com maiores taxas de parto vaginal em 24 horas.
- Várias são as possíveis implicações negativas do uso inadequado de ocitocina na indução do trabalho de parto, entre elas taquissistolia, hipertonia uterina, rotura uterina, sofrimento fetal e morbidade neonatal.

Casos clínicos

Paciente de 38 semanas procura o pronto-socorro obstétrico com queixa de contração uterina.

1. Quais parâmetros maternos e fetais devem ser avaliados?

Paciente apresenta-se em trabalho de parto de gestação de termo. A pelvimetria é realizada. A bacia apresenta forma oval, com o diâmetro anteroposterior maior que o diâmetro transverso. O feto está em variedade de posição occipitoposterior.

1. Qual é o tipo de bacia mais comum da gestante?
2. Quais parâmetros da bacia podem ser examinados para avaliação da possiblidade de parto vaginal na internação da gestante em trabalho de parto?

 Gestante de 36 semanas apresentou rotura prematura de membranas ovulares e tem indicação para resolução da gestação. O exame vaginal revela colo com dilatação de 2 cm, esvaecimento de 25%, altura da apresentação em 0, consistência firme e posteriorizado.

1. Deve-se utilizar algum método para maturar o colo uterino ou já está indicada a ocitocina intravenosa?

 Gestante secundigesta com feto com peso estimado abaixo do percentil 10 para a idade gestacional e 40 semanas de gestação, fora de trabalho de parto. O primeiro parto foi cesárea por apresentação pélvica incompleta, com 39 semanas, do sexo masculino, pesando 2.720 g e houve boa evolução materna e fetal.

1. Está indicada a indução do parto?

Para refletir

- Na admissão de uma gestante em trabalho de parto, você já presenciou alguma intervenção inútil, inoportuna, inadequada ou desnecessária? Se sim, cite-as.
- Qual a sua opinião sobre o uso de cateterização venosa e infusão de soro glicosado de rotina durante o trabalho de parto?

Referências bibliográficas

1. Bishop EH. Pelvic scoring for elective induction. Obstet Gynecol 1964;24:266-8.
2. Briquet R, Guariento A. Obstetrícia normal. Barueri: Manole; 2011.
3. Cunningham FG, Leveno JK, Bloom MD, Hauth JC, Rouse DJ, Spong CY (eds.). Williams obstetrics. 23.ed. Stamford: Appleton and Lange; 2011.
4. Delascio D, Guariento A. Fenômenos mecânicos do parto. In: Briquet R (ed.). Obstetrícia normal. 3.ed. São Paulo: Sarvier; 1994. p.317-36.
5. Gabbe SG, Niebyl JR, Simpson JL, Landon MB, Galan HL, Jauniaux ERM, et al. Obstetrics: normal and problem pregnancies. 6.ed. Philadelphia: Elsevier Saunders; 2012.
6. Zugaib M (ed.). Zugaib obstetrícia. 2.ed. Barueri: Manole; 2012.
7. Zugaib M, Bittar RE. Protocolos assistenciais: clínica obstétrica, FMUSP. 4.ed. São Paulo: Atheneu; 2011.

CAPÍTULO 11

Parto

Para discutir

- Quando a gestante está em trabalho de parto?
- Como avaliar se o trabalho de parto está indo bem?
- Quais são as posições para a parturiente durante a primeira fase do trabalho de parto?
- Como e quando realizar os toques vaginais? O que deve ser avaliado?
- O que pode interferir na evolução do trabalho de parto?

Ao fim deste capítulo, você terá conhecido

- As fases clínicas do parto.
- Como construir e interpretar o partograma e identificar a evolução eutócica ou distócica do trabalho de parto.
- As variáveis relacionadas ao sucesso do parto vaginal.
- A interação das três variáveis: contração uterina, feto e bacia.
- Como entender e ser capaz de descrever o manejo da parturiente durante a fase de dilatação e esvaecimento do trabalho de parto.
- Como identificar a fase de expulsão.
- Como conduzir a fase de expulsão.
- Como evitar os riscos maternos e fetais durante o segundo período do parto.
- Como identificar os sinais do descolamento placentário e revisar a placenta.
- Como entender as etapas da episiorrafia.

Fases clínicas do parto

A assistência ao parto acompanha a coordenação dos fenômenos da parturição, divididos em três fases clínicas (ou períodos):

- primeiro período: dilatação;
- segundo período: expulsão;
- terceiro período: dequitação.

Alguns autores denominam a primeira hora do puerpério, erroneamente, de quarto período, para enfatizar a necessidade de maior vigilância afim de evitar as principais complicações hemorrágicas do pós-parto.

Dilatação

Definição

A fase de dilatação, ou primeiro período, inicia-se com as primeiras contrações dolorosas que modificam o colo uterino. Assim, este período começa com as primeiras modificações cervicais e termina com a dilatação completa do colo uterino (10 cm). Essas modificações abrangem dois fenômenos distintos: o esvaecimento e a dilatação cervical.

Duração

O trabalho de parto é precedido por uma fase de latência, com duração média de 8 horas. A dilatação nessa fase é em torno de 0,35 cm/h. A fase ativa se inicia com dilatação cervical de 3 cm e dura em média 6 horas nas primíparas (velocidade de dilatação de 1,2 cm/h) e 4 horas e 30 minutos nas multíparas (velocidade de dilatação de 1,5 cm/h).

Partograma

O partograma é a representação gráfica e objetiva do trabalho de parto. Mostra, entre outros dados, a evolução da dilatação do colo e a descida da apresentação, associando dois elementos fundamentais na qualidade da assistência ao

A Sra. Ana Maria acaba de chegar ao centro obstétrico, onde você está de plantão. Após sua admissão em trabalho de parto, você faz o registro do partograma. Como a paciente é primigesta, está ansiosa com o parto e pergunta quanto tempo ainda vai demorar até o nascimento de seu filho. Você sabe quais são as fases clínicas do parto? Como vai explicar a ela qual a duração média do trabalho de parto? Você sabe como fazer e qual a importância do partograma?

Philpott e Castle[13] trabalhavam na Rodésia, onde a maioria dos partos era realizada por parteiras e havia necessidade de orientá-las no encaminhamento dos partos distócicos para o hospital. Para identificar pacientes com parto de risco e de acordo com os conhecimentos da dilatação cervical, construíram uma linha de alerta. Quando a dilatação do colo uterino cruzava a linha de alerta, a paciente deveria ser encaminhada ao hospital. Em um intervalo de 4 horas, foi padronizada uma linha de ação, em paralelo com a de alerta, porque esse era o tempo de transporte da parturiente para os centros médicos, onde eram realizados os partos operatórios. Atualmente, o registro gráfico do parto é realizado em ambiente hospitalar e, portanto, não se espera 4 horas para intervenção médica.

parto: a simplicidade gráfica e a interpretação rápida do trabalho de parto.

O partograma deverá ser utilizado a partir do momento em que a parturiente estiver na fase ativa do trabalho de parto. Philpott e Castle,[13] para fins práticos, definiram seu início no momento em que o colo se encontra apagado, a dilatação atinge 3 cm e a contratilidade uterina é regular (pelo menos duas contrações em 10 minutos).

O controle gráfico do trabalho de parto supera a intuição e permite um diagnóstico de evolução eutócica ou distócica do parto, mesmo para um observador menos experiente. Baseados nos trabalhos de Friedman,[9] Philpott e Castle[13] idealizaram o partograma utilizando um papel quadriculado e duas linhas anguladas a 45° e paralelas entre si, distando 4 horas (Figura 1). Na Figura 2, são mostrados os partogramas utilizados nos serviços hospitalares do Hospital Universitário da USP e da Clínica Obstétrica do HC-FMUSP.

Como a velocidade de dilatação pode variar de 0,8 a 1,5 cm/h, no trabalho de parto ativo, Philpott e Castle[13] posicionaram a linha de alerta na hora subsequente ao primeiro exame; a linha de ação foi desenhada 4 horas à direita da linha de alerta (Figura 1). Normalmente, representa-se a dilatação com uma cruz ou um "X" e a altura da apresentação, com um círculo (no seu interior, ainda, pode ser sugerida a variedade de posição com um "Y").

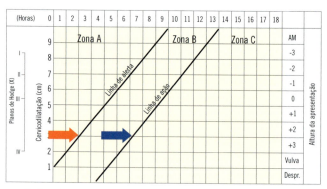

Figura 1 Representação gráfica do parto (partograma). Linha de alerta: hora subsequente ao primeiro exame; linha de ação: 4 horas à direita da linha de alerta. AM: alta e móvel; Despr.: desprendimento.

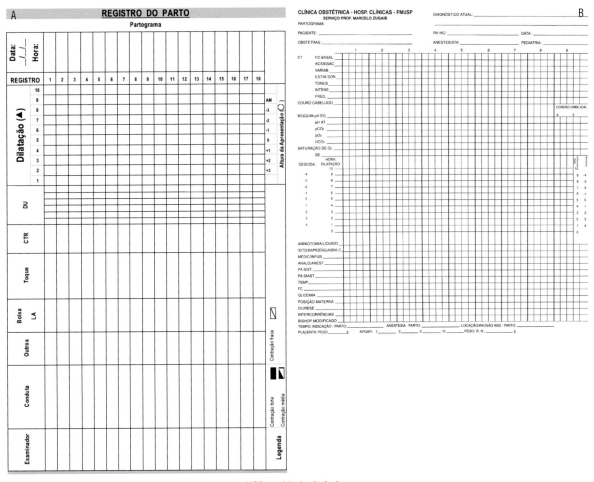

Figura 2 Partogramas. A: Hospital Universitário da USP (unidade de baixo risco); B: HC-FMUSP (unidade de alto risco).

Caso a evolução da dilatação se situe à esquerda da linha de alerta (zona A), esta é considerada eutócica; quando cruzar a linha de alerta (zona B), medidas deverão ser tomadas visando a sua correção (evolução distócica). Entre essa medidas, destacam-se o uso de ocitocina, rotura artificial da bolsa das águas e analgesia (Figuras 3 a 6). A linha de ação, quando foi proposta, era utilizada para indicar intervenção médica para correção de distocia funcional ou parto operatório. Nos dias atuais, opta-se por valorizar mais a linha de alerta do que a linha de ação.

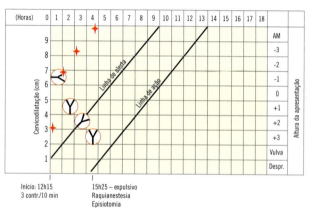

Figura 3 Partograma de parturiente de 16 anos; fase ativa com duração de 3 horas e 30 minutos; parto vaginal com fórcipe de alívio; recém-nascido do sexo masculino pesando 3.320 g, com Apgar 8-9-10.

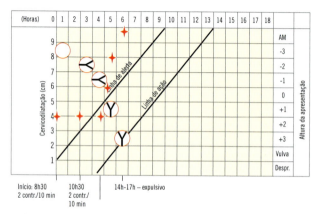

Figura 4 Partograma de parturiente de 25 anos; fase ativa com duração de 5 horas e 30 minutos; parto vaginal; recém-nascido do sexo feminino pesando 3.635 g, com Apgar 9-9-10.

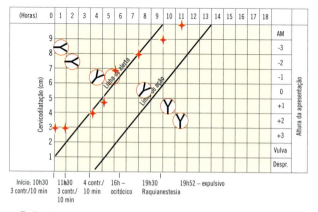

Figura 5 Partograma de parturiente de 23 anos; fase ativa com duração de 10 horas; parto vaginal com fórcipe de alívio; recém-nascido do sexo masculino pesando 2.940 g, com Apgar 8-9-10.

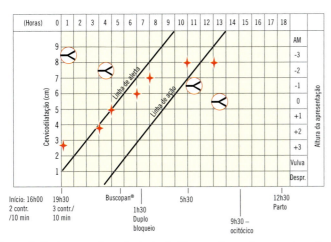

Figura 6 Partograma de parturiente de 26 anos; fase ativa com duração de 16 horas; cesárea por distocia funcional; recém-nascido do sexo masculino pesando 2.975 g, com Apgar 9-9-10.

Avaliação inicial

Postura da parturiente durante o trabalho de parto

No primeiro período do parto (fase de dilatação), a parturiente deve ficar em posições confortáveis para cada momento. Pode ser que se sinta melhor deitada ou sentada por algum tempo, deambulando ou apoiada em uma cadeira, na cama ou até mesmo em seu companheiro (Figuras 7 a 11). De maneira geral, a mudança de posição é frequente, já que nenhuma delas é confortável durante muito tempo. Ao se deitar, a parturiente deve evitar o decúbito dorsal horizontal, pois o útero grávido comprime a artéria aorta e a veia cava e pode diminuir o fluxo uteroplacentário. Além disso, essa posição reduz a intensidade das contrações uterinas e, portanto, interfere na progressão do trabalho de parto. O decúbito lateral se associa a maior intensidade e maior eficiência das contrações uterinas. A deambulação pode aumentar a sensação da parturiente de controle do seu trabalho de parto e promove mais distração, além de facilitar o apoio de um acompanhante, medidas que postergam a necessidade de anestesia. Há de se destacar que a deambulação é permitida desde que as condições clínicas, fetais e de dilatação cervical sejam favoráveis e as membranas fetais estejam íntegras.

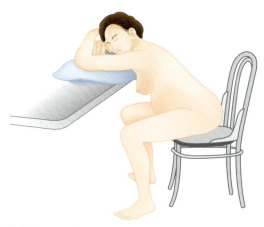

Figura 7 Posição sentada com apoio sobre almofada. (Figura adaptada de Bio et al.[3])

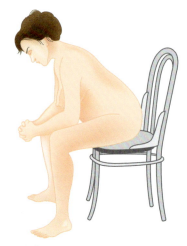

Figura 8 Posição sentada com apoio dos antebraços sobre os membros inferiores. (Figura adaptada de Bio et al.[3])

Figura 9 Posição sentada na cama apoiada em travesseiros. (Figura adaptada de Bio et al.[3])

Figura 10 Posição sentada com apoio dos braços e da cabeça em almofada no espaldar da cadeira. (Figura adaptada de Bio et al.[3])

Figura 11 Posição ajoelhada para a frente com as pernas separadas e apoiada sobre travesseiros. (Figura adaptada de Bio et al.[3])

Papel do acompanhante

Durante as contrações uterinas, a parturiente deve receber atenção e carinho por parte do acompanhante. Este deve fazer de tudo para que possa ajudá-la: segurar suas mãos, massagear suas costas, sugerir mudança de posição, apoiar seus pedidos e decisões. Nos intervalos das contrações, deve tentar relaxá-la e animá-la. Além disso, pode agir como um mediador entre a parturiente e a equipe que a assiste.

Assistência obstétrica

O sucesso do parto vaginal depende da força (contração uterina), do objeto (feto) e do trajeto (bacia). Desse modo, a avaliação da progressão do trabalho de parto é feita pela observação da parturiente em relação às contrações uterinas, à dilatação cervical, à bacia obstétrica, à descida da apresentação fetal e à monitorização da frequência cardíaca fetal.

O registro da evolução do trabalho de parto deve ser feito com o partograma, que resume toda a avaliação clínica da gestante e do feto por meio de vários parâmetros, incluindo os sinais vitais maternos, batimento cardíaco fetal, integridade das membranas, características do líquido amniótico, descida da apresentação, frequência e intensidade das contrações uterinas, e medicamentos e fluidos administrados à parturiente. Além disso, o partograma permite evidenciar precocemente o parto disfuncional e buscar o seu fator causal.

Avaliação das contrações uterinas

A fisiologia da contração uterina relacionada ao parto não está totalmente elucidada. Diferentemente de outros órgãos constituídos por músculo liso, o útero mantém-se distendido por um longo período sem expelir o seu conteúdo. No momento da parturição, ele se contrai regularmente, expulsa o feto e, em seguida, a placenta.

Admite-se que o aparecimento das contrações uterinas coordenadas, o esvaecimento e a dilatação cervical sejam consequentes a eventos fisiológicos em que participam processos bioquímicos maternos, placentários e fetais.

A contratilidade uterina durante a gestação, o parto e o puerpério pode ser dividida em quatro fases, na dependência da ação de fatores inibidores ou estimulantes da atividade uterina (Figura 12):

- fase 0 (quiescência): durante a maior parte da gravidez, o útero apresenta contrações de pequena intensidade e não perceptíveis pela gestante em razão da ação predominante de fatores inibidores da contração uterina, como pros-

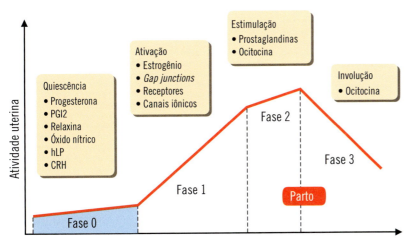

Figura 12 Influências sobre a atividade uterina ao longo da gestação, do parto e do puerpério. CRH: hormônio liberador da corticotrofina; hLP: hormônio lactogênico placentário; PGI2: prostaciclina. (Figura adaptada de Challis & Gribb[7])

taciclina, relaxina, óxido nítrico, hormônio liberador da corticotrofina (CRH), hormônio lactogênico placentário e, principalmente, progesterona;

- fase 1 (ativação): próximo ao parto, ocorre aumento dos receptores de prostaglandinas e da ocitocina, ativação dos canais iônicos e produção de proteínas que formam as *gap-junctions*;
- fase 2 (estimulação): para que ocorra a parturição, há aumento da produção de prostaglandinas contráteis (E2 e F2-alfa) e ocitocina;
- fase 3 (involução): no pós-parto, a involução uterina ocorre por ação da ocitocina.

As características das contrações uterinas diferem quanto a tônus, intensidade, frequência e duração em cada fase da gestação, do parto (dilatação, expulsão e dequitação) e do puerpério.

As funções das contrações uterinas no parto são:

- esvaecimento ou encurtamento do canal cervical e dilatação do colo uterino;
- descida e expulsão do feto;
- descolamento e expulsão da placenta;
- hemostasia puerperal.

- Tônus: menor valor de pressão intrauterina (em mmHg) entre duas contrações.
- Intensidade: elevação da pressão intrauterina (em mmHg) acima do tônus.
- Frequência: número de contrações em 10 minutos.
- Duração: tempo em que a contração é detectada.
- Atividade uterina = intensidade × frequência (em mmHg/10 minutos ou unidades Montevidéu).

Os primeiros estudos que avaliaram a intensidade das contrações uterinas (pressão intrauterina) datam da década de 1950, no Uruguai. Os investigadores estudavam as características da dinâmica uterina por meio da monitorização interna das contrações – intra-amniótica, intramiometrial e transcervical. Tratava-se de um método preciso para se avaliar a intensidade das contrações, mas era invasivo e possuía riscos. Para realizá-lo, era necessário romper as membranas ovulares com dilatação cervical entre 4 e 5 cm, passar o cateter e colocá-lo dentro do útero, acima da apresentação fetal e do lado do dorso.

Os estudos pioneiros sobre a contratilidade uterina permitiram caracterizá-la em dois grupos: contrações uterinas durante a gestação (antes do trabalho de parto) e contrações uterinas no trabalho de parto (tipo C).

Contrações uterinas durante a gestação (antes do trabalho de parto)

- De alta frequência e baixa amplitude (tipo A): uma contração por minuto, com intensidade de 2 a 4 mmHg (Figura 13). Não são percebidas pela gestante.
- De alta amplitude (tipo B ou de Braxton Hicks): uma contração por hora. São raras até 30 semanas e apresentam intensidade de 10 a 20 mmHg (Figura 14). Estas contrações permitem, com o avançar da gestação, o esvaecimento do colo uterino e a distensão do segmento inferior e facilitam a acomodação do concepto no interior do útero.

Contrações uterinas no trabalho de parto (tipo C)

Apresentam tônus de 8 a 12 mmHg, intensidade de 30 a 50 mmHg. Ocorrem com frequência de três a cinco contrações em 10 minutos e têm duração de 1 a 2 minutos (média de 70 segundos). São, portanto, contrações perceptíveis (Figura 14).

Além disso, o trabalho de parto caracteriza-se pela presença do tríplice gradiente descendente, em que as ondas contráteis são mais intensas, mais duradouras e iniciam-se nas partes mais altas do útero, ou seja, em dois marca-passos, situados um de cada lado, junto à implantação das tubas. A propagação dessas ondas é de cima para baixo, até atingir a região inferior do corpo uterino.

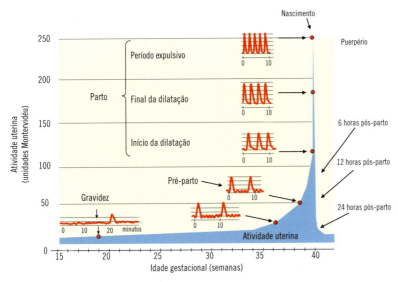

Figura 13 Atividade uterina no ciclo gravídico-puerperal. Até 30 semanas, a atividade uterina é pequena (< 20 unidades Montevidéu), com contrações de pequena intensidade, e vez por outra surgem contrações maiores, de Braxton Hicks. Nas últimas 4 semanas (pré-parto), as contrações de Braxton Hicks tornam-se mais intensas e frequentes. Com o início da dilatação cervical, essas contrações acentuam-se ainda mais e atingem o máximo no período expulsivo: cinco contrações em 10 minutos e atividade uterina de 250 unidades Montevidéu. (Figura adaptada de Caldeyro-Barcia[6])

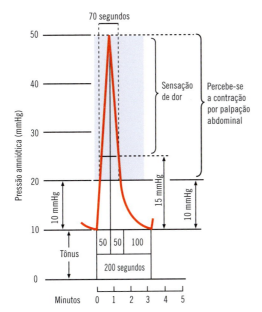

Figura 14 Contração uterina durante o trabalho de parto. A partir de 20 mmHg de pressão intra-amniótica, percebe-se a contração pela palpação abdominal. Relata-se dor com pressão a partir de 25 mmHg. A duração da contração é de 200 segundos, mas a duração perceptível é de 70 segundos. (Figura adaptada de Caldeyro-Barcia[6])

Os efeitos da contração uterina podem ser divididos em gerais e locais:

- Gerais:
1. Quando o útero está relaxado e a gestante em decúbito dorsal horizontal, a pressão arterial diminui em decorrência da compressão da veia cava pelo útero grávido, e quando a queda é acentuada, caracteriza a síndrome da hipotensão supina.
2. Durante a contração uterina, há elevação das pressões arterial e venosa e taquicardia materna porque o útero se eleva e deixa de comprimir a veia cava.
- Locais:
1. Ao contrair, a parede uterina sofre um espessamento e o segmento superior (ativo) se encurta e exerce tração sobre o colo, causando seu esvaecimento e sua dilatação progressiva.
2. A tração é transmitida pelo segmento inferior, que também se contrai, porém com menor intensidade que o superior.
3. O adelgaçamento do segmento inferior é facilitado com a descida da apresentação fetal.

Na prática clínica, as contrações uterinas são avaliadas, de forma não invasiva, pela palpação abdominal ou pelo tocodinamômetro externo. Com esses métodos, é possível estabelecer apenas a frequência e a duração das contrações uterinas, informação suficiente para o acompanhamento do trabalho de parto.

Modificações do colo uterino

No trabalho de parto, além da avaliação das contrações uterinas, é importante verificar as modificações do colo, ou seja, o esvaecimento e a dilatação (Figuras 15 e 16). Para isso, utiliza-se o toque vaginal, que deve ser realizado nos intervalos das contrações.

Para a realização do toque vaginal, a parturiente deve estar em posição ginecológica. Utilizam-se luvas esterilizadas e lubrificadas, com bexiga vazia. Com os dedos da mão esquerda, afastam-se os pequenos e grandes lábios. Introduzem-se, na vagina, os dedos indicador e médio da mão direita. Examina-se primeiramente a vagina, os fundos de sacos e, em seguida, o colo uterino.

O número de exames vaginais deve ser limitado ao estritamente necessário, evitando-se, assim, o desconforto materno e o risco de infecção amniótica.

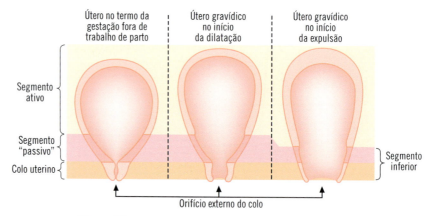

Figura 15 Mecanismo de esvaecimento e dilatação no trabalho de parto. Com as contrações uterinas regulares e cada vez mais intensas, frequentes e duradouras, a porção mais superior do útero (segmento ativo) se espessa e se encurta; a porção mais inferior do útero (segmento "passivo") se afina e o colo se dilata. Dessa maneira, ocorre a descida do feto pelo canal de parto. (Figura adaptada de Beckmann et al.[2])

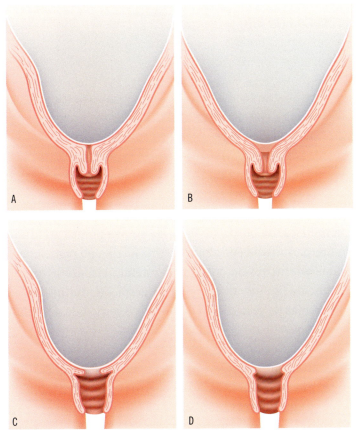

Figura 16 Esvaecimento e dilatação do colo uterino. A: fora de trabalho de parto (0% de esvaecimento); B: início do esvaecimento (30%); C: esvaecimento completo (100%); D: dilatação total. (Figura adaptada de Beckmann et al.[2])

Os toques vaginais devem ser realizados nas seguintes situações:

- na admissão da parturiente;
- durante a fase de latência, com intervalo de 1 a 4 horas;
- durante a fase ativa, a cada 1 ou 2 horas;
- na rotura de membranas espontânea ou artificial para avaliar ocorrência de prolapso de cordão;
- antes da analgesia intraparto, para fornecer orientações ao anestesista;
- na presença de puxos;
- diante de anormalidades na frequência cardíaca fetal.

Avaliação do feto

Palpação

A avaliação fetal se inicia pelo palpar obstétrico. A paciente deve estar em decúbito dorsal, com membros em extensão e bexiga vazia. O ventre deve ser descoberto do púbis à região epigástrica. O obstetra deve permanecer à altura da cicatriz umbilical, com o dorso voltado para a face da gestante. Corrige-se a dextrotorção uterina, medianizando o útero, e, em seguida, mede-se a altura uterina com a fita métrica, da borda superior da sínfise púbica ao fundo do útero. A medida da altura uterina auxilia no rastreamento das alterações do crescimento fetal, das alterações do volume de líquido amniótico e de gestação múltipla. Com 40 semanas de gestação com feto único, a medida deve ficar em torno de 36 cm.

O palpar obstétrico tem por finalidade reconhecer a situação, a apresentação e a posição fetal e deve ser realizado no intervalo das contrações uterinas.

A palpação fetal também nos fornece dados sobre a possível evolução do parto. No início do trabalho de parto, o encontro de cabeça alta e móvel pela manobra de Leopold em primigesta pode ser um sinal de alerta, pois, nelas, normalmente a cabeça se insinua na última quinzena da gravidez. Nessa situação, deve-se pensar em desproporção, em que a norma é a via alta (cesárea). A confirmação diagnóstica deve ser feita com o exame da bacia (pelvimetria).

Ausculta e monitorização da frequência cardíaca fetal

Há dois métodos para monitorizar os batimentos cardíacos fetais: ausculta intermitente com o sonar Doppler e cardiotocografia contínua. O estetoscópio de Pinard não é adequado para a ausculta dos batimentos cardíacos fetais durante as contrações uterinas e, por isso, não é indicado.

Obtém-se com maior facilidade a detecção dos batimentos cardíacos fetais do mesmo lado em que foi palpado o dorso fetal. Nas apresentações cefálicas, a ausculta dos batimentos é infraumbilical, e nas pélvicas, supraumbilical.

Leia mais sobre o exame físico obstétrico no capítulo "Assistência pré-natal na segunda metade da gestação".

O método de escolha para a parturiente de baixo risco é a ausculta intermitente com o sonar Doppler, que deve ser feita a cada 15 minutos na primeira fase do trabalho de parto e a cada 5 minutos durante o segundo estágio (período expulsivo). Com o intuito de detectar alterações do ritmo cardíaco relacionadas às contrações uterinas, é importante que a ausculta compreenda a duração da contração e o primeiro minuto após sem término.

A cardiotocografia contínua é mais precisa que a ausculta intermitente, mas sua interpretação nem sempre é fácil. O método é sensível em relação à detecção do sofrimento fetal, mas está associado à elevada taxa de falsos-positivos e, consequentemente, a um número maior de intervenções desnecessárias, especialmente quando utilizada em parturientes de baixo risco. Por outro lado, nos casos de alto risco, o método deve ser utilizado e pode, além disso, tranquilizar a parturiente, embora o seu uso inevitavelmente limite sua capacidade de livre movimentação.

Cardiotocografia intraparto

Tem por objetivo identificar fetos que apresentem sofrimento fetal, evitando-se assim possíveis danos cerebrais fetais.

Técnica

- Posição da parturiente: deve permanecer em posição semi-Fowler (decúbito elevado de 45°) ou em decúbito lateral esquerdo, com o objetivo de evitar a hipotensão supina.
- Técnica externa: os aparelhos possuem dois transdutores – o tocodinamômetro para o registro das contrações uterinas e o transdutor de sonar Doppler para a captação dos batimentos cardíacos fetais. Ambos os transdutores são fixados por cintos elásticos, sendo o primeiro adaptado ao fundo uterino e o segundo, na região do foco fetal.
- Técnica interna: este exame permite a obtenção de traçados de frequência cardíaca fetal de melhor qualidade. Trata-se de método invasivo em que se fixa o eletrodo no couro cabeludo fetal, após a rotura das membranas. Da mesma forma, o registro das contrações uterinas é realizado por cateter inserido no interior da cavidade uterina, pela via vaginal.

Padrão cardiotocográfico normal

O padrão cardiotocográfico normal se caracteriza por apresentar a linha de base entre 110 e 160 bpm, com variabilidade entre 6 e 25 bpm, na ausência de desacelerações, exceto as desacelerações precoces.

As desacelerações intraparto I ou desacelerações precoces (Figura 17) surgem em decorrência da compressão da cabeça fetal secundária às contrações. Nessa situação, postula-se que exista aumento da pressão intracraniana, que levaria à redução do fluxo sanguíneo cerebral. A redução da oxigenação local estimularia o centro vagal no assoalho do quarto ventrículo levando à diminuição da frequência cardíaca fetal, o que seria concomitante à queda local da pressão parcial de oxigênio (pO_2). A queda da frequência cardíaca fetal é coincidente com a contração uterina ou, caso apresente decalagem, esta é inferior a 15 segundos. Esse tipo de desaceleração é comumente observado no período expulsivo, inclusive de partos eutócicos, e geralmente ocorre com membranas rotas, com exceção de casos em que há oligoâmnio extremo. Essas desacelerações não são acompanhadas de hipoxia ou acidose fetal.

Padrão cardiotocográfico suspeito

Considera-se um padrão cardiotocográfico suspeito aquele caracterizado por bradicardia (linha de base inferior a 110

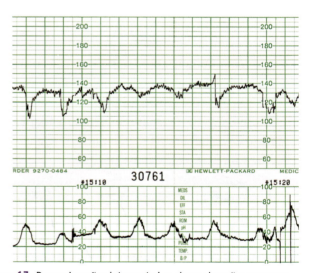

Figura 17 Desacelerações intraparto I ou desacelerações precoces.

bpm) ou taquicardia fetal (linha de base superior a 160 bpm), com redução persistente da variabilidade (inferior a 6 bpm).

Desacelerações intraparto II ou desacelerações tardias (Figura 18) associam-se a diminuição do pH fetal e maior morbidade e mortalidade perinatal. Os episódios hipóxicos são resultantes da redução do fluxo uteroplacentário materno que ocorre durante a contração uterina. Fetos com baixa reserva de oxigênio não suportam a redução do fluxo sanguíneo durante as contrações uterinas e têm sua pO_2 inferior a 16 a 18 mmHg, o que estimularia o centro vagal no assoalho do quarto ventrículo, levando a bradicardia. Tal processo pode ser precedido por taquicardia inicial resultante do estímulo do sistema nervoso simpático, cujo limiar de resposta à hipoxemia é mais baixo que o parassimpático. Caracteriza-se pela queda gradual (quando o intervalo entre o início da queda e o nadir é superior ou igual a 30 segundos) da frequência cardíaca, com retorno lento à linha de base. Nestas situações é necessário que se observe decalagem de 20 segundos ou mais. Define-se decalagem com intervalo de tempo entre o pico da contração e a queda máxima da desaceleração. Quanto mais frequentes forem essas desacelerações, maior será o risco de acidose metabólica.

Desacelerações intraparto umbilicais ou desacelerações variáveis (Figura 19) consistem em queda abrupta (quando o intervalo entre o início da queda e o nadir é inferior a 30

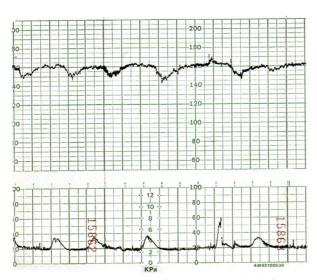

Figura 18 Desacelerações intraparto II ou desacelerações tardias.

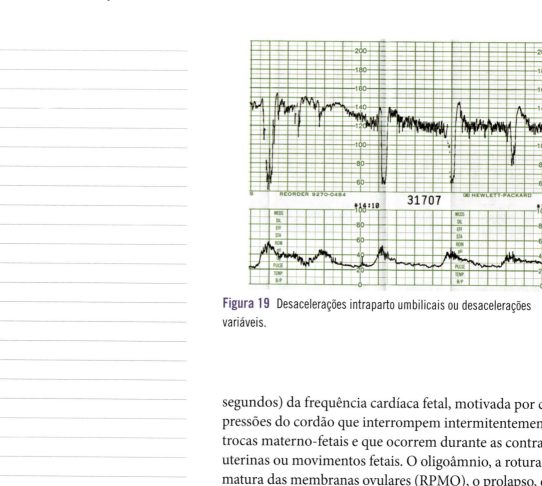

Figura 19 Desacelerações intraparto umbilicais ou desacelerações variáveis.

segundos) da frequência cardíaca fetal, motivada por compressões do cordão que interrompem intermitentemente as trocas materno-fetais e que ocorrem durante as contrações uterinas ou movimentos fetais. O oligoâmnio, a rotura prematura das membranas ovulares (RPMO), o prolapso, o nó, a brevidade e as circulares de cordão são condições que predispõem a essas desacelerações. A queda da frequência cardíaca fetal deve ser superior ou igual a 15 bpm, com duração superior ou igual a 15 segundos e inferior a 2 minutos entre o início da queda e o retorno à linha de base. Com a redução do nível de oxigênio e a elevação do nível de dióxido de carbono no sangue fetal, pode se instalar a acidose fetal mista, na dependência da frequência e da duração dos episódios de compressão do cordão umbilical.

Toque vaginal

No exame de toque vaginal, além das modificações do colo uterino, outras informações podem ser obtidas, como tipo de apresentação, posição (escola francesa), variedade de posição e descida da apresentação fetal.

O toque vaginal deve ser realizado com os mesmos cuidados citados em "Modificações do colo uterino". Depois de avaliar o esvaecimento e a dilatação, diagnosticam-se a integridade ou não das membranas, a apresentação e a altura da apresentação. Tocam-se a linha de orientação e os pontos de referência fetais, que variam de acordo com o caso (Tabela 1 e Figura 20).

Tabela 1 Relação entre os pontos de reparo, pontos de referência e linhas de orientação e as apresentações cefálicas

	Cefálica fletida	Bregma	Fronte	Face	Pélvica	Córmica
Região que se apresenta (ponto de reparo)	Occipício	Bregma	Fronte	Mentofacial	Região pélvica	Acrômio
Ponto de referência	Lambda	Ângulo anterior do bregma	Raiz do nariz (glabela)	Mento	Sacro	Acrômio
Linha de orientação	Sutura sagital	Sutura sagitometópica	Sutura metópica	Linha facial	Sulco interglúteo	Gradeado costal

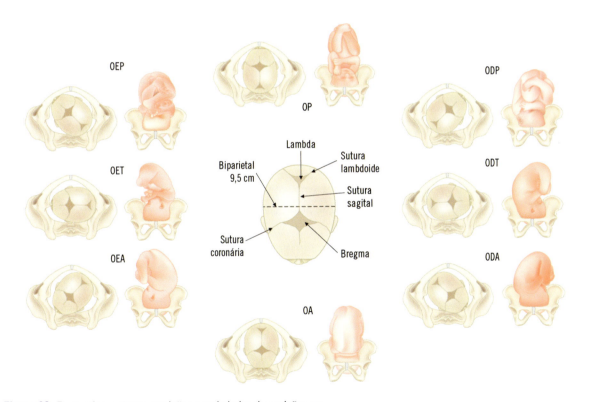

Figura 20 Fontanelas, suturas, posições e variedades de posições na apresentação cefálica fletida. OA: occipitoanterior; ODA: occipitodireita anterior; ODP: occipitodireita posterior; ODT: occipitodireita transversa; OEA: occipitoesquerda anterior; OEP: occipitoesquerda posterior; OET: occipitoesquerda transversa; OP: occipitoposterior. (Figura adaptada de Beckmann et al.[2])

Características ao toque na apresentação cefálica

Tem-se a impressão de um corpo esférico, duro e liso, podendo sentir os fios de cabelo diante da rotura da bolsa das águas, caracterizado pelas fontanelas e suturas. Com a evolução do trabalho de parto, ocorre o acavalamento dos parietais, com diminuição do tamanho das suturas e fontanelas.

Após a rotura da bolsa das águas, pode surgir a bossa serossanguínea. Trata-se de uma infiltração serossanguínea do tecido celular subcutâneo situada entre o periósteo e a aponeurose epicraniana da cabeça fetal. Surge quando a cabeça está sob efeito de pressão exercida pelas contrações uterinas. Nesse caso, o toque é dificultado pela tumefação dos tecidos da cabeça, que recobre as suturas e pode-se tomar como ponto de referência o sulco retroauricular, única região que não se modifica com o processo infiltrativo.

Características ao toque na apresentação pélvica

Tem-se a impressão de um corpo de consistência amolecida, caracterizado pelo sulco interglúteo e pelos órgãos genitais externos. O orifício anal permite a saída de mecônio. Na apresentação pélvica completa, atinge-se facilmente os pés, mas na incompleta, modo de nádegas, os membros inferiores encontram-se rebatidos para cima e não se consegue atingir os pés.

Características ao toque na apresentação córmica

Na apresentação córmica (situação transversa), toca-se o gradeado costal. Por influência das contrações, a cabeça se aplica de encontro ao tronco, a espádua desce pela escava, o pescoço se alonga e assim progride o feto, dobrado sobre si mesmo. O parto espontâneo é impossível, a não ser de fetos mortos ou macerados.

Altura da apresentação

O interesse prático em avaliar a altura da apresentação consiste em servir de referência para especificar o grau de descida do feto. Para isso, utilizam-se os planos de Hodge ou DeLee, sendo o terceiro plano de Hodge ou plano 0 de DeLee o que passa ao nível das espinhas isquiáticas. Quando o ápice da cabeça fetal atinge o plano das espinhas isquiáticas, diz-se que a insinuação está completa. Atualmente, adota-se a classificação de DeLee: –1 cm, –2 cm, –3 cm, –4 cm e –5 cm quando acima do plano 0 (espinhas isquiáticas); e +1 cm, +2 cm, +3 cm, +4 cm e +5 cm quando abaixo. Na maioria dos partos laboriosos, a cabeça fetal tende a estacionar no plano 0 (Figura 21).

A descida da apresentação fetal acompanha a dilatação cervical. A relação entre trabalho de parto prolongado e resultados maternos e fetais adversos é a razão da grande importância da descida da apresentação. Quando a apresentação está a –5 cm, significa que está alta; quando +5 cm, considera-se baixa ou prestes a ocorrer o nascimento.

É importante lembrar que na primigesta a insinuação da cabeça fetal se dá na última quinzena da gravidez, na maioria dos casos, e quando o trabalho de parto se inicia a cabeça já está insinuada. Na multípara, por sua vez, a insinuação acontece no trabalho de parto. A cabeça continua alta, móvel e só desce, por vezes, depois de terminada a dilatação do colo e rota a bolsa das águas.

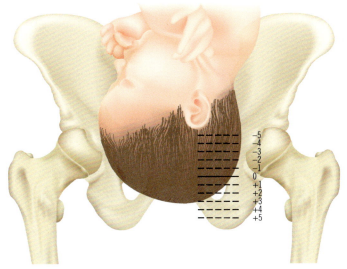

Figura 21 Altura da apresentação em relação às espinhas isquiáticas. (Figura adaptada de Kilpatrick et al.[12])

Avaliação da bacia

Pelvimetria externa

O único diâmetro da pelvimetria externa que possui valor clínico é o bituberoso do estreito inferior da bacia. Sua medida é feita entre as bordas internas das tuberosidades isquiáticas com uma fita métrica, estando a parturiente em posição ginecológica, com as coxas hiperfletidas sobre a bacia. Deve medir 11 cm (Figura 22). Diante de bituberoso inferior a 10 cm, supõe-se que também ocorra redução do estreito médio.

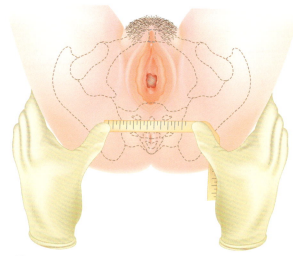

Figura 22 Medida do diâmetro bituberoso pela pelvimetria externa.

Pelvimetria interna

Consiste na determinação do conjugado diagonal do estreito superior da bacia. A parturiente deve ser examinada em posição ginecológica. Introduz-se na vagina os dedos indicador e médio da mão direita e busca-se alcançar a saliência do promontório. Quando este for inatingível (conjugado diagonal superior a 12 cm), o conjugado verdadeiro é considerado normal (superior a 10,5 cm), ou seja, o estreito superior é considerado normal. Se for atingível, aplica-se a borda radial do indicador, rente ao ligamento arqueado, e marca-se o ponto com o indicador da outra mão. Em seguida, mede-se a distância com a fita métrica ou pelvímetro e tem-se o valor do conjugado diagonal. Desse valor, subtrai-se 1,5 cm (relação de Smellie) para obter o conjugado verdadeiro (Figura 23).

Pelvigrafia externa

Avalia o ângulo subpúbico, também denominado arcada púbica ou arco subpúbico. Representa o ápice do triângulo anterior do estreito inferior. A base desse triângulo é o diâmetro bituberoso. O ângulo deve ser maior ou igual a 90° para facilitar a adaptação do polo cefálico. Com a paciente em posição ginecológica, aplica-se a face palmar dos polegares, em abdução, sobre o ramo isquiopúbico, conforme mostrado na Figura 24.

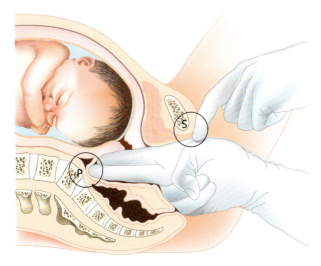

Figura 23 Medida do conjugado diagonal pela pelvimetria interna. P: promontório, S: sínfise púbica.

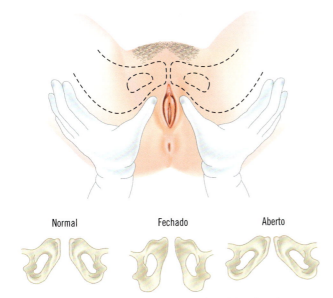

Figura 24 Avaliação do ângulo subpúbico pela pelvigrafia externa.

Pelvigrafia interna

A pelvigrafia interna avalia a configuração interna da pelve, em especial o estreito médio. Busca-se avaliar a maior ou menor saliência das espinhas isquiáticas, uma maneira indireta de verificar o estreitamento dessa região (Figura 25). Na maioria das vezes, a distância entre as espinhas isquiáticas coincide com a medida do diâmetro bituberoso.

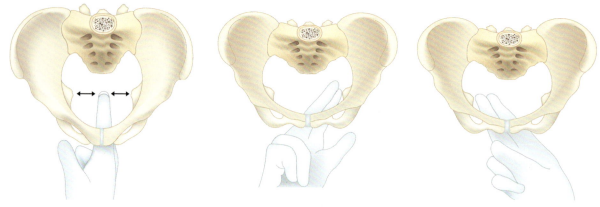

Figura 25 Avaliação da saliência das espinhas isquiáticas do estreito médio da bacia obstétrica pela pelvigrafia interna.

Amnioscopia

Constitui um método propedêutico que torna possível a visualização das características do líquido amniótico pelo canal cervical e através das membranas do polo inferior do ovo. Para a execução desse procedimento, podem ser utilizados dois tipos de instrumentos: o amnioscópio de Saling e o de acrílico, sendo este último o mais utilizado. É necessária a cervicodilatação de pelo menos 1 cm para a passagem do instrumento pelo canal cervical até que as membranas entrem em contato direto com a sua extremidade. Como as membranas são transparentes, pode-se observar a cor do líquido amniótico, que, em condições normais, no feto de termo, é opalescente, de aspecto leitoso, em virtude da presença do *vernix* caseoso. Quando esverdeado, indica a presença de mecônio (conteúdo intestinal do feto), que pode variar de tonalidade de acordo com seu teor e a quantidade de líquido amniótico.

Outras situações podem alterar a cor do líquido amniótico. Assim, cor achocolatada indica o óbito fetal e cor vermelha, que há hemoâmnio, como no descolamento prematuro de placenta (DPP).

Apesar de sua utilidade prática durante o período de dilatação, deve-se ter em mente que a visualização do polo inferior do ovo não garante a mesma cor do líquido amniótico no restante da cavidade amniótica, principalmente se a cabeça já estiver encaixada.

O mecônio pode ser encontrado no intestino fetal a partir de 16 semanas e é constituído por células epiteliais, líquido amniótico e elementos descamados do sistema digestório e do aparelho geniturinário. Como o líquido amniótico é absorvido pelo intestino e os resíduos vão se acumulando, o mecônio torna-se mais escuro com o decorrer da gestação. O mecônio espesso, além de relacionar-se a menor volume de líquido amniótico, pode refletir um sofrimento fetal e está associado a morte fetal durante o trabalho de parto e morbidade ou morte neonatal.

Monitorização da progressão do trabalho de parto

A relação entre o trabalho de parto rápido ou prolongado e resultados maternos e fetais adversos é a razão da grande importância da monitorização cuidadosa e acurada do progresso do trabalho de parto.

A avaliação da progressão do trabalho de parto é feita pela observação da parturiente com relação a sua aparência, seu comportamento, contrações uterinas, dilatação cervical e descida da apresentação. Considerando-se o uso do partograma, diante dos desvios da normalidade, devem ser revistos os planos de manejo do trabalho de parto.

Amniotomia

A amniotomia, ou o rompimento artificial das membranas ovulares, não deve ser a rotina em casos com evolução normal do trabalho de parto. Esse procedimento fica reservado para situações em que, após haver contrações uterinas adequadas, ocorre diminuição significativa destas, tornam-se fracas e com intervalos aumentados (hipoatividade), diante de dilatação cervical entre 6 e 8 cm e na suspeita de mecônio pela amnioscopia. Em algumas condições, deve-se retardar a realização da amniotomia, como no parto de fetos prematuros e nas apresentações pélvicas.

O procedimento deve ser realizado no final da contração uterina, na parte superior da bolsa das águas (posição de 12 horas), com escoamento gradual do líquido amniótico e com monitorização fetal concomitante a fim de identificar possíveis sinais de compressões de cordão (desacelerações intraparto umbilicais).

A escassez de líquido amniótico no momento da amniotomia deve ser considerada fator de risco fetal, pois se relaciona à presença de oligoâmnio e/ou mecônio espesso. Cuidado adicional deve ser tomado quando houver polidrâmnio ou quando a apresentação fetal se encontrar alta, situações de risco para o prolapso de cordão.

A amniotomia não deve ser realizada em parturientes com sorologias positivas para hepatites B e C e vírus da imunodeficiência humana (HIV) com o intuito de minimizar o risco de transmissão vertical.

Agora que você entendeu a importância do partograma, como avaliar seus parâmetros e como registrá-lo, vai anotar a progressão do trabalho de parto da Sra. Ana Maria. Ela pergunta se não "vão ligar o soro" nela, porque suas duas irmãs falaram que esse "soro" era necessário para o bebê nascer. Também pergunta se a equipe vai "romper sua bolsa" e se vai sentir muita dor até o nascimento. Você sabe como orientá-la em relação a essas medidas de condução do trabalho de parto?

Leia mais sobre os desvios da normalidade no parto no capítulo "Distocias e parto operatório".

O uso da ocitocina deve ser feito conforme segue:
- posologia: 5 UI em 500 mL de soro glicosado a 5%;
- velocidade: 2 mUI/min, aumentando-se 2 mUI a cada 15 minutos até se obter um padrão contrátil adequado;
- dose máxima: 32 mUI/min.

Ocitocina

Não se deve utilizar a ocitocina em casos com evolução normal do trabalho de parto. Seu emprego fica reservado para situações em que há diminuição da atividade uterina, com contrações fracas e intervalos aumentados, nas quais a amniotomia por si só não tenha atingido o efeito desejado. Diante do seu emprego, a monitorização fetal deve ser cuidadosa e contínua.

Analgesia e anestesia

O emprego de técnicas para minimizar a dor do parto é sempre benéfico e essencial para uma adequada assistência à parturiente. O momento adequado deve ser aquele que a parturiente julga necessário e a técnica analgésica deve ser adaptada à fase do trabalho de parto em que isso ocorrer. Além da redução da resposta de estresse materno, minimizando sua interferência na dinâmica de parto, o adequado alívio da dor torna a parturiente mais colaborativa e contribui para uma melhor experiência da parturição. Outro ponto importante é a facilitação das manobras obstétricas, da revisão e da sutura do canal de parto por parte do obstetra.

Métodos não farmacológicos

A abordagem não farmacológica é iniciada ainda no pré-natal, com o fornecimento de informações tranquilizadoras à gestante e ao seu companheiro. O apoio empático antes e durante o trabalho de parto pode diminuir a necessidade de analgesia farmacológica.

Além da atenção e do apoio, existem vários outros métodos para aliviar a dor do parto. A oportunidade de assumir qualquer posição que a parturiente deseje, no leito ou não, durante o trabalho de parto, pode aliviar a dor. Para muitas mulheres, um banho de chuveiro ou de imersão também pode ser eficaz. As massagens também podem ser úteis. A respiração ritmada e o relaxamento desviam a atenção da parturiente de sua dor. Esses métodos são às vezes aplicados em conjunto com outras estratégias, como hipnose, música, acupuntura e estimulação elétrica transcutânea, no entanto, ainda não existem estudos controlados que comprovem a eficácia de tais técnicas. Uma característica comum desses métodos é a intensa atenção dedicada à mulher durante a gestação e o parto. Talvez por essa razão, há muitas gestantes que considerem-nas úteis e reconfortantes.

Métodos farmacológicos

As técnicas regionais (peridural contínua e duplo bloqueio) são consideradas as ideais para o alívio da dor do parto e devem ser adaptadas ao momento em que a analgesia foi solicitada pela parturiente. Permitem que, no caso de evolução desfavorável do parto vaginal, a complementação anestésica possa ser realizada para a operação cesariana.

A escolha da técnica deve ser individualizada por parte do obstetra e do anestesista, levando em consideração a experiência da equipe.

Antes do procedimento, a parturiente deve ser adequadamente monitorizada e o acesso venoso deve ser garantido. Recomenda-se apenas que sejam infundidos 120 mL/h de soro glicosado a 5% para manutenção.

Os cuidados após analgesia devem ser realizados conforme segue:

• controlar a pressão arterial e a frequência cardíaca materna;
• evitar posição supina;
• realizar monitorização fetal contínua. Alterações da cardiotocografia fetal podem estar presentes nos primeiros 30 minutos de analgesia. As medidas a serem tomadas nesses casos são: adequar decúbito, suplementar oxigênio, diminuir ou suspender ocitocina. Caso as anomalias persistam, trata-se de provável sofrimento fetal;
• conferir a dilatação cervical e a descida da apresentação fetal.

Contraindicações à analgesia de condução no trabalho de parto

Constituem contraindicações à analgesia: infecção no local da punção, hipotensão ou hipertensão acentuada, hipovolemia por anemia ou desidratação, uso de anticoagu-

As técnicas anestésicas utilizadas na fase de dilatação são:
• analgesia peridural contínua: instituída quando se indica analgesia precocemente. Sua manutenção pode ser feita de forma intermitente pelo cateter ou por infusão contínua. Inicia-se com bupivacaína com adrenalina, conforme a fase do parto, adicionando-se fentanil ou sufentanil;
• analgesia combinada raquidiana e peridural (duplo bloqueio): atualmente muito utilizada, pode ser empregada para qualquer dilatação cervical. Tem início de ação rápido, menor repercussão hemodinâmica, bloqueio motor praticamente inexistente e excelente qualidade de analgesia do períneo. Administra-se sufentanil associado a bupivacaína e morfina por via subaracnóidea, seguidos de infusão contínua peridural;
• analgesia sistêmica: são utilizados opioides como meperidina, fentanil e remifentanil. É uma alternativa para parturientes que tenham contraindicação para bloqueios regionais, como coagulopatias, anomalias de coluna, infecção ou recusa da paciente. Apresenta mais efeitos adversos maternos e fetais do que os bloqueios regionais.

lantes e neuroplégicos, doenças medulares ou neurológicas acometendo a região e a recusa da parturiente.

Bloqueio do nervo pudendo

O bloqueio do nervo pudendo é uma anestesia local segura e pode ser utilizada para a realização de episiotomia no período expulsivo do parto vaginal, em situações em que não foi possível a realização da analgesia. Esse tipo de anestesia, no entanto, não proporciona analgesia adequada em situações em que são necessárias manobras obstétricas mais complexas. Sua toxicidade está relacionada a doses elevadas de anestésico quando injetado inadvertidamente em um vaso sanguíneo. Geralmente, utilizam-se 10 mL de cloridrato de lidocaína a 2%, podendo ser diluídos em água destilada. Emprega-se o anestésico em seringa com agulha 20 Gauge. Aspira-se para evitar o risco de injeção intravascular e parte do conteúdo é injetado logo abaixo e, posteriormente, na espinha isquiática. Por vezes, há necessidade de complementação na região perineal e labial. O acesso à região pode ser transperineal ou transvaginal (Figura 26).

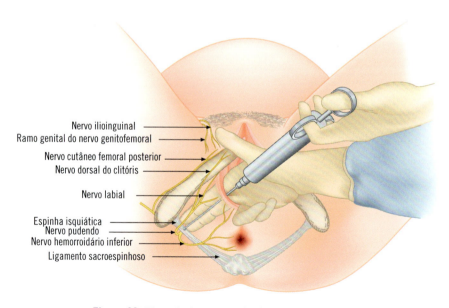

Figura 26 Bloqueio do nervo pudendo por acesso transvaginal. (Figura adaptada de Hawkins et al.[11])

Antibioticoprofilaxia

Recomenda-se a profilaxia intraparto para estreptococo do grupo B em gestantes colonizadas (com cultura entre 35 e 37 semanas) ou quando a cultura não foi realizada ou foi realizada há mais de 5 semanas durante o pré-natal, na presença de fatores de risco (prematuridade, febre materna intraparto, bacteriúria pelo estreptococo do grupo B na gestação atual, tempo de bolsa rota maior que 18 horas ou recém-nascido anterior que apresentou infecção neonatal pelo estreptococo do grupo B) (Figura 27). O objetivo da

> Quando alcançou 6 cm de dilatação cervical, a Sra. Ana Maria começou a ficar bastante desconfortável com a dor e a equipe prontamente ofereceu analgesia de parto. A parturiente então se lembra de que trazia em sua bolsa um resultado de exame que ainda não tinha conseguido mostrar ao médico do pré-natal e pede ao marido que o entregue. Você checa que é a pesquisa de *Streptococcus agalactiae* e que o resultado é positivo. O que fazer diante desse resultado? Isso muda alguma conduta na fase do trabalho de parto em que a Sra. Ana Maria se encontra?

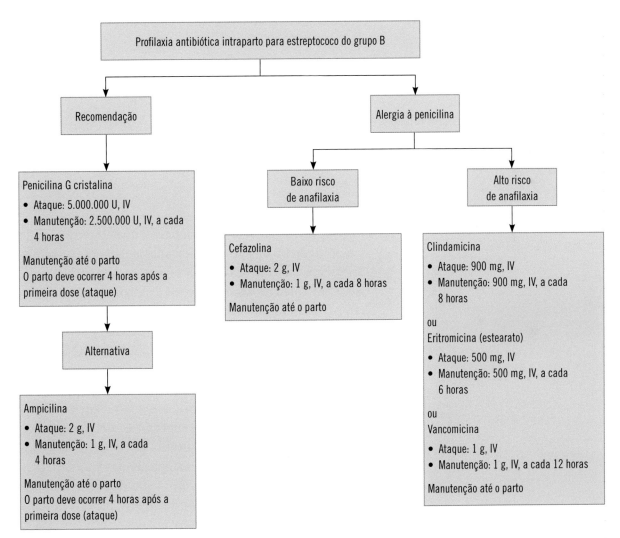

Figura 27 Profilaxia antibiótica intraparto para o estreptococo do grupo B
(Figura adaptada de Rolnik[14])

administração do antibiótico é reduzir significativamente o risco de sepse neonatal precoce pela bactéria.

Não se recomenda o uso de antibióticos profiláticos em outras situações de parto pela via vaginal.

Tempos do mecanismo de parto na fase de dilatação

O mecanismo de parto é dividido em seis tempos. Esta divisão é puramente didática, uma vez que os tempos se sobrepõem continuamente, configurando um mecanismo harmônico de espiral, que propulsa e faz rodar a cabeça fetal.[5]

São tempos do mecanismo de parto:

- insinuação;
- descida ou progressão;
- rotação interna ou intrapélvica;
- desprendimento da cabeça;
- rotação externa ou extrapélvica;
- desprendimento do ovoide córmico.

Insinuação

O primeiro tempo é a insinuação, que é a passagem do maior diâmetro da parte apresentada, perpendicular à linha de orientação fetal, pelo estreito superior da bacia materna. Nas apresentações cefálicas fletidas, o diâmetro de insinuação corresponde ao biparietal (9,5 cm), o ponto de reparo é a fontanela lambdoide, a linha de orientação é a sutura sagital e o ponto de referência é o occipício. Quando a parte fetal está insinuada, significa que o ponto de referência ósseo está no nível das espinhas isquiáticas maternas (plano 0 de DeLee ou terceiro plano de Hodge). A ocorrência de insinuação indica que o estreito superior é adequado para a passagem do feto, mas não informa as características dos estreitos médio e inferior. A insinuação nas apresentações cefálicas fletidas varia conforme o tipo de bacia. Em 60% das gestantes, o feto orienta-se de tal forma a direcionar a sutura sagital no diâmetro transverso da bacia; em 18,5%, no primeiro oblíquo (esquerdo); em 16%, no segundo oblíquo (direito); e em 5,5%, no diâmetro anteroposterior.

No início da insinuação, o polo cefálico se mostra em atitude indiferente ou semifletida, oferecendo o diâmetro occipitofrontal (12 cm). Com as contrações e a progressão, a flexão da cabeça torna-se pronunciada, modificando os diâmetros de apresentação para suboccipitofrontal (10,5 cm) e suboccipitobregmático (9,5 cm) menores que o primeiro. O mecanismo de flexão cefálica é resultante da pressão axial do feto (teoria de Zweifel – Figura 28). A articulação da cabeça com a coluna vertebral representa uma alavanca em braços desiguais: de um lado, o occipício (braço menor), e do outro, a fronte (braço maior). Pressionada pela contração de cima para baixo e recebendo a contrapressão de baixo para cima representada pela resistência da parede pélvica, ocorre a flexão da cabeça fetal. Dois fenômenos são facilitadores da progressão fetal: o cavalgamento dos ossos do crânio fetal e o assinclitismo.

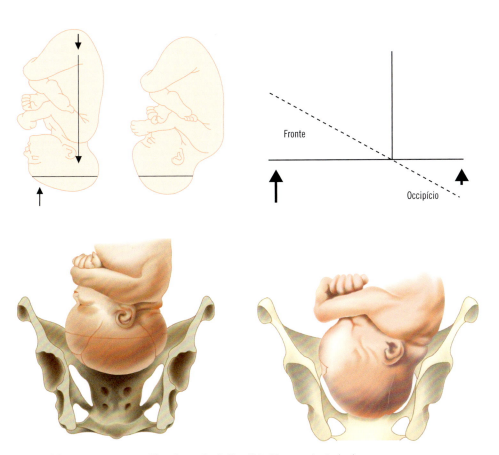

Figura 28 Representação gráfica da teoria de Zweifel. (Figura adaptada de Briquet[4])

O cavalgamento dos ossos do crânio fetal é um fenômeno que reduz as dimensões do polo cefálico, posto que o maciço frontal e o occipital se locam por baixo dos parietais (Figura 29). Do mesmo modo, a borda interna de um dos parietais se sobrepõe à outra. Esse processo é mais acentuado nas cabeças com menor grau de ossificação e maior grau de deflexão, com exceção das apresentações de face.

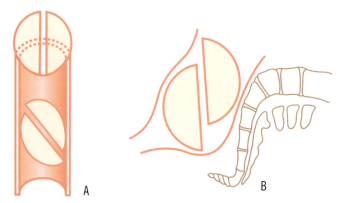

Figura 29 Mecanismo de cavalgamento ósseo. (Figura adaptada de Briquet[4])

Assinclitismo e sinclitismo

Na insinuação, o polo cefálico realiza movimentos anteroposteriores e de flexão lateral. O assinclitismo é quando um dos ossos parietais atravessa o estreito superior da pelve antes do outro, aproximando a sutura sagital de um dos parâmetros ósseos do eixo anteroposterior da bacia materna (púbis ou sacro). O assinclitismo pode ser anterior (obliquidade de Näegele) ou posterior (obliquidade de Litzmann). O anterior é dito quando a linha sagital se aproxima do sacro e o osso parietal anterior é o que mais desce (mais baixo). O assinclitismo posterior à linha sagital se aproxima do púbis e o parietal posterior desce até ultrapassar o promontório materno (Figura 30).

No trabalho de parto, o parietal já insinuado ultrapassa o ponto de referência da bacia óssea e, com o aumento da área abaixo do estreito superior, é possível o polo cefálico mover-se lateralmente. Isso traz a sutura sagital à mesma distância entre o púbis e o promontório, chamando-se de sinclitismo.

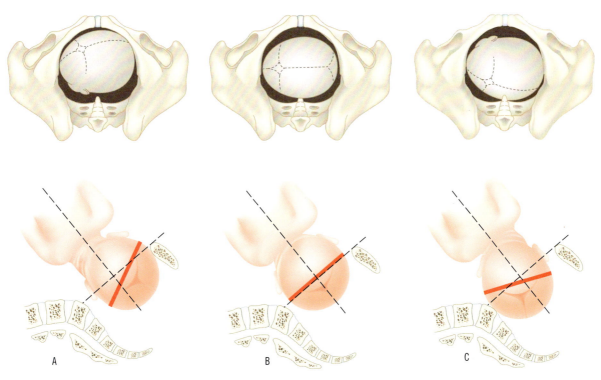

Figura 30 Mecanismos de assinclitismo posterior, assinclitismo anterior e sinclitismo. (Figura adaptada de Briquet[4])

Descida

A descida ou progressão é considerada o segundo tempo do mecanismo de parto, que é definido como a passagem do polo cefálico (ou da apresentação fetal) do estreito superior para o estreito inferior da pelve materna. Ocorre de maneira sincrônica com a insinuação e a rotação interna (terceiro tempo). A descida pode estar ocorrendo junto da insinuação ou até mesmo antes de completada a insinuação. O canal de parto possui uma curvatura em sua porção mais inferior em forma de "J". O feto faz movimentos de flexão (anteroposterior e lateral) para reduzir os diâmetros e realizar rotação e cavalgamento ósseo.

A descida é diferente nas primíparas e multíparas: em primíparas, a insinuação pode ocorrer antes do desencadeamento do trabalho de parto e a descida, apenas com a cervicodilatação completa; e em multíparas, a descida usualmente começa com a insinuação (Figuras 31 e 32).

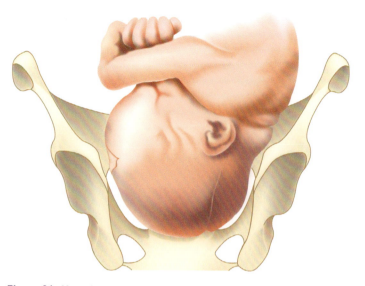

Figura 31 Mecanismo de insinuação em primíparas. A insinuação pode ocorrer antes do desencadeamento do trabalho de parto e a descida, apenas com a cervicodilatação completa.

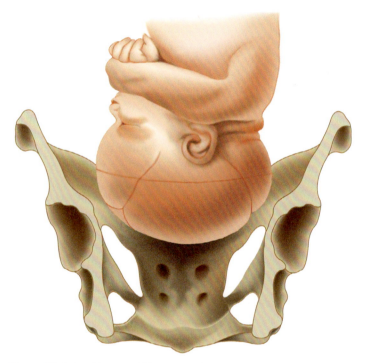

Figura 32 A descida em multíparas usualmente começa com a insinuação.

São fatores favoráveis à descida: a contração uterina, a contração dos músculos abdominais e a pressão do líquido amniótico e do ovoide fetal.

As primigestas e jovens que apresentam boa prensa abdominal e contrações uterinas efetivas levam o corpo fetal em direção posterior e, em geral, a cabeça fetal apresenta-se em assinclitismo posterior. Já em multíparas com perda da prensa abdominal, o assinclitismo anterior é o mais frequente.

Na progressão da cabeça fetal, mudanças no assinclitismo anterior e posterior facilitam a descida. Diante de desproporção cefalopélvica, o assinclitismo acentuado é mantido durante todo o período da descida, o que pode impedir a descida, a rotação interna e, assim, acarretar a distocia de rotação.

A avaliação clínica da insinuação e da descida é feita pelos planos de DeLee, planos de Hodge (Figura 33) e método de Farabeuf.

Os planos de Hodge são quatro, levando-se em consideração a bacia com forma irregular de cilindro. O primeiro plano passa pelo estreito superior; o segundo, pela borda inferior da sínfise púbica e no meio da segunda vértebra sacra; o terceiro, pelas espinhas isquiáticas; e o quarto, pela ponta do cóccix. Nos partos laboriosos, a cabeça fetal estaciona no terceiro plano. O interesse prático desses planos consiste em servir de referência para especificar o grau de descida do feto a ser expulso. Por exemplo, quando a cabeça estiver no primeiro plano, estará alta; quando no quarto plano, estará baixa ou prestes a ser expulsa. Com a mesma finalidade, outros se referem aos planos de DeLee. Assim, são utilizados, –1, –2, –3, –4, quando 1 cm, 2 cm, 3 cm ou 4 cm acima do plano 0, e, por outro lado, +1, +2, +3, +4, quando abaixo.

Na avaliação pelo método de Farabeuf, interpõem-se três dedos, dois ou um, entre o plano sacrocóccico e a cabeça: no primeiro caso (três dedos), a cabeça, embora insinuada, está alta; no segundo (dois dedos), ela desceu e está em sinclitismo, tocando a sutura sagital a igual distância do

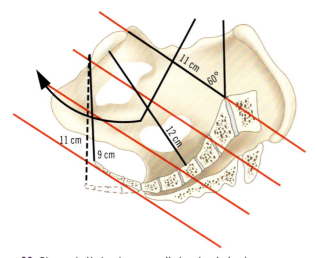

Figura 33 Planos de Hodge (em vermelho) e eixo da bacia.

Figura 34 Verificação clínica da insinuação e da descida da cabeça (método de Farabeuf). (Figura adaptada de Briquet & Guariento[5])

sacro e púbis; e, quando apenas um dedo, a cabeça se encontra em assinclitismo anterior, com a sutura sagital mais próxima do sacro (Figura 34).

Expulsão

Assistência à fase de expulsão

A fase de expulsão ou segundo período do trabalho de parto se inicia quando a dilatação do colo uterino está completa, ou seja, com 10 cm, e iniciam-se os esforços expulsivos (puxos). Nessa fase, as contrações uterinas tornam-se mais frequentes (cinco contrações em 10 minutos), com maior intensidade (50 mmHg) e duração.

À medida que ocorre a descida da cabeça fetal, ocorre o movimento de rotação interna cujo objetivo é manter a linha de orientação em consonância com o maior diâmetro do estreito inferior (anteroposterior). Na apresentação cefálica fletida, a rotação traz o ponto de referência fetal para a frente, junto ao púbis, denominada rotação anterior ou púbica (Figura 35). Quando, excepcionalmente, roda para trás, diz-se que ocorreu rotação posterior ou sacra. O grau de rotação varia de acordo com a variedade de posição: 45°, nas anteriores (occipitoesquerda anterior e occipitodireita anterior); 90°, nas transversas (occipitoesquerda transversa e occipitodireita transversa) e 135°, nas posteriores (occipitoesquerda posterior e occipitodireita posterior).

Finalmente, a Sra. Ana Maria está com dilatação total e você já consegue visualizar o polo cefálico quando afasta os grandes lábios ao exame obstétrico. Você acompanhou ativamente todo o trabalho de parto e o médico assistente de plantão vai auxiliá-lo na assistência ao período expulsivo. Depois de lavar-se e paramentar-se, você realiza assepsia e antissepsia e vai examinar a parturiente. Ao toque, você observa que a variedade de posição é occipitopúbica e a altura da apresentação está no plano +3 de DeLee. Como o polo cefálico está sendo facilmente visualizado no introito vaginal durante as contrações, o médico assistente orienta que você realize neste momento a episiotomia. Você sabe como fazê-la? Conhece as manobras de assistência ao segundo período do trabalho de parto?

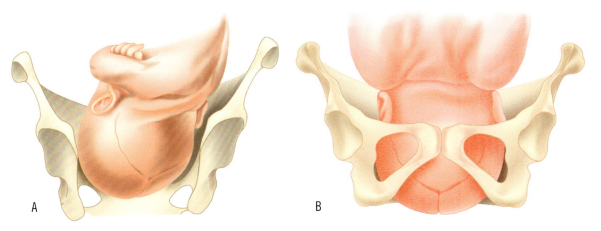

Figura 35 Rotação interna em apresentação cefálica fletida (A: occipitoesquerda anterior) para a variedade de posição occipitopúbica (B). (Figura adaptada de Briquet[4])

A rotação interna da cabeça fetal se completa em dois terços das vezes quando a cabeça chega ao assoalho pélvico, e em aproximadamente um quarto é completada pouco depois, podendo não ocorrer em 5% das vezes. Deve-se atentar para os fatores que impedem que essa rotação ocorra: contrações de baixa intensidade, ausência de flexão da cabeça, feto grande e anestesia peridural mal dimensionada, por diminuir a força da musculatura abdominal e relaxar a musculatura pélvica.

Com a compressão do períneo pela cabeça fetal, sobretudo dos músculos elevadores do ânus e do reto, a parturiente passa a apresentar sensação semelhante ao desejo de defecar. Tal fato a estimula a realizar esforços expulsivos (puxos) que são facilitados pela contração da musculatura abdominal (prensa abdominal). A maioria das parturientes pratica espontaneamente ou é estimulada a realizar os puxos, utilizando-se da manobra de Valsalva, recomendação que deve estar restrita ao período expulsivo. Prefere-se o puxo dirigido, no qual o obstetra determina por meio da palpação o momento em que a contração uterina é mais intensa e solicita à gestante que realize os puxos concomitantemente. Contraindica-se a prática de fazer pressão no fundo do útero com a intenção de acelerar o nascimento. Não existem evidências de sua utilidade e, além do desconforto materno, essa prática pode ser perigosa para o útero e o feto.

Preparo do obstetra

Veste-se o gorro e a máscara. Em seguida, realiza-se antissepsia cuidadosa das mãos com solução degermante de iodopovidona a 10% ou digluconato de clorexidina a 4%, durante 3 a 5 minutos. Finalmente, coloca-se o avental e calçam-se as luvas.

Preparo da parturiente

Assim como na fase de dilatação, cada ato médico deve ser esclarecido previamente à parturiente. O ideal é que as atitudes médicas e o manejo sejam feitos por resolução conjunta durante o período expulsivo. É importante que a parturiente possa opinar, expressar ou escolher o que quer sempre que possível, obviamente desde que não haja contraindicações de ordem técnica e não choque frontalmente com a filosofia de trabalho do médico.

No trabalho de parto com evolução normal, o parto pode ser realizado no mesmo local em que foi feita a assistência ao período de dilatação, desde que a sala também seja adequada para a assistência ao parto (PPP: pré-parto, parto e puerpério). Quando existe a possibilidade de ocorrerem complicações, a paciente deve ser transferida para sala equipada para possível intervenção cirúrgica.

A tricotomia deve ser realizada apenas na região a ser incisada e o mais próximo possível do momento da episiotomia.

Após o posicionamento adequado da parturiente, deve ser realizada a assepsia do monte púbico, dos sulcos genitocrurais, dos terços superiores da face interna das coxas, e das regiões vulvar, vaginal e anal. Em seguida, procede-se à colocação de campos cirúrgicos estéreis. O obstetra deve, preferencialmente, permanecer sentado para realizar o parto.

Posição da parturiente

A parturiente pode adotar qualquer posição que lhe agrade, desde que evite longos períodos em decúbito dorsal horizontal. Recomenda-se a posição de Laborie-Duncan (Figura 36) caracterizada pelo decúbito dorsal com elevação do tronco, flexão máxima das coxas sobre o abdome e ab-

Não deixe de acessar o site: http://www.acog.org/Resources_And_Publications/Committee_Opinions/Committee_on_Health_Care_for_Underserved_Women/Cultural_Sensitivity_and_Awareness_in_the_Delivery_of_Health_Care.
Lá, você encontrará informações sobre aspectos culturais e relação médico-paciente.

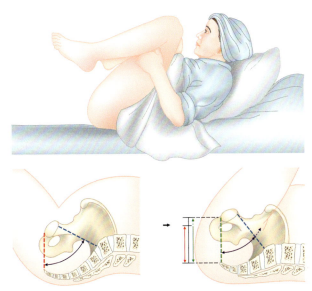

Figura 36 Posição de Laborie-Duncan: promove ampliação do estreito inferior e redução da distância do estreito superior ao inferior.

dução dos joelhos. Essa posição favorece a ação da gravidade, minimiza os riscos de compressão aortocava e facilita a progressão fetal. Além disso, permite a ampliação dos diâmetros anteroposteriores dos estreitos médio e principalmente do estreito inferior e reduz a distância do estreito superior ao inferior.

Condução do período expulsivo

A parturiente pode ajudar a si mesma fazendo força de modo firme e uniforme durante as contrações e descansando e relaxando o máximo possível entre as contrações. Seu companheiro poderá ajudá-la dando-lhe apoio e ânimo.

Durante os esforços expulsivos, deve-se manter a monitorização contínua da frequência cardíaca fetal e, caso ocorram desacelerações durante as contrações, é necessário que ocorra a recuperação da frequência cardíaca fetal para níveis normais quando houver retorno ao tônus uterino basal. Apesar de existirem diferenças individuais, deve-se ter em mente que durante esse estágio do trabalho de parto a oxigenação fetal sofre uma redução gradual, porque o feto está sendo expelido da cavidade uterina, com consequente retração do útero e diminuição da circulação placentária.

Diante de dilatação total, bolsa rota e vitalidade fetal preservada, deve-se voltar o olhar para a descida da apresentação. Duas alterações podem ocorrer:
- parada da descida (parada secundária da descida): quando a apresentação mantém-se no mesmo plano de DeLee em dois toques vaginais sucessivos com pelo menos 1 hora de intervalo entre ambos. A causa geralmente é a desproporção cefalopélvica e indica-se a cesárea, a não ser em apresentações baixas (+2, +3, +4 de DeLee) que não terminam o processo de rotação interna, em que a correção pode ser feita com o uso do fórcipe;
- período pélvico prolongado (descida ocorre vagarosamente): geralmente ocorre quando a contratilidade uterina é ineficaz; pode-se corrigir com ocitocina intravenosa ou analgesia, quando ainda não foi realizada.

Além disso, contrações fortes e puxos extenuantes e prolongados, além do necessário, podem diminuir ainda mais a circulação uteroplacentária.

A duração do período expulsivo é variável e depende de alguns fatores, entre os quais, a eficiência contratural do útero e da musculatura da parede abdominal, a proporção cefalopélvica, a paridade (tempo maior nas nulíparas) e a utilização de analgesia ou de outro tipo de anestesia. É considerado prolongado, em nulíparas, quando ≥ 3 horas e ≥ 2 horas com analgesia peridural e sem analgesia, respectivamente; e, em multíparas, ≥ 2 horas e ≥ 1 hora com analgesia peridural e sem analgesia, respectivamente.

Vulva e períneo

Vulva ou pudendo feminino são denominações genéricas dos órgãos genitais externos (Figura 37). A região compreende o monte do púbis, os grandes e pequenos lábios, o vestíbulo da vagina, o clitóris, o hímen, o orifício uretral, e as glândulas vestibulares e parauretrais.

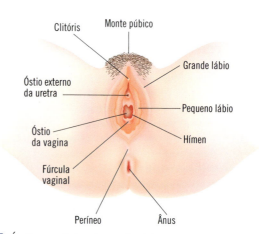

Figura 37 Órgãos genitais externos femininos.

O períneo compreende o conjunto de estruturas que integram o espaço compreendido entre a fúrcula posterior da rima vulvar e o ânus. Abaixo da pele, encerra, profundamente, o centro tendíneo, ponto de convergência das aponeuroses dos músculos do assoalho pélvico. É elemento importante no aparelho de sustentação das vísceras pélvicas.

A irrigação arterial é feita pela artéria pudenda interna – ramo da artéria ilíaca interna (antigamente denominada artéria hipogástrica) que emite ramificações para a vulva – a vagina e o períneo, juntamente a ramos da artéria pudenda externa e da artéria femoral. As veias da vagina anastomosam-se ao sistema venoso dos órgãos genitais externos e são tributárias das veias pudendas.

A vulva é inervada pelo ramo genital genitofemoral e pelo nervo pudendo interno, que também inerva o terço inferior da vagina.

Assoalho pélvico

O assoalho pélvico é composto pelos diafragmas pélvicos e urogenital e pela fáscia endopélvica:

• diafragma pélvico: localiza-se superiormente ao diafragma urogenital. É constituído pelos músculos levantador do ânus e isquiococcígeo, com suas respectivas fáscias. Em sua porção medial, possui um espaço ovalado (hiato urogenital), pelo qual passam a uretra, a vagina e o reto (Figuras 38 a 40);

• diafragma urogenital: localiza-se abaixo do diafragma pélvico. É formado pelo músculo transverso superficial do períneo e por suas fáscias superior e inferior, e pelos músculos bulboesponjoso, isquiocavernoso e esfíncter externo do ânus (Figura 41).

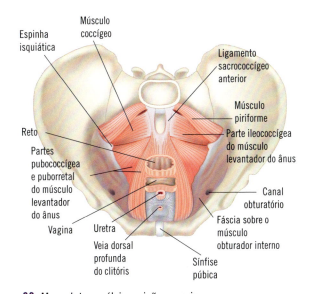

Figura 38 Musculatura pélvica: visão superior.

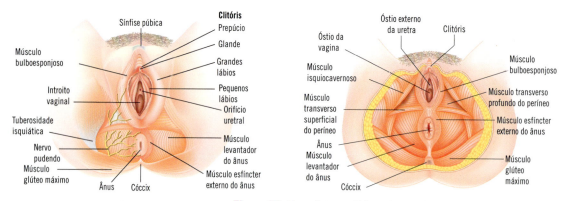

Figura 39 Musculatura pélvica: visão inferior.

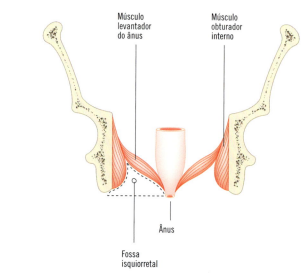

Figura 40 Diafragma pélvico.

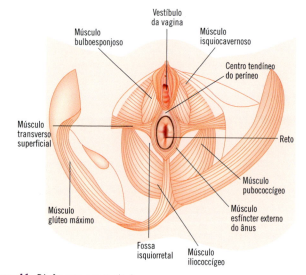

Figura 41 Diafragma urogenital.

CAPÍTULO 11 PARTO

Cuidados com o períneo

Proteção

Diversas técnicas têm sido propostas para a proteção perineal com o intuito de evitar lacerações, incluindo a massagem com lubrificantes para distender os tecidos e o uso de compressas mornas. Pode-se também tentar proteger o períneo promovendo-se a sustentação da fúrcula com o polegar e o indicador de uma mão direita, e os mesmos dedos da mão esquerda ficam sobre a região do vestíbulo, em correspondência com o suboccipício. Ambas as mãos atuam de modo combinado. Como esses procedimentos não foram avaliados adequadamente, há dúvidas sobre o seu benefício.

Episiotomia e perineotomia

A episiotomia deve ser realizada quando necessário e após anestesia regional ou local e tem como objetivo evitar as lesões mais graves do períneo e da musculatura do assoalho pélvico. Substitui as lacerações de bordos irregulares por uma incisão cirúrgica regular, mais fácil de suturar. A recomendação atual da Organização Mundial da Saúde (OMS) não é de proibir a episiotomia, mas de restringir o seu uso, porque, em alguns casos, pode ser necessária.

Preconiza-se que a episiotomia seja realizada quando o polo cefálico puder ser visualizado durante as contrações. A episiotomia não deve ser realizada precocemente, para evitar o sangramento desnecessário, nem tardiamente, quando os danos ao assoalho pélvico já se instalaram. A episiotomia pode ser lateral, mediolateral ou perineotomia (Figura 42).

A técnica lateral foi abandonada por relacionar-se a maiores frequências de lesões de feixes musculares e de sangramento. Tem-se por opção a realização da episiotomia mediolateral ou a perineotomia. A perineotomia, também denominada episiotomia mediana, atinge apenas pele, mucosa vaginal e fáscias superficial e profunda do períneo (centro tendíneo do períneo), no entanto, só deve ser indicada quando se observa que o tamanho do feto e a distância entre a fúrcula e o ânus são suficientes para que não ocorram lacerações perineais de terceiro ou de quarto graus. Quando

Para leitura do texto completo da Organização Mundial da Saúde não deixe de acessar o site: http://www.who.int/reproductivehealth/publications/maternal_perinatal_health/RHR_05_14/en/index.html).

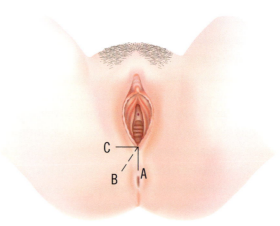

Figura 42 Tipos de episiotomia. A: perineotomia; B: episiotomia mediolateral direita; C: episiotomia lateral (não mais utilizada).

bem indicada, por respeitar mais a anatomia e sangrar menos, oferece as seguintes vantagens: reparo fácil, menor frequência de dor no puerpério e de dispareunia, além de resultado estético melhor. Apresenta, no entanto, maior risco de lesão anal. Nos casos duvidosos, opta-se pela episiotomia mediolateral (direita, na maioria dos casos). Esse procedimento abrange a incisão da pele e da mucosa vaginal com bisturi, seguida pela incisão, com tesoura, da aponeurose superficial do períneo e das fibras dos músculos bulboesponjoso e transverso superficial do períneo. Além disso, envolve a secção de outras estruturas, como os ramos perineais do nervo pudendo e da artéria pudenda interna. As incisões devem ser feitas quando a cabeça fetal solicita o levantador do ânus, ou seja, quando esta for visível em uma extensão de 2 a 3 cm. As vantagens e desvantagens desses dois tipos de incisão estão descritas na Tabela 2.

Tabela 2 Comparação entre a episiotomia mediolateral e a perineotomia

Características	Episiotomia mediolateral	Perineotomia
Sutura reparadora	Média dificuldade	Fácil
Lesão muscular	Maior	Menor
Dor no pós-parto	Maior	Menor
Resultado estético	Pior	Melhor
Risco de lacerações anais	Menor	Maior
Sangramento	Maior	Menor

Desprendimento das espáduas e do restante do ovoide córmico

O desprendimento das espáduas deve ser lento, favorecendo a eliminação de secreções das vias aéreas superiores do feto, pela compressão do tórax fetal. Se houver circulares cervicais, estas devem ser desfeitas, fazendo-as ultrapassar o ombro fetal. Se esta manobra apresentar dificuldades (circulares muito apertadas), pode-se seccionar o cordão, entre duas pinças, para evitar sua rotura.

Assistência obstétrica

O obstetra, com as mãos espalmadas sobre os parietais fetais, traciona o polo cefálico para baixo (inserção braquial do deltoide no subpúbis), liberando a espádua anterior (Figura 43). A tração deve ser feita apenas na direção do eixo fetal, pois, se oblíqua, acarreta o estiramento excessivo do plexo braquial. A seguir, a tração é dirigida para cima, com a liberação da espádua posterior (Figura 44) e, por fim, com um pequeno abaixamento, completa-se a liberação da espádua anterior.

À medida que progride a expulsão fetal, o obstetra deve dirigir uma das mãos pelo dorso fetal até conseguir apreender os maléolos do recém-nascido.

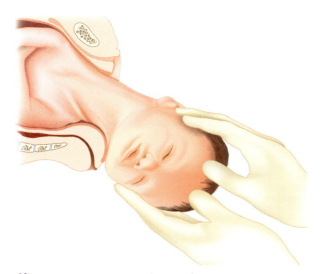

Figura 43 Desprendimento da espádua anterior.

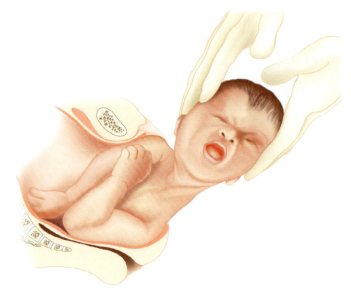

Figura 44 Desprendimento da espádua posterior.

Após a laqueadura do cordão, pode ser realizada nova ligadura de alça de cordão (duplo clampeamento), da qual se obtém amostra de sangue para as avaliações de nascimento (pH e déficit de bases da artéria umbilical), determinação do tipo sanguíneo ABO/Rh e demais exames que se façam necessários para o recém-nascido. A coleta de células-tronco também tem seu início imediatamente após o clampeamento do cordão umbilical, por punção da veia umbilical, obtendo-se volume de 70 a 200 mL, transferido para bolsa estéril com anticoagulante.

Laqueadura do cordão umbilical

Usualmente, o clampeamento do cordão umbilical ocorre após intervalo de cerca de 1 minuto após o parto, apesar de ainda não haver consenso quanto ao momento ideal para a sua realização. A laqueadura precoce do cordão (imediatamente após o parto) deve ser realizada nos casos suspeitos de restrição do crescimento fetal (RCF), que podem cursar com policitemia, visando a reduzir suas complicações. A ligadura tardia do cordão umbilical permite que o recém-nascido receba maior quantidade de sangue proveniente da placenta, favorecendo seus estoques de ferro. Por outro lado, pelo volume adicional de sangue recebido, há aumento da sobrecarga cardíaca e maior risco para o desenvolvimento de icterícia do recém-nascido. Por essas razões, o clampeamento tardio do cordão umbilical não é realizado de forma rotineira, devendo-se avaliar o contexto de cada caso.

Dequitação

Após o nascimento e o clampeamento do cordão, deve-se atentar para o descolamento e a descida da placenta. Devem ser evitadas ações intempestivas, como trações sobre o cordão umbilical ou compressões uterinas excessivas. A média de tempo para que ocorra a dequitação é de 5 minutos; em 90% dos casos, ela ocorre em até 15 minutos; e em 97% dos casos, termina em 30 minutos. Portanto, em geral, espera-se pela dequitação espontânea por um período de até 30 minutos, após o qual se considera retenção placentária. Se houver sangramento abundante antes da expulsão da placenta, deve-se proceder ao manejo ativo do terceiro período, que pode incluir a extração manual da placenta.

Sinais de descolamento placentário

Entre os sinais do descolamento placentário, devem ser conhecidos os do útero, do cordão e da placenta.

Logo após a expulsão do feto, o útero apresenta forma arredondada e seu fundo está na altura da cicatriz umbilical; ao se descolar a placenta, sobe e desvia-se para a direita; e após o descolamento e a descida da placenta, apresenta-se achatado no sentido anteroposterior e com o fundo abaixo da cicatriz umbilical (Figura 45).

Ainda, listados a seguir, encontram-se outros sinais de descolamento placentário, relacionados ao cordão e à placenta:

> Até agora, o parto está indo muito bem, não houve lacerações no canal de parto, o recém-nascido já está no colo da mãe e você está esperando a saída da placenta para revisão do canal de parto. Já faz 15 minutos desde o nascimento e a dequitação ainda não ocorreu. Você fica preocupado. Essa demora é normal? Quanto tempo você pode esperar pela saída da placenta?

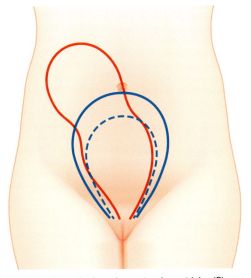

Figura 45 Sinais do útero de descolamento placentário. (Figura adaptada de Delascio et al.[8])

- descida progressiva do cordão umbilical (sinal de Ahfeld) com rotação deste (sinal de Hochenbichler);
- não transmissão da tração do cordão à mão que palpa o fundo do útero (sinal de Fabre);
- ausência da propagação da percussão do fundo uterino até o cordão umbilical (sinal de Strassman);
- elevação do útero por meio de palpação abdominal não acompanhada da movimentação do cordão umbilical (sinal de Küstner);
- sensação de peso retal (conhecida como sinal da placenta).

Assistência e manobras

A placenta, depois de descolada, apresenta-se no introito vaginal. Solicita-se à mulher que exerça pequena pressão abdominal para sua completa expulsão. Para facilitar a extração da placenta, pode-se realizar a manobra de Freund, que consiste na compressão manual acima da sínfise púbica, sobre o segmento inferior, suprimindo o ângulo cervicocorporal. Após sua exteriorização, roda-se a placenta para que o desprendimento das membranas seja completo (manobra de Jacobs).

Uso de ocitocina

Na Clínica Obstétrica do HC-FMUSP, habitualmente se administram ocitócicos nas primeiras 6 horas após a dequitação (infusão de 10 UI de ocitocina diluída em 500 mL de soro fisiológico ou glicosado a 5%). O manejo ativo do terceiro período – ou seja, o uso rotineiro de ocitocina, após o desprendimento da espádua anterior, isoladamente ou em combinação com metilergometrina ou misoprostol – tem sido sugerido como medida eficaz para a redução do sangramento uterino. A literatura ainda é controversa quanto ao melhor momento para a administração da ocitocina.

Exame da placenta

Após a expulsão da placenta, esta deve ser avaliada, procurando certificar-se de que a expulsão foi completa. A placenta de termo tem diâmetro que varia de 15 a 20 cm, espessura entre 1,5 e 2 cm e peso médio de 500 g. Tanto a face materna quanto a fetal devem ser cuidadosamente inspecionadas, comprovando-se sua integridade (Figuras 46 e 47). A face materna da placenta tem tonalidade vinhosa, apresentando de 15 a 20 cotilédones recobertos por decídua basal. A face fetal é lisa, brilhante e de cor cinza-azulada

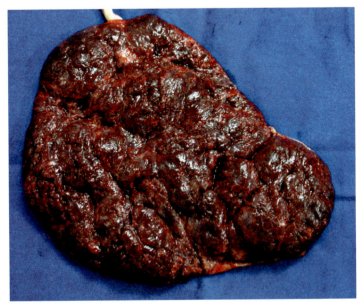

Figura 46 Face materna da placenta. (Figura retirada de Delascio et al.[8])

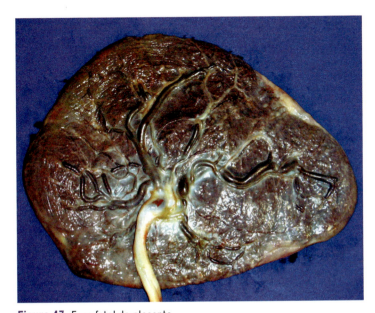

Figura 47 Face fetal da placenta.

Figura 48 Reconstituição da câmara amniótica. (Figura adaptada de Delascio et al.[8])

clara. Está recoberta pelo âmnio, através do qual se notam as ramificações dos vasos umbilicais. Placas brancas de tamanhos diversos podem ser encontradas em placentas de termo, correspondendo a depósitos de fibrina, sob o cório. Para a comprovação da integridade das membranas, pode-se introduzir a mão na câmara amniótica, elevando-se a placenta (Figura 48). O cordão também deve ser revisado, incluindo o local de sua inserção (central ou excêntrica) e os vasos umbilicais (duas artérias e uma veia).

Retenção e acretismo placentário

A retenção de fragmentos ou de toda a placenta consiste em complicação que afeta de 0,5 a 1% dos partos e, pela interferência com a contratilidade normal do útero, pode causar hemorragia pós-parto. Nesses casos, está indicada a remoção manual da placenta, sob anestesia.

A expressão acretismo placentário refere-se a uma placenta que está aderida de forma anormal ao útero. Quando a placenta invade o miométrio, é denominada placenta increta, e quando invade a serosa uterina, percreta, podendo, algumas vezes, atingir órgãos adjacentes, como a bexiga. Sua incidência é de cerca de 150:1.000 gestantes, sendo o fator predisponente mais importante a placenta prévia. Em geral,

Leia mais sobre acretismo placentário no capítulo "Urgências em obstetrícia".

CAPÍTULO 11 PARTO

a primeira manifestação clínica do acretismo placentário consiste em hemorragia profusa, com risco de óbito materno, que ocorre após tentativa de separação da placenta. A totalidade ou parte da placenta permanece firmemente aderida ao útero, sem plano de clivagem, e o volume da hemorragia dependerá da área descolada. Por esse motivo, é importante que o diagnóstico de acretismo placentário seja feito no período pré-natal. Nos casos de suspeita de acretismo, a placenta deve ser deixada *in situ*, já que tentativas de descolamento placentário frequentemente resultam em hemorragia intensa. A conduta para esses casos pode ser conservadora ou ativa, dependendo de alguns fatores, como a preservação da fertilidade e a localização da placenta.

Revisão do canal de parto, suturas e episiorrafia

Após o término da dequitação, deve-se revisar o canal de parto à procura de eventuais lacerações que serão suturadas, assim como a episiotomia. A ocorrência de lacerações perineais é frequente, especialmente em primíparas. Lacerações de primeiro e segundo grau podem ser suturadas com facilidade sob anestesia local ou regional. Em geral, cicatrizam sem complicações. As lacerações de terceiro grau exigem suturas com técnicas específicas, a fim de evitar aparecimento de fístulas ou incontinência fecal. Pacientes com antecedente de cesárea são submetidas à revisão do segmento uterino para afastar deiscência de cicatriz de cesárea, que pode ser responsável por abundante sangramento no puerpério imediato.

Há três tipos de lacerações ou roturas perineais:

- de primeiro grau: parte da fúrcula e compromete a pele do períneo e a mucosa vaginal;
- de segundo grau: quando atinge o músculo levantador do ânus;
- de terceiro grau: quando alcança o esfíncter do ânus e o reto.

A episiorrafia se inicia com a sutura com pontos contínuos e ancorados da mucosa vaginal, utilizando-se fio de categute 0 ou 2-0, seguida por pontos separados nos mús-

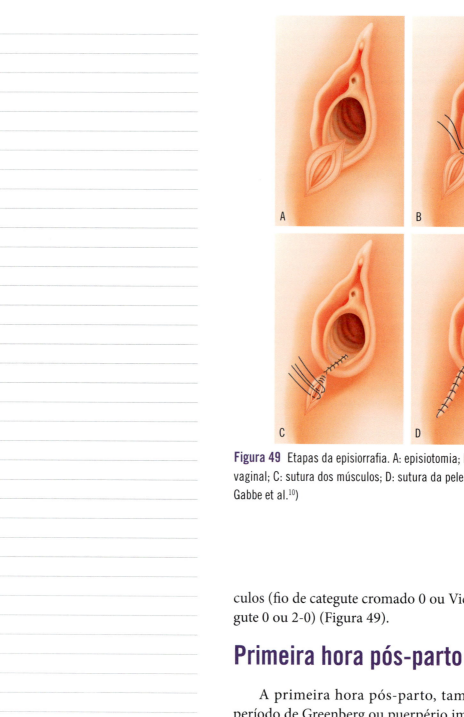

Figura 49 Etapas da episiorrafia. A: episiotomia; B: sutura da mucosa vaginal; C: sutura dos músculos; D: sutura da pele. (Figura adaptada de Gabbe et al.[10])

culos (fio de categute cromado 0 ou Vicryl® 0) e pele (categute 0 ou 2-0) (Figura 49).

Primeira hora pós-parto

A primeira hora pós-parto, também denominada período de Greenberg ou puerpério imediato, tem importância quanto ao risco de eventuais hemorragias. Habitualmente, os mecanismos hemostáticos fisiológicos, como a retração uterina (globo de segurança de Pinard), associados à infusão de ocitocina após a dequitação são suficientes para conter o sangramento do leito placentário.

Caso ocorra sangramento excessivo, a infusão de ocitocina pode ser realizada de forma mais rápida ou podem ser tomadas medidas adicionais, como massagem do fundo do útero e administração de metilergometrina e/ou misoprostol (Tabela 3).

Tabela 3 Drogas uterotônicas para o controle da hemorragia pós-parto

Droga	Via e dose	Frequência	Comentários
Ocitocina	IV: 10-40 UI em 1.000 mL de solução salina ou Ringer-lactato	Contínua	Evitar infusão rápida sem diluição pelo risco de hipotensão
Metilergometrina	IM: 0,2 mg	A cada 2-4 horas	Contraindicada para pacientes hipertensas
Misoprostol	Via retal: 800-1.000 µg	A cada 2 horas	Pode haver febre

IM: via intramuscular; IV: via intravenosa.

Relembrando

- O parto é dividido em três fases clínicas: dilatação, expulsão e dequitação.
- O diagnóstico do trabalho de parto é clínico e baseia-se na presença de contrações uterinas regulares e dolorosas, além de esvaecimento e dilatação progressiva do colo.
- As fases latente e ativa do trabalho de parto apresentam abordagens diferentes.
- O feto provavelmente desempenha papel importante no desencadeamento do trabalho de parto, embora o mecanismo exato de como isso acontece permaneça desconhecido.
- A duração do trabalho de parto é influenciada por diversas variáveis que incluem paridade, condições físicas e emocionais, postura adequada no período de dilatação, contratilidade uterina eficaz, tamanho do feto, bacia adequada, posição fetal e analgesia oportuna.
- O partograma consiste em instrumento útil no acompanhamento do trabalho de parto e permite rápida interpretação quanto à sua evolução eutócica ou distócica.

- A fase expulsiva do trabalho de parto se dá quando a dilatação do colo uterino está completa e surgem os esforços expulsivos (puxos).
- A duração da fase expulsiva é variável e depende de alguns fatores, entre eles a eficiência das contrações uterinas e da musculatura da parede abdominal, a proporção cefalopélvica, a paridade (tempo maior nas nulíparas) e a utilização de analgesia ou de outro tipo de anestesia.
- A episiotomia, quando bem indicada e realizada, evita as lesões mais graves do períneo e do assoalho pélvico.
- Entre os sinais de descolamento placentário, devem ser conhecidos os do útero, do cordão e da placenta.
- Após o término da dequitação, deve-se revisar o canal de parto à procura de eventuais lacerações que serão suturadas, assim como a episiotomia.
- Na primeira hora após o parto, deve-se ficar atento quanto à contração uterina adequada e à quantidade de sangramento vaginal.

Casos clínicos

Parturiente primigesta, em trabalho de parto, com 38 semanas e 5 dias, colo dilatado para 7 cm, apresentação cefálica occipitoesquerda posterior 0 de DeLee, com três contrações uterinas em 10 minutos, e bolsa íntegra. O trabalho de parto já dura 7 horas e a dilatação se mantém inalterada há 4 horas.

1. Que medidas poderiam ser tomadas visando à correção dessa evolução?

Paciente tercigesta, secundípara, com dois partos normais anteriores, 28 anos de idade, 39 semanas de gestação, com pré-natal sem intercorrências é admitida com dores lombares e cólicas no baixo-ventre há 4 horas. Ao exame obstétrico, observam-se três contrações de 45 segundos em 10 minutos, moderadas; vitalidade fetal preservada; colo médio, com 6 cm de dilatação; bolsa íntegra; e apresentação cefálica.

CAPÍTULO 11 PARTO

1. Qual sua orientação em relação a posição materna, frequência de ausculta fetal, toques vaginais, rotura da bolsa das águas e analgesia?

▶ Parturiente primigesta, com 39 semanas e 5 dias, com colo dilatado para 8 cm, apresentação cefálica occipitoesquerda anterior +1 de DeLee, com contrações adequadas, bolsa íntegra e bacia clinicamente normal.

1. Visando à evolução normal do trabalho de parto, qual procedimento você realizaria?
2. Quais são os cuidados necessários?

▶ Paciente tercigesta, secundípara, com dois partos normais anteriores, 40 semanas de gestação, em trabalho de parto, vitalidade fetal preservada, com dilatação cervical de 4 cm, bolsa íntegra e apresentação cefálica.

1. Como saber se já ocorreu a insinuação?

▶ Primigesta, 35 anos, com idade gestacional de 36 semanas, é admitida com dor lombar e no baixo-ventre. Ao exame físico, observa-se que ela está afebril, com pressão arterial de 100×70 mmHg, altura uterina de 32 cm, batimentos cardíacos fetais de 132 bpm, colo pérvio para 3 cm, bolsa íntegra e com apresentação cefálica. Com 30 semanas, foi submetida a tocólise por trabalho de parto prematuro e, na ocasião, apresentou cultura (vaginal e retal) negativa para estreptococo do grupo B.

1. Qual é a sua conduta em relação à profilaxia antibiótica para o estreptococo do grupo B?

▶ Parturiente com 26 anos, segundigesta, primípara, primeiro parto vaginal, com 39 semanas, vitalidade fetal preservada, dilatação total, bolsa rota e apresentação cefálica occipitodireita posterior.

1. Qual deve ser o ângulo de rotação e o sentido da rotação a ser efetuada pelo polo cefálico para o desprendimento em posição occipitopúbica?

Parturiente primigesta, com 39 semanas e 5 dias, no período expulsivo do trabalho de parto, solicita ao seu médico que, ao realizar a episiotomia, escolha aquela que cause a menor dor possível no pós-operatório.

1. Quais parâmetros devem ser avaliados para a escolha?
2. Quais as estruturas que seriam seccionadas no tipo menos traumático?

 Parturiente primigesta, com 40 semanas, vitalidade fetal preservada, com quatro contrações fortes em 10 minutos, sem analgesia, colo totalmente dilatado, apresentação cefálica fletida (occipitoesquerda transversa) +3 de DeLee há 1 hora e 15 minutos.

1. Quais os diagnósticos e a conduta?

 Paciente secundigesta, com 40 semanas e 5 dias, evoluiu com parto vaginal de recém-nascido pesando 3.440 g, do sexo feminino, Apgar 9-10. O nascimento ocorreu há 25 minutos e a placenta ainda não se exteriorizou.

1. Que sinais poderiam ser pesquisados visando à identificação do descolamento placentário?
2. Quanto tempo ainda se pode esperar pela dequitação espontânea?

Para refletir

- Qual a sua opinião sobre o preparo das maternidades para dar apoio ao parto vaginal?

Referências bibliográficas

1. Bastos AC. Ginecologia. 11.ed. São Paulo: Atheneu; 2006.

2. Beckmann CRB, Ling FW, Garzansky BM, Herbert WNF, Laube DW, Smith RP. Obstetrics and gynecology (ACOG). 6.ed. Philadelphia: Lipincott/Williams & Wilkins; 2010.

3. Bio E, Bittar RE, Zugaib M. Influência da mobilidade materna na duração da fase ativa do trabalho de parto. Rev Bras Ginecol Obstet 2006;28(11):671-9.

4. Briquet R. Obstetrícia normal. São Paulo: Sarvier, 1956.

5. Briquet R, Guariento A. Obstetrícia normal. Barueri: Manole; 2011.

6. Caldeyro-Barcia R. Physiology of uterine contraction. Clin Obstet Gynecol 1960;3:386.

7. Challis JRG, Gibb W. Control of parturition. Prenat Neonat Med 1996;1:283.

8. Delascio D, Guariento A, Briquet R. Obstetrícia normal. 3.ed. São Paulo: Sarvier; 1987.

9. Friedman EA. Primigravid labor: a graphicostatistical analysis. Obstet Gynecol 1955;6(6):567-89.

10. Gabbe SG, Niebyl JR, Simpson JL, Landon MB, Galan HL, Jauniaux ERM, et al. Obstetrics: normal and problem pregnancies. 6.ed. Philadelphia: Elsevier Saunders; 2012.

11. Hawkins JL, Bucklin BA. Obstetrical anesthesia. In: Gabbe SG, Niebyl JR, Simpson JL, Landon MB, Galan HL, Jauniaux ERM, et al. (eds.). Obstetrics: normal and problem pregnancies. 6.ed. Philadelphia: Elsevier Saunders; 2012. p.362.

12. Kilpatrick S, Garrison E. Normal labor and delivery. In: Gabbe SG, Niebyl JR, Simpson JL, Landon MB, Galan HL, Jauniaux ERM, et al. (eds.). Obstetrics: normal and problem pregnancies. 6.ed. Philadelphia: Elsevier Saunders; 2012. p.272.

13. Philpott RH, Castle WM. Cervicographs in the management of labour in primigravidae: II – the action line and treatment of abnormal labour. J Obstet Gynaecol Br Commonw 1972;79(7):599-602.

14. Rolnik DL. Infecção por estreptococo do grupo B. In: Zugaib M, Bittar RE. Protocolos assistenciais: clínica obstétrica, FMUSP. 4.ed. São Paulo: Atheneu; 2011. p.383.

15. Zugaib M (ed.). Zugaib obstetrícia. 2.ed. Barueri: Manole; 2012.

16. Zugaib M, Bittar RE. Protocolos assistenciais: clínica obstétrica, FMUSP. 4.ed. São Paulo: Atheneu; 2011.

CAPÍTULO 12

Distocias e parto operatório

Para discutir

- Quais são os problemas que podem dificultar a evolução do trabalho de parto?

- O que você acha do parto fórcipe?
- Qual o melhor tipo de parto?

Ao fim deste capítulo, você terá conhecido

- A maneira de identificar e classificar a distocia funcional.
- A importância da distocia funcional na indicação da via do parto.
- Os outros tipos de distocia (trajeto e objeto).
- As funções do fórcipe.

- As condições maternas e fetais de aplicabilidade do fórcipe.
- As condições que aumentam a probabilidade de cesárea.
- As indicações de cesárea.

Distocias

Para o parto vaginal, três fatores são essenciais: a bacia (trajeto), a contração uterina (força) e o feto (objeto). Se esses três fatores estiverem adequados, o parto será eutócico.

O parto distócico é definido pela ocorrência de uma anormalidade no desenrolar do trabalho de parto, que pode ser decorrente de alterações em um ou mais dos três fatores citados.

A identificação precisa dos fatores envolvidos na ocorrência da distocia permitirá a correção das anormalidades e, assim, a evolução para o parto vaginal, influenciando diretamente as taxas de cesáreas.

Anormalidades da força contrátil

Distocia funcional

A distocia funcional é aquela secundária a uma anormalidade na força contrátil durante o trabalho de parto, o que influencia diretamente a progressão da dilatação cervical (Tabela 1).

Tabela 1 Classificação de Goffi modificada para distocia funcional

Distocia por hipoatividade
Primária
Secundária
Distocia por hiperatividade
Sem obstrução
Com obstrução
Distocia por hipertonia
Polissistolia
Superdistensão
Descolamento prematuro de placenta
Distocia de dilatação

Tabela adaptada de Goffi.[2]

Distocia por hipoatividade

A distocia por hipoatividade caracteriza-se por trabalho de parto de evolução lenta, com contrações uterinas fracas

---

Você está acompanhando a Sra. Lúcia no quarto de pré-parto, parto e puerpério. Trata-se de uma gestante 2G 1Pn 0A, com idade gestacional de 39 semanas e 6 dias, internada para assistência ao trabalho de parto.

Ela foi admitida há 2 horas e, checando seu partograma, você observa que, no momento da admissão, apresentava duas contrações moderadas em 10 minutos; e, ao toque vaginal, colo médio, medianizado, amolecido, pérvio para 5 cm, bolsa íntegra, com apresentação cefálica, alta e móvel. Ao avaliá-la agora, você observa que a dinâmica uterina é de uma contração fraca em 10 minutos, colo médio, medianizado, amolecido, pérvio para 6 cm, bolsa íntegra, com apresentação cefálica, alta e móvel. Você acha que este trabalho de parto está evoluindo conforme o esperado? Algum dos fatores determinantes para o sucesso do parto pode estar inadequado? Acha que alguma intervenção é necessária?

e ineficientes verificadas pela palpação abdominal, pela frequência das contrações e pela aparente intensidade das mesmas. Nesses casos, primeiramente, deve ser afastado o falso trabalho de parto, que se caracteriza por contrações uterinas com intervalos e intensidade irregulares, sem dilatação cervical.

A hipoatividade pode ser primária, quando o trabalho de parto se inicia de forma ineficaz e lenta, ou secundária, quando após o início das contrações uterinas adequadas ou exageradas ocorre diminuição significativa da atividade uterina. As contrações tornam-se fracas e com intervalo aumentado, por falta de estímulo uterino ou exaustão.

Na correção da distocia, utilizam-se medidas ocitócicas (amniotomia e administração de ocitocina) que estimulam

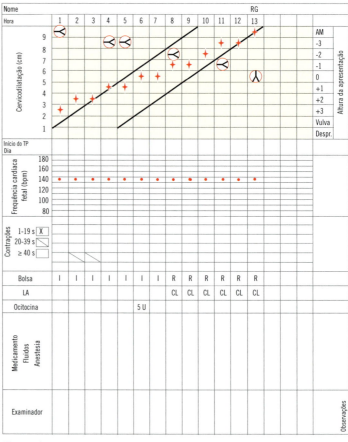

Figura 1 Partograma de fase ativa prolongada como exemplo de distocia funcional por hipoatividade corrigida. AM: alta e móvel; CL: claro; Despr.: desprendimento; I: íntegra; LA: líquido amniótico; R: rota; TP: trabalho de parto. (Figura adaptada de Briquet et al.[1])

CAPÍTULO 12 DISTOCIAS E PARTO OPERATÓRIO

a contratilidade uterina. A opção por cada uma das medidas, inicialmente, dependerá da dilatação cervical, da altura da apresentação e da condição da bolsa das águas. Se após a amniotomia e/ou a administração de ocitocina não ocorrer evolução satisfatória do trabalho de parto (regularização das contrações uterinas e cervicodilatação de 1 a 2 cm/h), opta-se pela analgesia, considerando-se a hipótese de incoordenação uterina (Figura 1).

Distocia por hiperatividade

A atividade uterina é exacerbada, com contrações uterinas com intensidade e frequência altas. Nesses casos, é imperioso avaliar a presença de obstrução ao trabalho de parto e, então, classifica-se em com obstrução ou sem obstrução:

- a distocia com obstrução ocorre quando existe uma obstrução ao trânsito do feto pelo canal de parto. As contrações uterinas tentam, sem sucesso, vencer o obstáculo. Sua correção é feita pela operação cesariana para evitar a ocorrência de rotura uterina e sofrimento fetal;
- a distocia por hiperatividade sem obstrução é caracterizada pela evolução rápida (menos do que 3 horas) do trabalho de parto. É uma característica da grande multípara e é conhecida como parto taquitócico (Figura 2). A correção visa evitar possíveis traumas maternos e fetais decorrentes do trabalho de parto muito rápido e, para isso, pode-se utilizar amniotomia tardia e analgesia precoce.

Distocia por hipertonia

A hipertonia uterina impede a dilatação cervical e diminui a oxigenação fetal, sendo necessário aumentar a vigilância da vitalidade fetal. São três os tipos de hipertonia uterina:

1. a polissistolia é definida como a presença de mais de cinco contrações em 10 minutos, sendo subdividida em taquissistolia e hiperestimulação. Chama-se de taquissistolia a presença de mais de cinco contrações uterinas em 10 minutos sem alterações na frequência cardíaca fetal. A hiperestimulação é marcada pela ocorrência de cinco ou mais

Algumas situações estão relacionadas a uma evolução rápida do trabalho de parto, como: atividade uterina intensa, insuficiência cervical, feto pequeno em relação à bacia e uso inadequado de ocitócico. Como consequência de um parto taquitócico, podem ocorrer lacerações do canal de parto, hemorragia intracraniana no recém-nascido e prolapso de cordão.

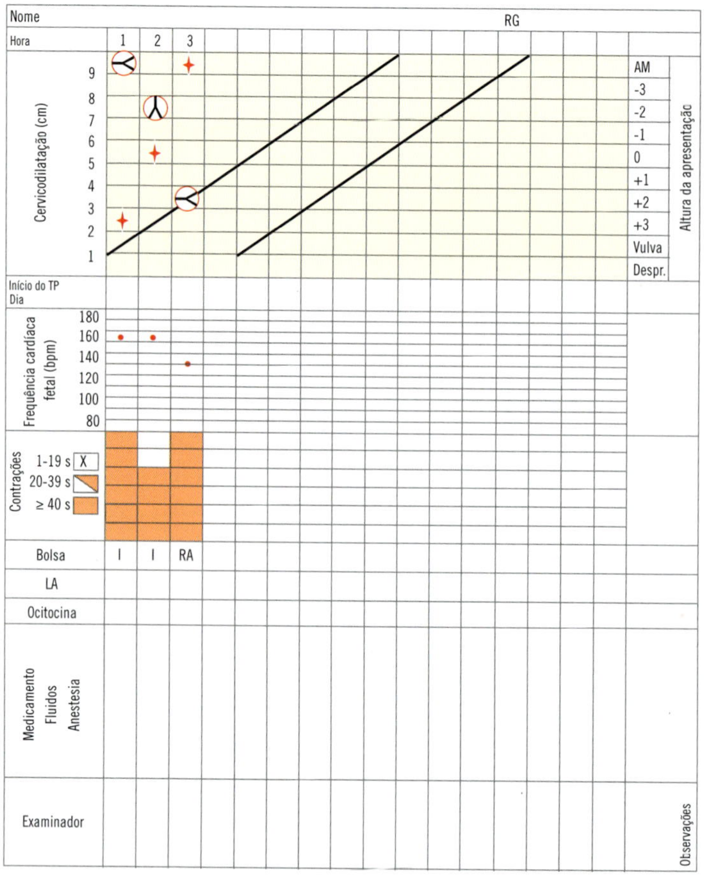

Figura 2 Partograma de parto precipitado ou taquitócico. AM: alta e móvel; Despr.: desprendimento; I: íntegra; LA: líquido amniótico; RA: rota artificialmente; TP: trabalho de parto. (Figura adaptada de Briquet et al.[1])

A diminuição do intervalo de tempo entre as contrações no caso de polissistolia dificulta o relaxamento uterino e pode levar a aumento do tônus, prejudicando as trocas gasosas na placenta e podendo causar sofrimento fetal.

contrações em 10 minutos ou contrações com duração superior a 2 minutos e intervalo entre elas menor que 1 minuto, podendo estar ou não associadas a alterações da vitalidade fetal. A causa da polissistolia pode ser idiopática, por uso inadequado de ocitocina ou desproporção cefalopélvica. Seu tratamento é feito com decúbito lateral esquerdo, suspensão da ocitocina, amniotomia, analgesia e, em casos em que não se consiga corrigir, indica-se a cesárea;

2. a superdistensão ocorre em casos de gestação gemelar e polidrâmnio e em muitas situações leva à distocia funcional. Na gestação gemelar, a amniotomia é uma opção para reduzir a distensão uterina. Já no polidrâmnio, pode ser realizada a amniocentese para redução do volume de líquido amniótico;

3. na hipertonia por descolamento prematuro de placenta (DPP), se o feto estiver morto ou for inviável, dá-se preferência para o parto vaginal, devendo-se proceder à amniotomia e ao uso de analgesia.

Distocia de dilatação

A distocia de dilatação é caracterizada pela ausência de dilatação do colo uterino ou por progressão lenta da dilatação, apesar de a paciente apresentar contrações regulares para a fase do trabalho de parto. Seu tratamento é feito com amniotomia, analgesia e uso de ocitócicos (Figura 3).

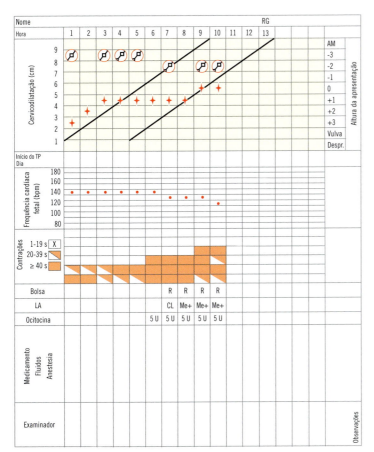

Figura 3 Partograma de parada secundária da dilatação como exemplo de distocia de dilatação com progressão lenta da dilatação do colo uterino. AM: alta e móvel; CL: claro; Despr.: desprendimento; LA: líquido amniótico; Me+: mecônio; R: rota; TP: trabalho de parto. (Figura adaptada de Briquet et al.[1])

Anormalidades de trajeto

As anormalidades de trajeto podem ser de partes ósseas ou partes moles.

Distocias ósseas

As distocias ósseas ocorrem quando existe alguma anormalidade na forma, na dimensão ou na inclinação da bacia que dificulte ou impeça o parto vaginal. Podem ser dos estreitos superior, médio ou inferior, isolada ou simultaneamente (Tabela 2).

> Leia mais sobre a avaliação da bacia obstétrica no capítulo "Admissão da gestante para o parto".

Tabela 2 Anormalidades da bacia compatíveis com vício pélvico

Diâmetros	Medidas
Conjugata vera (estreito superior)	< 10 cm
Diâmetro bituberoso (estreito médio)	< 10 cm
Diâmetro bituberoso (estreito inferior)	< 8 cm

Anormalidades do estreito superior

O estreito superior tem como diâmetros importantes para avaliação o anteroposterior e o transverso médio. Diâmetro anteroposterior inferior a 10 cm ou diâmetro transverso médio menor que 12 cm são considerados vícios do estreito superior.

> Leia mais sobre as anormalidades dos estreitos superior, médio e inferior no capítulo "Parto".

Anormalidades do estreito médio

As anormalidades do estrito médio se associam, em geral, a partos prolongados, mesmo estando o polo cefálico insinuado e as contrações uterinas efetivas. A avaliação desse estreito é feita pela medida do diâmetro bi-isquiático, que corresponde à avaliação clínica do diâmetro bituberoso. Suspeita-se de distocia do estreito médio quando o diâmetro bituberoso mede menos que 10 cm e o polo cefálico mantém-se retido no plano 0 de DeLee em variedades posteriores e transversas apesar das contrações uterinas serem efetivas. A palpação das espinhas isquiáticas salientes é sugestiva de que o estreito médio seja angustiado.

Anormalidades do estreito inferior

A distocia de estreito inferior é definida quando o diâmetro bituberoso é inferior a 8 cm. Em geral, os vícios do estreito inferior estão associados com anormalidades do estreito médio.

Distocias de partes moles

A distocia de partes moles corresponde à presença de anormalidades em um dos integrantes do canal de parto – colo, vagina e vulva –, de tal modo que impeça a progressão do trabalho de parto (Tabela 3).

Tabela 3 Exemplos de distocias de partes moles

Vulva e períneo
Veias varicosas
Estenose vulvar
Edema de vulva
Condiloma acuminado extenso
Vagina
Septos vaginais transversos
Colo
Hipertrofia do colo
Estenose do canal cervical
Edema de colo
Tumores prévios
Miomas
Carcinomas de colo uterino
Tumores de ovário

Anormalidades de objeto

As anormalidades de objeto são alterações no feto que dificultam a evolução do trabalho de parto. São conhecidas como distocias de volume:

- total: macrossomia;
- regional:

Após realização da amniotomia, você observou que houve aumento da dinâmica uterina, com três contrações moderadas em 10 minutos, além de progressão das alterações cervicais, mas não observa descida da apresentação. Após 3 horas da amniotomia, você registra no partograma que a dilatação cervical está total, mas ainda sente dificuldade de verificar a variedade de posição, pois a apresentação está alta e móvel. Após mais 1 hora, a parturiente está apresentando muita dor abdominal e seis contrações moderadas em 10 minutos. O toque vaginal agora está muito mais difícil, e você não consegue mais palpar as suturas da cabeça fetal. O residente explica que isso se deve à presença de bossa serossanguínea importante. Qual é o diagnóstico mais provável? Você sabe qual deve ser a conduta nesta situação?

a. cabeça: hidrocefalia;
b. pescoço: higroma cístico;
c. tórax: hidrotórax;
d. abdome: ascite volumosa e rins policísticos.

> As consequências da desproporção cefalopélvica com feto macrossômico são: maior incidência de rotura prematura de membranas ovulares, insinuação difícil, descida morosa, período expulsivo prolongado e distocia do biacromial.

A distocia de objeto mais comum é a macrossomia fetal. É definida quando o peso ao nascer é maior que 4.000 g, que pode provocar desproporção entre o feto (objeto) e a pelve (trajeto), constituindo a desproporção cefalopélvica (Figura 4). A desproporção cefalopélvica também pode ocorrer quando os pesos fetais são menores que 4.000 g e a bacia possui diâmetros inferiores aos normais. São sinais indiretos de feto grande: altura uterina acima do percentil 90 para a idade gestacional e polo cefálico alto e móvel. O peso fetal,

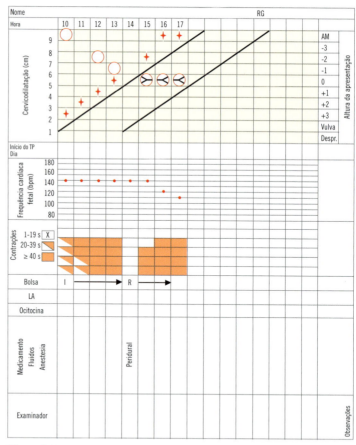

Figura 4 Partograma de parada secundária à descida que pode ser consequente a desproporção cefalopélvica. AM: alta e móvel; Despr.: desprendimento; I: íntegra; LA: líquido amniótico; R: rota; TP: trabalho de parto. (Figura adaptada de Briquet et al.[1])

no entanto, deve ser confirmado pela ultrassonografia, o que auxiliará na via de parto.

No exame obstétrico, pode-se avaliar a proporcionalidade entre o feto (polo cefálico) e o estreito superior por meio de duas manobras: a palpação mensuradora de Pinard (Figura 5) e o toque palpatório de Müller. Na primeira, a cabeça fetal é abaixada em direção à escava pélvica pela palpação abdominal, enquanto a outra mão palpa o púbis e o parietal anterior, avaliando se o polo cefálico adentrou o estreito superior. No toque de Müller, direciona-se também o polo cefálico em direção à escava pélvica enquanto com a outra mão, por via vaginal, avalia-se a descida do polo cefálico e suas relações com a pelve.

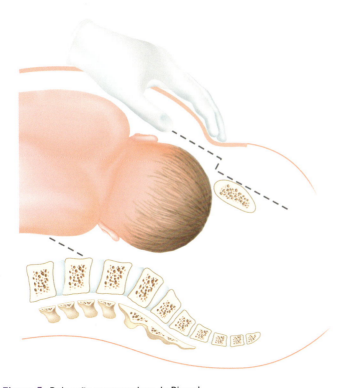

Figura 5 Palpação mensuradora de Pinard.

Distocia do biacromial

É uma situação grave nas apresentações cefálicas quando, no parto vaginal, o polo cefálico se desprende, porém os ombros não se soltam. É evento raro, correspondendo a 0,2 a 0,3% dos partos vaginais (Tabela 4). Esta distocia traz

Tabela 4 Fatores de risco para distocia do biacromial

Obesidade
Diabetes mellitus
Macrossomia
Distocia do biacromial prévia
Período expulsivo prolongado
Bacia materna estreita

riscos maternos como lacerações do canal de parto, atonia uterina com hemorragia, disjunção da sínfise púbica e até mesmo rotura uterina. Para o feto, pode causar lesão do plexo braquial, fratura de clavícula e úmero, e óbito fetal ou neonatal.

Não há consenso de que o pré-natal influencie na prevenção dessa distocia; porém, deve-se dar atenção ao controle de peso materno, ao rastreamento e ao tratamento do *diabetes mellitus*, à avaliação adequada do crescimento fetal e à avaliação da bacia materna na internação para o parto.

Os procedimentos relacionados para correção da distocia são difíceis e devem ser realizados pelo obstetra mais experiente da equipe, auxiliado por equipe multidisciplinar (enfermagem, equipe obstétrica, anestesista e neonatologista).

Na assistência ao parto, não se deve tracionar o polo cefálico. Deve-se ampliar a episiotomia, hiperfletir e abduzir as coxas (manobra de McRoberts – Figura 6A), o que provoca rotação cefálica da sínfise púbica e retificação da lordose lombar, liberando o ombro impactado. Realiza-se também pressão suprapúbica (manobra de Rubin – Figura 6B) contínua sobre o ombro anterior do feto, tentando-se girar os ombros fetais do diâmetro sagital para o oblíquo. Para desprender o ombro posterior, pode-se introduzir a mão pela concavidade do sacro, apreender o antebraço e, por deslizamento, retirá-lo pela face anterior do tórax (Figura 7). Após a saída do ombro posterior, abaixa-se o tronco fetal para liberar o ombro anterior (manobra de Jacquemier – Figura 8). Em razão da dificuldade do parto na distocia do biacromial, outras manobras podem ser utilizadas, como a rotação de 180° do tronco fetal para um lado e para o oposto desprendendo-se um ombro de cada vez (manobra de Woods – Figura 9); e a colocação da gestante em posição genupeitoral (manobra de Matthes), para apreensão do om-

CAPÍTULO 12 DISTOCIAS E PARTO OPERATÓRIO

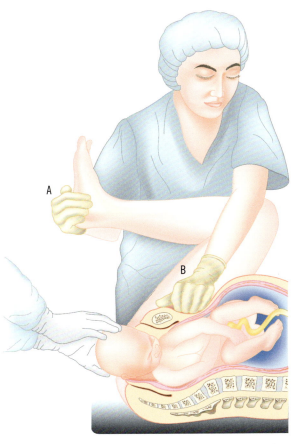

Figura 6 Manobras de McRoberts (A) e Rubin (B) para liberação do ombro na distocia do biacromial.

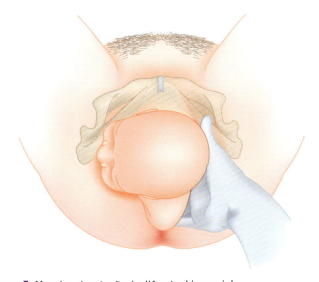

Figura 7 Manobra de rotação do diâmetro biacromial.

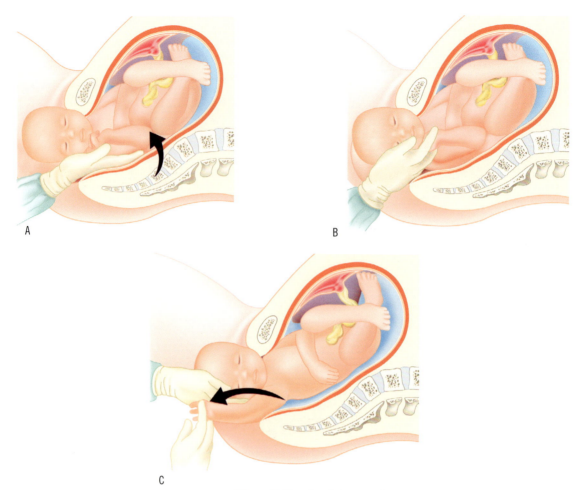

Figura 8 Manobra de Jacquemier para extração do ombro e do braço posteriores.

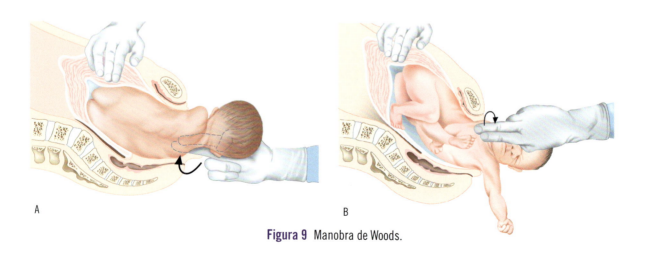

Figura 9 Manobra de Woods.

bro fetal posterior pela mão do obstetra. Manobras mais radicais podem ser utilizadas, como a fratura da clavícula fetal e a clidotomia (corte da clavícula com tesoura) com o objetivo de diminuir o diâmetro biacromial.

Quando for impossível alvançar o ombro, a cesárea está indicada. Diante de tal situação, deve-se rodar a cabeça para a variedade occipitopúbica, fleti-la e reintroduzi-la lentamente na pelve materna, até as espinhas isquiáticas (manobra de Zavanelli). Para um bom relaxamento uterino, recomenda-se o uso de terbutalina por via subcutânea.

É importante lembrar que a distocia do biacromial não acontece apenas diante da macrossomia fetal, mas existe uma relação significativa entre esses dois eventos.

Anormalidades de situação e apresentação

As alterações de situação e apresentação fetal também são consideradas distocias de objeto. A situação transversa e a apresentação pélvica são corrigidas pela versão externa em poucos serviços, mas na maioria são indicações para cesárea.

Parto operatório

Fórcipe

O fórcipe é um instrumento destinado a ajudar a extração do polo cefálico por apreensão e tração deste, permitindo diminuir o tempo do período expulsivo.

Na Clínica Obstétrica do HC-FMUSP, a aplicação do fórcipe é classificada como:

* fórcipe de alívio: quando aplicado nas apresentações cefálicas fletidas, com o polo cefálico tendo atingido o plano +3 de DeLee e com a rotação interna completa;
* fórcipe de abreviação: nas variedades de posição occipitoesquerda anterior ou occipitodireita anterior e com a descida pelo menos no plano +2 de DeLee;
* fórcipe de rotação: aplicado nas variedades transversas e posteriores persistentes que já tenham alcançado o plano +2 de DeLee.

Tipos de fórcipe

Existem vários tipos de fórcipe. O fórcipe é composto de colher, ramo e cabo. A colher apresenta a curvatura cefálica (interna) e a pélvica (externa). A curvatura interna representa a concavidade que apreende o polo cefálico e a curvatura externa representa a forma da pelve. No ramo, existe uma zona de articulação. O cabo é o local em que o tocólogo realiza a tração.

Os fórcipes mais utilizados (Figura 10) são:

- fórcipe de Simpson-Braun: tem colheres fenestradas, articulação fixa por encaixe e curvatura pélvica acentuada. Indicado nas variedades oblíquas e pegas diretas;
- fórcipe de Kielland: a articulação é de deslize, o que facilita a correção do assinclitismo, e a curvatura pélvica é menor que a do fórcipe de Simpson-Braun. Ideal para variedades transversas;
- fórcipe de Piper: tem colheres fenestradas e apresenta ramo mais longo que os demais. Reservado para apresentações pélvicas com cabeça derradeira encravada.

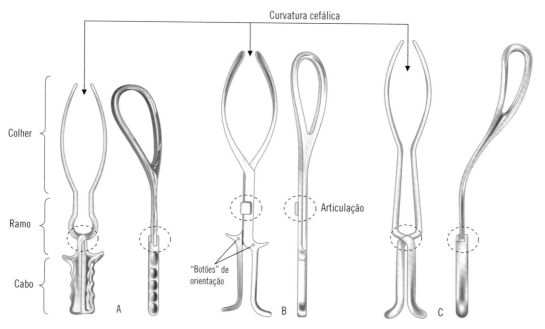

Figura 10 Tipos mais utilizados de fórcipe e seus constituintes. A: fórcipe de Simpson-Braun; B: fórcipe de Kielland; C: fórcipe de Piper.

Na Clínica Obstétrica do HC-FMUSP, o fórcipe de escolha é o de Kielland, independentemente da variedade de posição.

O fórcipe exerce as funções de preensão, rotação e tração.

Indicações

O fórcipe é utilizado quando há necessidade de abreviar o final do segundo período do trabalho de parto, principalmente diante de situações de risco materno-fetal.

As doenças cardiopulmonares, algumas condições neurológicas, cansaço exaustivo e período expulsivo prolongado são algumas das indicações maternas. Entre as indicações fetais, estão todas as condições que cursem com sofrimento fetal, com necessidade de abreviação do período expulsivo de forma rápida e segura.

Aplicabilidade

As seguintes condições são necessárias para aplicação do fórcipe:

- bacia clinicamente normal;
- colo uterino completamente dilatado;
- bolsa das águas rota;
- feto vivo;
- sondagem vesical para esvaziar a bexiga;
- cabeça insinuada e identificação da variedade de posição fetal;
- volume cefálico normal;
- episiotomia.

Quando mal aplicado, o fórcipe pode causar lesões cerebrais, lesões medulares e fraturas cranianas no feto. Podem também ocorrer traumatismos maternos, como lacerações de períneo e colo.

Vacuoextrator

O vacuoextrator causa menos traumas maternos do que o fórcipe, mas traz maiores riscos neonatais, como hemor-

Agora que foi diagnosticada a desproporção cefalopélvica no caso da Sra. Lúcia, contraindicação para a aplicação do fórcipe, será realizada uma cesárea. Você vai instrumentar a cesárea e está seguro porque estudou os tempos cirúrgicos do procedimento.

ragia intracraniana, hemorragia retiniana, hematomas e lacerações do couro cabeludo, além de cefalematomas.

Cesárea

É o ato de incisar o abdome (laparotomia) e a parede do útero (histerotomia) para extração do concepto.

A incidência de cesárea tem crescido no mundo inteiro. Nos Estados Unidos da América, a incidência aumentou em dez vezes nos últimos 10 anos, chegando a aproximadamente 30%. No Brasil, mais da metade dos partos são cesárea. Os fatores que têm contribuído para o aumento da incidência de cesárea são apresentados na Tabela 5.

Tabela 5 Fatores responsáveis pelo aumento da incidência de cesárea

Fatores obstétricos
Falhas de indução
Diminuição do uso de fórcipe
Aumento de macrossomia fetal
Diminuição do número de partos vaginais na apresentação pélvica
Aumento da indicação de cesárea em gemelares
Diminuição do número de partos vaginais decorrente de cesáreas anteriores
Fatores maternos
Aumento do número de mulheres com 35 anos de idade ou mais
Opção da gestante
Fatores médicos
Despreparo do profissional para a resolução do parto pela via vaginal
Uso excessivo de tecnologia aliada ao temor dos processos judiciais
Conveniência do obstetra

Indicações de cesárea

As indicações que estão mais relacionadas à cesárea de emergência são apresentadas na Tabela 6.

As cesáreas eletivas são aquelas planejadas, por razões maternas ou fetais, e se distinguem daquelas efetuadas em regime de urgência/emergência, que, por regra, são executadas após períodos variáveis de trabalho de parto (Tabela 7).

Não deixe de acessar o site do Ministério da Saúde: http://tabnet.datasus.gov.br/cgi/deftohtm.exe?-sinasc/cnv/nvuf.def.
Nele, você encontrará dados de nascimentos no Brasil.

CAPÍTULO 12 DISTOCIAS E PARTO OPERATÓRIO

Tabela 6 Principais indicações de cesárea de emergência

Sofrimento fetal

Anormalidades cardiotocográficas

Desacelerações tardias ou desaceleração intraparto tipo II

Desacelerações variáveis graves

Bradicardias prolongadas

Síndromes hemorrágicas agudas

Descolamento prematuro de placenta normoinserida

Placenta prévia com sangramento maciço

Traumas maternos

Iminência de rotura uterina

Cesárea *post mortem*

Prolapso de cordão umbilical

Distocia funcional

Sofrimento fetal por insuficiência placentária crônica grave

Tabela 7 Indicações de cesárea eletiva

Causas feto-anexiais

Malformações fetais

- Monstruosidade dupla (xifópagos)

- Hidrocefalia

- Espinha bífida

- Onfalocele

- Gastrósquise

Apresentações anômalas

Apresentação pélvica

Apresentação córmica

Apresentação cefálica defletida de 2º grau

Macrossomia fetal

Gestações múltiplas

Aloimunização feto-materna

Placenta prévia centro-total

Acretismo placentário

Causas maternas

Tumores prévios obstrutivos

Intercorrências gestacionais graves

- Síndrome HELLP

- Iminência de eclâmpsia

(continua)

371

Tabela 7 Indicações de cesárea eletiva *(continuação)*

Causas maternas
Doenças maternas
• Cardiopatias (coarctação de aorta, síndrome de Marfan com aorta dilatada)
• Doenças infecciosas (HIV e herpes genital)
• Cicatriz uterina prévia
• Cesáreas prévias
• Cesárea clássica anterior
• Correção prévia de incontinência urinária, anal e fístulas
Cesárea a pedido
Outras causas
Medicina defensiva

HIV: vírus da imunodeficiência humana; síndrome HELLP: do acrônimo em inglês *hemolysis, elevated liver enzymes and low platelet count.*

Técnica

O acesso ao feto, no parto operatório, se dá através de sete camadas, descritas a seguir:

• pele: as linhas de tensão na pele da parede abdominal estão dispostas no sentido transversal. Assim, a incisão transversa de 10 cm, localizada 2 cm acima da borda superior da sínfise púbica (incisão de Pfannenstiel) com concavidade superior, por ser paralela às linhas de tensão, produz resultado estético mais favorável e com menor risco de deiscência;

• tecido celular subcutâneo: formado pelo tecido areolar subcutâneo (fáscia de Camper) e pelo tecido lamelar subcutâneo (fáscia de Scarpa). A incisão neste plano acompanha o sentido transversal da pele;

• bainha aponeurótica do músculo reto abdominal: o músculo reto abdominal é envolto por uma capa aponeurótica, a chamada bainha tendínea, composta pela aponeurose dos músculos oblíquo externo, oblíquo interno e transverso do abdome. Abaixo da linha arqueada do abdome, todos os prolongamentos da aponeurose se fundem e passam anteriormente ao músculo reto. Na laparotomia à Pfannenstiel, esta camada é seccionada abaixo da linha arqueada, no sentido transversal e paralelo às fibras tendíneas. As hérnias incisionais diagnosticadas após a cesárea são decorrentes da deiscência da sutura da aponeurose;

- músculo reto abdominal: é o músculo de maior extensão da parede abdominal, composto por duas bainhas separadas, no sentido longitudinal, sobre a linha alba. O acesso cirúrgico se baseia no afastamento das bainhas. Abaixo deste músculo, encontra-se uma fina camada, a fáscia transversal;

- peritônio parietal: é uma fina camada que define o limite externo da cavidade peritoneal. É seccionado no sentido longitudinal, acompanhando o reto abdominal;

- peritônio visceral: esta camada define o limite interno da cavidade peritoneal, ao recobrir os órgãos genitais internos. É seccionado no mesmo sentido da incisão sobre o útero;

- útero: o miométrio é seccionado na altura do segmento uterino, no sentido transversal, paralelamente às fibras musculares. Esta incisão dará nome ao procedimento: cesárea segmentar transversa. Após a abertura do útero com bisturi, penetra-se com um dos dedos indicadores que amplia a abertura para passar o indicador da outra mão e realiza-se a divulsão bidigital. Nas cesáreas eletivas, opta-se pela incisão à bisturi, arciforme e elevada nos ângulos. A incisão longitudinal sobre o corpo uterino é possível; entretanto, promove uma fibrose uterina, que evolui como área de fragilidade e risco de rotura uterina em gestações futuras. Esta incisão é reservada a casos isolados, em que não seja possível o acesso segmentar transverso.

Para extração fetal é importante identificar o posicionamento do polo cefálico, que deve estar com seu diâmetro anteroposterior coincidente com a incisão uterina (transversa). Pode ser feita com auxílio da alavanca. A laqueadura do cordão umbilical é feita a seguir. A dequitação é preferencialmente espontânea, mantendo-se a tração controlada do cordão. A extração manual aumenta o risco de endometrite puerperal.

A histerorrafia é efetuada com pontos separados com fio 0 de poligalactina (Vicryl®) ou categute cromado, que é de absorção lenta. O peritônio visceral deve ser suturado com os mesmos fios de espessura menor (2-0). Após esse tempo, é feita a revisão da cavidade pélvica com limpeza e inspeção dos órgãos genitais internos (ovários e tubas uterinas). Para o fechamento do peritônio parietal, utiliza-se o mesmo fio anterior. Os peritônios são fechados com sutura contínua. Os músculos retos abdominais são aproximados com pontos separados, usando o mesmo fio. A sutura da aponeurose é executada com pontos separados de absorção lenta, semelhantes aos utilizados no útero. A fáscia superficial e o tecido celular subcutâneo devem ser aproximados com pontos separados com categute 2-0 ou Monocryl® 3-0. Por fim, a pele pode ser suturada com pontos separados usando o Mononylon® 3-0 ou 4-0.

Complicações

Apesar de considerada muito segura, a cesárea, quando comparada com o parto vaginal, apresenta complicações intraoperatórias, puerperais e para gestações futuras mais frequentes. Há riscos de hemorragias e lesões de órgão adjacentes (bexiga, ureter e intestino). A endomiometrite puerperal é a complicação mais comum da cesárea, além de infecção da cicatriz cirúrgica. Observa-se maior número de readmissões hospitalares.

Em relação a gestações futuras, há maior incidência de placenta prévia, acretismo placentário, rotura uterina, gestação ectópica na cicatriz da cesárea e dor pélvica, quando comparada a gestantes que tiveram parto por via vaginal. A placenta prévia e o acretismo têm incidência aumentada no parto por via abdominal. A presença de cicatriz uterina tem um risco relativo de 1,64 para placenta prévia e de 35 vezes para o acretismo.

O risco de rotura uterina após cesárea ocorre principalmente na indução do parto e durante o trabalho de parto futuro. A deiscência da cicatriz também é aumentada no parto por via abdominal.

Apesar de evento raro, a gravidez ectópica é mais comum em gestantes com antecedente de parto por via abdominal, sendo observada maior frequência na cicatriz de cesárea.

A dor pélvica é achado comum na vida das mulheres com antecedente de cesárea, com maior incidência de aderências e endometriose.

A mortalidade materna é até quatro vezes maior que no parto por via vaginal.

Relembrando

- O parto distócico é definido pela ocorrência de uma anormalidade no desenrolar do trabalho de parto que pode ser decorrente de alterações em um ou mais dos três fatores essenciais para o parto vaginal (bacia, contração uterina e feto).
- A distocia funcional é aquela secundária a uma anormalidade na força contrátil durante o trabalho de parto, o que influencia diretamente a progressão da dilatação cervical.
- A distocia funcional é classificada em: por hipoatividade, por hiperatividade, por hipertonia e de dilatação.
- A distocia por hipoatividade se caracteriza por trabalho de parto de evolução lenta, contrações uterinas fracas e ineficientes verificadas pela palpação abdominal, frequência das contrações e aparente intensidade das mesmas.
- Na distocia por hiperatividade, a atividade uterina é exacerbada, com contrações uterinas com intensidade e frequência altas. É importante avaliar a presença de obstrução ou não ao trabalho de parto.
- A hipertonia uterina (distocia por hipertonia) impede a dilatação cervical e diminui a oxigenação fetal, sendo necessário aumentar a vigilância da vitalidade fetal. Pode ser decorrente de polissistolia, superdistensão e descolamento prematuro de placenta.
- A distocia de dilatação é caracterizada pela ausência de dilatação do colo uterino ou por progressão lenta da dilatação, apesar de a paciente apresentar contrações regulares para a fase do trabalho de parto.
- As anormalidades de trajeto podem ser de partes ósseas ou partes moles. Podem ser dos estreitos superior, médio ou inferior, isolada ou simultaneamente.
- As anormalidades de objeto são alterações no feto que dificultam a evolução do trabalho de parto. São conhecidas como distocias de volume.
- A distocia do biacromial é uma situação grave nas apresentações cefálicas quando, no parto vaginal, o polo cefálico se desprende, porém os ombros não se soltam.

- A aplicação do fórcipe pode ser classificada de acordo com o nível da descida e a variedade da apresentação fetal em fórcipe de alívio, abreviação e rotação.
- São funções do fórcipe: preensão, rotação e tração.
- Na cesárea, o nascimento ocorre por meio de incisão cirúrgica abdominal (laparotomia) e uterina (histerotomia).
- Os planos de abertura da cesárea são: pele, tecido celular subcutâneo, bainha aponeurótica do músculo reto abdominal, músculo reto abdominal, peritônios parietal e visceral, e útero.

Casos clínicos

Gestante de 20 anos, primigesta, com 38 semanas, comparece ao pronto-socorro obstétrico com queixa de contrações uterinas. À palpação, apresenta três contrações em 10 minutos de 60 segundos de duração, dilatação cervical de 3 cm, 80% de esvaecimento e amnioscopia com líquido claro. Na evolução, a gestante foi examinada após 1 hora, com colo uterino de 5 cm e 100% de esvaecimento.

1. Como você avalia a evolução deste trabalho de parto?

Gestante de 32 anos, G3 P2, com 39 semanas de gestação, é admitida para o parto com 4 cm de dilatação e bolsa rota. A gestante tem antecedente de dois partos vaginais anteriores, maior recém-nascido de 3.800 g. No exame, após 2 horas, apresentava-se com 7 cm de dilatação. Em exame realizado 2 horas mais tarde, continuava com 7 cm e contrações uterinas fracas. O peso fetal estimado da gestação atual é de 3.200 g.

1. Como você avalia a evolução deste trabalho de parto e qual sua conduta?

Primigesta de 40 anos em trabalho de parto. A evolução do período de dilatação foi satisfatória com analgesia por duplo bloqueio realizada com 6 cm de dilatação. Foi encaminhada à sala de parto com quatro contrações em 10 minutos de forte intensidade, frequência cardíaca fetal de 140 bpm, dilatação completa e apresentação cefálica occipitoesquerda anterior (OEA) em plano +1 de DeLee. Após 60 minutos, a gestante não consegue realizar os puxos adequadamente e a apresentação está em occipitopúbica (OP) em plano +3 de DeLee.

1. Qual a sua proposta para ultimação do parto e quais as condições necessárias?

Para refletir

- Qual é sua percepção sobre o diagnóstico e a correção das distocias funcionais?
- Qual é sua opinião sobre o aumento da incidência de cesárea?
- O que você acha que pode ser feito para aumentar a frequência de partos vaginais?

Referências bibliográficas

1. Briquet R, Guariento A. Obstetrícia normal. Barueri: Manole; 2011.
2. Goffi PS. Assistência ao parto. 2.ed. São Paulo: Rumo; 1978.
3. Zugaib M (ed.). Zugaib obstetrícia. 2.ed. Barueri: Manole; 2012.
4. Zugaib M, Bittar RE. Protocolos assistenciais: clínica obstétrica, FMUSP. 4.ed. São Paulo: Atheneu; 2011.

CAPÍTULO 13

Puerpério

Para discutir

- Quando deve ser a alta hospitalar após o parto?
- Qual é a importância do aleitamento materno?
- Por quanto tempo a mulher deve amamentar?
- Quais são as principais dificuldades para amamentar?
- O que você sabe sobre licença-maternidade e paternidade?
- Você já ouviu falar em depressão pós-parto? O que a legislação diz a respeito disto?

Ao fim deste capítulo, você terá conhecido

- Como conceituar e classificar o puerpério.
- As modificações do organismo materno no puerpério.
- As orientações à gestante em relação às principais queixas e dúvidas no puerpério.
- A relação entre as estruturas anatômicas das mamas e a fisiologia da lactação.
- Como promover o aleitamento natural no parto e no puerpério.
- Como aumentar a produção e a ejeção do leite.
- Quais intercorrências prejudicam o aleitamento natural.
- Como determinar a alta hospitalar e o retorno ambulatorial após o parto.
- As complicações mais comuns do puerpério.
- O que fazer para diminuir o risco de infecção em cicatriz cirúrgica.
- Como diagnosticar e tratar a infecção de cicatriz cirúrgica.
- Os sinais e sintomas de depressão pós-parto.

Conceito e classificação

O puerpério tem início após a dequitação e se estende até 6 semanas depois do parto. Essa definição de tempo está baseada no retorno da maioria dos órgãos maternos ao estado pré-gravídico. As mamas constituem exceção, já que atingem seu desenvolvimento e diferenciação celular no puerpério e não retornam ao estado pré-gravídico.

Classifica-se o puerpério em:

- puerpério imediato: até o fim da segunda hora após o parto;
- puerpério mediato: do início da terceira hora até o final de 10 dias após o parto;
- puerpério tardio: de 11 dias até o retorno das menstruações, ou 6 a 8 semanas nas lactantes.

Modificações do organismo materno no puerpério

Fenômenos imediatos ao parto

Logo após o parto, a parturiente pode ficar esgotada pelo trabalho muscular, com o rosto coberto de suor, presença de inspiração costal profunda e ritmo respiratório diminuído. Neste primeiro momento, a mulher necessita de repouso e silêncio, está sonolenta e pode ficar desinteressada pelo que ocorre à sua volta, até mesmo pelo filho que acaba de chegar.

As alterações hemodinâmicas que irão ocorrer no puerpério imediato dependerão de alguns fatores, como posição materna, tipo de parto, tipo de anestesia e perda sanguínea.

A anestesia subaracnóidea (raquianestesia) costuma levar a hipotensão relativa transitória, com duração de algumas horas após o parto. Os efeitos hemodinâmicos são menos pronunciados quando se utiliza o duplo bloqueio (anestesia subaracnóidea e peridural). O uso de opioides (fentanil, sufentanil, morfina) adicionados ao anestésico local tem a finalidade de melhorar a analgesia no período operatório, ao passo que a morfina é a droga de escolha para analgesia no pós-operatório. Os opioides, contudo, desen-

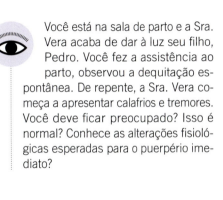

Você está na sala de parto e a Sra. Vera acaba de dar à luz seu filho, Pedro. Você fez a assistência ao parto, observou a dequitação espontânea. De repente, a Sra. Vera começa a apresentar calafrios e tremores. Você deve ficar preocupado? Isso é normal? Conhece as alterações fisiológicas esperadas para o puerpério imediato?

cadeiam alguns efeitos colaterais, como náuseas, vômitos, prurido, depressão respiratória, retenção urinária e sedação, cuja intensidade pode ser dependente da dose empregada e com duração que pode se estender até 24 horas após o parto.

Os tremores são observados em 25 a 50% das mulheres após o parto vaginal. Em geral, iniciam-se entre 1 e 30 minutos após a dequitação e duram de 2 a 60 minutos. Sua patogênese não é bem estabelecida. Acredita-se que sejam secundários a hemorragia feto-materna, embolia microamniótica, reação termogênica materna após a separação da placenta e hipotermia materna pós-parto, ou mesmo relacionados à anestesia. Trata-se de evento autolimitado, recomendando-se apenas terapia de suporte.

A temperatura materna pode subir nas primeiras 12 a 24 horas após o parto, podendo chegar até 37,8°C. Pode também ocorrer bradicardia, com a frequência chegando a 50 a 60 bpm.

A bexiga está com maior capacidade, e frequentemente há distensão excessiva e esvaziamento incompleto. A retenção urinária também é observada no puerpério imediato, apresentando, em geral, resolução espontânea em 1 semana.

Fenômenos mediatos ao parto

Nos primeiros 5 dias após o parto, a pressão arterial que apresentou pequena queda durante a gestação tende a voltar ao normal. No exame físico, pode-se ouvir um sopro pulmonar que, em geral, desaparece por volta do décimo dia, e é consequente à mudança topográfica do coração.

O volume sanguíneo permanece elevado nos primeiros 30 a 60 minutos pós-parto, secundário à reabsorção de líquidos dos tecidos. Retorna a níveis pré-gravídicos nas primeiras 6 semanas. O hematócrito e a hemoglobina (em menor proporção) diminuem no pós-parto, principalmente nas primeiras 48 horas. Em relação à série branca, durante o trabalho de parto ocorre uma importante leucocitose, a qual se estende até o puerpério mediato. Essa taxa pode chegar até 25.000 leucócitos/mm^3 e aumento dos granulócitos. Outras modificações observadas no puerpério são plaquetose, linfocitopenia relativa e eosinofilia absoluta.

Logo após a dequitação, há queda do número de plaquetas, com elevação secundária nos primeiros dias de pós-

-parto associada a aumento da adesividade plaquetária. A concentração de fibrinogênio plasmático diminui durante o trabalho de parto, atingindo seu menor nível em 1 dia de puerpério e logo normalizando no terceiro ao quinto dia pós-parto. O fator VIII e o plasminogênio seguem o mesmo padrão.

O débito cardíaco retorna aos níveis normais entre 8 e 10 semanas pós-parto.

Após o parto vaginal, ocorre perda de aproximadamente 500 mL de sangue, enquanto na cesárea essa perda fica em torno de 1.000 mL.

Modificações anatômicas e fisiológicas

Vagina e vulva

Após o parto vaginal, a vagina se apresenta alargada e lisa. Sua redução é gradual e raramente volta ao estado pré-gravídico. A rugosidade da vagina reaparece após a redução do edema e da vascularização, por volta de 3 semanas após o parto. O hímen sofre processo de cicatrização, dando origem a nódulos de mucosa fibrosados, as carúnculas himenais ou mirtiformes. A musculatura pélvica sofre relaxamento e também pode não retornar ao período pré-gravídico.

Parede abdominal

A musculatura da parede abdominal torna-se frouxa logo após o parto e readquire seu tônus semanas depois. Em alguns casos, pode permanecer a diástase do músculo reto do abdome e a frouxidão da pele, principalmente nas multíparas.

Perda ponderal

A perda ponderal no puerpério costuma ser marcante. Aproximadamente metade do ganho ponderal da gestação é perdida nas primeiras 6 semanas após o parto, reduzindo a perda pelos próximos 6 meses. Dieta equilibrada, exercícios físicos e a amamentação contribuem para a perda de peso no puerpério. O ganho de peso na gestação acima do ideal e o aumento do índice de massa corporal (IMC) são fatores importantes para o insucesso na retomada do peso para níveis pré-gravídicos.

Alterações dermatológicas

Durante a gravidez e no puerpério, podem aparecer estrias que variam da cor rósea-arroxeada à esbranquiçada e não têm resolução espontânea. O cloasma gravídico desaparece ao longo do puerpério. Pode ocorrer queda de cabelos, geralmente nos primeiros 5 meses (eflúvio telógeno). Costuma haver restauração dos padrões normais de crescimento dos cabelos entre 6 e 15 meses após o parto.

Sistema urinário

No puerpério imediato, a mucosa vesical está edemaciada em consequência do trabalho de parto e do parto. A bexiga pode apresentar maior distensão e esvaziamento incompleto, demonstrado pela presença de urina residual pós-miccção. A presença de dilatação do sistema pielocalicial até 6 semanas pós-parto também é frequente. A retenção urinária é uma complicação observada no pós-parto imediato, tendendo à resolução espontânea antes do término de 1 semana do puerpério. Podem contribuir para a retenção urinária no puerpério: lesão do nervo pudendo durante o parto, parto instrumentado, primeiro e segundo períodos prolongados, cesárea e anestesia epidural.

A incontinência urinária pode ocorrer após parto vaginal e cesárea. Segundo a literatura, durante os primeiros 3 meses pós-parto, a prevalência de algum tipo de incontinência urinária de esforço pode chegar a 30% no parto vaginal e 14% na cesárea.

Assistência ao puerpério
Queixas frequentes

Nos primeiros dias após parto vaginal ou cesárea, a puérpera pode relatar cólicas abdominais, dor na episiorrafia ou na cicatriz cirúrgica abdominal, ingurgitamento mamário, cefaleia pós-raquianestesia, entre outras queixas. Para

---

Durante sua evolução diária da enfermaria, sua paciente, Sra. Vera, que está no primeiro dia pós-parto vaginal, relata que está sentindo bastante dor no "local do corte" do parto e que está apresentando sangramento vaginal, mas não sabe se é normal. Também pergunta quando receberá alta. Como você avalia e orienta sua paciente?

minimizar esse desconforto, é aconselhável a administração de analgésicos e anti-inflamatórios a cada 6 ou 8 horas.

Dieta

A dieta deve ser oferecida o mais rápido possível; para gestantes sem restrições dietéticas por alguma doença, pode ser oferecida a dieta geral.

Deambulação

A deambulação deve ser encorajada o mais rápido possível, uma vez que a deambulação precoce reduz o risco de trombose venosa profunda e tromboembolismo pulmonar. Além disso, também ajuda a reduzir a frequência de obstipação e complicações urinárias.

Exame físico

Cuidados gerais

Nos primeiros dias de puerpério, em geral 2 a 3 dias depois, a paciente estará internada em ambiente hospitalar. Nesse período, devem ser aferidos diariamente a temperatura, a pressão arterial, os batimentos cardíacos e a frequência respiratória em intervalos regulares. Além do exame físico geral, devem ser avaliados mamas, abdome, trato urinário, região perineal e membros inferiores. Deve-se palpar o fundo uterino e monitorizar o sangramento vaginal para avaliar a involução uterina. A primeira hora do pós-parto tem maior risco de hemorragia significativa; por isso, a puérpera deve ser mantida em observação nesse período.

Involução uterina

A verificação da involução uterina é feita pela palpação do fundo uterino no abdome materno. A involução se inicia logo após a dequitação com a retração uterina após sucessivas contrações miometriais. A contração uterina provoca compressão nos vasos sanguíneos miometriais, dando uma aparência isquêmica ao útero contraído. Essa compressão dos vasos sanguíneos reduz o fluxo sanguíneo uterino, prevenindo a hemorragia pós-parto. Os vasos calibrosos obliteram-se (trombose), constituindo um mecanismo hemostático secundário para a prevenção da perda sanguínea. Dessa forma, o controle da hemorragia pós-parto se dá por miocontração e trombose dos vasos sanguíneos miometriais, que reduzem o sangramento fisiologicamente após o parto e a dequitação (miotamponamento).

A involução uterina pode ser constatada pelo exame do abdome materno, notando-se que 24 horas após o parto o fundo uterino atinge a cicatriz umbilical, e depois de 1 semana, está entre a cicatriz umbilical e a sínfise púbica (Figura 1). Diminui aproximadamente 1 cm/dia nos 3 primeiros dias e 0,5 cm/dia a partir do quarto dia. Após 2 semanas do parto, o útero não é mais palpável no abdome e após 6 a 8 semanas atinge seu tamanho pré-gravídico.

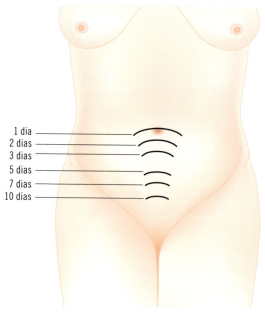

Figura 1 Involução do útero nos primeiros 10 dias após o parto.

O exame da involução uterina é parte importante da propedêutica do puerpério. Nos 3 primeiros dias, a involução uterina, em geral, vem acompanhada de cólicas abdominais. Essas cólicas são mais intensas em multíparas do que em primíparas, piorando com a sucção do recém-nascido, em decorrência da liberação de ocitocina pela neuro-hipófise.

O peso uterino reduz de 1.000 g imediatamente após o parto para 60 g em 6 a 8 semanas de puerpério.

Colo uterino

A dilatação do colo uterino regride lentamente, permanecendo entre 2 e 3 cm nos primeiros dias após o parto, chegando a menos de 1 cm com 1 semana de puerpério. O orifício externo apresenta forma de fenda (zona transversa de cicatrização), permitindo distinguir, na maioria dos casos, a paciente com parto vaginal anterior daquela nulípara ou submetida a cesárea.

Loquiação

A loquiação uterina, que é observada pela perda vaginal após o parto, também faz parte do exame físico do puerpério. Os lóquios representam produção e eliminação de quantidade variável de exsudatos e transudatos associados às alterações involutivas do útero. Microscopicamente, são constituídos por eritrócitos, leucócitos, porções de decídua, células epiteliais e bactérias. Nos primeiros dias após o parto, observa-se uma loquiação de cor vermelha (*lochia rubra*), pela quantidade predominante de eritrócitos. Após 3 a 4 dias, os lóquios vão se tornando serossanguíneos mais acastanhados (*lochia fusca*). Depois do décimo dia, há predominância de leucócitos e significativa redução do volume da loquiação, que passa a uma coloração amarelada (*lochia flava*) e por fim esbranquiçada, já bem escassa (*lochia alba*).

O volume total da loquiação varia de 200 a 550 mL e a duração é de aproximadamente 4 semanas, podendo se estender a até 8 semanas em aproximadamente 15% dos casos.

Avaliação das mamas

Na inspeção das mamas, deve-se avaliar sinais flogísticos na tentativa de identificar mastites e presença de fissuras areolares.

O exame das mamas deve ser realizado por meio de inspeção, palpação e expressão. Deve-se avaliar o ingurgitamento mamário, o complexo areolopapilar, o formato do mamilo, a presença de fissuras ou lacerações mamilares e a saída de colostro.

O colostro é o precursor do leite materno e consiste em secreção alcalina e amarelada que pode ser eliminada nos últimos meses da gravidez e estará presente nos primeiros 5 dias após o parto.

Avaliação da cicatriz cirúrgica

Nos primeiros dias após o parto, é comum a dor na episiorrafia ou na cicatriz de cesárea. Nos primeiros dias após parto vaginal, deve-se avaliar no períneo a presença de hematomas (se presentes, seu tamanho e sua extensão), sinais de deiscência e infecção. Observa-se, em aproximadamente 7 dias após o parto, que os pontos já foram reabsorvidos. Na cicatriz abdominal, também são avaliados hematomas, deiscências e infecções. As infecções podem ser classificadas de acordo com as características do exame físico: superficiais ou profundas. As superficiais são aquelas localizadas acima da fáscia muscular, enquanto as profundas localizam-se abaixo da fáscia muscular. O agente microbiano mais frequentemente encontrado é o *Staphylococcus aureus*, seguido dos enterococos e da *Escherichia coli*.

Em geral, os pontos da cicatriz de cesárea são retirados entre 7 e 10 dias de puerpério.

Alta hospitalar e retorno ambulatorial

Durante a permanência hospitalar, a puérpera deve ser orientada quanto a amamentação e cuidados com o recém-nascido. O dia da alta hospitalar dependerá do tipo de parto realizado. Para os casos de parto vaginal, geralmente, a puérpera tem condições clínicas de receber alta hospitalar em 24 horas, e para as cesáreas, após 48 horas. Os recém-nascidos permanecem no hospital por um período mínimo de 60 horas e, quando as mães estão em alojamento conjunto, estas receberão alta hospitalar também após esse período. Puérperas com intercorrências clínicas e obstétricas podem necessitar permanecer mais tempo internadas para compensação da sua condição.

Antes da alta hospitalar, devem ser checadas a situação vacinal e as sorologias da mãe. Se necessário, a imunização para rubéola, hepatite B e coqueluche (dTpa) pode ser realizada no próprio hospital ou no puerpério tardio. Mulheres Rh-negativas, não sensibilizadas e com recém-nascido Rh-positivo devem receber imunoglobulina anti-D preferencialmente até 72 horas depois do parto.

O primeiro retorno solicitado deve acontecer entre 7 e 10 dias após o parto. Nesse momento, devem ser avaliadas as condições da episiorrafia em relação a deiscência, infecções e hematomas. Para as cesáreas, os pontos devem ser retirados e a cicatriz cirúrgica, avaliada quanto à presença de sinais sugestivos de infecção ou hematomas de parede.

Outro retorno de puerpério é agendado para 40 dias após o parto, ocasião em que a paciente recebe orientações anticoncepcionais e quanto ao retorno da atividade sexual. Também deve ser avaliado o humor da puérpera e possíveis dificuldades com a amamentação.

Amamentação

A formação e o desenvolvimento da glândula mamária ocorrem nos períodos embrionário, fetal e na puberdade, constituindo a mamogênese. Serão abordadas as características anatômicas e funcionais relacionadas à lactação.

Características anatômicas das mamas

As mamas constituem órgão par, situadas na face anterior do tórax. Possuem forma e tamanhos variáveis de acordo com uma série de fatores como etnia, idade, peso etc. De maneira geral, o tamanho da mama está diretamente associado à quantidade de gordura e não indica sua capacidade de lactar. É comum existir uma assimetria de volume entre ambas. A mama apresenta uma zona central, área hiperpigmentada denominada aréola, com pequena saliência mediana, a papila (Figura 2). Na superfície das aréolas, há várias glândulas de secreção externa, os tubérculos de Montgomery.

Quanto à estrutura, as mamas são constituídas de parênquima mamário, estroma conjuntivo e tecido gorduroso.

O parênquima mamário é formado pelos alvéolos ou glândulas mamárias e ductos lactíferos. Os alvéolos, responsáveis pela produção do leite, são constituídos por uma membrana basal e uma camada de células epiteliais produ-

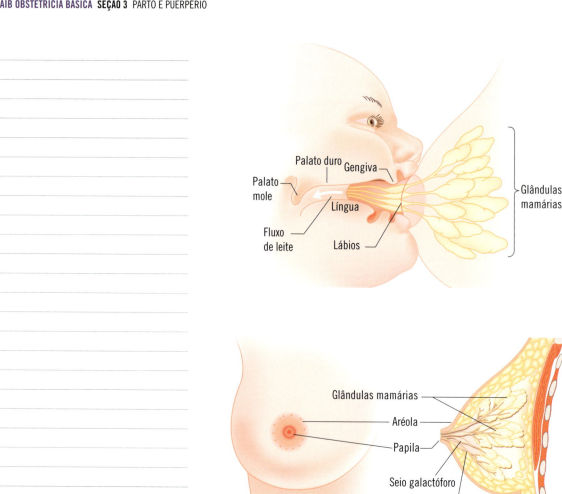

Figura 2 Estrutura da mama lactante. (Figura adaptada de Newton[15])

toras da secreção láctea – células alveolares (estimuladas pela prolactina). Por sua vez, os alvéolos são envolvidos por capilares sanguíneos e por uma camada de células achatadas, as células mioepiteliais (estimuladas pela ocitocina), que, ao se contraírem, expulsam o leite para dentro e ao longo dos ductos menores, e destes para os ductos principais, indo armazenar-se nos seios galactóforos (depósitos de leite localizados abaixo da aréola) e exteriorizam-se através dos quinze a vinte orifícios nas papilas (Figura 3). O estroma é representado por tecido de natureza conjuntiva, disposto em torno dos alvéolos e ductos, e por zonas de maior espessamento, sob a forma de septos, dividindo a mama em vários setores denominados lobos mamários. Existem aproxima-

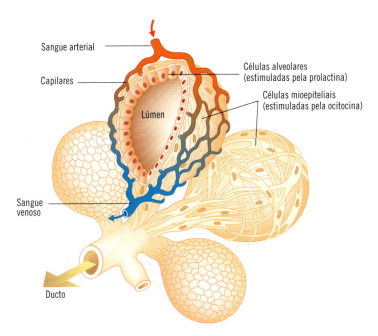

Figura 3 Estrutura do alvéolo mamário. (Figura adaptada de Fuchs[10])

damente quinze a vinte lobos, e cada um deles corresponde a um ducto lactífero.

A irrigação arterial da mama provém principalmente das artérias mamárias interna e externa e das artérias intercostais. A artéria mamária interna é ramo da artéria subclávia; a artéria mamária externa, da artéria axilar; e as artérias intercostais, da aorta.

As veias são divididas em dois sistemas: superficial e profundo. As veias superficiais iniciam seguindo o trajeto da aréola, por baixo do complexo areolopapilar, originando o plexo venoso de Haller. Durante a gravidez, essas veias se dilatam e são facilmente visíveis ao exame clínico. Além desse trajeto, as veias superficiais seguem em direção ao esterno e desembocam na veia mamária interna ou seguem em direção às veias do pescoço e jugular interna. As veias profundas são formadas pelos ramos das veias mamária interna, axilar e intercostais.

A inervação superficial cutânea da mama é feita pelos seis primeiros nervos intercostais, pelo ramo supraclavicular do plexo cervical superior e pelos ramos torácicos do plexo braquial. A inervação sensitiva é encontrada, em especial, na base da papila e na aréola, onde os lábios do lactente produzem maior estímulo com a sucção.

Hoje é o segundo dia após o parto vaginal da sra. Vera. Ela está comendo bem, deambulando e apresentou melhora da dor no local de episiorrafia. Apesar disso, está preocupada porque até agora não observou saída de leite de suas mamas. Está com medo de não conseguir amamentar e "ter pouco leite para dar ao filho". Isso é normal? Como você vai orientá-la com relação à lactação?

Fisiologia da lactação

No início do puerpério, ocorre a formação do leite (lactogênese), bem como a manutenção de sua secreção (galactopoese) e sua ejeção, que dependem da integração de fenômenos endócrinos e neuroendócrinos complexos.

Lactogênese

Para que as células alveolares produzam leite, há necessidade da prolactina. A ação da prolactina na célula alveolar só ocorre se a glândula mamária foi submetida à ação de outros hormônios (hormônio lactogênico placentário, cortisol, insulina, prolactina e hormônio do crescimento) durante a gestação.

A concentração da prolactina no sangue materno sobe a partir de níveis de 10 a 25 ng/mL em 8 semanas de gestação e atinge um máximo de 200 a 400 ng/mL próximo ao termo. Essa elevação se dá em função do aumento de estradiol que atua em nível hipotalâmico e promove aumento da secreção de prolactina pela hipófise materna. Admite-se que a concentração de prolactina seja influenciada por fatores hipotalâmicos estimulantes (fator liberador de prolactina – hormônio hipotalâmico estimulador da tireotrofina na espécie humana) e inibidores (dopamina).

Embora a prolactina esteja disponível para a produção de leite, durante a gestação somente é produzido o colostro – com conteúdo maior de proteínas, especialmente imunoglobulinas e lactose, e menor quantidade de gordura que o leite maduro. A produção completa do leite é inibida pela progesterona, que interfere na ação da prolactina no nível de seu receptor na célula alveolar. Com o nascimento, ocorre queda abrupta da progesterona, liberando assim os receptores alveolares para ação da prolactina e consequente produção de leite, que surge em 3 a 4 dias após o parto, fenômeno também conhecido como apojadura ou "descida" do leite (Figura 4).

No aleitamento natural, a secreção de prolactina é pulsátil e, apesar de o nível de prolactina cair nos primeiros dias após o parto e atingir cerca de 100 ng/mL, a sucção leva ao aumento dos níveis de prolactina em duas a quatro vezes nos primeiros 5 a 10 minutos de estímulo e persiste de 5 a

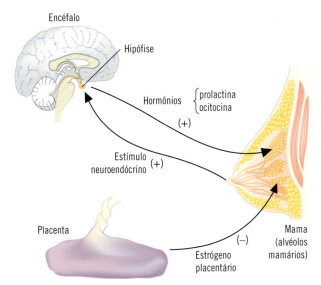

Figura 4 Controle neuroendócrino da produção e da ejeção do leite.

25 minutos após o término da amamentação. Caso a frequência do aleitamento seja mantida, ao longo do tempo, os aumentos dos níveis de prolactina por ocasião da sucção são ainda maiores (dez a vinte vezes).

Supõe-se que uma proteína (fator inibidor da lactação) presente no leite seja um dos responsáveis pelo controle da produção do leite. O aumento de sua concentração juntamente à elevação da pressão intraductal que ocorre na ausência da drenagem do leite provocam a apoptose das células alveolares e a proteólise da membrana basal. Portanto, a remoção eficiente do leite é fundamental.

Na mulher que faz exclusivamente o aleitamento artificial, a concentração de prolactina cai a níveis pré-gravídicos (8 a 14 ng/mL) em poucos dias.

Galactopoese

Entre os fatores que mantêm a produção de leite, destacam-se prolactina; ocitocina; níveis adequados de hormônios da tireoide, cortisol e insulina; além de nutrição equilibrada e ingestão adequada de líquidos. Enquanto a prolactina é a responsável pela formação de proteínas, imunoglobulinas e equilíbrio hidroeletrolítico do leite, a ocitocina contrai as células mioepiteliais e esvazia o lúmen alveolar para que o estoque seja reposto. Não é demais insistir que o esvaziamento frequente do alvéolo constitui o aspecto mais importante na manutenção da produção láctea.

Ejeção do leite

A ejeção do leite se inicia com o estímulo de receptores táteis presentes na base da papila e na aréola durante a sucção. Os impulsos nervosos são conduzidos pelas raízes sensitivas do quarto ao sexto nervos torácicos, que estimulam os núcleos paraventriculares e supraópticos do hipotálamo a produzirem ocitocina, a qual passa a ser armazenada na neuro-hipófise. Em seguida, a ocitocina é liberada da neuro-hipófise e transportada pelo sangue aos alvéolos mamários, onde contrai as células mioepiteliais e esvazia o lúmen alveolar. A ocitocina também age nas células da musculatura lisa areolar, promovendo o esvaziamento do seio galactóforo e a ereção da papila. Além disso, durante o aleitamento, a ocitocina promove as contrações uterinas que contribuem para a involução uterina.

O reflexo neuroendócrino do aleitamento sofre influências do estado emocional materno e ocorre de maneira plena quando a mãe está tranquila e confiante, podendo também ser desencadeado por estímulo psíquico, mesmo sem a sucção. Apenas o fato de a mãe pensar em amamentar ou ouvir o choro da criança já pode ser suficiente para que o leite comece a gotejar.

Processo de amamentação

Atualmente, a amamentação exclusiva é recomendada por um período de 6 meses. A Organização Mundial da Saúde (OMS) recomenda que, a partir de então, a criança receba alimentos complementares e estenda o aleitamento natural por 2 anos ou mais.

Incentivo ao aleitamento materno

A decisão de amamentar é pessoal e sujeita a várias influências, resultantes da socialização de cada mulher. Geralmente, uma gestação planejada ou desejada parece ser um pré-requisito importante para o sucesso do aleitamento natural. O envolvimento de toda a equipe que presta assistência ao parto e ao puerpério, informando e orientando a

---

Não deixe de acessar o site: http://www.who.int/topics/breastfeeding/en.
Nele, você encontrará as recomendações da Organização Mundial da Saúde sobre aleitamento materno.

mulher, é fundamental. Deve ser enfatizado à mulher que o aleitamento natural pode se tornar um dos aspectos mais gratificantes dos cuidados ao recém-nascido, e que ela estará dando ao seu filho a melhor nutrição proporcionada pela natureza e, portanto, não deve desanimar se encontrar alguma dificuldade no início. Ela deve ser paciente se, por exemplo, no início do aleitamento, a criança não conseguir sugar e a amamentação durar pouco tempo. O obstetra pode ajudar a promover o aleitamento natural desde o início do pré-natal até o puerpério.

Leia mais sobre o incentivo ao aleitamento materno no capítulo "Assistência pré-natal na segunda metade da gestação".

Não deixe de acessar o site: http://www.cdc.gov/breastfeeding/promotion/index.htm, com informações sobre promoção do aleitamento materno

Incentivo ao aleitamento natural no trabalho de parto e no pós-parto imediato

A equipe que assiste o parto deverá criar um ambiente de tranquilidade e apoio à parturiente, e assim propiciar conforto físico e emocional no sentido de facilitar o nascimento e também o contato íntimo entre a mãe e o recém-nascido, o mais precocemente possível. O alívio da dor é fundamental, mas devem ser evitadas anestesia geral ou outras substâncias entorpecentes que possam prejudicar o primeiro contato mãe-filho.

Após o parto, desde que em boas condições, o recém-nascido deverá ser mantido aquecido e colocado junto à mãe com a finalidade de estimular os contatos físicos e visuais entre ambos. A primeira sucção deve ser estimulada ainda na sala de parto, o que também promove a liberação de ocitocina endógena e contrai o útero. Caso haja necessidade de aumentar a contratilidade uterina, deve-se utilizar ocitocina, em vez dos alcaloides do ergot.

Incentivo ao aleitamento natural durante o puerpério

O ideal é que as mães permaneçam com seus filhos 24 horas/dia; aspecto que justifica a importância do alojamento conjunto para o aleitamento satisfatório. Os cuidados com as mamas e os mamilos, além do posicionamento da pega, devem ser reforçados caso a mãe já tenha sido orientada durante o pré-natal. Na ausência dessas informações durante o pré-natal, estas deverão ser fornecidas o mais brevemente possível (Figura 5).

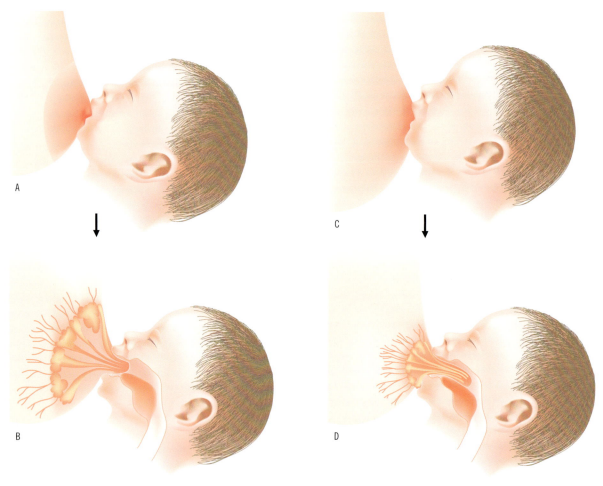

Figura 5 A e B: pega incorreta; a criança só abocanha a papila. Não haverá sucção eficiente, pois a criança não consegue atingir os depósitos de leite que estão situados sob a aréola. Não haverá esvaziamento da mama e a criança sentirá fome. C e D: pega correta; a criança abocanha toda a aréola e haverá sucção eficiente, pois as gengivas da criança comprimem os depósitos de leite situados sob a aréola, esvaziando-os.

A sucção realizada pela criança é considerada o melhor exercício para exteriorização da papila. As mulheres que apresentam os mamilos não responsivos aos exercícios devem aprender a fazer a ordenha com as finalidades de oferecer o leite de outra maneira e prevenir o ingurgitamento mamário.

A drenagem do leite deve ser feita com cuidados higiênicos, lavando bem as mãos e secando-as com toalha limpa. Inicia-se após algumas massagens circulares da base da mama em direção ao mamilo e deve respeitar a seguinte ordem de esvaziamento:

- depósitos de leite situados sob a aréola, devendo ser desprezados os primeiros jatos de leite, pois contêm maior concentração de bactérias;
- ductos e alvéolos próximos da aréola;
- ductos e alvéolos distantes da aréola.

Não se deve iniciar o esvaziamento pelos alvéolos mais distantes, pois, neste caso, a mulher sentirá dor, já que as partes que se seguem estão repletas de leite.

Postura materna e do recém-nascido

O posicionamento do recém-nascido para amamentar é importante para determinar uma amamentação efetiva. A posição mais usualmente utilizada pela mãe para amamentar é a sentada; no entanto, a melhor posição depende de vários fatores, entre eles o tipo de parto e o dia de puerpério em que se encontra. O mais importante é que a mãe esteja confortável e relaxada. O uso de travesseiros ou almofadas pode ser útil, especialmente em mulheres que foram submetidas à cesárea. A seguir, serão abordadas as posições mais frequentemente utilizadas.

Posição sentada

- Lactante: relaxada, confortável, bem apoiada, não curvada para trás nem para a frente.
- Posição da mão na mama: polegar acima da aréola e indicador abaixo da mesma, como uma letra "C".
- Posição do lactente: de frente para a mama, com a boca centrada em frente ao mamilo, bem aberta, com seu queixo tocando a mama e o nariz afastado, tendo cabeça, tronco e membros em linha reta (Figura 6).
- Sucção: verifica-se se a pega está correta se o lactente estiver fazendo sucções longas, seguidas de pausas e pequenas sucções e observando-se a deglutição. A pega correta não dói; se a lactante sentir dor, a pega não está adequada.

A duração de cada mamada é variável. Geralmente, o lactente se satisfaz com 10 a 15 minutos em cada mama; porém, deve-se deixá-lo mamar enquanto estiver sugando.

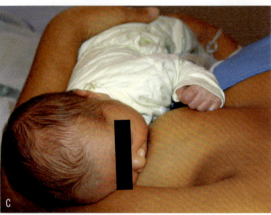

Figura 6 Postura correta materna e do recém-nascido. É importante promover o alinhamento da coluna do recém-nascido com a cabeça e o ventre voltados para o ventre materno, e o braço materno em torno do corpo do lactente.

Para terminar a mamada, o ideal é que o lactente solte a mama espontaneamente. Quando este fato não ocorrer, a mãe coloca a ponta do dedo mínimo na boca da criança. Dessa forma, o vácuo se desfaz e a criança solta a mama, sem machucá-la. O lactente deve ser colocado em posição vertical para eructação e evitar a broncoaspiração, com a cabeça apoiada no ombro materno. Crianças maiores podem também ser colocadas no colo materno, sentadas e com o corpo inclinado para a frente e apoiadas no braço da mãe.

Posição sentada inversa

O corpo do lactente dispõe-se abaixo da axila materna, com o ventre apoiado nas costelas da lactante. Apoia-se o

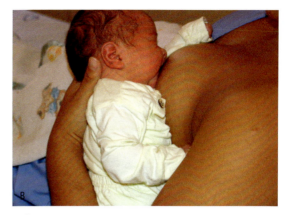

Figura 7 Posição sentada inversa para evitar lesão mamilar. A: posição da mãe; B: o mento do recém-nascido encosta na mama, mas o nariz, não.

corpo do recém-nascido no braço materno e a cabeça, na mão (Figura 7).

Posição deitada

A puérpera e o lactente permanecem deitados de lado, de frente um para o outro. Oferece-se a mama do lado em que está deitada.

Método mãe-canguru

O método mãe-canguru foi desenvolvido na Colômbia no final da década de 1970 com o objetivo de efetivar a alta hospitalar precoce de recém-nascidos com baixo peso, em virtude dos recursos escassos locais. Atualmente, é utilizado em vários países com a finalidade de aumentar os vínculos afetivos entre mãe e filho e promover o desenvolvimento neuropsicomotor do neonato. Estudos recentes demonstram que, entre outras vantagens, o método se associa à promoção do aleitamento materno.

Está disponível no site http://bvsms.saude.gov.br/bvs/publicacoes/metodo_canguru_manual_tecnico_-2ed.pdf o manual técnico do Ministério da Saúde sobre o método mãe-canguru.

Principais intercorrências que prejudicam o aleitamento natural

As intercorrências consideradas causas principais de abandono do aleitamento materno são ingurgitamento mamário, fissuras, galactocele, mastite, abscesso mamário e hipogalactia. Podem ser evitadas com apoio e orientações adequadas.

Ingurgitamento mamário

As mamas ingurgitadas são edemaciadas (pele brilhante) e dolorosas, podendo se tornar hiperemiadas (Figura 8). Quando presente, é mais comum entre 24 e 72 horas do pós-parto.

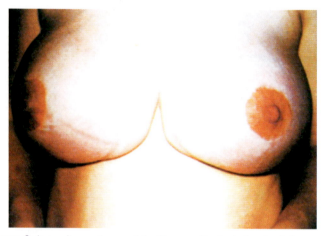

Figura 8 Ingurgitamento mamário. (Figura retirada de Auerbach & Riordan[1])

O ingurgitamento ocorre em consequência do esvaziamento insuficiente das mamas. As causas mais comuns são: técnica inadequada para esvaziamento, anomalia anatômica dos mamilos, dificuldades do recém-nascido e fatores emocionais maternos.

Para evitá-lo, deve-se aumentar a frequência das mamadas com completo esvaziamento das mamas. O alívio da dor pode ser obtido com a aplicação de compressas frias ou bolsas de gelo para diminuir o edema. Se a dor persistir, podem ser utilizados analgésicos e anti-inflamatórios. Não há base científica para a prescrição de ocitocina nasal.

O ingurgitamento pode provocar retração da papila e, para evitar traumas locais, recomendam-se massagens e ordenha manual prévia à amamentação. O uso de bombas para a extração de leite no período da apojadura geralmente é ineficiente. Além disso, provoca distensão e estiramento da pele, o que causa dor.

O ingurgitamento mais tardio ocorre pela estase do leite e também surge em decorrência do esvaziamento deficiente das mamas. Além de massagens e ordenha, utilizam-se compressas quentes porque o edema tecidual geralmente não está presente.

Fissuras

As fissuras geralmente ocorrem por erro ao amamentar (Figura 9). As causas mais importantes são:

- sucção com a aréola distendida: a aréola distendida por excesso de leite dificulta a sucção eficiente, pois a criança não consegue abocanhar toda a aréola, mas apenas a papila;
- sucção não eficiente: o fato de a criança não estar com fome e fazer do mamilo uma verdadeira chupeta ou quando o tempo de sucção é prolongado e o intervalo entre as mamadas é pequeno também causam mamilos sensíveis e doloridos;

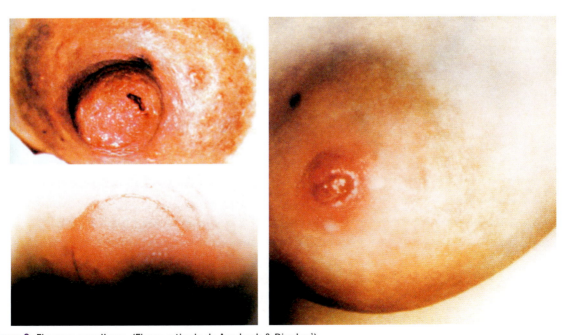

Figura 9 Fissuras mamilares. (Figura retirada de Auerbach & Riordan[1])

• uso de lubrificantes: durante a gravidez, esse uso predispõe os mamilos a fissuras. Os lubrificantes removem as células superficiais da aréola, tornando a região mais sensível, fina e delicada;

• uso de medicamentos: o uso de antissépticos e desinfetantes para a higiene dos mamilos, antes e após as mamadas, predispõe a fissuras, porque resseca a pele. Além disso, podem destruir a flora bacteriana local, que possui função protetora;

• uso de bomba manual: nem sempre resolve o problema do excesso de leite, principalmente se houver ductos semiobstruídos ou obstruídos. Provoca distensão e estiramento da pele, o que causa dor.

Mesmo com fissuras, a mulher deve procurar amamentar. Deve-se corrigir a pega, tratar as fissuras com leite materno e expor as mamas aos raios solares ou raios ultravioleta artificiais (lâmpada de 40 W, a uma distância de 40 cm do mamilo, por 20 minutos, duas a três vezes ao dia). Diante de fissuras maiores, deve-se oferecer a mama cujo mamilo possua menos fissuras. Nesses casos, não se deve permitir a sucção durante muito tempo (não mais que 7 minutos) e é importante distribuir o tempo de sucção entre as duas mamas. Caso não haja melhora, deve-se suspender a amamentação durante 24 a 48 horas e complementar as mamadas com leite materno oferecido com colherzinha ou copinho.

Galactocele

O bloqueio de ductos lactíferos ocasiona acúmulo de leite e aumento da pressão no interior dos alvéolos envolvidos, o que provoca dor e endurecimento local. O não desbloqueio desses ductos causa inicialmente o aparecimento de cistos de retenção de leite. Com o passar do tempo, há formação de material mais espesso ou oleoso que pode se exteriorizar pela papila ao se comprimir o cisto.

Diferencia-se da mastite pela ausência de sinais sistêmicos de infecção, como febre, hiperemia ou mialgia.

A ultrassonografia revela estrutura cística inespecífica.

O tratamento consiste em massagem localizada e revisão da técnica de amamentação. Quando não há regressão, realiza-se punção aspirativa com agulha fina sem a interrupção do aleitamento.

Mastite

A mastite é uma condição inflamatória da mama que pode ou não ser acompanhada de infecção. Quando ocorre no período de aleitamento, é denominada mastite lactacional ou puerperal; sua incidência é variável segundo a literatura, mas não ultrapassa 10%.

As condições predisponentes para a instalação da mastite estão citados na Tabela 1.

Tabela 1 Condições predisponentes para o surgimento de mastites

Condições maternas
Alterações da pele
Antecedente de mastite
Estresse/fadiga
Anemia/desnutrição
Alterações do mamilo (mamilos planos ou invertidos e fissuras)
Infecções (respiratórias, paroníqueas, candidíase local)
Uso de pomadas, porta-seios e protetores mamilares
Antibióticos inadequados
Cirurgia mamária prévia
Condições do lactente
Fenda labial
Freio lingual curto
Palato alto (em ogiva)
Prematuridade
Doença grave

A mastite pode ocorrer durante todo o período de aleitamento, mas é mais frequente nas primeiras 7 semanas do pós-parto.

O quadro clínico da mastite é caracterizado pela presença de dor mamária, mialgia, anorexia, febre e mal-estar geral. No exame das mamas, observam-se edema, infiltração e hiperemia localizadas e delimitadas, geralmente unilaterais (Figura 10).

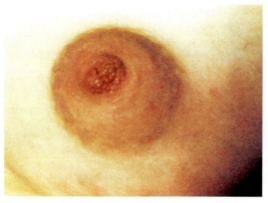 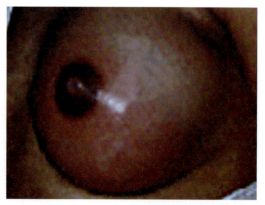

Figura 10 Mastite lactacional. (Figura retirada de Auerbach & Riordan[1])

O principal agente etiológico é o *Staphylococcus aureus*. Entre outros possíveis agentes encontrados, estão os *Staphylococci* coagulase-negativos, estreptococos dos grupos A e B beta-hemolíticos, *Escherichia coli*, bacteroides e bacilos Gram-negativos. Em geral, os microrganismos são provenientes da flora nasal e cutânea materna e/ou da flora oral do lactente.

Para o tratamento adequado, é importante que a amamentação seja continuada e complementada com massagens e ordenha manual. Devem ser utilizados analgésicos e anti-inflamatórios. A antibioticoterapia deve ser orientada para o *Staphylococcus aureus* – cefalexina (500 mg), dicloxacilina (500 mg) ou clindamicina (300 mg), a cada 6 horas durante 10 a 14 dias. Caso não ocorra resposta favorável em 24 a 48 horas, a cobertura antibiótica deverá ser reavaliada.

Abscesso mamário

O abscesso mamário está presente em 5 a 11% das mulheres com mastite quando não tratadas adequadamente.

O quadro clínico geral é semelhante ao da mastite – dor mamária, febre e mal-estar –; no entanto, ao exame da mama palpam-se massas flutuantes. A identificação de abscessos mais profundos só é possível pela ultrassonografia mamária (Figura 11).

Abscessos mamários com até 5 cm e com loja única podem receber tratamento ambulatorial. Nessas condições, realiza-se anestesia local com agulha fina, com prévia antis-

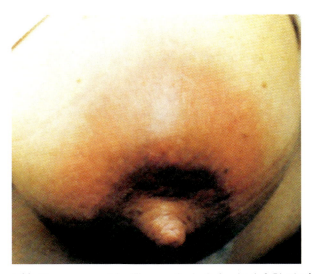
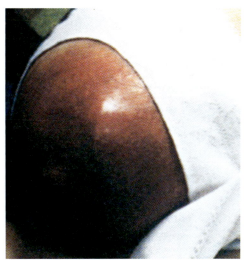

Figura 11 Abscesso mamário. (Figura retirada de Auerbach & Riordan[1])

sepsia, e faz-se a punção com agulha grossa (30 × 10 mm), guiada pela ultrassonografia e acoplada em frasco fechado a vácuo. A paciente deve ser reavaliada em 48 horas e a punção deve ser repetida caso haja nova formação de coleção no local.

Os casos mais graves, com comprometimento geral mais acentuado, necrose extensa e abscessos volumosos (> 5 cm) e/ou multiloculados ou com recidiva após segunda punção devem ser submetidos a drenagem cirúrgica (incisional) sob anestesia geral seguida de antibioticoterapia. O pus e o tecido necrótico devem ser removidos, seguindo-se de limpeza com soro fisiológico e obtenção de tecido para cultura e estudo anatomopatológico. Para os abscessos superficiais, coloca-se dreno laminar do tipo Penrose, exteriorizando-se através da incisão. Nos profundos, utilizam-se drenos tubulares, exteriorizados por contra-abertura nas proximidades da incisão cutânea. Nos abscessos localizados nos quadrantes inferiores ou retromamários, os drenos devem ser exteriorizados pelo sulco inframamário. Tais drenos devem ser mobilizados 2 a 3 cm/dia, enquanto houver eliminação de secreção. Os seguintes antibióticos podem ser utilizados: oxacilina, 500 mg, por via intravenosa, a cada 6 horas; e cefoxitina, 1 g, por via intravenosa, a cada 8 horas, atuando sobre *Staphylococcus aureus*, Gram-negativos e aeróbios. Outra opção é a cefazolina, 1 g, por via intravenosa, a cada 8 horas. Para a cobertura de anaeróbios, indica-se a clindamicina, 600 mg, por via intravenosa, a cada 6 horas; ou metronidazol, 500 mg, por via intravenosa, a cada 6 horas.

Caso a incisão ou a presença dos drenos dificultem a mamada, o aleitamento deve ser suspenso temporariamente apenas na mama comprometida. A extração do leite dessa mama deverá ser mantida por meio de ordenhas manuais.

Hipogalactia

A hipogalactia é conceituada como produção insuficiente de leite. Embora seja queixa comum, apenas 10% das mulheres apresentam hipogalactia verdadeira.

Técnicas de amamentação inadequadas constituem causa importante de hipogalactia. Além disso, fatores emocionais associados, biológicos ou alterações da anatomia mamária também podem ser responsabilizados.

Quanto aos fatores emocionais, podem ser citados os sentimentos de medo, angústia, insegurança e ansiedade, além da crença de que a amamentação traz prejuízo estético.

As causas de hipogalactia relacionadas a fatores biológicos compreendem processos endócrinos (síndrome de Sheeham após hemorragia grave), hipoplasia glandular ou distúrbios nutricionais graves.

Cirurgias mamárias, em que incisões periareolares foram realizadas, podem causar secção transversal e comprometimento dos ductos mamários.

O tratamento baseia-se em orientações adequadas e reforço das técnicas de amamentação. A mulher que amamenta deve aumentar a ingestão de líquidos e alimentar-se de maneira equilibrada. Não há necessidade de alimentação especial, a menos que haja algum distúrbio nutricional.

Há substâncias que estimulam o início e a manutenção da secreção láctea (galactogogos). Os principais fármacos atuam bloqueando os receptores de dopamina (principal antagonista da prolactina), elevando os níveis sanguíneos da prolactina e, consequentemente, estimulando a secreção láctea (Tabela 2).

Em fitoterapia e homeopatia, também são descritas algumas substâncias que teriam efeito galactogogo, porém sem validação científica convencional. Sua utilização pare-

CAPÍTULO 13 PUERPÉRIO

Tabela 2 Antagonistas da dopamina utilizados para estimular a lactação

Droga	Dose*	Segurança*	Passagem para o leite*	Efeitos colaterais maternos*
Metoclopramida	Um comprimido (10 mg), VO, até três vezes ao dia, por no máximo 1-2 semanas (efeito dose-dependente)	Segura	Pequena (28-157 μg/L)	Extrapiramidais: tremor, bradicinesia, distonia Uso crônico: prolactinoma
Domperidona	Um comprimido (10 mg), VO, até três vezes ao dia (efeito dose-dependente)	Segura (não cruza a barreira hematoencefálica)	1,2 ng/mL	Sonolência, cefaleia, cólicas, diarreia, contrações musculares
Sulpirida	Um comprimido (50 mg), uma a duas vezes ao dia	Segurança validada até 150 mg/dia	Média (970 μg/L)	Hipertermia, hipotensão, sedação

* Para a maioria dos autores.
VO: via oral.

ce segura, em razão de não apresentarem efeitos colaterais maléficos conhecidos. As mais utilizadas são:

- plantas utilizadas sob a forma de chás, isoladas ou associadas: alcaravia, funcho, erva-doce e urtiga-maior;
- plantas utilizadas como medicamentos: algodoeiro e pulsatila.

Para favorecer a ejeção do leite, é possível a utilização de ocitocina nasal (*spray*). A ejeção do leite é realizada pelo estímulo da ocitocina nas células mioepiteliais que circundam os alvéolos mamários e se contraem, causando a excreção láctea. Além disso, a ocitocina também age nas células da musculatura lisa areolar e promove a compressão do seio galactóforo e a ereção da papila.

A dose usual é de uma nebulização (4 UI) em uma das narinas, com o frasco em posição vertical e a mulher sentada, 5 minutos antes da amamentação. Em doses mais elevadas, é possível o aparecimento de taquicardia, dor precordial e cólicas uterinas. A duração do tratamento é desconhecida, mas geralmente é utilizada nos primeiros 5 dias de pós-parto. O mais importante é que os fatores que podem interferir na ejeção do leite sejam identificados e controlados.

Inibição da lactação

São raras as situações, tanto maternas quanto neonatais, que contraindicam a amamentação:

- mulheres com o vírus da imunodeficiência humana (HIV);
- mulheres com distúrbios da consciência (psicose, choque);
- uso de medicamentos contraindicados na fase de amamentação ou drogas ilícitas;
- procedimentos cirúrgicos na mama com ressecção de ductos;
- recém-nascido com erro inato do metabolismo;
- óbito fetal ou neonatal;
- recusa materna.

Métodos para a inibição da lactação

Métodos não farmacológicos

Evitar a sucção ou qualquer estímulo sobre a aréola e a papila.

Realizar o enfaixamento compressivo das mamas com ataduras elásticas de 15 cm de largura, que envolvam todo o tórax. Mantê-lo por pelo menos 5 dias. As ataduras só devem ser retiradas para o banho da mulher.

Aplicar compressas de gelo sobre as mamas, durante 10 minutos, quatro a seis vezes ao dia.

Estimular o uso de sutiã apertado após o período de enfaixamento.

Métodos farmacológicos

O tratamento farmacológico é feito com bromoergocriptina ou cabergolina:

- bromoergocriptina: 1 comprimido (2,5 mg) ao dia, por via oral, durante 14 dias ou ½ comprimido (1,25 mg) a cada 12 horas, por via oral, durante 14 dias;
- cabergolina: 2 comprimidos (0,5 mg), por via oral, em dose única (no primeiro dia pós-parto) ou 1 comprimi-

do (0,5 mg) ao dia, por via oral, por 2 dias (para supressão da lactação já estabelecida).

Ambas são contraindicadas a mulheres hipertensas e cardiopatas. Independentemente do método de inibição, recomenda-se o uso de analgésicos em decorrência de dor nas mamas durante os primeiros dias.

Drogas na amamentação

A maioria dos medicamentos utilizados pela mulher que amamenta aparece no leite em concentrações que variam de 0,001 a 5% da dose terapêutica e, geralmente, não confere risco para o lactente. Poucas drogas são absolutamente contraindicadas. Para reduzir possíveis efeitos adversos, orientam-se determinados cuidados necessários no uso de quaisquer drogas durante a amamentação, como:

- verificar se o uso da droga é realmente necessário;
- escolher o medicamento mais seguro;
- medir o nível sérico da droga no recém-nascido quando houver suspeita de risco;
- tomar o medicamento logo após as mamadas ou antes de a criança dormir;
- utilizar a menor dose possível para o controle de eventual doença materna pelo menor tempo necessário;
- orientar quanto aos possíveis efeitos colaterais;
- caso ocorram efeitos adversos na criança, orientar a suspensão da droga e não do aleitamento.

As Tabelas 3 a 7 resumem os fármacos mais conhecidos em relação a seus riscos. Para efeito de simplificação, os fármacos moderadamente e pouco seguros estão classificados como de uso criterioso.

Consulta pós-parto

Contracepção

Logo após o parto, a amamentação exclusiva pode funcionar como anticoncepção por até 3 meses. Após esse pe-

ZUGAIB OBSTETRÍCIA BÁSICA **SEÇÃO 3** PARTO E PUERPÉRIO

Tabela 3 Uso de analgésicos, antitérmicos, anti-inflamatórios e opioides na amamentação

Uso contraindicado
Sais de ouro
Uso criterioso*
Fenilbutazona
Indometacina
Dextropropoxifeno
Cetoprofeno
Ibuprofeno
Colchicina
Paracetamol
Dipirona
Morfina
Codeína
Petidina
Salicilatos
Uso seguro
Ácido mefenâmico
Ácido flufenâmico
Diclofenaco
Piroxicam
Naproxeno

"Uso criterioso" inclui os fármacos moderadamente e pouco seguros; enquanto "uso seguro" engloba os fármacos cujo uso é permitido durante a amamentação.

Tabela 4 Uso de substâncias que atuam no sistema nervoso central na amamentação

Uso contraindicado
Anfetaminas
Cocaína
Heroína
Lisergida (dietilamida do ácido lisérgico ou LSD)
Maconha
Uso criterioso
Antidepressivos: amitriptilina, imipramina, lítio, moclobemida, fluoxetina, maprotilina e paroxetina
Anticonvulsivantes: fenobarbital, butabarbital (substância indisponível no Brasil), primidona, fenitoína, etossuximida e clonazepam

(continua)

CAPÍTULO 13 PUERPÉRIO

Tabela 4 Uso de substâncias que atuam no sistema nervoso central na amamentação *(continuação)*

Uso criterioso
Antipsicóticos: haloperidol, droperidol, pimozida, sulpirida, clorpromazina, levomepromazina, flufenazina, periciazina, tioridazina e pipotiazina
Derivados de ergotamina (antienxaqueca)
Antiparkinsonianos
Uso seguro
Benzodiazepínicos: oxazepam e lorazepam
Anticonvulsivantes: carbamazepina e ácido valproico
Clomipramina

"Uso criterioso" inclui os fármacos moderadamente e pouco seguros; enquanto "uso seguro" engloba os fármacos cujo uso é permitido durante a amamentação.

Tabela 5 Uso de hormônios e antagonistas na amamentação

Uso contraindicado
Tamoxifeno
Andrógenos
Bromocriptina
Carbegolina
Misoprostol
Mifepristona
Doses elevadas: estrógeno
Uso criterioso
Hipoglicemiantes orais
Propiltiouracila
Carbamizol
Metimazol
Uso prolongado/doses elevadas de corticosteroides
Ocitocina
Ergonovina
Uso seguro
Adrenalina
Insulina
Tiroxina
Anticoncepcionais: progesterona (microdosagem), espermicidas, DIU com progesterona
Uso de curta duração: corticosteroides

"Uso criterioso" inclui os fármacos moderadamente e pouco seguros; enquanto "uso seguro" engloba os fármacos cujo uso é permitido durante a amamentação.
DIU: dispositivo intrauterino.

Tabela 6 Uso de antibióticos na amamentação

Uso criterioso
Clindamicina, cloranfenicol, imipenem, sulfametoxazol, sulfonamidas, nitrofurantoína, ácido nalidíxico
Quinolonas: evitar ciprofloxacino, preferir norfloxacino
Antivirais
Escabicidas: lindano e sulfiram
Antifúngicos: cetoconazol, itraconazol, terconazol, isoconazol, metronidazol, tinidazol e furazolidona
Antimaláricos
Pirimetamina
Anti-helmínticos
Clofazimina
Dapsona
Uso seguro
Penicilinas, ampicilina, amoxicilina, carbenicilina, oxacilina, cefalosporinas, aminoglicosídeos, aztreonam, teicoplanina, vancomicina, eritromicina, azitromicina, claritromicina, lincomicina, tetraciclinas, rifampicina, tuberculostáticos
Antivirais: aciclovir, idoxuridina
Escabicidas: exceto lindano e sulfiram
Antimicóticos: miconazol, nistatina, fluconazol, clortrimazol, anfotericina B, griseofulvina
Antiesquistossomóticos
Pentamidina
Antimoniato de meglumina

"Uso criterioso" inclui os fármacos moderadamente e pouco seguros; enquanto "uso seguro" engloba os fármacos cujo uso é permitido durante a amamentação.

ríodo, sua eficácia é limitada. Das mulheres que amamentam, 93% não ovulam por 3 meses após o parto e 88%, por até 6 meses. A amenorreia é um bom preditor da anovulação. Mulheres que amamentam exclusivamente e mantêm-se amenorreicas estão em 98% dos casos protegidas de uma nova gestação.

Para lactantes, o uso de anticoncepcionais orais somente de progesterona (minipílulas) ou medroxiprogesterona

CAPÍTULO 13 PUERPÉRIO

Tabela 7 Uso de outras substâncias na amamentação

Uso contraindicado
Amiodarona
Antineoplásicos: citotóxicos e imunossupressores
Substâncias radioativas
Fenindiona
Uso criterioso
Omeprazol, lansoprazol, pantoprazol
Teofilina, aminofilina
Iodetos e iodopovidona
Antitussígenos
Nafazolina e oximetazolina, fenilefrina
Carisoprodol
Clonidina
Pizotifeno
Reserpina
Bebidas alcoólicas
Nicotina
Uso seguro
Antiácidos: cimetidina, ranitidina, famotidina, cisaprida, metoclopramida, bromoprida, alizaprida e domperidona
Anti-histamínicos: preferir loratadina
Descongestionantes mucolíticos: exceto iodetos
Broncodilatadores orais e inalatórios
Heparina, varfarina, dicumarol
Betabloqueadores: preferir propranolol e labetalol
Bloqueadores dos canais de cálcio: nifedipino e verapamil
Anti-hipertensivos: metildopa, captopril e hidralazina
Diuréticos
Digitálicos
Lidocaína
Laxativos
Vitaminas
Imunoglobulinas
Vacinas

"Uso criterioso" inclui os fármacos moderadamente e pouco seguros; enquanto "uso seguro" engloba os fármacos cujo uso é permitido durante a amamentação.

411

Você vai atender a Sra. Vera em sua consulta de retorno puerperal. Hoje é o décimo dia pós-parto vaginal. Ela está muito feliz porque aprendeu a técnica de amamentação e não teve fissuras, das quais tinha muito medo. Ainda está tendo secreção vaginal amarelada. Está curiosa para saber quando poderá voltar a fazer atividade física e quando poderá ter relação sexual, mas também está preocupada porque o bebê dá muito trabalho e, por enquanto, não quer nem pensar em outra gestação, desejando usar algum método anticoncepcional. Como você fará a orientação de puerpério?

de depósito por via intramuscular não afeta a produção de leite e pode ser iniciado a partir de 6 semanas do parto.

O uso de anticoncepcionais orais combinados deve ser iniciado 28 dias após o parto para as mulheres que não irão amamentar (a ovulação pode retornar apenas 25 dias após o parto).

O dispositivo intrauterino (DIU) pode ser utilizado no puerpério imediato, porém a taxa de expulsão espontânea é alta. Se não for feita a inserção precoce, deve-se esperar 6 semanas para posicioná-lo na cavidade uterina.

Retorno à atividade sexual

Na consulta de puerpério, é comum a mulher trazer algumas dúvidas e queixas. O retorno à atividade sexual é comumente questionado. Após o parto, ocorre perda da libido atribuída a fadiga, dor e sangramento vaginal. Até os primeiros 3 meses, em torno de 57% das mulheres relatam diminuição do interesse sexual e 80% relatam retorno à atividade sexual com aproximadamente 6 semanas pós-parto. Lubrificantes tópicos podem ser usados para alívio dos sintomas relacionados à atrofia vaginal deste período.

Recomendações especiais

No período pós-parto, não existem restrições específicas para viagem de avião; no entanto, o recém-nascido só pode viajar após completada 1 semana de vida. A proteção à maternidade está expressa na Seção V do Capítulo II do Título III da Consolidação das Leis do Trabalho, que estabelece no art. 391 que "não constitui justo motivo para a rescisão do contrato de trabalho da mulher o fato de haver contraído matrimônio ou de encontrar-se em estado de gravidez". A gestante tem direito à estabilidade no emprego conforme previsto na Constituição Federal (art. 10, II, b do Ato das Disposições Constitucionais Transitórias), segundo a qual é vedada a dispensa arbitrária ou sem justa causa da gestante, desde a confirmação da gravidez até 5 meses após o parto.

Licenças

Licença-maternidade

Não deixe de acessar o site: http://www.brasil.gov.br/saude para ler mais sobre a licença-maternidade.

A licença à gestante está garantida no art. 7º, XVIII, da Constituição Federal, sem prejuízo do emprego e do salário, com duração de 120 dias. É um meio de proteção à mulher trabalhadora que, por motivos biológicos, necessita de descanso, com o objetivo de se recuperar do desgaste físico e mental provocados pela gravidez e pelo parto e proporcionar a presença da mãe com a criança por período importante para o desenvolvimento infantil.

A licença-maternidade pode se iniciar a partir de 28 dias antes do parto e mediante a apresentação do atestado médico pela empregada. Caso o parto seja antecipado, a licença é assegurada pelo mesmo período integral a partir da data indicada para afastamento, o que também ocorre para a licença iniciada depois, que não prejudicará o período a que tem direito. A licença-maternidade pode ser ampliada por 60 dias, desde que a empresa na qual a gestante trabalha faça parte do Programa Empresa Cidadã. O mesmo direito vale para as empregadas que adotarem uma criança com até 1 ano de idade. Quando a criança adotada tiver idade de 1 a 4 anos, a licença será de 60 dias, e de 30 dias para mulheres que adotarem crianças de 4 a 8 anos.

Para mulheres que estejam amamentando, até que o filho complete 6 meses de vida, há o direito a dois descansos especiais remunerados por dia, de 30 minutos cada um, durante a jornada de trabalho, podendo até ser prorrogado esse período em razão da necessidade e da saúde da criança. Os locais destinados à guarda dos filhos das funcionárias, durante o período da amamentação, deverão possuir, no mínimo, um berçário, uma saleta de amamentação, uma cozinha dietética e uma instalação sanitária.

Licença-paternidade

O empregado tem direito a ausentar-se do serviço por 5 dias, por ocasião do nascimento do filho, mediante a apresentação da certidão de registro de nascimento.

Complicações mais comuns

Endometrite puerperal

A principal causa de febre no puerpério é a infecção do trato genital e indica a presença de endometrite, endomiometrite ou endoparametrite. Com a finalidade de chamar a atenção do obstetra para a ocorrência dessa enfermidade, todos os estados febris no puerpério foram agrupados sob a denominação de morbidade febril puerperal, definida pela ocorrência de temperatura de 38°C a 39°C, excetuando-se as primeiras 24 horas, por 2 dias quaisquer, durante os primeiros 10 dias de pós-parto, devendo a temperatura ser determinada por via oral, pelo menos quatro vezes ao dia, segundo técnica-padrão.

Fatores de risco

A cesárea é o principal fator predisponente para o desenvolvimento de febre no puerpério. O uso de antibiótico profilático em operação cesariana, eletiva ou de urgência, diminui de forma significativa a ocorrência de infecção puerperal. Outros fatores – como rotura prematura de membranas ovulares (RPMO), anemia, fórcipe médio, lacerações do canal de parto, trabalho de parto prolongado e infecção vaginal – são classicamente descritos como predisponentes para a ocorrência de endometrite após parto vaginal. Esses eventos, entretanto, não estão presentes na maioria das pacientes com infecção puerperal.

Diagnóstico

Clínico

O diagnóstico de endometrite puerperal é clínico e se baseia principalmente na presença de febre (38°C a 39°C). Os lóquios podem tornar-se purulentos e com odor fétido. O exame ginecológico demonstra útero amolecido, doloroso e hipoinvoluído, tríade clássica da endometrite pós-parto (tríade de Bumm).

Laboratorial

Os exames laboratoriais apenas auxiliam o diagnóstico e não devem ser interpretados isoladamente:

- hemograma: a leucocitose varia de 15.000 a 30.000 células/mm^3 nos casos de endometrite puerperal;
- hemocultura: considera-se hemocultura positiva se ocorrer o crescimento da mesma bactéria em dois frascos. Somente 10 a 20% das pacientes tem positividade no exame;
- cultura endocervical: a bacterioscopia e a cultura de material proveniente do canal cervical não encontram respaldo na prática clínica, já que a terapêutica para endometrite pós-parto é empírica e em geral não se modifica com os resultados obtidos por culturas endocervicais;
- exames de imagem: a ultrassonografia é fundamental no diagnóstico de retenção de produtos da concepção, abscessos, hematomas intracavitários e da parede abdominal. Outros exames, como a tomografia computadorizada e a ressonância nuclear magnética, devem ficar reservados às pacientes que não respondem de forma adequada ao tratamento antibiótico.

Tratamento clínico

A antibioticoterapia deverá ser abrangente, uma vez que a infecção puerperal é polimicrobiana, com bactérias aeróbias e anaeróbias. Os principais antibióticos empregados na endometrite estão descritos na Tabela 8.

Em virtude do risco de complicações, recomenda-se instituir o tratamento com a paciente internada. Em casos de endometrite não complicada, a antibioticoterapia parenteral deve ser administrada até a paciente tornar-se afebril por 24 a 48 horas. Após esse período, não há necessidade de manutenção de antibióticos, sequer por via oral, podendo a paciente ser liberada para controle ambulatorial.

Na Clínica Obstétrica do HC-FMUSP, as combinações mais comumente utilizadas são:

- ampicilina ou penicilina associada a aminoglicosídeo (gentamicina ou amicacina) e metronidazol (esquema tríplice);
- clindamicina em associação com gentamicina.

Tabela 8 Principais antibióticos empregados na endometrite e suas dosagens habituais

Antibiótico	Dose	Intervalo	Via de administração
Ampicilina	1-2 g	A cada 6 horas	IV
Penicilina G cristalina	4.000.000 UI	A cada 4 horas	IV
Gentamicina	1,5 mg/kg	A cada 8 horas	IV
	3,5-5 mg/kg	A cada 24 horas	IV
Amicacina	7,5 mg/kg	A cada 12 horas	IV
Aztreonam	2 g	A cada 8 horas	IV
Ceftriaxona	1 g	A cada 12 horas	IV
Sulbactam/ampicilina	1,5-3 g	A cada 6 horas	IV
Metronidazol	500 mg	A cada 8 horas	IV
Clindamicina	900 mg	A cada 8 horas	IV
	600 mg	A cada 6 horas	IV

IV: via intravenosa.

Ambos os esquemas apresentam boa taxa de sucesso. A permanência de febre por período superior a 72 horas é considerada falha terapêutica, devendo-se excluir resistência bacteriana, infecção do sítio cirúrgico, hematomas, celulite pélvica, abscesso intracavitário, tromboflebite pélvica e febre por antibiótico. Nessa situação, deve-se realizar novo exame clínico da paciente, excluir foco infeccioso extragenital e avaliar os resultados das culturas, se colhidas previamente.

Tratamento cirúrgico

Indica-se o tratamento cirúrgico na infecção puerperal nas seguintes situações:

- curetagem de restos placentários;
- debridamento de material necrótico;
- drenagem de abscessos;
- histerectomia: indicada nas formas disseminadas, localizadas ou propagadas, refratárias ao tratamento clínico. A preferência é pela histerectomia total, se as condições técnicas permitirem e, se necessário, poderá ser radical, com retirada dos anexos e paramétrios, caso estejam comprometidos.

Alterações urinárias

Infecção do trato urinário

No puerpério imediato, a mucosa vesical se encontra edemaciada em consequência do trabalho de parto e do parto em si. Além disso, a bexiga apresenta maior capacidade, havendo frequentemente distensão excessiva e esvaziamento incompleto, demonstrado pela presença de urina residual após a micção. Pode contribuir para esse efeito o uso de analgésicos, especialmente durante anestesia epidural e bloqueios espinais. Na maioria das puérperas, por meio de exames ultrassonográficos, foi demonstrada dilatação do sistema pielocalicial até 6 semanas pós-parto. Todas essas condições, no puerpério, consistem em fatores predisponentes para a infecção do trato urinário.

Retenção urinária

A retenção urinária é complicação também observada no pós-parto imediato. Sua frequência corresponde a cerca de 0,5% dos partos vaginais, com resolução da maior parte dos casos antes de 1 semana após o parto. Pode ser definida como a ausência de micção espontânea após 6 horas do parto vaginal ou 6 horas depois da remoção da sonda vesical de demora posterior à cesárea. Os fatores de risco incluem nuliparidade, parto instrumentado, primeiro e segundo períodos do parto prolongados, cesárea e anestesia epidural.

Se houver retenção urinária, o tratamento inicial pode ser não invasivo, administrando-se analgésicos por via oral e permitindo que a paciente vá ao banheiro, tome um banho quente ou molhe as mãos em água corrente fria. O tratamento farmacológico, porém, não se mostrou eficaz. Se a bexiga puder ser palpada por via abdominal (bexigoma), deve-se realizar o cateterismo vesical, caso a paciente seja incapaz de esvaziá-la. O volume urinário obtido na sondagem vesical pode orientar o acompanhamento da puérpera: cateterização intermitente (volume urinário menor que 700 mL) ou sondagem vesical de demora por mais 24 horas.

Infecção da cicatriz cirúrgica

Infecção de episiotomia

Apesar de haver significativa contaminação perineal durante o parto e no pós-parto, a taxa de episiotomias infectadas é rara (< 0,1%).

Geralmente, a infecção acomete de forma superficial a episiorrafia com o aparecimento de dor local, edema e hiperemia que rapidamente é curada com antibiótico de largo espectro (Tabela 9). A deiscência (abertura da incisão) é incomum e a reparação deve ser individualizada de acordo com a sua extensão. Nas formas mais graves, pode haver formação de abscesso e manifestações sistêmicas.

No pós-parto, a dor perineal intensa que não responde a analgésicos comuns sugere a presença de hematoma e/ou infecção e requer exame minucioso da vulva, da vagina e do reto.

Tabela 9 Tratamento da infecção de episiotomia

Terapêutica antibiótica
Na ausência de abscesso ou manifestação sistêmica: • amoxicilina, 500 mg, e clavulanato de potássio, 250 mg, VO, a cada 8 horas; ou • clindamicina, 300 mg, VO, a cada 6 horas
Na presença de abscesso ou manifestação sistêmica: • clindamicina, 600 mg, IV, a cada 6 horas; e gentamicina, 3,5-5 mg/kg, IV, a cada 24 horas (correr em 1 hora); ou • oxacilina, 1-2 g, IV, a cada 4 horas e cloranfenicol, 500 mg, IV, a cada 6 horas
Tratamento cirúrgico
Exploração cirúrgica da lesão, com retirada de fios de sutura, debridamento do tecido necrótico e hemostasia
Ressutura após a remissão do processo inflamatório e com o tecido de granulação já presente

VO: via oral; IV: via intravenosa.

Infecção de parede abdominal

Cerca de 3 a 5% das mulheres submetidas à cesárea desenvolvem infecção de parede abdominal. Pode estar presente com ou sem endometrite.

Durante muitos anos, recomendou-se o uso de antibiótico profilático de largo espectro imediatamente após o clampea-

CAPÍTULO 13 PUERPÉRIO

mento do cordão umbilical. Com os estudos mais recentes, observou-se maior redução de endometrite e infecção de parede abdominal com o uso de antibiótico antes da incisão cirúrgica, quando comparado ao seu emprego após o clampeamento de cordão. Recomenda-se que seja utilizada a cefazolina, 1 g, por via intravenosa, 30 a 60 minutos antes de iniciar a cesárea.

Vários são os fatores predisponentes para as infecções de cicatrizes de cesárea (Tabela 10).

> Não deixe de acessar o site: http://www.cdc.gov/hicpac/pdf/guidelines/SSI_1999.pdf.
> Lá, você encontrará informações sobre infecção da cicatriz cirúrgica.

Tabela 10 Principais fatores predisponentes para infecção de parede abdominal pós-cesárea

Obesidade
Diabetes mellitus
Tempo prolongado de rotura das membranas ovulares
Corioamnionite
Antissepsia inadequada das mãos dos membros da equipe cirúrgica
Assepsia inadequada da parede abdominal
Técnica cirúrgica incorreta
Tempo cirúrgico prolongado
Imunossupressão
Desnutrição
Não utilização de antibioticoprofilaxia
Qualidade da estrutura e organização do serviço hospitalar

Classificação

- Superficial: quando localizada acima da fáscia muscular.
- Profunda: quando localizada abaixo da fáscia muscular.

Agentes infecciosos

Os agentes microbianos mais frequentemente envolvidos são *Staphylococcus aureus,* estreptococos aeróbios e bacilos aeróbios e anaeróbios (Tabela 11).

Quadro clínico

Nas formas leves de infecção, observam-se edema, hiperemia e hipertermia local, com ausência de manifestações

419

Tabela 11 Agentes etiológicos relacionados à infecção da ferida cirúrgica

Frequentes
Staphylococcus epidermidis
Staphylococcus aureus
Escherichia coli
Enterococos
Enterobactérias
Estreptococos
Infrequentes
Micoplasma
Anaeróbios

sistêmicas. Calafrios, febre e queda do estado geral surgem nas formas mais graves: celulites extensas, formas purulentas e fasciites necrosantes (acometimento difuso do tecido celular subcutâneo e/ou da fáscia muscular, acompanhado por crepitação e necrose de áreas extensas).

O tratamento depende da forma clínica da infecção (Tabela 12).

Distúrbios afetivos (*blues*, depressão e psicose)

O puerpério é um período de grande vulnerabilidade emocional para a mulher. Os primeiros dias após o parto são vividos com emoções variadas e intensas: alívio e alegria quando o parto é tranquilo e a criança nasce perfeita; vivências confusionais e regressivas, intensificadas pela internação hospitalar, pela recuperação da episiotomia ou da incisão da cesárea que acarreta dor e desconforto; necessidade de ser cuidada; ansiedade em relação ao leite, se vai aparecer e se vai ser suficiente; e expectativa quanto à capacidade de cuidar bem do recém-nascido, principalmente quando é o primeiro filho.

Dessa maneira, o parto e o nascimento da criança podem causar impacto a ponto de desencadear situações de crise e

Não deixe de acessar o site: http://www.acog.org/Resources_And_Publications/Committee_Opinions/Committee_on_Obstetric_Practice/Screening_for_Depression_During_and_After_Pregnancy.
Trata-se de um documento com dados sobre depressão pós-parto.

CAPÍTULO 13 PUERPÉRIO

Tabela 12 Tratamento da infecção de parede abdominal

Formas leves	Tratamento ambulatorial, com retirada completa ou alternada dos pontos da pele Não há necessidade de antibióticos e podem ser utilizados analgésicos e anti-inflamatórios
Celulite sem comprometimento sistêmico	Tratamento ambulatorial, com retirada completa ou alternada dos pontos da pele Antibiótico VO – amoxicilina, 500 mg, associada a clavulanato de potássio, 250 mg, a cada 8 horas; ou clindamicina, 300 mg, a cada 6 horas
Celulite com comprometimento sistêmico	Internação Remoção cirúrgica do tecido necrótico, com envio do material para cultura Antibiótico IV – clindamicina, 600 mg, a cada 6 horas, e gentamicina, 3,5-5 mg/kg, a cada 24 horas; ou oxacilina, 1-2 g, a cada 4 horas, e cloranfenicol, 500 mg, a cada 6 horas
Formas purulentas	Internação Abordagem cirúrgica para drenagem de coleções: • coleções superficiais – curativos e reaproximação das bordas quando não houver mais processo infeccioso • coleções profundas – após drenagem, fechamento da aponeurose com fios monofilamentados e aproximação das bordas se não houver comprometimento de tecidos superficiais Antibiótico IV – clindamicina, 600 mg, a cada 6 horas; e gentamicina, 3,5-5 mg/kg, a cada 24 horas; ou oxacilina, 1-2 g, a cada 4 horas, e cloranfenicol, 500 mg, a cada 6 horas
Fasciite necrosante	Internação Abordagem cirúrgica para debridamento tecidual Oxigenoterapia hiperbárica Antibiótico IV – penicilina cristalina, 2.000.000-4.000.000 UI, a cada 4 horas, e gentamicina, 1,5 mg/kg/dose, a cada 8 horas; e clindamicina, 600 mg, a cada 6 horas; ou metronidazol, 500 mg, a cada 8 horas

Tabela 13 Sintomas e sinais de depressão

Humor depressivo
Diminuição ou perda de interesse nas atividades diárias
Mudança significativa de peso ou de apetite
Insônia ou sono excessivo
Fadiga
Sentimentos de desvalia ou culpa
Perda de concentração
Ideias de morte ou suicídio

deflagrar sintomas e sinais de depressão que variam de acordo com a intensidade do quadro (Tabela 13). Tais informações podem ser obtidas facilmente pelo obstetra por meio de interrogatório sobre o dia a dia da mulher durante o puerpério.

Etiologia

As evidências sugerem que a depressão pós-parto seja, de fato, de etiologia multifatorial, concorrendo para o seu surgimento fatores biológicos, psicológicos e socioculturais.

A queda do nível sérico de alguns hormônios (estrógeno e progesterona) e a oscilação de outros (prolactina, endorfinas, noradrenalina, cortisol, hormônios tireoidianos) podem estar implicadas na gênese da depressão pós-parto, embora, até o momento, não existam evidências científicas comprovadas.

Do ponto de vista psicológico, determinadas estruturas de personalidade favoreceriam o surgimento do quadro. Os sentimentos hostis e amorosos da mulher para com os seus próprios pais e a falta de adaptação a novas situações que a maternidade traz consigo, como as alterações de relacionamento com o companheiro, familiares e amigos, podem influenciar a instalação da depressão.

A presença de ansiedade ou depressão durante a gestação, decorrentes de diferentes eventos estressantes, constitui o principal fator de risco para a depressão pós-parto e, portanto, o diagnóstico e o tratamento adequado para esses casos são fundamentais para a sua prevenção.

Classificação

Há três tipos de depressão pós-parto: o *blues*, a depressão e a psicose pós-parto.

Blues puerperal

A tristeza ou *blues* puerperal é a forma mais leve de depressão e atinge 50 a 80% das puérperas. Pode se iniciar no primeiro dia pós-parto e dura algumas horas ou até 2 semanas. Entre os sintomas mais frequentes, destacam-se: oscilações de humor, insônia, irritabilidade, cansaço, falta de apetite e falta de vontade para realizar as tarefas cotidianas. Na maioria das vezes, tais sintomas não são devidamente valorizados pela mulher e não são relatados ao obstetra.

Não requer tratamento psiquiátrico. Recomenda-se apenas tratamento de suporte, uma vez que é transitório. A Tabela 14 mostra as medidas que podem minimizar os sentimentos depressivos.

Tabela 14 Medidas que diminuem os sintomas e sinais depressivos

Estabelecer períodos de descanso enquanto a criança dorme
Estimular a conversa com outras mães que já passaram por essa situação
Tentar controlar os sentimentos de culpa
Esclarecer que o ambiente que frequenta deve oferecer mais atenção e carinho
Possibilitar a exposição dos sentimentos
Questionar sobre o dia a dia no pós-parto

Depressão pós-parto

Atinge 10 a 15% das puérperas. O início dos sintomas ocorre, geralmente, em 3 ou 4 semanas de puerpério e alcança intensidade máxima nos primeiros 6 meses.

Os sentimentos depressivos são mais intensos do que nos casos de *blues* puerperal: irritabilidade, sentimentos de culpa, cansaço, alterações do sono, diminuição do apetite e da libido, ideias obsessivas ou supervalorizadas, perda de autoestima e ideias suicidas. Para o estabelecimento do diagnóstico, faz-se necessária a apresentação dos sintomas na maior parte do dia, todos os dias, durante pelo menos 2 semanas.

Requer tratamento psiquiátrico, medicamentoso e com psicoterapia. Utilizam-se drogas antidepressivas (Tabela 15), especialmente as que inibem seletivamente a recaptação da serotonina (fluoxetina, sertralina, paroxetina e citalopram). Espera-se melhora dos sintomas em um período de 6 semanas e, caso isso ocorra, o tratamento deve ser mantido por pelo menos 6 meses, a fim de prevenir recidivas.

Psicose puerperal

A psicose puerperal é mais rara e surge em cerca de 0,1% das puérperas. O distúrbio psiquiátrico é mais grave e tende a se manifestar nas 2 primeiras semanas pós-parto.

O quadro clínico se caracteriza pelo aparecimento de confusão mental e desorientação, alucinações, distorção da realidade e pensamentos anormais sobre o filho. Fantasias e ideações autoagressivas e contra o filho são comuns, sendo relatadas taxas de 5% de suicídio e até 4% de infanticídio entre essas pacientes.

Requer tratamento psiquiátrico e, frequentemente, há necessidade de internação hospitalar.

Tabela 15 Farmacologia da depressão pós-parto

Droga	Dosagem (mg/dia)	Uso na amamentação
Inibidores seletivos da recaptação da serotonina		
Sertralina	50-200	Sem relato de efeito adverso
Paroxetina	20-60	Sem relato de efeito adverso
Fluvoxamina	50-200	Sem relato de efeito adverso
Citalopram	20-40	Insônia do recém-nascido, dependente da dose
Fluoxetina	20-60	Raramente cólicas, irritabilidade e insônia do recém--nascido
Antidepressivos tricíclicos		
Nortriptilina	50-150	Sem relato de efeito adverso
Desipramina	100-300	Sem relato de efeito adverso
Inibidor da recaptação de serotonina-noradrenalina		
Venlafaxina	75-300	Sem relato de efeito adverso
Outros		
Bupropiona	300-450	Não conhecido
Nefazodona	300-600	Não há dados publicados dos níveis séricos em recém--nascidos Sedação e amamentação deficiente em prematuros
Mirtazapina	15-45	Não conhecido

Relembrando

- O puerpério tem início após a dequitação e se estende até 6 semanas depois do parto.
- Classifica-se o puerpério em imediato, mediato e tardio.
- A primeira hora do pós-parto tem maior risco de hemorragia significativa e, por isso, a puérpera deve ser mantida em observação nesse período.
- Deve-se estar atento às várias modificações que ocorrem no organismo materno nesta fase e saber identificar seus desvios da normalidade.
- Durante a internação hospitalar, a puérpera deverá receber suporte psicológico, exame físico completo e atenção especial à amamentação.

CAPÍTULO 13 PUERPÉRIO

- A formação e a liberação do leite ocorrem em 3 a 4 dias após o parto. Antes desse período, só há formação de colostro.
- O esvaziamento frequente do alvéolo mamário desencadeado pela sucção do lactente é o responsável pela manutenção da produção láctea.
- O recém-nascido em boas condições deve permanecer junto à mãe imediatamente após o nascimento.
- As mães devem ser estimuladas a permanecerem com seus recém-nascidos durante 24 horas por dia e devem ser continuamente orientadas para os cuidados com as mamas e os mamilos, além de serem observadas quanto ao posicionamento e à pega adequados.
- Durante o aleitamento natural, tudo o que a mulher ingere pode ser passado à criança pelo leite. Portanto, é importante que comunique ao médico que está amamentando antes que seja receitado qualquer medicamento.
- O retorno ambulatorial após o parto envolve a discussão das principais dúvidas e queixas da puérpera.
- Após o parto, a amamentação exclusiva pode funcionar como anticoncepção por até 3 meses.
- A principal causa de febre no puerpério é a infecção do trato geniturinário.
- A cesárea é o principal fator predisponente para o desenvolvimento de febre no puerpério.
- O diagnóstico de endometrite puerperal é clínico. Os exames laboratoriais apenas auxiliam esse diagnóstico e não devem ser interpretados isoladamente.
- O conhecimento dos fatores predisponentes para infecção de cicatriz cirúrgica é imprescindível para a sua prevenção.
- A infecção de parede abdominal pós-cesárea é mais comum do que a infecção de episiotomia.
- O exame clínico da cicatriz cirúrgica é fundamental para o diagnóstico e o tratamento corretos de infecção.
- A depressão pós-parto é uma das complicações mais comuns da gestação, ocorrendo em 10 a 15% das mulheres.
- Há vários fatores de risco envolvidos na ocorrência de depressão pós-parto, entre eles a presença de ansiedade e depressão durante a gestação.

Casos clínicos

 Puérpera iniciou quadro de tremores generalizados 20 minutos após o parto vaginal.

1. Isso indica alguma anormalidade?
2. É necessária alguma medida visando à sua correção?

 Puérpera de 3 meses está amamentando e ainda não apresentou retorno da menstruação. A paciente pergunta:

1. É necessário algum método anticoncepcional ou a amamentação é suficiente para prevenir uma nova gestação?

 Puérpera de 1 dia após parto vaginal eutócico. Tercigesta, secundípara, com um abortamento espontâneo na primeira gestação.

1. Como deve ser a programação de alta hospitalar e de retorno ambulatorial para essa paciente?

 Paciente no quinto dia de pós-parto apresentou sangramento vaginal em quantidade maior e procurou o pronto-socorro. Ao exame, encontra-se descorada 1+/4+, afebril e eupneica. Apresenta pressão arterial de 110 × 70 mmHg e frequência cardíaca de 76 bpm. O útero está contraído entre a sínfise púbica e a cicatriz umbilical, indolor à palpação. Há loquiação em quantidade normal. Ao toque, o colo uterino encontra-se dilatado em 1 cm.

1. Qual orientação deve ser dada a essa puérpera?
2. É necessário algum exame complementar?

 Puérpera, 72 horas após parto vaginal, apresenta mamas doloridas, muito ingurgitadas, levemente hiperemiadas e temperatura axilar de 37,8°C. Sem alteração uterina.

1. Diante desse quadro clínico, descreva a melhor conduta.

Puérpera, no segundo dia de amamentação, relata mamilos irritados e muita dor ao amamentar. Ao exame físico, apresenta papilas e aréolas hiperemiadas e com fissuras. Temperatura axilar de 36,8°C.

1. Quais são as suas orientações?

Puérpera no quarto dia de amamentação relata que suas mamas estão maiores e endurecidas. Seu filho chora muito e tem dificuldade para amamentar. Ao exame físico, apresenta mamas ingurgitadas, sem sinais flogísticos. Temperatura axilar de 36,5°C.

1. Como você a orientaria?

Mulher com 20 dias de pós-parto vaginal apresenta febre (38,5°C), mal-estar e dor na mama direita. Ao exame físico, observa-se mama direita dolorida com hiperemia e edema.

1. Diante desse quadro, quais seriam o diagnóstico e a conduta?

Puérpera de 5 dias apresenta quadro de febre (38,5°C) acompanhado de calafrios e procura o pronto-socorro. Ao exame, encontra-se descorada, febril e taquipneica. Apresenta pressão arterial de 130 × 80 mmHg e frequência cardíaca de 108 bpm. O útero se encontra amolecido e doloroso à palpação, cerca de 1 cm abaixo da cicatriz umbilical.

1. Qual orientação deve ser dada a essa puérpera?
2. É necessário algum exame complementar?

Mulher com 37 anos, tercigesta, tercípara (três cesáreas), procura atendimento médico com queixa de dor e desconforto no local da incisão cirúrgica, além de febre (não medida) há 2 dias. Há 6 dias, com 38 semanas, foi submetida a cesárea por rotura prematura das membranas ovulares. Ao exame físico, apresenta bom estado geral, temperatura de 37,5°C e pressão arterial de 100 × 70 mmHg.

Mamas sem nodulações e sem sinais inflamatórios. No abdome, observam-se hiperemia, hipertermia e edema de pele e tecido subcutâneo até 6 cm acima e 3 cm abaixo da cicatriz cirúrgica. Cicatriz de Pfannenstiel hiperemiada com saída de secreção serossanguinolenta. O útero encontra-se 2 cm acima da sínfise púbica. No exame especular, observa-se loquiação escassa. Ao toque vaginal, identifica-se colo impérvio e útero indolor à mobilização. Os exames subsidiários apresentam: hemoglobina = 11 g/dL; hematócrito = 32%; leucócitos = 15.000/mm³; plaquetas = 180.000/mm³. À ultrassonografia pélvica, detecta-se ausência de retenção de restos ovulares e ausência de coleções líquidas intracavitárias e de parede abdominal.

1. Quais seriam o diagnóstico e o tratamento?

Mulher com 28 anos, secundigesta, secundípara (duas cesáreas), procura atendimento médico com queixa de dor e saída de secreção no local da incisão cirúrgica, além de febre (não medida) há 4 dias, com piora desde a véspera. Há 9 dias, com 38 semanas, foi submetida a cesárea, a pedido, fora de trabalho de parto. Ao exame físico, apresenta mau estado geral, descorada +2/+4, temperatura de 39,5°C, pressão arterial de 80 × 50 mmHg, frequência cardíaca de 120 bpm e frequência respiratória de 30 irpm. Mamas sem alterações. No abdome, observam-se hiperemia intensa infraumbilical com hipertermia e edema de pele e tecido subcutâneo com sinais de crepitação subcutânea, bordas da ferida operatória com áreas de necrose e saída de secreção fétida esverdeada em moderada quantidade pela incisão de Pfannenstiel. Ao exame especular, o útero está contraído, com discreta loquiação, sem odor. Ao toque vaginal, o colo está impérvio e o útero, indolor. Os exames subsidiários apresentam: hemoglobina = 9 g/dL; hematócrito = 32%; leucócitos = 25.000/mm³, com 10% bastonetes e presença de metamielócitos; plaquetas = 130.000/mm³. À ultrassonografia pélvica, detecta-se a presença de coleções líquidas infraumbilicais em toda a parede anterior do abdome supra-aponeurótica, com ausência de coleções líquidas intracavitárias.

1. Quais seriam o diagnóstico e o tratamento?

Mulher com 32 anos, primípara, apresenta queixa de dor torácica, sensação de "aperto" no pescoço e dispneia após 3 semanas de parto vaginal com 39 semanas. Os sintomas foram surgindo gradativamente e pioraram nos 2 últimos dias, principalmente quando tentava dormir à noite. Relata insônia, sensação de morte iminente e perda de apetite. Não apresentou intercorrências durante o pré-natal. Parou de amamentar assim que teve alta da maternidade. Nega tosse, febre ou sangramento vaginal. Ao exame físico, apresenta bom estado geral, corada, frequência cardíaca de 90 bpm, temperatura de 36,5°C e pressão arterial de 100 × 70 mmHg. Apresenta olhar inexpressivo e, durante a consulta, demonstra atitude indiferente em relação ao filho. Mamas sem nodulações e sem sinais inflamatórios. Ausculta pulmonar e cardíaca normais. Sem edemas. Abdome e útero estão normais.

1. Qual é o diagnóstico provável?
2. Quais perguntas você gostaria de acrescentar à anamnese da paciente?

Para refletir

- Qual é sua impressão sobre a promoção do aleitamento natural durante o puerpério?
- Em sua opinião, quanto tempo deveria durar a licença-maternidade?
- O que você acha da variação das taxas de infecções existentes entre os diferentes hospitais e maternidades?
- Você acha que os sintomas e sinais de ansiedade e depressão são geralmente detectados e tratados durante o puerpério?

Referências bibliográficas

1. Auerbach KG, Riordan J. Atlas clínico da amamentação. Rio de Janeiro: Revinter; 2000.
2. Bastos AC. Anatomia. In: Bastos AC (ed.). Ginecologia. 11.ed. São Paulo: Atheneu; 2006.
3. Beckmann CRB, Ling FW, Barzansky BM, Herbert WNF, Laube DW, Smith RP. Obstetrics and gynecology (ACOG). 6.ed. Philadelphia: Lippincott/Williams & Wilkins; 2010.
4. Benute GRG, Galletta MAK. Depressão pós-parto. In: Zugaib M, Bittar RE (eds.). Protocolos assistenciais: clínica obstétrica, FMUSP. 4.ed. São Paulo: Atheneu; 2011. p.731-8.
5. Briquet R, Guariento A. Obstetrícia normal. Barueri: Manole; 2011.
6. Cabar FR. Complicações da cicatriz cirúrgica. In: Zugaib M, Bittar RE (eds.). Protocolos assistenciais: clínica obstétrica, FMUSP. 4.ed. São Paulo: Atheneu; 2011. p.701-11.
7. Cury AF. Depressão puerperal. In: Tedesco JJA, Zugaib M, Quayle J (eds.). Obstetrícia psicossomática. São Paulo: Atheneu; 1997. p.206-15.
8. De Carvalho RL, Schimidt AP, Ramos JGL, Martins-Costa SH. Infecção puerperal. In: Freitas F, Martins-Costa SH, Ramos JGL, Magalhães JA (eds.). Rotinas em obstetrícia. 5.ed. Porto Alegre: ArtMed; 2006. p.323-30.
9. Francisco RPV, Bunduki V, Fittipaldi FS, Martinelli S. Infecção puerperal. In: Zugaib M (ed.). Zugaib obstetrícia. 2.ed. Barueri: Manole; 2012. p.483-92.
10. Fuchs A. Physiology and endocrinology of lactation. In: Gabbe SG, Niebyl JR, Simpson JL, Landon MB, Galan HL, Jauniaux ERM (eds.). Obstetrics: normal and problem pregnancies. 3.ed. Philadelphia: Churchill Livingstone; 1996. p.138.
11. Gabbe SG, Niebyl JR, Simpson JL, Landon MB, Galan HL, Jauniaux ERM, et al. Obstetrics: normal and problem pregnancies. 6.ed. Philadelphia: Elsevier; 2012.
12. Golff SL, Pekow PS, Avrunin J, Lagu T, Markenson G, Lindenauer PK. Patterns of obstetric infection rates in a large sample of US hospitals. Am J Obstet Gynecol 2013;208:456.e1-13.

13. Maldonado MT, Canella P. A relação médico-cliente em ginecologia e obstetrícia. 2.ed. São Paulo: Roca; 1988. p.179-84.

14. Mariani Neto C. Manual de aleitamento materno. Rio de Janeiro: Febrasgo; 2006.

15. Newton ER. Lactation and breastfeeding. In: Gabbe SG, Niebyl JR, Simpson JL, Landon MB, Galan HL, Jauniaux ERM, et al. Obstetrics: normal and problem pregnancies. 6.ed. Philadelphia: Elsevier; 2012. p.536.

16. Ruano R, Yoshizaki CT, Martinelli S, Pereira PP. Doenças psiquiátricas. In: Zugaib M (ed.). Zugaib obstetrícia. 2.ed. Barueri: Manole; 2012. p.995-1008.

17. Speroff L, Fritz MA. The breast. In: Speroff L, Fritz MA (eds.). Clinical gynecologic endocrinology and infertility. 7.ed. Philadelphia: Lippincott Williams & Wilkins; 2005.

18. Toohey J. Depression during pregnancy and postpartum. Clin Obstet Gynecol 2012;55(3):788-97.

19. Vinha VHP. Amamentação materna: incentivo e cuidados. São Paulo: Sarvier; 1987.

20. Wisner KL, Sit DKY, Reynolds SK, Altemus M, Bogen DL, Sunder KR, et al. Psychiatric disorders. In: Gabbe SG, Niebyl JR, Simpson JL (eds.). Obstetrics: normal and problem pregnancies. 5.ed. Philadelphia: Churchill Livingstone Elsevier; 2007. p.1249-88.

21. Zugaib M (ed.). Zugaib obstetrícia. 2.ed. Barueri: Manole; 2012.

22. Zugaib M, Bittar RE. Protocolos assistenciais: clínica obstétrica, FMUSP. 4.ed. São Paulo: Atheneu; 2011.

Índice remissivo

A

Abortamento 64, 214
Abortamento incompleto 217
Abortamento inevitável 216
Abortamento infectado 219
Aborto retido 217
Abscesso mamário 402
Abuso sexual 124
Ácido fólico 77, 96
Acne 137
Acolhimento 102
Aconselhamento preconcepcional 73
Acretismo placentário 22, 374
ACTH. *Ver* Hormônio adrenocorti-
  cotrófico
Agentes teratogênicos 15
Agripina 280
Alcoolismo 83, 112, 120
Alergias 119
Aloimunização Rh 88, 147, 214
Alojamento conjunto 386, 393
Alterações pigmentares 135
Altura uterina 45, 146, 177
Amamentação 127
Ameaça de abortamento 215
Âmnio 11
Amnioscopia 181
Amnioscópio de Saling 320
Amniotomia 321
Anamnese 107
Anemia 116
Anemia falciforme 110
Anemia ferropriva 77
Ângulo subpúbico 275
Antagonistas dos receptores de
  angiotensina II 84
Antecedentes familiares 108
Antecedentes ginecológicos 122
Antecedentes obstétricos 124
Antecedentes pessoais 113
Antecedentes sexuais 124
Anticoagulante oral 84
Anticoncepção 89
Anticonvulsivantes 84

Apetite 139
Apojadura 390
Apresentação cefálica 280
  cefálica defletida 280
  cefálica fletida 280
Apresentação córmica 280
Apresentação pélvica 280
Aromatase placentária 5, 37
Artérias espiraladas 27
Asma 118
Assinclitismo 328
Atividade física 122
Atonia uterina 126

B

Baixo peso ao nascer 64
Bem-estar biopsicossocial 101
Blastocisto 8
Blastômeros 8
Bloqueio do nervo pudendo 324
Blues puerperal 422

C

Cãibras 172
Calendário catamenial 90
Camada de Nitabuch 22
Candidíase 141
Cardiopatias 80, 110, 116
  adquiridas 116
  congênitas 116
Cardiotocografia intraparto 311
Categorias de risco para uso de
  drogas na gravidez (FDA) 82, 83
Cavalgamento 328
Celoma extraembrionário 11
Células da granulosa 5
Células da teca 5
Ciclo menstrual 3, 90, 122
CID-10. *Ver* Classificação Internacio-
  nal de Doenças
Cintura escapular 46
Cintura pélvica 47
Circunferência biacromial 46
Circunferência esternodorsal 46
Circunferência sacrofemoral 47

Circunferência sacrotibial 47
Circunferência torácica. *Ver* Circun-
  ferência esternodorsal
Cirurgias ginecológicas 123
Cistos ovarianos 91
Citotrofoblasto 22, 23
Clamídia 119
Classificação Internacional de
  Doenças 60
Clivagem 8
Cloasma 135
Coagulação intravascular dissemina-
  da 235
Coarctação de aorta 80
Cocaína 113, 121
Coeficiente de mortalidade materna.
  Ver Razão de mortalidade
  materna
Coitarca 123
Coléstase gravídica 170
Colostro 172, 386
Colpocitologia oncótica 123
Comprimento cabeça-nádegas 160
Comprimento do colo uterino 190
Conjugado obstétrico. *Ver* Conjuga-
  do verdadeiro
Conjugado verdadeiro 273
Conjugata diagonalis 275
Conjugata exitus 273
Consulta preconcepcional 88
Contrações de Braxton Hicks 269,
  306
Cor 104
Cordão umbilical 33
Cório 12
Cório frondoso 24
Cório liso 24
Corona radiata 6
Corpo *albicans* 6
Corpo lúteo 6
Cotilédones 27
Crack 113, 121
Crescimento uterino 230
Crista dividens 48
Cúmulo oóforo 5

Curva de Fenton e Kim 45
Curvas ultrassonográficas de crescimento fetal 45

D

Data da última menstruação 43, 128
Decídua 11, 21
Decídua basal 21
Decídua capsular. *Ver* Decídua reflexa
Decídua marginal 21
Decídua parietal 21
Decídua reflexa 21
"Declaração do milênio" 59
Defeitos abertos do tubo neural 77, 96
Depressão 81, 112, 118
Depressão pós-parto 423
Desacelerações intraparto I 312
Desacelerações intraparto II 313
Desacelerações intraparto umbilicais 313
Desacelerações tardias. *Ver* Desacelerações intraparto II
Desacelerações variáveis. *Ver* Desacelerações intraparto umbilicais
Descoberta da gravidez 127
Descolamento prematuro de placenta 126, 234
Desproporção cefalopélvica 362
DHEG. *Ver* Doença hipertensiva específica da gestação
Diabetes 109
Diabetes gestacional 149, 182, 186
Diabetes insulino-dependente 114
Diabetes mellitus pré-gestacional 114
Diabetes pré-gestacional 80
Diagnóstico de gravidez 102, 127
Diâmetro biacromial 46
Diâmetro bitrocantérico 47
Diâmetro bituberoso 275
Dieta saudável 76
Difusão facilitada 34
Difusão simples 34
Disfunções tireoidianas 115
Dismenorreia 123
Dispneia 138, 173
Distocia de dilatação 359
Distocia funcional 355
Distocia por hiperatividade 357
Distocia por hipertonia 357
Distocia por hipoatividade 355
Distocias de partes moles 361
Distocias ósseas 360
Distúrbio alimentar 78
Distúrbios afetivos 420

Distúrbios psiquiátricos 81
Doença hemorroidária 138, 174
Doença hipertensiva específica da gestação 109, 185
Doença renal crônica 80
Doenças psiquiátricas 118
Doenças sexualmente transmissíveis 119, 123
Doença trofoblástica gestacional 227
DPP. *Ver* Descolamento prematuro de placenta
Drogas 113, 120
Drogas ilícitas 113
DST. *Ver* Doenças sexualmente transmissíveis
Ducto arterioso 48
Ducto venoso 48
DUM. *Ver* Data da última menstruação
Duplo bloqueio 323

E

Eclâmpsia 109, 185, 253
Ecocardiografia fetal 191
Ectoderma 15
Ectopia cervical 146
Edema 176
Efeito "Bohr" 52
Eflúvio telógeno 137, 382
Ejeção do leite 392
Embrioblasto 8
Êmese gravídica 139, 211
Endoderma 15
Endometrite puerperal 414
Endomiometrite puerperal 374
Entorses 142
Epiblasto 10
Epilepsia 111, 117
Episiotomia 339, 347
Épulide gravídico. *Ver* Granuloma *gravidarum*
Erro de data 178
Esfingomielina 53
Espaço interpartal 126
Espaços intervilosos 24, 33
Estado conjugal 105
Estado nutricional 76
Estatísticas vitais 59
Estreptococo do grupo B 183, 325
Estrias 135, 169
Estriol 37
Estrógeno 36
Estupro 124
Etnia 104
Exame de urina 158
Exame físico 129

Exposição a agentes físicos 128
Exposição a agentes químicos 128

F

Falso trabalho de parto 269
Fase de latência 297
Fenilcetonúria 79, 80
Fertilização 6
Fissuras 35, 399
Folículo de Graaf 4
Folículos primários 4
Folículos primordiais 3
Fontanelas 46
Forame oval 48
Fórcipe de abreviação 367
Fórcipe de alívio 367
Fórcipe de rotação 367
Frequência cardíaca 144
FSH. *Ver* Hormônio folículo-estimulante
Função endócrina 35
Função excretora 35
Função imunológica 35
Função nutritiva 34
Função oxigenativa 34
Funções placentárias 33

G

Galactocele 400
Galactogogos 404
Galactopoese 391
Gemelidade 111
Genograma 108
Gestação anembrionada 218
Gestação ectópica 221
Gestação ectópica na cicatriz da cesárea 374
Gestação gemelar 111
Gestação múltipla. *Ver* Gestação gemelar
Globo de segurança de Pinard 348
GnRH. *Ver* Hormônio liberador da gonadotrofina
Gonadotrofina coriônica humana 35
Gonorreia 119
Grande para a idade gestacional 45
Granuloma *gravidarum* 137
Grau de escolaridade 106
Gravidez desejada 107
Gravidez programada 107

H

Hábitos 120
HAS. *Ver* Hipertensão arterial sistêmica

ÍNDICE REMISSIVO

hCG. *Ver* Gonadotrofina coriônica
    humana
Hemoglobina fetal 52
Hemoglobinopatia C 110
Hemoglobinopatias 110
Hemopatias 110, 116
Hepatite B 153
Hepatite C 154, 183
Herpes genital 119
Hiperêmese gravídica 36, 139, 212
Hipertensão arterial sistêmica 80,
    108, 113
Hipertermia 122
Hipertireoidismo 80, 115
Hipoblasto 10
Hipogalactia 404
Hipoglicemiante oral 84
Hipotensão 138
Hipotireoidismo 80, 115
Hirsutismo 137
História da gestação atual 127
HIV. *Ver* Vírus da imunodeficiência
    humana
hLP. *Ver* Hormônio lactogênico
    placentário
Hormônio adrenocorticotrófico 38
Hormônio folículo-estimulante 4
Hormônio lactogênico placentário
    38
Hormônio liberador da gonadotrofi-
    na 5
Hormônio luteinizante 4
Hormônio tireotrófico coriônico 38
HPV. *Ver* Papilomavírus humano

I

Idade materna 104
Idade gestacional 128
IMC. *Ver* Índice de massa corporal
Implantação 10
Imunizações 94, 119
Imunoglobulina anti-D 214
Incisão de Pfannenstiel 371
Incontinência urinária 174
Incontinência urinária de esforço
    123
Indicadores de saúde 62
Índice de Bishop 286
Índice de massa corporal 77, 176
Índice de Quetelet. *Ver* Índice de
    massa corporal
Infecção da cicatriz cirúrgica 418
Infecção de episiotomia 418
Infecção de parede abdominal 418
Infecção do trato urinário 172, 231
Infecção genital 91

Infertilidade 119
Ingurgitamento mamário 398
Inibição da lactação 406
Inibidores da enzima conversora da
    angiotensina 84
Insuficiência renal 117
Intercorrências do parto 124
Interrogatório sobre diversos
    aparelhos 128

L

Lactação 390
Lecitina 53
LH. *Ver* Hormônio luteinizante
Licença-maternidade 413
Licença-paternidade 413
Linha de ação 298
Linha de alerta 298
Linha *nigra* 135
Linha primitiva 13
Lipotimia 138
Loquiação 385
Lúpus eritematoso sistêmico 80

M

Maconha 121
Macrossomia fetal 362
Malformações congênitas 113
Manobra de Freund 344
Manobra de Jacobs 344
Manobra de Jacquemier 364
Manobra de Leopold 310
Manobra de Matthes 364
Manobra de McRoberts 364
Manobra de Rubin 364
Manobra de Woods 364
Manobra de Zavanelli 367
Mastite 401
Maturidade pulmonar fetal 53
Mecanismo de parto 326
Mecônio 181
Medicações 120
Melasma 135
Membrana corioamniótica 30
Menarca 122
Mesoderma 15
Mesoderma extraembrionário 11
Método anticoncepcional 89
Método de Farabeuf 331
Miomatose 122
Misoprostol 288
Morbidade febril puerperal 414
Morfologia fetal 189
Mortalidade infantil 63
Mortalidade materna 59
Mortalidade neonatal 64

Mortalidade perinatal 64
Mórula 8
Movimentação fetal 128
Muito baixo peso ao nascer 64

N

Natimorto 64
Náuseas 139
Near miss neonatal 64
Nefrolitíase 117
Nefropatias 117
Neoplasia 112
Nível socioeconômico 106
Notocorda 14

O

Obesidade 80
    gastroplastia redutora 80
Óbito fetal 64, 126
Óbito neonatal 126
Obliquidade de Litzmann 328
Obliquidade de Näegele 328
Obstipação 139
Obstrução nasal 138
Ocitocina 289, 322
Ocitocina nasal 405
Ocupação 106
Organogênese 74

P

Palpação mensuradora de Pinard
    362
Palpitação 138
Papanicolaou. *Ver* Colpocitologia
    oncótica
Papilomavírus humano 91, 119, 123
Paridade 92
Partograma 297
Parto prematuro 126
Parto taquitócico 357
Pelvigrafia
    externa 275
    interna 277
Pelvimetria
    externa 181, 275
    interna 181, 275
Pelvipodálica 280
Pequeno para a idade gestacional 45
Perda de peso 145
Perdas fetais 93
Peridural contínua 323
Perineotomia 339
Período de Greenberg 348
Período embrionário 43
Período fetal 43
Perversões alimentares 143

435

Peso extremamente baixo ao nascer 64

Pielonefrite 117, 232

Pinocitose 34

Pintura de cabelo 121

Placa neural 14

Placenta 12, 21

Placenta circunvalada 33

Placenta prévia 32, 237, 374

Placenta sucenturiada 33

Planejamento das gestações 73

Pneumócitos 53

Pneumopatia 118

Polaciúria 174

Poliúria 140

Prática esportiva 78

Preconcepcional 73, 88

Pré-eclâmpsia 109, 176, 177

Pré-eclâmpsia sobreposta à hipertensão arterial sistêmica 184

Prematuridade 187

Pressão arterial 144

Primeira onda de invasão trofoblástica 29

Procedência 105

Produtos químicos para alisamento 121

Profissão 106

Progesterona 36

Programação da gravidez 106

Prostaglandinas 287

Protoparasitológico de fezes 158

Prurido 170

Psicose puerperal 81, 423

Puerpério 127, 379

Q

Queixa e duração 107

R

Radioiodoterapia 84

Razão de mortalidade materna 61

Rede de Haller 141

Redutores de apetite 84

Reestreia funcional 126

Regra de Goodell 147

Regra de Näegele 43, 128

Relação de Smellie 275

Risco de parto prematuro 190

Risco pré-natal 130

Rolha de Schröder 175

Rotura de *vasa praevia* 33

Rotura prematura de membranas ovulares 188, 248

Rotura uterina 242, 374

RPMO. *Ver* Rotura prematura de membranas ovulares

Rubéola 154

S

Saco gestacional 12

Saco vitelínico 11

Segunda onda de invasão trofoblástica 29

Sialorreia 139

Sífilis 119, 152, 182

Sinal de Ahfeld 344

Sinal de Fabre 344

Sinal de Hegar 147

Sinal de Hochenbichler 344

Sinal de Hunter 135, 141

Sinal de Jacquemier 135, 146

Sinal de Kluge 135, 146

Sinal de Küstner 344

Sinal de MacDonald 147

Sinal de Osiander 147

Sinal de Strassman 344

Sinciciotrofoblasto 23

Sinclitismo 328

Síndrome alcoólica fetal. *Ver* Síndrome fetal do alcoolismo materno

Síndrome da hipotensão supina 173, 308

Síndrome de Eisenmenger 80

Síndrome de Marfan 80

Síndrome de Sheeham 404

Síndrome dos ovários policísticos 91

Síndrome do túnel do carpo 172

Síndrome fetal do alcoolismo materno 84, 121

Síndrome HELLP 185

Síndrome metabólica 122

Sintomas de gravidez 129

Sistema-tambor 27

Sorologias 94

Suplemento vitamínico 162

Surfactante 53

Suturas 46

T

Tabagismo 120, 121

Taquissistolia 357

Taxa de mortalidade infantil 64

Taxa de mortalidade materna. *Ver* Razão de mortalidade materna

Teoria das "duas células, duas gonadotrofinas" 5

Teratogênico 82

Tétano 194

Tipo de parto 124

Tipo sanguíneo 147

Tireoide 144

Tireoidopatias 115

Tonturas 173

Toque palpatório de Müller 362

Toxoplasmose 155, 181

Trabalho de parto 244, 269

Trabalho de parto prematuro 187, 244

Transfusão sanguínea 119

Translucência nucal 160

Transporte ativo 34

Transtorno afetivo bipolar 81, 112, 119

Transtornos psiquiátricos 81

Trauma 212

Tríade de Bumm 414

Tricomoníase 141

Tríplice gradiente descendente 306

Trofoblasto 8

Trombofilias 110

Troncos vilosos 27

Tubérculos de Montgomery 137, 141, 387

Tuberculose 111

Tubo neural 14

U

Urina tipo I 158

Urocultura 158

V

Vacuoextrator 369

Vaginismo 124

Vaginites 179

Vaginose 179

Vaginose bacteriana 141

Varizes 138

Vilosidades coriônicas 12
   primárias 24
   secundárias 24
   terciárias 24

Violência doméstica 119

Vírus da imunodeficiência humana 119, 151, 183

Vitalidade fetal 192

Vulvovaginites 141, 175

Z

Zigoto 8

Zona pelúcida 6